CB137628

EDITORA DO CONHECIMENTO

Auxiliando a humanidade a encontrar a Verdade

A Derradeira Chamada

A DERRADEIRA CHAMADA

para um novo tempo na Terra

Ramatís, Nicanor, Akhenaton, Hamod, Ashtar Sheran

Todos os direitos desta edição reservados à
CONHECIMENTO EDITORIAL LTDA.
Rua Prof. Paulo Chaves, 276 - Vila Teixeira Marques
CEP 13485-150 — Limeira — SP
Fone: (19) 3451-5440
www.edconhecimento.com.br
vendas@edconhecimento.com.br

Edição: Margareth Rose Carvalho
Capa e projeto gráfico: Sérgio Carvalho
Colaboração: Mariléa de Castro
Ilustração da capa: *iStock*

ISBN 978-65-5727-069-1
2ª Edição - 2020

• Impresso no Brasil • Presita en Brazilo

Produzido no departamento gráfico da
CONHECIMENTO EDITORIAL LTDA
grafica@edconhecimento.com.br

Dados Internacionais de Catalogação na Publicação (CIP)
Angélica Ilacqua CRB-8/7057

Mendonça, Sávio
A Derradeira Chamada para um novo tempo na Terra / Ramatís, Nicanor, Akhenaton, Hamod, obra psicografada por Sávio Mendonça — 2ª ed. ; Limeira, SP : Editora do Conhecimento, 2020.
416 p.

ISBN 978-65-5727-069-1

1. Espiritualismo 2. Nova Era (Movimento esotérico) I. Título II. Ramatís (Espírito) III. Nicanor (Espírito) IV. Akhenaton ((Espírito) V. Hamod (Espírito)

17-1760 CDD - 133.93

Índices para catálogo sistemático:
1. Mensagens psicografadas : Espiritualismo

Sávio Mendonça

A Derradeira Chamada

para um novo tempo na Terra

2ª edição - 2020

EDITORA DO CONHECIMENTO

Editora do Conhecimento
Obras psicografadas por Sávio Mendonça

- O Vale dos Espíritas – 2015
- Missão Planetária – 2016
- A Derradeira Chamada – 2017
- Amor - encontros, desencontros e reencontros – 2019
- Mediunidade sem Preconceito – 2021
- Por que Reencarnar? – 2022
- No Silêncio da Alma - 2024

Obs: A data após o título se refere à nossa primeira edição.

Sumário

Apresentação

Esta obra não se destina a um público específico. Pode ser lida por espíritas, espiritualistas, umbandistas, esotéricos, teosofistas, e principalmente por aqueles que em nada creem. Longe de ser o esboço de uma tragédia anunciada, como tantas já editadas em forma de livro, A Derradeira Chamada é o mais sério e ao mesmo tempo amoroso convite a todos os seres humanos, independentemente de crença ou filosofia, à guisa de um último alerta por parte daqueles que se encontram muito além de nós, em discernimento e evolução. Não se encontrará aqui pormenores de um destino devastador para a humanidade. Mesmo porque, a Terra já se encontra mergulhada em crises, contravenções, ambiguidades diversas e baixas vibrações, que desempenham, por si só, papel catalisador na intensificação de fenômenos cataclísmicos. Dela emana uma densa psicosfera magnética que faz atrasar o fluxo impulsionador da evolução de seu próprio Sistema, motivo pelo qual correm em seu socorro uma plêiade de irmãos mais avançados, de todos os quadrantes do Universo. A pretensão desta obra é, portanto, chamar atenção do ser humano terreno para o seu próprio "apocalipse interior", auxiliando-o a descortinar os espaços mais escondidos de sua alma, onde o ego é exaltado e o orgulho faz morada, a fim de que possa estar minimamente preparado para um novo tempo, um novo destino, um novo mundo.

Muitas mensagens têm sido intensificadas nos últimos tempos, muitos irmãos mais evoluídos têm reforçado a necessidade emergencial do processo de autoconhecimento e reformulação íntima do ser terreno, mas ele não desperta, mergulhado que está no deleite da vida material. Esta nova ação, ou melhor, este amorável convite, pretende ir mais além, trazendo para o presente um ideal superior plasmado no Éter por mentes muitíssimo apuradas, comprometidas com os destinos e a felicidade da humanidade terrena, em que é possível vislumbrar-se todo um panorama da vida harmoniosa dos mundos em regeneração, em vários aspectos: o cotidiano, a educação, a economia, as artes, a ciência, os transportes, as comunicações, o novo idioma, a legislação, a alimentação, a política e a gestão pública, o turismo, as fronteiras, ou melhor, a inexistência delas, a religião, enfim, uma realidade tão absurdamente diferente da que vivemos hoje em dia, e com tamanha riqueza de detalhes, que poderá parecer um mero filme de ficção às mentes mais desavisadas que sequer conseguem imaginar como será a vida após ter descarregado o peso energético de suas mazelas íntimas. Nossos irmãos mais velhos estão a postos justamente para ajudá-las a transpor a travessia das provações para onde reina a regeneração, num ambiente bem mais feliz, como estímulo e convite à definitiva tomada de decisão.

Sob direção de Ramatís, orientador espiritual que sempre esteve e estará, por longo tempo ainda, à frente do processo de encaminhamento do terráqueo a um novo patamar de consciência e amor, e participação de uma plêiade de amigos espirituais, como Nicanor, Hamod, Akhenaton, Sesóstris, Karmok, Ashtar Sheran, entre outros, compartilhamos com o leitor a mais clara visão futura do planeta Terra e de sua humanidade para os novos tempos, com a intenção de favorecer-lhe a materialização, contribuindo para elevar a evolução deste orbe a patamares condizentes com o grau que hoje lhe exige o padrão vibratório do Sistema Solar.

Para tanto, é importante que possamos ajudar a construir essa nova base existencial, a partir de um grande mutirão fraterno-universal. A união de esforços, a mudança de atitudes internas e comportamentos, as vibrações positivas, o serviço sincero voltado para o bem, o discernimento e o amor comandando mentes, ações e o coração, são como uma ponte vibratória que nos conduzirá a esse futuro de paz e felicidade.

Avante, amigos!

Os Editores

Introdução

Queridos irmãos, muita paz aos vossos espíritos!

Os tempos são chegados. A caminhada rumo à transição planetária, que teve início na década de 1950, ainda será longa, devendo perdurar pelos próximos duzentos anos, com base no vosso calendário terreno. Contudo, a materialização do que está plasmado no Éter já vem se confirmando com o tempo, em meio a ajustes de percurso providenciados pelo Alto, como é de praxe em planos nos quais o livre-arbítrio esteja envolvido e o amor do Cristo prevaleça.

O processo de mudança na Terra significa, antes de tudo, uma importante oportunidade para profundas transformações no âmago das almas encarnadas e desencarnadas, já que o que cada ser humano pensa e sente em sua intimidade se reflete na psicosfera terrena. Assim, os desajustes mentais, o egoísmo exacerbado, o orgulho que emperra a evolução e a vaidade que afasta a compaixão e a caridade incondicional do convívio humano, geram efeitos magnéticos intensos no Éter. Por isso, as mudanças climáticas dos tempos atuais, com chuvas torrenciais e tempestades, são na verdade dádivas que higienizam o denso astral que envolve o vosso orbe. Lavas ardentes de vulcões, secas extremas, em meio ao sol escaldante e queimadas florestais, que castigam tanto as zonas rurais como os centros urbanos, são forças da natureza queimando e transmutando o ódio, a vaidade, a arrogância e a insensatez que separam corações e mentes, que maltratam o próximo e a natureza, que discriminam irmãos e impedem a fraternidade, que criam barreiras e dificultam o equilíbrio interior e as atitudes sensatas. O derretimento das calotas polares, o aquecimento global, os terremotos e *tsunamis*, assim como os tufões, ciclones e furacões, nada mais são que expressões da natureza buscando o equilíbrio dinâmico físico-astral.

É certo que existem fenômenos naturais decorrentes do próprio processo de evolução física do orbe, pois cada átomo presente no planeta, com sua respectiva mônada (seu espírito primordial), também está em evolução. Ocorre que a presença humana no orbe tem um papel catalisador para processos de mudança. E, considerando-se o comportamento desequilibrado da humanidade nos dias de hoje e as baixas vibrações que são emanadas, sem dúvida alguma que resultados negativos acabam por impactar o conjunto, provocando a intensificação desses fenômenos. Some-se a isso, as mudanças cósmicas inerentes ao próprio Sistema Solar, às constelações e à Via Láctea, os quais estão em contínuo dinamismo evolutivo, circunstância que escapa à compreensão da fria e materialista Ciência terrena, tão insensível ainda a eventos ocorridos em níveis mais sutis.

Quando se fala em transformações planetárias, muitos pensam logo no apocalipse e encaram o tema como uma escatologia pavorosa. Outros as consideram um assunto irrelevante, não se dando ao trabalho de refletir sobre mudanças. Pouquíssimos tratam a questão de forma responsável. Contudo, o principal neste processo é a transformação íntima que deve ser vivenciada por cada alma terrena, ou seja, o seu "apocalipse interior". Sob esse ponto de vista, os eventos externos tornar-se-ão meras transformações geoclimáticas inerentes à dinâmica natural da geoanatomia terrena.

Assim, como o amor de nosso Pai é magnânimo e não exclui qualquer ser ou átomo do Universo do seu cômputo consciencial, não há por que se apavorar ou alimentar ansiedade pelo que já está ocorrendo, nem pelo que está por vir, pois nada se dará além de processos naturais que ocorrerão dentro de uma escala mais intensa, decorrente da própria intensificação da vida terrena e das expressões de amor emanadas pelo Sol e por outros astros do sistema constelatório. A Terra continuará seu percurso, por bilhões de anos ainda, e a vida sobre ela por milhares de anos. Por esse motivo é que o espírito deve merecer mais atenção e cuidado, uma vez que todo encarnado, da mesma maneira que veio ao mundo das formas, em algum dia e hora predestinada, dele sairá, devendo estar preparado para o desenlace, seja sob que circunstância for, levando consigo o que cultivou enquanto preso à carne. Muitos, porém, deixam-se entorpecer pela materialidade de tal forma que se tornam escravos dela, e mal percebem que estão num mundo físico de passagem e que há um outro sistema de vida mais sutil lhes aguardando "do outro lado".

Não queremos aqui fazer apologia ao desprendimento total da vida material, nem tampouco estimular o ser humano a viver ligado exclusivamente ao mundo espiritual. Se assim fosse, não haveria necessidade do reencarne benfeitor. Nosso pleito é que cada pessoa possa ampliar a compreensão, a percepção e a sensibilização dos seus sentidos na direção do próprio progresso espiritual, enquanto estiver aprisionada em um corpo de carne, pois a resultante de sua qualidade mental-emocional e das atitudes que tomou no mundo da matéria será o seu destino após o desencarne. Portanto, para descobrir o "caminho das pedras", basta que cada ser encarnado encontre o equilíbrio entre a vida material e a espiritual. Mais ainda: que possa dar significado espiritual a cada pensamento, vivência ou expressão na vida física, pois a civilização terrena está predestinada a experimentar o que já existe em orbes mais avançados, ou seja, a impregnar a vida material dos princípios espirituais superiores. O destino de tudo o que é material (composto por átomos e partículas subatômicas) é sutilizar-se e tornar-se, num dia cósmico, em imaterialidade espiritual integrada à Mente e ao Amor Universal. Eterno é somente o espírito.

Por isso, meus irmãos, é que vos alertamos: Deus não se limita a criar mônadas para colocá-las num trilho de evolução com um destino já pré-estabelecido e imutável. O livre-arbítrio faz parte da Lei Universal, e como tal deve ser respeitado. Há, entretanto, percursos felizes e outros carregados de sofrimento e frieza, assim como há rotas abarrotadas de seres orgulhosos e egoístas. Mesmo aqueles que optam por tais caminhos, ilusoriamente mais fáceis, um dia se cansarão de guerrear consigo e com os demais, por metas materialistas.

E então, exaustos de tanto sofrer e de alimentar o orgulho, a vaidade e o egoísmo, finalmente a humildade lhes baterá à porta, em alguma paragem do Cosmo, e concluirão que apenas postergaram o progresso espiritual e as possibilidades de vivências felizes, ricas em oportunidades criativas e convivência fraterno-universal, estados de paz e amor inenarráveis.

Por esse motivo, afirmamos que, se um determinado ser já chegou ao estágio evolutivo de anjo, é porque percorreu o reino humano desde as suas zonas mais densas, tendo provado tanto das "águas impuras" da evolução, como das "mais puras". E, em algum momento de sua caminhada, ao seguir seu livre-arbítrio, sofreu e se cansou. Com o tempo e a maturidade na escola evolutiva, optou com determinação pelo caminho reto. Da mesma forma, todos os seres alcançarão um dia o patamar da angelitude e passarão a colaborar no processo criativo e de expansão evolutiva do Universo. É assim que, a cada passo, novos e mais gratificantes trabalhos surgem, criativos e amplificados, vos esperando a cada nova etapa evolutiva, num processo infinito.

O fluxo evolutivo requer balanços e tempos cósmicos. E a Terra, que está imersa neste imenso Universo, composto por infinitos espíritos, astros e outras formas materiais, não podia ficar de fora; precisa ser submetida à avaliação evolutiva. É como no caso de um maestro que detecta quando algum instrumento está desafinado e atrapalha a harmonia de sua orquestra. Neste exato momento cósmico, a Terra está destoando dos outros planetas do Sistema Solar e precisa ajustar-se, pois não pode mais atrasar a evolução do conjunto. Afinal, como a própria palavra já diz, existe um *sistema* em que cada peça influencia e interage com a outra. Os outros músicos podem até ajudar aquele que está destoando, mas chegará o momento em que ele mesmo terá de ajustar seu instrumento e esforçar-se por acompanhar o conjunto, sob risco de ser retirado da orquestra para engajar-se numa outra mais elementar. É exatamente isso o que acontece com a Terra e seus habitantes, encarnados e desencarnados, nos dias atuais.

O tema central deste livro, que é abordar o futuro da Terra, não tem o propósito de influenciar as criaturas a adotarem determinada direção, desrespeitando o seu livre-arbítrio. Trata-se apenas de um alerta para que cada cidadão compreenda que a Terra pertence a todos, inclusive ao Cristo Planetário, aos arcanjos e anjos que a planejaram, bem como aos espíritos superiores que se encontram no rol daqueles que possuem pensamentos, sentimentos e atitudes construtivos e estão ligados a ela há milhares de anos. Assim como ocorre ao estrangeiro que imigra para determinado país e se nacionaliza, passando a sua família a fazer parte daquela nação, o irmão extraterreno, quando reencarna na Terra, torna-se um cidadão terráqueo. Todos são, portano, irmãos cósmicos, e devem despertar para o serviço fraterno-universal de forma a ajudar a quem está mais atrasado na escola do progresso espiritual.

Ao abordar o futuro da Terra, este livro deixa registrado no Éter um ideal superior criado por muitos espíritos comprometidos com a felicidade desta humanidade e que desejam dar sua contribuição para que este sofrido orbe de expiação alcance um novo destino. Assim, para que a Terra se enquadre no rol dos planetas em regeneração, é primordial reencarnarem aqui muito mais espíritos de boa índole, de boa vontade e atitude de transformação em direção à Luz Maior, pois o bom exemplo do ser mais evoluído mobiliza (pela aura que cria, com sua força magnética) para o lado do bem e do avanço espiritual a criatura ainda aprisionada a vícios e pensamentos ligados à materialidade. Obviamente que cada um deverá cunhar o seu próprio caminho, sem que ninguém tenha o direito de lhe tirar o livre-arbítrio e a iniciativa própria. Contudo, quem estiver atrapalhando o progresso de seu semelhante terá de submeter-se a tratamento psicoespiritual, e os que não tiverem condições mínimas de se enquadrar no novo ambiente terráqueo serão transferidos para uma escola planetária mais atrasada, condizente com o grau evolutivo em que estiverem vibrando.

A vinda de Jesus ao plano físico representou um momento especial para o orbe terreno, porque permitiu aos seus habitantes imantarem-se com a vibração Dele e sentirem-se mobilizados ao progresso espiritual. Porém, ao longo desses dois mil anos, poucos terrícolas conseguiram esse intento.

Mas como a bondade de nosso Pai é ilimitada, para aqueles que desejarem ajudar a plasmar na Terra um novo ambiente de paz, harmonia e amor, foi-lhes dada a chance "da última hora", como aquelas provas de recuperação que existem em algumas escolas terrenas. E mesmo os que, ainda assim, não conseguirem a aprovação para viver num planeta de regeneração, novas chances terão em outros orbes menos evoluídos, sendo dignos de receber, igualmente, o amor do Pai e as oportunidades para continuar a evoluir, conforme o seu ritmo.

Espera-se que, por volta do ano 2200, a Terra possa, de fato, ter conquistado um patamar básico de harmonia, a fim de instalar-se aqui um novo sistema de vida, com paz, amor fraterno e avanços extraordinários nas ciências e na espiritualidade, em que haja um estágio de equilíbrio essencial para que a regeneração das almas possa se processar com maior eficiência. Assim, as propostas e expectativas citadas nesta obra são como visões futuras desse novo planeta, como num exercício de plasmar no Éter projetos e ideias, de maneira a favorecer-lhes a materialização. É preciso que esse exercício de "pensar e sentir" seja colocado em prática com firmeza e confiança, e que cada habitante terreno que acredita nisso possa fazê-lo de coração, com fé em Deus e disposição para trabalhar e servir nessa grande obra, que é fruto do compartilhamento de ideais projetados por muitos espíritos comprometidos com o orbe, no sentido de levar a evolução deste planeta para patamares condizentes com o grau que hoje lhe exige o padrão vibratório do Sistema Solar. Nada no Universo evolui sem trabalho e, mesmo que haja lágrimas de remorso e restauração de pensamentos e sentimentos, há necessidade de a alma imprimir força de vontade para adaptar-se aos novos rumos de uma vida interior e às atitudes que ela decidiu trilhar.

Como acontece a todo grande projeto, as diretrizes e os eventos expostos nesta obra estão sujeitos a ajustes de execução, pois todos os irmãos, encarnados e desencarnados, participam, com seu livre-arbítrio, suas ações e seu projetos pessoais, da construção desta Nova Era. O tempo será o grande mestre! A criatividade deve ser exercida por todos os seres humanos, em todas as etapas de evolução; afinal, quando o ser cria, ele está colocando em prática um dos sentidos divinos da vida. Nesses novos tempos, a conduta deverá estar alinhada com os princípios crísticos, estando os seres imbuídos do propósito sincero de progresso espiritual, compreendendo que os mundos das formas são instrumentos para amadurecimento do espírito, e a força espiritual superior deverá permear mentes, corações e mãos para que as formas mais densas sejam moldadas segundo a Consciência e o Amor universais. O amadurecimento da alma leva a que cada passo evolutivo a torne um médium mais e mais fidedigno do Pai Celestial.

Fé e esperança para os dias que chegaram e que demandam esforços contínuos e incansáveis de autotransformação e de transformação da vida no planeta Terra, tijolo-a-tijolo, diariamente. E que esse esforço, ao invés de enfadonho e cansativo, seja como um combustível de regozijo e motivação da alma, para que ela persista firmemente no propósito de expansão consciencial e de amor fraterno. A paz e a felicidade desfrutadas por aqueles que descobriram o "caminho das pedras" são inenarráveis, mas somente cada um poderá vivenciá-las.

Paz e alegria aos vossos espíritos!

Do vosso irmão de sempre,

Ramatís

Capítulo 1
O saneamento planetário: a individualidade e a coletividade

A Terra é como uma grande nave em curso cósmico

Sob a ótica da Astronomia, a Terra é considerada um planeta de médio porte, embora pareça minúsculo quando visto da imensidão do Universo. Seus habitantes são como passageiros que percorrem o Cosmo, numa viagem em direção à Luz Maior, pois todos os astros, tal como naves planetárias, encontram-se em movimento percorrendo o seu trajeto evolutivo. Essa "viagem" se dá por meio da transmigração de almas entre os vários planetas, como uma grande romagem que busca o caminho do aperfeiçoamento e da evolução. Ocorre que esse pequeno ponto no Espaço está inserido em um sistema solar, também em viagem, como em movimento está a nossa constelação e igualmente a nossa galáxia. Tudo se acha em deslocação, com velocidades gigantescas, apesar de aparentemente lentas, porque são estruturas cósmicas extensas. Como viajantes das estrelas, aproximamo-nos de astros desconhecidos, posto que a Astronomia terrena não pode detectá-los por dispor somente de alguns mapas e de informações limitadas dos movimentos cósmicos. Muito desse processo ocorre num horizonte de tempo separado por séculos, milhares, milhões e até bilhões de anos. Uma formiga que esteja se locomovendo dentro de um automóvel, por ser tão pequena e lenta em sua atividade, não se dá conta de que se encontra num veículo em altíssima velocidade para ela. Assim é o ser humano que habita o planeta Terra.

Como todas essas estruturas cósmicas estão em movimento evolutivo, é natural que seus componentes – estrelas, planetas, asteroides, cometas e meteoros – se encontrem em dinâmica contínua. Portanto, a Terra é apenas um desses eventos cósmicos em transformação que interagem com mudanças em todo o Sistema Solar, na constelação e na galáxia em que se inserem. E ainda bem que não há monotonia no Cosmo, e que todos avançam em direção a um núcleo galáctico de onde vibram forças arcangelicais gigantescas em consciência e amor, plenamente sintonizadas com a Força Central que engloba todo o Macrouniverso, de onde emana o infinito e sublime amor de nosso Pai Maior.

Algumas pessoas se amedrontam, ao verem cair um temporal com relâmpagos e enormes trovões. Os animais, com a baixa consciência que possuem, se assustam ainda mais. Todavia, há aqueles indivíduos que mal se dão conta do que se passa, permanecendo em suas atividades rotineiras; há os que apenas observam e admiram as belezas dos fenômenos naturais, e também aqueles que, por medo ou respeito à situação, aproveitam para fazer uma prece e pedir proteção a Deus. Poucos, porém, se regozijam com a beleza da natureza, por terem em mente a importância da chuva para molhar a terra e abastecer os rios; e mesmo quando ela é torrencial, reconhecem sua importância no trabalho de limpeza da pesada atmosfera terrena. Estes agradecem a Deus por ela e contribuem mentalmente para que a limpeza astral se concretize a contento, tornando-se assim importantes colaboradores do Universo.

Muitas vezes, esses fenômenos geram desastres, acidentes ou incidentes, pois, antes de serem fenômenos físico-climáticos, os temporais são agentes de limpeza astral. Desse modo, como não raro o orbe se encontra energeticamente pesado, por conta dos mecanismos naturais de movimentos atômicos e fotônicos, são desencadeados processos sucessivos de saneamento com ventos, águas e centelhas eletromagnéticas. Nesse caso, acidentes podem ocorrer, provocando as mais diversas reações nas pessoas. Há aquelas que, vendo seus vizinhos em apuros, apenas observam, ainda que sintam algo por eles. Outras não desejam se arriscar ou pensam que aquilo não é problema seu. Contudo, há os que se sentem mobilizados a ajudar e saem em meio ao temporal estendendo as mãos aos irmãos necessitados.

Analogamente, ocorre o mesmo com relação ao Cosmo: eventos cósmicos naturais, como os que estão se passando com o Sol, o Sistema Solar, e em especial, com mais intensidade, em alguns orbes, não assustam os irmãos mais evoluídos; eles apenas tomam consciência, mantêm-se em estado de prece e continuam trabalhando por seu progresso espiritual e ajudam o próximo, no próprio orbe e em planetas vizinhos, entendendo que tudo são fatos naturais em prol da evolução do conjunto.

No caso das grandes transformações cósmicas, climáticas e geofísicas que a Terra vem atravessando e ainda vai atravessar de forma mais intensa, haverá pessoas e almas que, embora um tanto ansiosas pelos acontecimentos, manter-se-ão em trabalho e firmes com os compromissos assumidos, de forma responsável. Outros indivíduos se amedrontarão e buscarão salvar-se fisicamente. Haverá aqueles que aproveitarão o momento para buscar o caminho espiritual, processo ativado pelo medo do desconhecido ou de ter que enfrentar a morte e, automaticamente, a própria consciência, o que despertará o respeito pelo que está acontecendo.

De certo modo, esse processo já vem afetando algumas almas terrenas mais sensíveis que pressentem que algo está ocorrendo com o planeta. Embora se trate, na verdade, de mais um evento dentre tantos que ocorrem a todo instante no Cosmo, dentro de uma perspectiva macrouniversal, nem por isso é menos importante que os demais. E os irmãos mais velhos na caminhada evolutiva, sejam deste orbe, sejam extraterrenos, sabem que os terráqueos precisam e precisarão de ajuda.

A grande maioria da humanidade terrena se encontra anestesiada; nem sequer percebe o que está acontecendo. Outros pressentem algo "no ar", mas preferem não dar importância a tais pressentimentos, para não encarar suas vidas com responsabilidade, e assim mantêm-se inertes aos fatos;

alguns poucos desejam interagir com os acontecimentos ou com o que está por vir e, desse modo, buscam descobrir que atitudes tomar. Contudo, são raros os que se dão conta de que o principal fator a se trabalhar é o mundo íntimo, com vistas à autotransformação. Infelizmente a grande maioria dos cientistas terrenos, ainda blindada por alto grau de vaidade e arrogância (que cria verdadeiras capas impermeáveis à penetração da Consciência e do Amor Universal), não permite que suas mentes e seus corações captem, com maior amplitude, mais atenção e humildade, intuições, sinais e percepções que poderiam facilitar suas análises científicas, dando-lhes acesso à realidade com maior fidedignidade e à identificação dos fatos do ambiente terreno e cósmico à luz de uma abordagem macrocósmico-espiritual.

É importante deixar claro que quem buscar proteção unicamente física não estará resguardado, pois tais eventos muito antes de serem fenômenos físicos são acontecimentos de cunho espiritual, o que deve induzir os terráqueos a compreenderem que o mais relevante será a busca do caminho e do equilíbrio espiritual. Não há sentido em alimentar o medo e o desequilíbrio emocional. Quem de fato trilha o caminho espiritual sério, consciente, rico em fé nos desígnios de Deus, nada temerá, mesmo estando consciente de que ainda é uma alma imperfeita e em aprendizado. Afinal, viver a imperfeição também faz parte do aprendizado, da maturação e educação cósmicas e da caminhada evolutiva de cada ser.

O que denota qualidade de vida e felicidade de um povo, muito mais do que a disponibilidade material existente em determinado lugar, é a qualidade espiritual e criativa dos seres que ali vivem, pois com esta será possível transformar qualquer ambiente físico, por mais inóspito que seja, num lar de felicidade. Há planetas muito pequenos e com pouca diversidade de recursos naturais bióticos e abióticos, mas que, no entanto, oferecem condições mínimas para que o esforço e a criatividade de seus habitantes possam gerar qualidade de vida em todos os sentidos espirituais e físicos: do pouco, extrai-se muito, e este muito serve a todos, irmanados no sentido fraterno-universal, sem violência, sem egoísmo, sem orgulho ou sentimento de poder. Tudo deve começar no espírito, no bom sentimento e na mente harmonizada. O resto virá por acréscimo.

A vida se expressa, antes de tudo, nos planos energéticos mais sutis, e aos poucos vai se densificando. Portanto, é preciso, em primeiro lugar, que o indivíduo se concentre em questionamentos existenciais-espirituais: de onde vim?, para onde vou?, qual o meu papel dentro deste Cosmo infinito? Respondendo a essas questões, em bases ético-cósmicas, os seres e toda uma civilização poderão começar a realizar melhor os planos de cunho material e a proporcionar direcionamento mais adequado à vida cotidiana.

Transmigração de origens diversas e ancoragem de almas ainda primárias

O plano destinado à Terra, que ancoraria vidas desde as mais primárias em sua primeira dimensão física,[1] teve início com sua história biológica apoiada em ideais espirituais, mas com foco primordialmente material. Assim, desde os tempos das cavernas, o terráqueo vem lutando, antes de tudo, pela sobrevivência física, muito antes de se importar com uma Força Maior que organiza e mobiliza as fontes que o alimentam. O instinto de sobrevivência está no âmago das células e das estruturas genéticas física e do duplo-etérico, e se sobressai naturalmente como o primeiro na escala de tempo, o que pressupõe alimentar-se e preservar a vida. Daí derivou o instinto de segurança; em seguida, veio o de procriação ou perpetuação da espécie. Com o tempo, surgiu a preocupação em conservar os alimentos para atender aos períodos de escassez; e, aos poucos, o ser humano foi sentindo que havia uma Inteligência Maior do que ele, a qual passou a temer e respeitar: eram os primeiros sinais de consciência da existência de Deus nascen-

[1] O leitor poderá estranhar a terminologia "primeira dimensão física terrena", alegando que está na terceira dimensão. Contudo, para que haja plena compreensão a respeito do conceito transcendental de planos de evolução e de dimensões físicas, nos vários planetas do Sistema Solar e no Universo, basta consultar o capítulo 1 da obra *Missão Planetária* (**EDITORA DO CONHECIMENTO**), em que esses temas são abordados segundo a visão da Espiritualidade Superior e os conceitos da Física Quântica, e não meramente com base nos parâmetros de altura, largura e profundidade, da Física convencional.

do no ser humano primitivo.

Milênios e milênios depois, a humanidade, em sua maior parte, ainda continuava – e de modo prevalente continua até hoje – presa ao mundo essencialmente material, na busca do alimento, da segurança, do bem-estar físico e da satisfação das necessidades mais grosseiras. Já há, nesse bojo, a satisfação de coisas imateriais; porém, em grande parte, ainda agrilhoada a paixões primárias, ao orgulho, à vaidade e ao egoísmo, como é o caso das artes.

Faz parte do processo natural de evolução do ser humano da primeira e da quarta dimensões físicas a preocupação com o alimento físico, sobretudo nos seres da primeira dimensão física (que é a mais densa, como a vossa), haja vista tais alimentos serem ainda bastante densos. E por isso, é também normal que o ser humano busque primeiramente satisfazer suas necessidades básicas, por natureza mais densas e exigindo esforços mais densos, para depois se ocupar das coisas do espírito. Para quem ainda não domina seus instintos, não há como meditar sentindo fome.

A humanidade tem evoluído; porém, mesmo com os esforços para se catalisar a evolução humana, como as enxertias espirituais e a encarnação de grandes espíritos para ensinar e trazer o bom exemplo, essa caminhada tem sido muito lenta. Os seres humanos da primeira dimensão física terrena têm dificuldades para assimilar e aprender com os sofrimentos causados pelo mal que ainda praticam; por isso a bendita Lei do Carma os faz ir e vir tantas vezes por meio da reencarnação, a fim de que paulatinamente absorvam aprendizados, seja pelo sofrimento que lapida a alma, seja pelos conhecimentos e pelas experiências aliadas aos esforços de melhoria interior que incorporam, para que assim possam promover sua evolução.

Em face dos rigores do inverno, das experiências com muitas guerras e outras tantas dificuldades vividas ao longo de séculos e milênios, os países que mais evoluíram materialmente aprenderam a pensar e planejar no longo prazo visando à produção de alimentos, energia e outros componentes infraestruturais para atender às necessidades físicas. É evidente que se trata de avanços positivos; porém, o planejamento espiritual ainda não faz parte do cotidiano de governos e de povos materialmente mais avançados da Terra.

Até que haja amadurecimento espiritual individual e coletivo, mesmo nas sociedades materialmente mais organizadas, regra geral, os terráqueos continuarão sofrendo de solidão, tristeza, depressão, egoísmo, orgulho e vaidade acentuados, por faltar-lhes o espírito crístico no âmago de suas almas, bem como em suas atitudes. Muitos, inclusive, acham que o princípio do hedonismo, ou busca do prazer, é meta a ser trilhada sem descanso; por isso se deixam levar por instintos desprovidos de sentimento e aliados a um racionalismo endurecido, retroalimentando condicionamentos seculares e amplificando o poço do vazio e da frustração interior. Esses pressupostos são visíveis nos países que satisfizeram suas necessidades básicas, porque estes não descobriram que cuidar do espírito faz parte das necessidades essenciais do ser. E buscar o caminho espiritual está muito além do que ainda se cultiva majoritariamente na Terra, qual seja ir ao templo ou à igreja para assistir ao culto ou à missa, ou estar cumprindo com uma burocracia social ou exclusivamente comportamental. O verdadeiro caminho espiritual implica encontrar Deus dentro de si, promover o autodescobrimento e a transformação íntima, vivenciar o sentido fraterno-universal nas relações interpessoais e se esforçar para expandir-se em consciência cósmica.

No que concerne a encarnações e migrações de almas dentro do planeta Terra e entre os planetas que têm interagido direta e indiretamente com ela, como parte do monitoramento e dos ajustes de percurso do projeto evolutivo terreno, têm encarnado mais amplamente nas últimas décadas almas oriundas de vários orbes com grande evolução tecnológica e certo grau de evolução espiritual, mas a maioria delas ainda necessita de expansão do amor fraterno. Grande número dessas almas vem encarnando na Terra com vistas a ajudar os países a chegarem a um patamar de qualidade de vida material justo, e ao mesmo tempo para ampliar o grau de consciência coletiva planetária. Em função de aspectos que serão abordados mais à frente, como questões históricas e de amadurecimento no campo da organização social e econômica, por exemplo, alguns países têm dado melhor guarida que outros a essas almas extraterrenas que têm chegado ao orbe.

Em rigor, a descida à Terra de espíritos adiantados, não tanto em massa mas em quantidades isoladas, teve papel-chave ao longo da História da humanidade, visando a influenciar e promover impulsos essenciais na evolução do conjunto. Esse foi o caso de Descartes, filósofo e matemático francês que teve, dentre outras, a função de trazer para o mundo referenciais importantes para ajudar os que encarnariam, fosse em relação ao pensamento científico em confronto com o religioso-institucional da época, fosse em contribuições que viriam dar base à metodologia científica, fosse no suporte do pensar para a organização das disciplinas do conhecimento e da viabilização do progresso material. Essa foi uma etapa importante para a evolução no campo mental e da praticidade, e que viria a influenciar grandemente o futuro da humanidade, sobretudo daquelas nações que mais tarde se tornariam desenvolvidas no campo material e nas relações sociais.[2]

A Terra, então, nos últimos trezentos e trinta anos, demandaria a descida de um número maior de almas que ajudariam a trazer para o mundo concreto conhecimentos e tecnologias que contribuiriam com o progresso material da humanidade: passo importante para que, depois, se pudesse avançar de modo mais extensivo no âmago das consciências das massas em aspectos mais abstratos e sutis, como questões da sensibilidade e do espírito. Não por acaso desceram almas luminares para tocar os corações e mentes no período da expansão da música erudita (com a vinda de Bach, Mozart, Beethoven, Liszt e outros), e mais ou menos na mesma época dar-se-iam os primeiros passos em direção à Revolução

[2] Muitos desses países considerados desenvolvidos acabaram por imergir nas teorias que solidificariam posturas racionalistas e práticas decorrentes do pensamento de Descartes e de seus predecessores economistas, advogados e sociólogos (e isso fez parte de um importante momento histórico da humanidade, que necessitava dar impulsos no campo racional e material). No entanto, esses países hoje em dia têm dificuldades de evoluir para pensamentos e atitudes mais circulares, flexíveis, holísticos e multidimensionais, com consequente abertura de canais espirituais e do sentimento fraterno, salvo a ocorrência de atitudes em algumas almas isoladas, que, de certo modo, têm como papel repensar a vida nestes tempos e difundir em nível global esses ideais, como avanços no campo ecológico e da solidariedade humana (o que não ocorreria ou teria baixo impacto mundial, caso essas pessoas encarnassem em países pobres ou em desenvolvimento).

Industrial. O século dezenove teria o reencarne de almas-chave para provocar choques conscienciais quanto a temas espirituais, como foi a vinda de Kardec e Blavatsky. O século vinte contou com o reencarne de outros tantos espíritos especiais que promoveram avanços estratégicos na vida da humanidade, tanto no sentido material como nos temas relacionados com o progresso do espírito.

Com o advento da nova era planetária, nova massa de espíritos tem descido à Terra, em quantidade maior. E não por acaso muitas das instituições das nações desenvolvidas têm realizado ações humanitárias e projetos de cunho social e ambiental em países pobres, como atos de caridade, ainda que haja líderes de alguns governos ou de organizações desses países com segundas intenções, na tentativa de favorecer seus interesses econômicos egoísticos, ou mesmo por vaidade individual e coletiva.

Outro aspecto a considerar diz respeito à maior homogeneidade de almas encarnadas nesses países mais desenvolvidos, o que facilita sua organização e gestão, ao contrário do que ocorre em países mais novos como os das Américas, especialmente em casos como o do Brasil, onde houve e continua havendo um processo de migração de origens étnicas e espirituais diversificadíssimas, o que favorece alguns avanços de cunho espiritual decorrentes da miscigenação, mas tem reflexos negativos de curto prazo no campo material e da organização social (no longo prazo, os reflexos sociais e materiais serão também positivos; contudo, será necessária uma série de ajustes de percurso e de esforços transformadores das almas encarnantes e encarnadas).

Em face de a maioria dos habitantes de certos países europeus e dos norte-americanos terem uma natureza mental e senso prático mais aguçados, por serem almas que traziam esse perfil, puderam eles desenvolver de modo mais eficaz conhecimentos e habilidades no campo da ciência, da justiça, da gestão e da implementação de projetos em geral: de cunho educacional, de ordem infraestrutural e outros, que têm levado a melhorias na qualidade de vida material. Além de irmãos extraterrenos encarnados, grande número dessas almas são egressas da velha Atlântida, passaram pelo antigo Egito e pela Roma antiga, locais onde exercitaram ainda mais o senso prático e o lado racional da vida. Some-se a isso, um importante fator: as marcantes experiências históricas que esses países tiveram com guerras, fomes e dificuldades materiais em geral, o que lhes despertou características de resiliência e de autossuperação enquanto coletividade humana.

Muito embora tenha sido visível, após a Segunda Guerra Mundial, o avanço desses países no campo da ciência, infraestrutura e melhorias sociais, a desestruturação econômica e material sofrida com o conflito os forçou, no pós-guerra, à união para o bem comum, com a mobilização do esforço coletivo para reconstrução das estruturas econômicas e sociais de suas nações, então destruídas – evidentemente com o suporte financeiro dos Estados Unidos, que viriam a sedimentar-se como a maior potência econômica e material do planeta. O quadro de dificuldades e de mobilização nacional de antes, durante e depois da guerra, que lhes causou traumas sociais profundos, inspirou-lhes leis e posturas de respeito ao coletivo, o que se refletiu nas gerações seguintes e em seus padrões culturais. Sem dúvida isso representa grande avanço na evolução social, mas ainda se trata de seres humanos terráqueos que carregam muitas mazelas espirituais a serem trabalhadas, como forte orgulho, vaidade e egoísmo.

O processo de migração de almas entre os vários países e regiões da Terra, que sempre existiu, tem se intensificado desde o final do século passado e início do século vinte e um. Muitas das almas inteligentes, porém corruptas, orgulhosas e egoístas, que passaram pelo antigo Egito e pela Roma antiga, e que também encarnaram nos séculos passados nos países hoje desenvolvidos, têm reencarnado em países em desenvolvimento. E o Brasil não foge a essa regra, até porque a este país foi incumbida a missão de misturar as etnias e origens espirituais, dentre outras missões.

Assim, ao Brasil foi confiado o dever de construir as bases da humildade, da resignação e da resiliência espiritual por meio do sofrimento e pela luta em busca de conquistas materiais, sem perder a essência espiritual que permeia todas as latitudes deste país, seja pela natureza mística, seja pela religiosidade, mesmo que ainda repleta de imaturidades no trato com o campo espiritual. Portanto, há muitos seres que encarnaram, que estão encarnados e que se encontram em processo de reencarne oriundos de antigas civilizações, trazendo para o Brasil diversas experiências, mas, ao mesmo tempo, suas respectivas mazelas espirituais, somadas a carmas individuais e coletivos decorrentes do período colonial, época em que houve a matança de muitas tribos indígenas, além da exploração escravagista e dos detentores do poder político e econômico, que de certo modo perdurou por décadas e que ainda se encontram presentes em várias localidades do Brasil.

Apesar da atenção especial que está sendo dada ao Brasil, como parte de ações preparatórias para que este território possa receber, de modo construtivo, os efeitos energéticos oriundos do chacra cardíaco terráqueo, o qual encontra-se em sua região central, o país tem sido importante palco de provações e de ajustamentos cármicos, inerentes ao seu amadurecimento, com reflexos em nível nacional. A Terra como um todo é parte dos cuidados espirituais superiores, e tem sido impactada pelo carma coletivo planetário. Afinal, o planeta é um ser único e, embora haja os carmas coletivos dos países, em um sentido mais amplo, existe o carma coletivo terreno; sobretudo se considerarmos que este orbe está vivenciando, em nível global, um momento-chave de sua história geofísica, científica, cármica e espiritual.

A Terra passa por um momento de síntese em todos os segmentos da vida humana, desde o espiritual, percorrendo as experiências mentais-emocionais e cármicas, até as áreas do conhecimento e seus fortes impactos na cotidiano. No que se refere especificamente ao campo espiritual, podemos afirmar que o ser humano está passando por revisões de cunho existencial, assim como cármico. Chegou o momento-chave em que deverá rever princípios, conceitos, formas de pensar, sentir e agir diante da vida. Os mais endurecidos estão passando por choques que acabam por levá-los a tomar decisões entre o lado "da direita" ou "da esquerda" do Cristo, desde as questões mais primárias (ainda que tomados por impulsos, ou seja, sem consciência espiritual lúcida do que se passa consigo). E o livre-arbítrio, como lei cósmica, tem sido respeitado; afinal, todo ser humano sabe ou sente no fundo da alma o que está em sintonia ou em desacordo com a Lei Maior, uma vez que viver numa era de síntese significa que não há mais tempo a perder com tantas práticas viciosas do passado. É chegada a hora de impulsionar com mais firmeza o propósito educativo-espiritual do mundo interior da alma.

Portanto, para aquele que já encarnou como simples operário, como pai de família, que viveu no campo e na cidade, que foi escravo, religioso, nobre ou meliante, que provou da riqueza e da carência material, que viveu isolado ou em grupo, que teve a oportunidade de mergulhar no mundo dos vícios e dos desvios, mas também de cultivar a fé, a boa vontade, o respeito humano, as dores e os prazeres, as tristezas e alegrias, é chegada a hora de separar o joio do trigo que lhe habita o ser, extraindo de suas experiências os bons aprendizados e deixando de lado os vícios os desregramentos, o orgulho, a vaidade e o egoísmo. Isso significa afirmar que não haverá saltos ou atalhos artificiais, que ninguém se transformará do dia para a noite, mas que cada um possa dar o primeiro passo, rumo ao início de uma longa jornada autoeducativa de autoconhecimento e autotransformação.

Na área do conhecimento científico e tecnológico, com reflexos na vida material, percebem-se avanços inimagináveis há cem anos na geração de tecnologias da informação, nas biotecnologias, nanotecnologias e engenharia genética. Nota-se a sedimentação do conceito de holismo em alguns setores da Ciência, ainda que lentamente. A globalização é fato: as distâncias se encurtaram, os meios de transporte estão mais ágeis do que há setenta anos, as comunicações se fazem instantâneas, as migrações humanas têm se intensificado (sejam elas por questões de busca de trabalho e renda ou estudo, sejam por questões de sobrevivência ou fuga da violência). A Terra já dá sinais de um período inicial de integração planetária, de busca de maior sintonia e ressonância vibratória entre os habitantes deste pequeno corpo espacial do Sistema Solar e da Via Láctea.

Em que pese essa tendência na síntese das experiências humanas e no campo das ciências, ao mesmo tempo vive-se um momento de contradições, de contrassensos, ambiguidades e choques entre o verdadeiro caminho espiritual e a fixação aos padrões mentais-emocionais e instintivos primários, com comportamentos arraigados às rudezas de quem não deseja seguir o fluxo impulsionador do progresso espiritual. Regra geral, e considerando a maioria das almas, civilizações atrasadas espiritualmente como a terráquea ainda necessitam das lágrimas para aprimorar seus pensamentos, sentimentos e atitudes, pois o sofrimento tem um papel fundamental na lapidação das almas endurecidas.

É possível perceber o magnetismo procedente do chacra cardíaco da Terra emanando suas vibrações de amor crístico e disseminando essas energias com maior vigor nestes momentos que "coincidem" com a intensificação de turbulências no Sol. Apesar de essas energias mobilizadoras da sensibilidade estarem bastante ativas, neste momento cósmico terreno poucas almas têm recepcionado de forma compreensiva e expansora essas vibrações, seja no Brasil (que, apesar de tudo, ainda tem sido a nação com maior antenagem a essas energias, tanto pela lógica geográfica como pela natureza e formação de seu povo, de maneira geral), seja na América do Sul (que devido à proximidade geofísica também tem recebido essas vibrações com certo grau de intensidade), seja no planeta como um todo (que acaba por receber a disseminação dessas energias por meio dos fluxos ou correntes marinhas e de ventos, bem como dos próprios mecanismos ou correntes sistêmicas de energia que circulam por toda a Terra, em seu corpo etérico).

A Ciência terrena tem comprovado o aumento de tempestades e explosões solares, que são verdadeiras manifestações de amor do Cristo Solar.[3] Elas têm afetado os movimentos do magma e do campo energético intraterreno com intensa penetração de neutrinos (partículas subatômicas),

[3] Para melhor entendimento da mente humana, podemos ilustrar essa questão afirmando que as explosões solares fazem parte de um processo de expansão de uma grande concentração de energia de amor cósmico, em alto grau. Ao expandir-se, essa potente energia gera uma quantidade gigantesca de átomos. Vide o capítulo 1 da obra *Missão Planetária* (**EDITORA DO CONHECIMENTO**).

que a cada dia aumentam com a dinâmica dos ventos do Sol em direção a todo o Sistema Solar e, por conseguinte, afetam a Terra, atuando sobre os seres que nela habitam, e, do mesmo modo, influenciando o interior do planeta, dinamizando seus geochacras ou vórtices de energia planetária, que por sua vez também são impulsionados pelas forças telúricas vindas do centro do globo.

Toda essa rede de interação sistêmica de fatos e correlações energéticas entre o Sol e a Terra, e destes para com os habitantes terrenos, faz parte do grande plano cósmico, do qual este planeta é peça tão importante quanto os demais orbes planetários. Todavia, a Terra tem recebido uma atenção redobrada por parte dos extraterrenos, tal como acontece com os pais que dedicam maior atenção ao filho pequeno que depende de mais cuidados do que aquele mais amadurecido que já se resolve com maior autonomia.

Todos os chacras ou vórtices geoenergéticos da Terra têm reagido com mais intensidade. Esses afluxos energéticos estimulam todas as naturezas que habitam o íntimo do ser humano, sejam boas ou não. Isso significa dizer que será exposto tudo o que estava escondido, ou melhor, será possível perceber com mais clareza o que é joio e o que é trigo. Assim, não por acaso, tem se verificado neste orbe um ambiente de fortes contradições: desde um impressionante avanço no campo científico e tecnológico em direção a melhorias tanto na área da saúde, como na geração de novos artefatos de guerras; de pessoas buscando caminhos espirituais e outras vivendo a explosão dos instintos; do arrefecimento de preconceitos e dogmas ao aumento de movimentos de fanáticos religiosos, de grupos radicais e racistas; de povos intensificando o clima de violência até outros tantos sedentos por paz, harmonia; uns despreocupados com a ecologia e focados no lucro exacerbado e irresponsável, enquanto outros buscam o equilíbrio ambiental.

Todos esses desequilíbrios e interesses conflitantes que ocorrem atualmente no planeta, e com certa frequência dentro de uma mesma região, fazem parte do momento crítico e transformador por que passa a Terra em todos os seus aspectos, como se ela tivesse chegado a um entroncamento de vias civilizatórias que provocam choques entre formas de agir, pensar e sentir. E esse turbilhão energético desencadeia conflitos e um estado de certo modo caótico – como um corpo que chega ao seu limite de suportar tanto peso negativo no campo astral e físico, e ao mesmo tempo, intuitivamente, tendo a esperança de melhorar, almejando a boa saúde, ainda que imerso na doença em seu estado máximo de expressão, que ameaça levá-lo a afundar de vez na desmotivação e perda da fé.

Nesse sentido, o magnetismo intenso proveniente do chacra cardíaco da Terra, no momento atual, tende a influenciar mais intensamente todo o planeta, mas em especial os que habitam o Brasil e mesmo a América do Sul, em razão da proximidade física com a localização desse chacra. Essa força deverá tornar-se mais ampliada nos próximos anos e décadas. O objetivo dessa intensificação na emanação e nos fluxos energéticos oriundos do chacra cardíaco da Terra é realizar a última etapa de uma era (pisciana) em que o sentimento carregado de sensibilidade espiritual deveria ter sido absorvido pela maioria dos terráqueos já há muito tempo. Todavia, a bondade divina é infinita e está dando as chances finais para aqueles que desejam de fato abrir seus corações para a fraternidade verdadeira, expressa em pensamentos e atos.

A missão da Terra é tornar-se o lar de seres humanos amadores, ou seja, que se amam fraternalmente e que auxiliarão muitos trabalhos cósmicos de ajuda a outros orbes menos evoluídos no futuro, assim como os habitantes de Marte, Vênus e de outros planetas, principalmente da estrela Sírius (que é uma estrela de amadores), têm assistido a Terra há milhões de anos. Por isso, a vida mais fraterna entre as almas é destino irrevogável da Pátria do Cruzeiro, e esse plano cósmico para o país remonta a milhares de anos, como *locus* disseminador da prática fraternal dentro do planeta. O que se idealizou para o local onde hoje se encontra o Brasil é que, tendo em vista ser o ponto energético do chacra cardíaco, seria o lugar-chave para o amadurecimento e a multiplicação do sentimento fraterno na civilização terráquea.

Jesus, que é o avatar que representa a Era de Peixes, ou

Era do Sentimento, veio trazer ao mundo material o exemplo do amor fraterno. Teve êxito em sua missão cósmica, mas a maioria dos terrícolas não o compreendeu, não o sentiu, e, em consequência, não transformou a natureza íntima de orgulho em humildade, de vaidade em simplicidade e de egoísmo em amor incondicional a Deus sobre todas as coisas e ao próximo como a si mesmo. Aliás, poucos de fato iniciaram ou tem iniciado o real processo de autotransformação. Anjos e espíritos superiores conhecem a psicologia humana e sabem que planetas em processo de expiação precisam de muito tempo para o amadurecimento das almas, em sua maioria renitentes em abrir a mente para uma consciência cósmica e o coração para o amor fraterno-universal.

A expectativa era de que, por volta do ano 2000 d.C., muitos terráqueos tivessem compreendido e absorvido boa parte dos ensinamentos deixados por Jesus, o que não aconteceu. É parte do Plano Maior que o território brasileiro seja o foco emanador das vibrações de amor trazidas pelo Mestre Jesus, e que essa luz amorável se expanda para as demais regiões terráqueas. Mas, paralelamente, deverá iniciar-se firmemente o processo dessa transformação naqueles que habitam seu território, o qual, nos novos tempos, não será mais dos brasileiros e sim dos terráqueos, assim como todo o planeta, que não terá mais fronteiras egoísticas e orgulhosas.

A migração de almas dentro do orbe terráqueo prossegue, e muitas têm chegado de outros orbes

Há que se ressaltar que nos últimos anos também têm encarnado em países desenvolvidos almas oriundas de regiões materialmente mais pobres do planeta, com o intuito de promover nelas maior progresso mental a partir da imersão e dos efeitos osmóticos decorrentes da convivência com aqueles intelectualmente mais evoluídos. Ao mesmo tempo, essas almas singelas, do ponto de vista material, poderão contribuir com sua natureza simplória e despojada de luxo ou de consumo material desenfreado, influenciando positivamente almas mais mentais e mais frias que residem nesses países. Vale frisar que algumas dessas almas de origem encarnatória mais simples podem se deixar ludibriar pelos atrativos do mundo material e acabar se encaminhando por desvios, mas se isso acontecer será por conta de seu livre-arbítrio. Tenhamos sempre em mente que erros, remorsos temporários e sofrimentos cármicos fazem parte do processo de amadurecimento espiritual. Portanto, nas nações mais ricas têm encarnado almas mais novas, como também oriundas de outros planetas ou da época da velha Atlântida. Estas últimas tendem a ser viciadas em acentuado egoísmo, orgulho, vaidade e apego a egrégoras negativas do passado, apesar do avanço intelectual que possuem.

A estrutura de governo e a estrutura política levadas mais a sério nos países desenvolvidos econômica e materialmente, se comparadas com as políticas adotadas nos países mais pobres, acabam por proporcionar o atendimento às necessidades sociais e criam uma ambiência de maior "pressão" psicológica no meio social, gerando maior sintonia e ressonância vibratória no comportamento das pessoas, dando a impressão, aos olhos dos habitantes dos países em desenvolvimento, que as sociedades ditas desenvolvidas, como um todo, são quase perfeitas ou representam um modelo de vida para o mundo.

É certo que essas nações trazem avanços socio-comportamentais importantes no cumprimento de leis e regras sociais, avanços no campo intelectual e da praticidade, na ciência e tecnologia e na qualidade de vida material, o que não deixa de ser positivo. Porém, ainda se encontram muito distantes do que seria uma sociedade aquariana: que se transforma de dentro para fora, a partir de um processo de tomada de consciência crística, com verdadeira vivência da fraternidade; enfim, uma sociedade sensível, intuitiva e mentalmente aberta. Mas é válido salientar que essas experiências positivas no campo socioeconômico e de maior seriedade na aplicação das leis será de importante referência para a construção da Nova Era e da sedimentação de comportamentos mais civilizados no novo período planetário. A disseminação dessas boas experiências ocorrerá pelo intercâmbio de almas e pelo processo migratório intraplanetário.

A globalização inerente ao atual momento da humanidade

representa a materialização de um longo e lento planejamento cósmico para a Terra, que agora se torna realidade facilitando o fluxo instantâneo de informações e de comunicação, o rápido deslocamento de indivíduos, o intercâmbio comercial e as trocas em todos os campos da vida humana. Tal relacionamento recíproco tem sido maior também no plano astral terreno.

Agora, muitos dos países que outrora foram colonizadores, além da pressão migratória que vêm sofrendo nas últimas décadas no mundo dos encarnados, têm recebido em seus territórios almas reencarnadas oriundas dos países africanos, asiáticos, caribenhos ou latino-americanos que outrora sofreram pesada exploração. Trata-se de fruto de retorno cármico, mas também, e ao mesmo tempo, isso serve de oportunidade de intercâmbio, bem como de ampliação intelectual e de senso prático para esses encarnados das nações exploradas. Nesse contexto, há que se ressaltar o efeito magnético-vibratório na Europa em função de o chacra frontal (ou mental) da Terra estar localizado naquele continente, o que produz forte efeito energético nos que ali reencarnam. O que seria o plexo solar da Terra se localiza na América do Norte, local onde o senso prático e de realização é bastante dinamizado pelas emanações desse geovórtice de energia.

Como parte inerente ao processo pedagógico à luz das experiências cósmicas, o que se passa nos países, atualmente, como reflexo do momento de síntese planetária, é análogo ao que se dá numa sala de aula da Terra, onde estão misturados todos os tipos de almas: as mais inteligentes, as mais sensíveis, as mais arrogantes, as mais humildes, algumas trazendo certa natureza de conhecimento e experiências passadas diferentes de outras tantas, e assim sucessivamente. Isso cria uma enorme diversidade, importante para que cada um se lapide, aprenda e absorva aquilo de que necessita para sua evolução por meio do intercâmbio interalmas, e mesmo em decorrência de trocas e até de choques culturais. Algumas têm a oportunidade de ampliar seus conhecimentos, e outras de exercitar a humildade, de modo que todos possam crescer em fraternidade. No entanto, em face do livre-arbítrio, isso nem sempre ocorre na prática para aquelas que, por orgulho, vaidade e egoísmo, acabam perdendo as oportunidades de crescer como espíritos. Mas, no final, o saldo é sempre positivo: para que a pedra dura, mas preciosa na essência, seja lapidada será preciso a ação do esmeril que a machucará pelo atrito e provocará inevitável sofrimento, em virtude de sua rijeza; mas como resultado ela refletirá todo o seu brilho.

Muitos irmãos de países mais pobres ou em desenvolvimento, ao observar com improdutiva inveja ou curiosidade as nações mais ricas da Terra, veem-nas como o próprio paraíso, pois não há nelas o grau de violência e pobreza existente em seus territórios. Aliás, curiosidade similar surge naqueles que se questionam se o Brasil é de fato o coração do mundo e a Pátria do Evangelho, o local onde surgirá a civilização do terceiro milênio responsável por dar o tônus vibratório da Nova Era. Afinal, por que, em pleno alvorecer dos novos tempos, este país apresenta tantos problemas, como violência, disparidades entre classes sociais, deficiências de infraestrutura, falta de ética e corrupção? Por outro lado, nos países desenvolvidos há grande avanço nas relações humanas e estruturas sociais, ausência de violência, ótimos sistemas de educação e infraestrutura, tudo funcionando bem; sobretudo nos países da Europa ocidental, no Canadá, nos Estados Unidos, no Japão e na Austrália. Não seria mais fácil instalar e começar a Nova Era nesses países?

De fato, as nações que avançaram no campo econômico, social, material, das ciências e de gestão têm papel importante no exemplo e na multiplicação dessas experiências para outros países, na oportunidade de ampliar ajuda às nações mais necessitadas. Mas, embora tenham avançado nesses campos, ainda precisam avançar no que se refere ao sentimento fraterno, à religiosidade verdadeira (da conexão com sua essência divina), ao abandono dos vícios degradantes do álcool e das drogas em face do vazio que grande número de seus habitantes sente em suas almas sem direcionamento espiritual, e de pouca ou nula consciência e sensibilidade cósmica, com raras exceções.

Regra geral, a maioria dos encarnados nos países desenvolvidos teme lidar com os sentimentos, e no máximo os expressa apenas nas relações familiares ou com pessoas mais próximas, e ainda com certo grau de restrições. O sofrimento e as dificuldades materiais que essas pessoas enfrentaram no passado de guerras, corrupção e degradação social, além das duras condições do inverno, forçaram-nas a buscar soluções criativas e práticas para se alimentar e se proteger, o que as levou a amadurecer aspectos ligados ao campo da organização social e política, o senso racional e prático, como formas de segurança individual e de seus grupos sociais, indispensáveis à sobrevivência. Mas, no sentido geral, com o tempo, o sofrimento e a luta em virtude do orgulho e egoísmo que ainda carregam fortemente, essas populações criaram mecanismos de proteção contra a expressão e expansão de seus sentimentos, o que, ao invés de lhes sensibilizar a alma, tornou-as relativamente atrofiadas no campo espiritual.

De fato, esses países dão bons exemplos de respeito humano e convivência social, atualmente, o que sem dúvida facilitaria em vários aspectos que neles se instalasse a Nova Era. Por outro lado, os novos tempos necessitam de uma base essencial para a mistura químico-espiritual nos seres humanos: a sensibilidade mais latente como terreno fértil para o cultivo esperançoso do amor crístico, de modo que esse magnetismo do amor (vindo do Cristo Planetário) seja plantado no fundo da alma. Os irmãos de países que avançaram muito no campo mental e prático deixaram de lado o despertar do sentimento, em muitos casos chegando a criar um embotamento ou barreira densa a envolver os componentes da sensibilidade. Muitos habitantes dessas regiões do planeta acreditam, muitas vezes como impulsos do passado (quase sempre inconscientemente), que o sentimento leva ao sofrimento, e tentam se proteger por simples medo; outros creem que o sentimento prejudica a razão, e então constroem um "muro" psíquico de autoproteção. Estes são apenas alguns dos tantos exemplos que poderíamos citar.

Mais recentemente, têm encarnado em vários países desenvolvidos almas com maior grau de sensibilidade, muitas delas advindas de outros orbes planetários, e outras com muitas vidas pregressas na América do Sul e demais países latinos, onde as emoções estão mais à flor da pele. Mas os habitantes dessas nações, em geral, ainda trazem predominantemente elementos mentais e práticos tão fortes que os levam a certos extremos e os fazem resistir a abrir seus corações de forma mais expansiva, de maneira a permitir a entrada de vibrações do amor de Maria, Jesus e Francisco de Assis, anjos emanadores de luz amorável, fundamental na construção dos novo tempos.

Os países da Europa latina, porém, vibram de forma mais intensa no campo do sentimento, por questões étnico-sociais e antropológicas. Todavia, nas últimas décadas, eles foram tocados pelos atrativos do desenvolvimento em bases cartesianas e práticas. Isso não é negativo em certa dimensão, mas faz com que os sentimentos sejam em muito abafados na maioria de seus cidadãos. Há que se considerar nessas questões o fato de que o sofrimento provocado pelas dificuldades materiais, como mecanismo de pressão externa, levou esses países, e mesmo os de outras regiões mais pobres (ainda que não sendo de origem latina), a se tornarem mais fraternos, pois mobilizou os sentimentos para a união, o que lhes conferiu a força da proteção e segurança, da busca por alimento e água, dentre outras vantagens decorrentes da solidariedade. Mesmo que tenham desenvolvido esses atributos por pressão externa ou ambiental, e não por iniciativa consciencial, de dentro para fora, ocorreu aí um processo de avanço espiritual, e essas experiências também são válidas para se somar nas bases de construção da nova civilização terrena.

Quando muitas das pessoas nos países desenvolvidos criam preconceito contra espíritos iluminados que desceram à Terra, como Jesus, Maria e Francisco de Assis, por exemplo, acabam por fechar seus corações e restringem a penetração da luz da sensibilidade e do amor crístico em seus mundos interiores, o que poderia ocorrer através de efeitos devocionais. O orgulho, que proporciona certa pseudoindependência ao contato com entidades espirituais do bem ou forças superiores, calcado por experiências traumáticas do passado – as guerras religiosas, a corrupção e o envolvimento com o poder político que estiveram presentes na história das religiões –, se misturou ao campo mental-emocional consciente e subconsciente da maioria dos habitantes dos países desenvolvidos.

Os habitantes desses países mais avançados materialmente, em sua maioria, fazem certa confusão mental. As personificações de santos católicos e indivíduos que representam as instituições religiosas não podem ser confundidas com o real sentido da religião, que é o religamento do homem com Deus, que habita cada um. Traumas adquiridos no correr da História desenvolveram em quase todas essas pessoas elevados graus de preconceito e o afastamento da busca de um caminho espiritual. Assim, o excesso de racionalismo científico (fruto de apego obsessivo ao cartesianismo) e de praticidade embotou os sentimentos de muitos dos seres ali viventes, gerando almas verdadeiramente inflexíveis e endurecidas no orgulho e na vaidade.

Há também almas primárias encarnadas em países desenvolvidos; entretanto, o sistema educacional bem estruturado, as leis cumpridas e os controles sociais muito fortes e construídos ao longo de décadas e décadas fazem com que, mesmo essas almas, se sintam constrangidas e mobilizadas pela grande pressão social ali existente a mostrar o seu melhor, até por uma questão de aparência e de aceitação social. Sem dúvida, são importantes avanços comportamentais e que ajudam a alma a se educar por reflexos condicionados de boas ações. Todavia, ainda denota que há grandes abismos a serem conquistados no mundo interior dessas pessoas, de modo a se promoverem transformações verdadeiras de dentro para fora, e não o contrário (que não deixa de ser um avanço, mas incompleto e com riscos de não se sedimentarem mudanças consistentes e sustentáveis no campo do sentimento). Existem elevados graus e padrões cristalizados de inveja, vaidade e orgulho em muitas almas dessas localidades, aparentemente perfeitos, aos olhos das nações mais pobres ou em desenvolvimento.

O ser humano traz as mesmas imperfeições nos quatro cantos do planeta. A diferença é que onde há carência material as almas que estão no meio e na base da pirâmide social tendem a se sensibilizar mais em busca da troca de soluções coletivas para a sobrevivência, o que propicia o caminhar em direção a um espírito mais fraterno (apesar de se verificarem contradições e individualismos visíveis em todas as classes sociais, inerentes ao estágio evolutivo da Terra). Os países hoje desenvolvidos materialmente passaram por sofrimentos e guerras que os forçaram a se unir em busca de soluções para dificuldades materiais e de organização social; e o fato de que ali estavam encarnadas muitas almas antigas favoreceu o encaminhamento e a gestão governamental rumo à construção de nações mais organizadas e respeitosas no campo da cidadania. Esses países se estabilizaram no campo econômico e social, mas o abismo espiritual é gigantesco, e isso os tornará insustentáveis no longo prazo.

Considerando que um importante fator catalisador das energias planetárias se encontrava instalado na Europa (o chacra mental concreto ou frontal), somando-se a isso outros fatores relativos ao planejamento espiritual planetário, os mentores da Terra fizeram com que parte do plano cósmico para a civilização terrena fosse estabelecido no continente europeu (antiga Grécia, Itália, França, Inglaterra, Alemanha e outros), mas também no Norte da África (antigo Egito), na Ásia (China e Japão), e num segundo momento na América do Norte, o que permitiu que em alguns locais do planeta se viabilizasse a implantação de instrumentos de alavancagem para o progresso científico, material, da boa convivência nas relações humanas, e até espiritual. E de certa maneira ainda tem sido assim.

De todo modo, pode-se observar que as almas migram, e que muitos países que outrora foram exemplos de organização e progresso em algum momento decaíram nesses quesitos. E assim vem se dando a experiência terrena, que só se estabilizará materialmente quando encontrar o verdadeiro caminho espiritual.

Quando almas extraterrenas encarnam em um país pobre ou com alto grau de desorganização social e política, com raras exceções, não recebem o devido estímulo nem encontram as facilidades materiais que promoveriam o seu progresso, por exemplo, no campo da ciência e da tecnologia, cujos conhecimentos trariam consigo. Desse modo, elas logo se veem sujeitas a se perder no meio das massas e na azáfama do dia a dia, e deixam de contribuir com o que possuem de melhor. Por outro lado, quando as almas encarnam num país desenvolvido, ou onde há forte e organizado incentivo ao progresso material, são estimuladas e apoiadas logo que demonstram seus atributos. Esse fato fez com que ao longo da História, desde o século dezoito, ocorressem impulsos de progresso material nos países europeus, na América do Norte e no Japão. Entretanto, todo o sistema e todos os modelos econômicos que sustentaram o crescimento desses países durante décadas estiveram apoiados no egoísmo, no orgulho e na vaidade. Na História e até os dias atuais, os motores do crescimento econômico têm sido as imperfeições humanas.

Sem dúvida, o progresso material, bem como a estabilidade social e econômica desses países, causa inveja e curiosidade nos habitantes dos países pobres e em desenvolvimento: um certo grau de baixa autoestima e a sensação de incapacidade de chegar ao nível de vida que aqueles alcançaram. Mas é importante estar atento para alguns detalhes que farão parte das bases de vida da nova era planetária: a busca da construção de uma economia justa e equitativa;[4] o amor e a ética cósmica sendo cultivados como alicerces fundamentais do novo tempo, proporcionando interação fraterna, sincera, respeitosa, alegre e carinhosa entre as pessoas; a busca do equilíbrio e da evolução espiritual, e esta servindo de base para o progresso material, e não o contrário; esforços contínuos em direção à união entre Ciência e Espiritualidade. Tais atributos, é válido lembrar, não predominam em nenhum país do globo terrestre, e é lúcido perceber que nem mesmo os países mais avançados materialmente alcançaram esse grau de pensar, sentir e agir de forma integrada (considerando aspectos espirituais como orientadores dos materiais).

Os países desenvolvidos trouxeram e têm trazido importantes contribuições para a Ciência, a política e as formas de

[4] Nota do médium: "que alguns países europeus já percebem e buscam, ainda que de modo às vezes desorientado e sob pressão de economias neoliberais mais competitivas, o que lhes causa dúvidas na política econômica que conduzem ou que buscam construir".

governo, que t6em proporcionado melhorias cruciais na qualidade de vida da humanidade, sobretudo onde fisicamente habitam ou até onde chega sua influência no campo material, seja por produtos e serviços, seja pela simples informação através da mídia. Nesse contexto, podemos afirmar que essas nações têm tido papel vital na expansão dos movimentos ecológicos e de responsabilidade social, além de estudos e soluções relacionadas com a produção orgânica de alimentos, a alimentação vegetariana, os alimentos vivos, funcionais, a fitoterapia, a nutracêutica e diversos segmentos produtivos que se organizam a cada dia em direção ao que ainda se chama de produtos alternativos, mas que, nesses países, já tomam contornos industriais e de boa base produtiva. Em geral, são áreas de ação conduzidas por almas extraterrenas encarnadas nesses países, e o fato de virem de locais desenvolvidos, pelo impacto influenciador que possuem no planeta, não foi por acaso. Esses chamados caminhos alternativos serão cruciais para a solidificação material da Nova Era.

Ou seja, as coletividades e muitas lideranças políticas, econômicas, sociais e científicas desses países cumpriram e vêm cumprindo os papéis para os quais foram incumbidos no Projeto Terra. No entanto, no campo do sentimento e da espiritualidade ficaram deficientes, e esses aspectos é que comandarão o sentido dos novos tempos planetários, os quais deverão ser amadurecidos em outras localidades do planeta, como na América do Sul, e especialmente no Brasil. Isso fará parte da dinâmica transmigratória de almas e de papéis na grande orquestra evolutiva que o Pai Celestial idealizou para este planeta, com a colaboração luminosa de arcanjos e anjos, com a ajuda providencial de espíritos superiores, a ser materializada através de seus habitantes encarnados e desencarnados.

Como parte inerente à evolução de tudo e de todos, cada chacra da Terra precisa ampliar seu dinamismo e expandir-se em determinadas eras históricas e períodos temporais do planeta. A Era de Aquário, ou Era do Mentalismo, não pode se sustentar e crescer sem uma base firme no campo do sentimento, e o chacra cardíaco do planeta se encontra na América do Sul, dentro do território brasileiro. Esse chacra tem expandido sua força influenciadora do amor, mas precisa de condições humanas e ambientais que permitam sua maior expansão, de modo que suas energias alcancem todo o espaço físico e astral da Terra. Por isso, muito trabalho em direção aos esforços de autotransformação e de criação de uma aura verdadeiramente fraterna, em cada habitante e coletividade dentro do território brasileiro, é essencial para a implementação do plano maior sob inspiração dos dirigentes planetários.

Países historicamente mais novos, ou mesmo os africanos e asiáticos,[5] possuem uma mescla de almas oriundas de variadas regiões da Terra e de outros planetas, que se soma às almas nativas. Há locais que receberam amplo processo imigratório e que se misturaram em termos étnicos, como é tipicamente o caso do Brasil. Assim, não houve tempo ainda de amadurecimento étnico-cultural, e o conjunto desses países ainda se encontra na infância ou na adolescência espiritual e no que concerne à formação da personalidade coletiva nacional, gerando um certo estado de desordem.

A formação sociocultural e espiritual do Brasil está impregnada de forte sentimentalismo, componente trazido pelos portugueses que, somado à preexistente simplicidade do indígena e à humildade resignada do negro africano, contribuiu para gerar uma sociedade mais sensível e predisposta ao espiritual, condição essencial para aterrar os princípios que balizarão as comunidades do terceiro milênio e que são atributos inexistentes em outro lugar do mundo terreno. Vale frisar que o país ainda não teve tempo para amalgamar essas características, o que irá gerar maior grau de homogeneidade na personalidade nacional.[6]

Por tudo o que o Brasil tem passado, é compreensível que muitos brasileiros entrem em estado de desesperança quanto

---

[5] Na África, se encontra o chacra básico com fortes emanações energéticas, influenciando suas populações predominantemente ligadas às forças instintivas. Na Ásia, situa-se o chacra coronário ou espiritual do planeta, mais especificamente na região dos Himalaias, recebendo também forte influência daquele que corresponderia ao chacra umbilical da Terra, localizado no Oceano Pacífico, e com emanações energéticas que estimulam emoções materialistas e desorganizadas naquela região do planeta, e mesmo na Ásia.

[6] Como nesta obra não adentraremos em minúcias o caso do Brasil, recomendamos a leitura do livro ***Brasil, Terra de Promissão*** (Editora Freitas Bastos), onde há informações bem detalhadas sobre sua formação e destino.

ao seu futuro, e que esse país sirva de escárnio para pessoas de muitas nações que o criticam vorazmente, até mesmo por não compreenderem por que um lugar com tantos recursos naturais se encontra num estado econômico e social ainda bastante frágil, sobretudo se comparado aos Estados Unidos, apenas oito anos mais velho, ou à Austrália, nação mais nova.

Contudo, o Brasil não está predestinado a ser uma potência econômica e material como os outros países desenvolvidos: o papel que se espera dele é de liderança espiritual, de amor e fraternidade, rumo a padrões de qualidade de vida e felicidade não vividos ainda na Terra. E para que se alcancem níveis mais sutis de bem-estar, torna-se primordial que se atendam às necessidades básicas de alimento, segurança, saúde, habitação e educação dignos e com qualidade. E essas demandas sociais precisam ser massificadas, o que sem dúvida exigirá ainda muitos esforços de governos e da população como um todo, em termos de ética, organização e seriedade política, gestão e respeito à coletividade.

O que podemos ressaltar é que os brasileiros não devem entrar em estado de desesperança, pois tudo virá ao seu tempo, numa brevidade tal para nós, do plano espiritual, que pode significar ainda vários anos e décadas para o encarnado. Mas torna-se primordial que cada cidadão brasileiro se concentre no seu trabalho diário, executando suas tarefas da melhor maneira e dentro da mais responsável conduta. Do mesmo modo, e principalmente, que possa estar imbuído firmemente da ideia de realizar o seu processo de autotransformação, o que pressupõe busca do autoconhecimento, no esforço para educar impulsos inferiores, ajustando a cada minuto e a cada queda os pensamentos e sentimentos não-crísticos, orando, vigiando e exercitando o serviço incondicional.

O Brasil já possui um bom arcabouço legal (legislação) na área social, ambiental e outros setores, com muito espaço para aprimoramento, sem dúvida. Mas há um claro distanciamento entre o que reza a lei e a vida prática. A justiça e os órgãos de controle, além do importante papel da mídia, vêm ajudando o país no processo de sincronização entre o escrito e o realizado, e isso deverá ser ampliado, como parte do saneamento ético e espiritual da nação. É fundamental que os habitantes atuais estejam cientes de que deverão alicerçar hoje as bases da vida futura para seus filhos, netos e bisnetos.

Países como os Estados Unidos, que receberam muitos imigrantes, com raras exceções não vivenciaram processos de mistura de raças, preservando bairros desse ou daquele povo. Em algumas áreas do país, há ainda fortes pressões raciais discriminatórias, relativamente controladas pela força do estado policial e da justiça. Entretanto, imersos em forte racionalismo e visão prática, os Estados Unidos tiveram e têm tido importante papel na História da humanidade, em especial no que tange ao progresso das ciências e no desenvolvimento de tecnologias que auxiliaram e vêm ajudando a melhorar a qualidade de vida material; e, nesse contexto, há que se ressaltar a influência positiva que tiveram no campo do planejamento, da governança e gestão das organizações.

O cartesianismo teve e tem tido seu papel vital na execução das ações planejadas, de maneira que as pessoas não fiquem apenas no plano das ideias. Nesse sentido, os Estados Unidos tiveram influência primaz sobre os demais países do planeta. Contudo, o holismo deve impregnar as novas e atuais formas de se discutir ideias e de pensar, pois a filosofia e os ideais humanos superiores devem ser anteriores e balizadores da conduta material.

É muito importante o papel dos países latinos, com forte influência cristã, no que se refere ao exercício da simplicidade e da humildade, bem como à disseminação dos princípios e das atitudes fraternas, mesmo vivendo em meio a certa desordem ou desequilíbrio no campo da ética, da gestão e da justiça. Os acontecimentos cósmicos previstos para o planeta hão de criar condições ambientais que proporcionarão fortes impactos transformadores nessas almas. Aliás, esse processo de transformação aos poucos vem se fazendo sentir nesses países. A limpeza ética no Brasil,[7] por exemplo, já é evidente na política

[7] Mesmo havendo resistências contrárias e tentativas de conter esse avanço no saneamento já em curso, pois aqueles que têm se locupletado da desordem moral (encarnados e desencarnados) vão realizar esforços para impedir essa limpeza ética, e aparentemente conseguirão vitórias parciais; contudo, chegará o tempo em que essas resistências ruirão, não suportando as pressões sociais e da mídia, e especialmente o fluxo energético purificador oriundo de fontes cósmicas em

e naqueles que detêm o poder econômico. Esse é um processo que se expandirá e alcançará todos que, ao longo de sua história, nesta e em outras encarnações, se acostumaram a esconder falcatruas e atos de egoísmo ou descompromisso e irresponsabilidades no tocante à evolução do conjunto, e obviamente de si próprios. Chegamos a um tempo em que nada mais poderá ser escondido. Tudo virá à tona; essa clareza ética é inerente aos tempos que são chegados.

O controle social nos países desenvolvidos é bastante intenso, por meio de leis, ou através da própria cultura que amadureceu ao longo do tempo. Isso porque essas nações contaram com determinadas almas, em papel de liderança, comprometidas em construir um mundo material de progresso e melhoria, e por isso tiveram, por uma questão de lógica e praticidade, que melhorar e desenvolver o campo jurídico, o sistema policial e de controle dos poderes constituídos, de modo a evitar desordens e focar na condução de suas políticas e ações. Esse compromisso social se construiu nas almas, também, em decorrência de guerras e diversos sofrimentos pelos quais tiveram de passar, somando-se a isso, em muitos casos, dificuldades ambientais, como frio, existência de poucos recursos naturais, ocorrência de terremotos e demais fenômenos da natureza, o que lhes proporcionou uma boa capacidade de adaptação e de respostas positivas no aspecto comportamental e de pensamento às exigências do meio; ou seja, resiliência nas atitudes.

Como parte de processos cármicos e de planos superiores, têm migrado fisicamente para países desenvolvidos, e também reencarnado nessas nações, muitas almas indisciplinadas, entre as quais diversas são oriundas de países que no passado foram invadidos e brutalmente colonizados e explorados. Se os que chegam, por um lado, exigem atitudes humanitárias por parte dos habitantes que os recebem, por outro precisam se adaptar e exercitar a disciplina e o ajustamento às regras sociais que prevalecem no novo ambiente. Nesse caso, há possibilidade positiva para ambos os lados: para um, a oportunidade de exercitar a fraternidade; para o outro, a

---

direção à Terra.

chance de aprimorar a educação de sua alma, muitas vezes carregada de revolta e indisciplina, bem como de atitudes e formas de ser primárias, o que lhe exige processos iniciais de ajustamento no agir e pensar. E não raras vezes, várias almas que chegam trazem sentimentos mais à flor da pele e, por isso, têm um papel sensibilizador para aqueles que vivem numa sociedade que, embora mais organizada, é fria em sensibilidade. No final, essas trocas são positivas.

A evolução humana equilibrada deve se processar no campo mental e do sentimento. Alguns países têm trazido grandes avanços no campo mental e prático, e desempenhado um papel importante para o progresso material do planeta. Ao mesmo tempo, outras nações são mais afeitas à dinâmica do coração, e essa função será ainda mais forte no futuro próximo daqueles povos que trazem e ainda trarão de forma mais abrangente o exemplo da vida através do amor.

O progresso material frio de sentimento, regra geral, causa solidão, depressão e fuga pelas drogas e pelo álcool. A expansão do sentimento sem uma mente equilibrada e orientada para o progresso material e espiritual pode deixar a alma imobilizada em estados de ingenuidade e presa a padrões primários de desenvolvimento. Assim, torna-se primordial que se busque ampliar a mente e o sentimento em direção a princípios e atitudes mais conscientes, do ponto de vista cósmico, em formas de ser imersas em sensibilidade aguçada e sentimentos verdadeiramente alicerçados na fraternidade universal.

O momento de grandes transformações terrenas traz em sua raiz o caminhar em direção a um mundo de síntese, seja de conhecimentos, seja de fatores étnicos e éticos. O que se espera é um planeta sem separações de origens étnicas ou naturezas humanas, sem preconceitos, sem fronteiras, em que todos possam se unir, mas se reunir de forma mundialmente fraterna e apoiados por princípios crísticos. Apesar de haver maior amplitude migratória de almas para alguns países, o que se espera no futuro é um planeta mais homogêneo, em termos de atitude e de pensar, um mundo em que as pessoas se misturem, se abracem, se olhem com carinho, se respeitem humanamente, se ajudem fraternalmente, se casem independentemente de origem étnica e religiosa, e possam daí nascer gerações novas, misturadas (como já se exemplifica de maneira massiva no Brasil), em que o pensar universalista seja fator básico incorporado em cada ser.

Espera-se mais ampla transformação do endurecido orgulho das sociedades mais desenvolvidas e organizadas materialmente em humildade, para que elas possam sentir e compreender que é importante cada qual fazer sua parte, sim, mas que também o planejamento deve ser realizado em interação com os planos superiores: o que significa abrandar o coração e sentir as ondas de intuições que vêm da Inteligência Maior, pois o ser humano não pode mais permitir que o orgulho o cegue e o impeça de sentir que existe um Plano Maior e um Amor Maior.

A Terra, desde a sua primeira dimensão física, é rica em biodiversidade e oferta de minerais. Assim, o terráqueo não tem do que reclamar. Sempre há o oásis no deserto; nas zonas úmidas e frias, a estação do calor que renova a vida; e nas áreas tropicais, a vida pulsa diária e abundantemente. Basta que se apliquem soluções tecnológicas e conhecimentos adequados ao ambiente, para que haja o frutificar igualmente abundante de alimentos. A Terra traz, assim, condições para que pelo menos trinta bilhões de almas possam estar encarnadas e vivendo em harmonia, paz e realização física, mental-emocional e espiritual.

Hoje, com os processos migratórios de almas que continuam chegando ao orbe terreno (almas avançadas mentalmente; outras atrasadas, e outras espiritualmente evoluídas), há quase trinta bilhões de seres na Terra, somando-se encarnados e desencarnados. Com as atuais formas degradadoras de produção e consumo, se todos encarnassem juntos, os recursos naturais se esgotariam em pouco tempo, o que promoveria um verdadeiro caos. Entretanto, se a forma de relação com o meio natural e entre as pessoas fosse baseada na fraternidade universal, se os processos de planejamento estivessem sintonizados com a inteligência ampliada de espíritos superiores e anjos, decerto o planeta abrigaria muito mais almas encarnadas.

A percepção espiritual nula, quase nula ou apenas de curto prazo, que predomina na humanidade leva a grande maioria terrena a não se dar conta de que a vida encarnada é muito curta, que o tempo avança resolutamente, que a ação planejada dos "Anjos do Carma" poderá atropelá-los com o convite à passagem ao mundo espiritual, sem avisos. Sem essa percepção e sensibilidade profundas, não raras vezes até aquelas almas que já sabem disso acabam se envolvendo em atitudes e pensamentos de baixo teor vibratório que as prendem a mais carmas, a paixões e vícios do mundo denso. Fortalecem-se conexões a apegos do passado encarnatório, atrasando a humanidade na escola espiritual da vida, ou mesmo desacelerando e quase estacionando o progresso espiritual de almas mais novas.

Muitos terráqueos que, pelo tempo que habitam este orbe, já teriam condições de habitar planos mais sutis do Universo ainda se encontram presos a carmas e paixões mundanas porque evitam aceitar o convite divino do fluxo energético impulsionador da evolução, que exige esforço individual da vontade, trabalho educativo interior no campo do pensar, sentir e agir. O atavismo e o apego às zonas de conforto material e de satisfação dos instintos impedem que a criatividade e a transformação íntima de cada terráqueo proporcionem maior dinamismo evolutivo individual e coletivo, com a consequente geração de mudanças de patamar espiritual, o que elevaria as almas a vivenciarem novos padrões de felicidade muitíssimo mais duradouros. Existem muitos que sabem disso, mas criam subterfúgios mentais para lhes ludibriar os sentimentos e se manterem aprisionados a vícios do passado (seja no pensar, nas sensações físicas ou no consumo material do luxo e do bem-estar para além daquilo que, de fato, necessitam para uma qualidade de vida saudável).

Sabemos que o ser humano mergulhado no corpo denso da primeira dimensão física, por ainda viver sobretudo apegado ao mundo materialista, cria uma série de barreiras à percepção larga e sutil de tudo o que lhe ocorre no campo invisível. E é exatamente por isso que o Plano Espiritual Superior se incumbe de ajudá-lo no planejamento do destino espiritual planetário e, destarte, das ações que orientarão o futuro da humanidade terrena. Em face de a grande maioria terrena viver, ainda, como os seus mais primários antepassados, acaba por alimentar verdadeira miopia espiritual e não enxerga onde possa haver perigo e até abismos gigantescos em seu caminho, a exemplo do animal que, próximo do chão, inconsciente e instintivamente, mira seu alimento físico à frente e, correndo em sua busca, não percebe que este se encontra no limiar do precipício.

Essa insistência que acomete a maioria dos habitantes terrenos em não ver o que os espera no Além-túmulo, aliada à fuga ao esforço pela mudança interior, leva muitos a cometerem suicídio, assassinato, roubo, tráfico, uso de drogas, violência contra o próximo, a natureza e a si mesmo; enfim, uso de todos os meios ilícitos para assumir o poder e alimentar os vícios de dominar e atender às curtas vivências de prazer, apego ao sexo desenfreado, à alimentação grosseira e a todo um conjunto de atitudes que, em vez de lhes promover a ascensão espiritual, prendem-nos mais ainda às forças primárias e lhes impedem um avanço mais ritmado em direção aos planos da verdadeira felicidade.

Sem educação da mente, sem contato com a natureza dos próprios sentimentos e sem profundo esforço de transformação interior, não há como vencer as forças atávicas que puxam o ser humano ao apego às energias mais grosseiras. Não existe mágica na evolução, e nenhum ser superior puxará para cima alma alguma que não o deseje e não se esforce para subir. O Plano Espiritual Superior não cometeria a irresponsabilidade de criar artifícios que oferecessem gratuidade evolutiva sem transformação íntima, sabedor que é de que este é um processo e se realiza ao longo do tempo, sem atalhos e sem saltos irreais.

A maioria dos terráqueos não se predispõe a ser "médium" dos projetos universais, servindo desse modo à fraternidade universal, o que exigiria profunda revisão do mundo interior para melhor servir ao Pai. Isso pressupõe pensar a longo prazo, e não apenas no aqui e agora (há aqueles materialistas que dizem: temos que fazer tudo o que podemos nesta única vida, porque depois não há nada). Pensar a longo prazo significa perguntar-se: para onde irei após sair do mundo denso das formas? Qual tem sido minha conduta interior? O que tenho feito interiormente para enfrentar a morte física?

A crise global e os acontecimentos cósmicos

Deus nos dá a oportunidade de morrer e nascer todos os dias, quando dormimos à noite e acordamos no dia seguinte com o nascer do sol, que é pura luz renovadora. Será que cada encarnado tem feito uma revisão diária do seu proceder nesse processo de morte temporária? Será que cada um tem esquadrinhado seu próprio mundo interior e conectado esse mundo íntimo à evolução ao seu redor, envolvendo outras almas, seres e coisas? Se houvesse maior sintonia do terrícola com os princípios crísticos da vida, a humanidade não estaria envolta no novelo da crise global, alicerçada no egoísmo, na ganância, na busca de poder e domínio, na violência, orgulho, vaidade e busca insana pelos prazeres transitórios. Se estivesse sintonizada com os planos superiores da Espiritualidade, já estaria, devida e cronologicamente, sincronizada com os calendários cósmicos e, portanto, coberta por planos equilibrados, tomando atitudes humanas condizentes com os desígnios cósmicos e o amor universal.

São válidas e nobres as reuniões e discussões de organismos internacionais, de organizações não-governamentais e lideranças diversas com vistas à busca de soluções para a vida planetária saudável e feliz. Contudo, será inevitável que se amplie a discussão e se façam acordos globais, os quais devem sair das questões materiais, sociais e ambientais (o que não deixa de ter seus grandes méritos) para aspectos imateriais da vida, como a ética, a fraternidade e o amor entre os seres; enfim, para as coisas do espírito. Algumas vozes solitárias (que não devem ser desprezadas, pois o oceano se faz com gotas de água) já ensaiam os primeiros gritos de socorro espiritual da humanidade nessas reuniões, em conferências e por meio de matérias veiculadas na mídia.

O planeta pode alimentar, equilibradamente, todos os terráqueos, e suportará sem problemas muitos outros bilhões de pessoas encarnadas sem que haja necessidade da matança de animais para gerar alimentos. O planeta tem como produzir insumos e estruturas para que todos tenham habitações dignas, saúde e educação de qualidade. É verdade que nos últimos duzentos anos, e mais aceleradamente nos últimos sessenta anos, a população planetária passou por um crescimento estrondoso, resultante da chegada de muitas almas de outros orbes planetários, igualmente em evolução (uns mais adiantados, outros em estágio similar ao da Terra). Todavia, a Espiritualidade Superior é responsável o bastante para não permitir que haja sobrecargas ou desequilíbrios entre encarnados e desencarnados no orbe. E, como daqui para frente chegarão ainda mais espíritos de mundos onde há civilizações mais adiantadas que a Terra, conforme planejamento cósmico, os mentores do planeta promoverão a saída de muitos espíritos empedernidos e resistentes ao fluxo evolutivo, de modo a gerar equilíbrio no balanço de almas neste orbe.

A chegada ao orbe terreno desses seres em estágio mais avançado de evolução, inclusive muitos já em via de reencarnar, ajudará a impulsionar o progresso espiritual e material da Terra. A vida na dimensão física terrena pode, desde já, candidatar-se ao paraíso imerso nos arquétipos do ser humano, desejoso, no fundo do ser, de encontrar um lugar de paz, harmonia e realizações, ou seja: o mundo da felicidade, que hoje parece inalcançável, e que tem levado muitos de boa índole a desacreditar de si e de Deus. Portanto, o ser humano pode, sim, construir um paraíso no mundo dos encarnados, mas isso exigirá tempo, trabalho e transformação moral.

O sistema de vida atual da densa dimensão física terrena, com o peso astral gerado por bilhões de almas endurecidas no materialismo e apego a vícios degradantes, não pode atrasar a evolução de irmãos desejosos de um mundo espiritualmente mais saudável – sejam aquelas que chegam ou os próprios terráqueos que já possuem esse ideal –, nem de bilhões de espíritos dos vários orbes do Sistema Solar afetados pelas emanações magnético-energéticas advindas do denso astral terreno.

O terráqueo recebeu de Deus a Terra como *habitat* e uma

série de utensílios energéticos e minerais, bem como uma variedade de irmãos vegetais e animais, para que com eles pudesse criar um ambiente de qualidade de vida física e de harmonia espiritual. Ele fez descer ao plano mais denso uma série de espíritos avançados para orientar e ajudar os irmãos mais atrasados na escola evolucionária. Ainda assim, pelo apego às forças primárias inerentes a si e ao mundo que o cerca, considerado o tempo que se passou, o ser humano evoluiu muito pouco. Há um ou outro espírito que avançou bem, mas sua totalidade não representa mais que três por cento dos habitantes do planeta, entre seres encarnados e desencarnados. Os demais tiveram um progresso espiritual muito acanhado, ainda que valioso; afinal, não existe involução. O que pode haver é estacionamento na escalada, apenas progresso intelectual (ainda que devotado ao desequilíbrio espiritual) ou aumento de carma em função de erros cometidos quando encarnado. De qualquer maneira, a fuga ao compromisso de enfrentar, corajosa e serenamente, a própria consciência rumo à autotransformação ocorreu e tem ocorrido em larga escala no planeta.

A Terra, na sua densa dimensão física, tem papel vital na ancoragem de almas necessitadas de corpo mais denso para drenar sua psique igualmente densa. Ela serve, ainda, de sustentação física interdimensional da vida existente em dimensões físicas mais sutis (como a civilização da décima dimensão física, e mesmo daqueles irmãos intraterrenos ou extraterrenos que provisoriamente se encontram na quarta dimensão física em missão de ajuda; invisíveis para vós, mas em sutil forma física).

A vida densa na Terra serve valorosamente, também, como abrigo de almas de diversas origens e estágios evolutivos para que possam aqui reencarnar e ter a oportunidade de lapidar-se e prosseguir na trilha espiritual ascendente. Não à toa, irmãos superiores têm observado e monitorado os terráqueos no cuidado que devem ter para que não haja uma guerra nuclear nem que prossigam testes com explosões nucleares,[8] tendo em vis-

[8] A Campanha Internacional para a Abolição das Armas Nucleares (Ican) ganhou recentemente o Prêmio Nobel da Paz 2017, na pessoa de sua idealizadora Beatrice Fihn. A organização recebeu a premiação por seu trabalho para chamar atenção sobre as consequências humanitárias catastróficas do uso de armas nucleares, bem como por seus esforços pioneiros para obter um tratado de

ta o rompimento ou desequilíbrio que estas causam à estrutura atômica e subatômica das partículas que compõem a Terra e sua aura, inclusive com consequentes efeitos nocivos ao equilíbrio atômico de outras dimensões físicas mais sutis, e mesmo em planos sutis, como o astral terreno.

Neste momento planetário, é perceptível que há muitos humanos insatisfeitos com a vida tal como ela se encontra; outros, sadicamente se comprazem com a desordem que se instalou nas mentes e nos corações do ambiente familiar e social, e isso se processa tanto no mundo dos encarnados como dos desencarnados. Existem, no entanto, aqueles que, mesmo adeptos da maldade, no fundo do coração gostariam de encontrar outro ambiente interior e exterior que lhes proporcionasse a libertação dos sofrimentos. Muitos estão cansados. E no meio desse cenário, há uma minoria de lideranças que, embora inteligentes, possuem mentes diabólicas e equivocadamente direcionadas ao mal: escravizam os mais frágeis e titubeantes no caminho do bem, ou obsidiam e sugam bioenergia daqueles encarnados que ainda não descobriram interiormente o amor e a paz verdadeiros. Esses seres vêm empreendendo uma luta atroz, há muitos e muitos milênios, para implantar a supremacia do orgulho, da vaidade, do egoísmo, da materialidade e dos instintos no mundo físico e astral terreno.

Os seres diabólicos ou magos negros são entidades envoltas em alto grau de negatividade, em níveis patológicos, de modo que suas vibrações transformaram esses seres em verdadeiros monstros astrais. Trata-se de almas bastante velhas na trilha evolutiva, e que não conseguiram sair do novelo que criaram para si próprias. São irmãos que alcançaram um elevado padrão evolutivo mental-intelectual, conhecem profundamente a magia negra, e não promoveram a transformação dos sentimentos impuros em sentimentos virtuosos de pacificação, serenidade, humildade, doçura, benevolência e renúncia. Eles resistem ao amor.

O caminho trilhado por essas mentes diabólicas é um aler-

proibição de armamentos bélicos. Sem diminuir o mérito do trabalho por essa instituição, nos parece que está aí um bom exemplo da intervenção sutil e direta da Espiritualidade Superior, em prol da transição planetária; ação que contribui para dar contra-publicidade às companhas de terror e de medo que têm assolado o planeta, uma vez que semeia esperança e possibilidades de mudanças.

ta para muitos que se limitam aos estudos intelectuais, sem aplicar os ensinamentos elevados e éticos no seu mundo interior, sem promover a verdadeira reforma íntima. Falam de tudo e a todos como verdadeiros mestres, mas se esquecem de despender esforço para meditar sobre si mesmos, para transformar seus sentimentos de orgulho em humildade, de egoísmo em serviço incondicional e de vaidade em simplicidade.

Com essa ressalva, não queremos dizer que práticas que promovam a evolução da mente e que ampliem a cultura espiritual não devam ser estudadas e realizadas, muito pelo contrário; mas sim que sem a reforma íntima, sem a caridade sincera, não se processa a evolução integral e a felicidade verdadeira no ser, o que gera riscos de "quedas" futuras. A verdadeira e consistente evolução se dá, simultânea e indissociavelmente, com o desenvolvimento e a expansão da mente aliada à abertura do coração para servir, para amar a Deus sobre todas as coisas e ao próximo como a si mesmo, como ressalvou nosso Mestre Maior.

Muitos desses irmãos equivocados no caminho, que ainda não sentiram o amor universal, um dia cairão em si, se cansarão de fazer o mal e de sofrer. Entretanto, não será mais no planeta Terra. Eles voltarão um dia para cá, se até lá, nessa nova morada planetária, conseguirem alcançar um padrão mínimo de transformação íntima que os capacite a habitar o novo ambiente espiritualmente sadio. Esses seres não podem mais interferir no livre-arbítrio de irmãos não convictos, ou pouco convictos, do caminho do bem, porém de boa índole ou de índole passível de transformação básica,[9] em tempo relativamente curto (em algumas encarnações, já no ambiente terreno de regeneração e não mais de expiação).

Por essas questões, e pelo que já citamos, não há mais como adiar a evolução da Terra, em sua primeira dimensão física e no seu entorno astral. O Arcanjo Planetário (o Cristo)

[9] Transformação básica aqui se refere àquele ponto em que a alma inicia de fato o seu profundo trabalho de autoconhecimento e autotransformação. Ela sabe que não pode mais recuar em sua evolução e tem consciência de que possui muitas imperfeições e vícios necessitados de trabalho transformador, por meio de mergulhos no seu mundo subconsciente e inconsciente, descobrindo-se e imprimindo esforço educativo sobre cada "célula" energética viciosa, impura ou rude, visando a transformá-la em preciosidade lapidada a serviço do Pai Celestial.

está evoluindo, os anjos que cuidam da Terra estão evoluindo (Jesus, Maria, Francisco de Assis, Buda e tantos outros), o Sol e os demais planetas do Sistema Solar, com seus respectivos seres, estão evoluindo, mudando de patamar espiritual. Desse modo, os terráqueos não podem permanecer presos ao atavismo egoístico, atrasando a evolução do conjunto (como sistema que é, o Sistema Solar representa uma família cósmica, e a Mente e o Amor que integram o Arcanjo do Sistema Solar velam para que todos os seres e tudo o que o integra continuem em ritmo contínuo de progresso espiritual).

Nesse contexto, e considerando um plano cósmico maior, chegamos a um tempo-limite em que se considera o risco de um atraso na evolução de seres e coisas dos demais orbes, e acima de tudo das almas terrenas dispostas a construir um mundo melhor, rico em paz e amor, e não mais em bens materiais, egoísmo, orgulho, arrogância, indisciplina e irresponsabilidade.

Aos olhos do plano espiritual e dos encarnados mais sensíveis, esse processo de transformação planetária já está em curso. Segundo os mentores espirituais da Terra, ele deverá perdurar pelos próximos duzentos anos, aproximadamente, com fases diversas, começando pela intensificação da crise financeira global presente, crises maiores no campo moral das sociedades, aumento da violência, explosão da ira e da devassidão sexual, até chegar a um limite tal que as estruturas energéticas astrais e físicas terráqueas se romperão de vez.

O que se espera para a vida na primeira dimensão física terrena, neste instante?

Em primeiro lugar, que cada ser humano encarnado, ou desencarnado do mundo astral do planeta, inicie o seu processo de reforma íntima, de modo sincero e persistente. Não esperamos que haja transformações completas, pois a evolução é um processo lento que necessita de muito esforço e muitas encarnações futuras para que se alcance um patamar razoável.

As tentações para a desesperança e desistência na caminhada hão de se ampliar nesta fase planetária, mas quem optou pelo lado do Cristo deverá despender maior esforço na luta interior, onde quer que se encontre. Desaquecer e educar os impulsos inferiores de egoísmo e orgulho exige tempo, mas também aquele esforço inicial maior, tal qual ocorre no conceito da física quando se menciona a aceleração inicial como condição básica para que determinado objeto comece a se deslocar e ganhar velocidade. Vencendo a resistência inicial do atrito mantenedor do estado da inércia ou atavismo (ou tamásica, como diriam os iogues e hindus), a força e o movimento ganham ritmo e velocidade.

Muitos, ainda duvidosos e inseguros em relação ao caminho renovador, porém possuidores de boa índole ou potencial para iniciar a trilha na direção do bem, terão apoio do Plano Espiritual Superior. Aliás, eles já vêm recebendo esse suporte espiritual providencial sempre que, humildemente, abrem seus corações para obter ajuda para o resgate de suas almas, para sair de rumos equivocados, vencer a insistência na trilha dos reflexos condicionados passados, tão arraigados nas rudezas mentais-emocionais e instintivas, e se redirecionar para o caminho da verdadeira e sustentável felicidade, por meio da autotransformação.

Há que se dizer que, graças a um hercúleo e amplo esforço de falanges do bem que vêm resgatando almas no Astral, a mobilização para sensibilizar esses irmãos tem sido, também, gigantesca nestes tempos que são chegados. Para tanto, torna-se importantíssima a participação de médiuns encarnados, já que esse tipo de empreitada demanda, não raro, bioplasma e ectoplasma, bem como palavras encorajadoras de quem está encarnado (em decorrência da quantidade de energia mobilizada, há casos em que a desobsessão realizada por um encarnado pode mobilizar mais intensamente um coração endurecido do que uma entidade do plano astral). E se o médium guardar profundo sentimento de amor por aquele sofredor, o impacto mobilizador positivo será enorme.

Vale salientar que os resgates dos encarnados aumentarão a partir do momento em que se ampliarem as ocorrências de cataclismos geofísicos na Terra e se intensificarem outros fenômenos naturais, como os relacionados ao clima. E quem ajuda nos resgates, sejam encarnados ou desencarnados, acaba por ajudar também a si próprio, não somente no aspecto de mérito como também na autotransformação, considerando o contato e a troca vibratória que ocorre no campo do sentimento. O amor verdadeiro, sinônimo de compaixão e espírito fraterno, promove "milagres" transformadores em todos que se envolvem sinceramente com esses processos de ajuda.

Por isso, há momentos em que é necessário e salutar dar-se uma pausa no mergulho em si próprio e, alternando atividades fraternas, partir para ajudar o próximo. E assim, ao ver o outro em estado de penúria espiritual, o indivíduo acaba por se dar conta do quanto seus problemas são menores. Então, servir ao próximo amplia a consciência para a compreensão, tolerância e compaixão, e uma força interior mobiliza mais energia para que se prossiga no rumo do bem e na transformação dos próprios sentimentos. Ou seja, o caminhar em direção à Luz Maior pressupõe realizar a reforma no âmago da própria intimidade simultaneamente à ação fraterna; afinal, essas iniciativas promovem um processo simbiótico de mútua e necessária interação, alimentação e cooperação energética.

O caminheiro espiritual em fases iniciais ainda terá que despender grandes esforços para realizar a reforma interior e o auxílio ao próximo. Entretanto, à medida que caminhar e evoluir (transformando orgulho em humildade e egoísmo em serviço incondicional), sentirá bem-estar tanto no mergulho para a reforma íntima como para o serviço ao irmão necessitado. Aos poucos, esses esforços iniciais deixarão de ser algo cansativo, penoso e doloroso, para se transformarem em atitudes gratificantes e fontes de alegria, energização plena e sintonia com os planos superiores, gerando estados de paz e felicidade inenarráveis.

Quando, na escalada do progresso espiritual, o espírito atingir certo grau de evolução, ele terá a consciência e o amor expandidos dentro de si sem que sejam necessários esforços dolorosos. Ao contrário, ele sempre experimentará estados de prazer repletos de satisfação e se regozijará com trabalhos incessantes. O autoesforço e o esforço coletivo sempre serão indispensáveis para se alavancar o progresso espiritual. É importante salientar que mesmo nas humanidades evoluídas há esforços, só que se trata de atos naturais, sem sofrimento, sem cansaço, pois elas encontraram nessa prática a fonte de bem-estar, sabedoria e reenergização interior.

A partir de certo estágio evolucionário, os seres humanos e pré-angelicais se sentem impelidos a ajudar o próximo e a expandir seus níveis de consciência e serviço incondicional e amorável ao Pai Celestial, exatamente porque sentem mais felicidade ao agir assim. Então, passam a se dedicar à busca por trabalho, no intuito de serem úteis em graus cada vez maiores e em âmbito cósmico. Por isso, neste orbe, há muitos irmãos extraterrenos de braços abertos para servir, em especial por saberem que não há quantidade suficiente de almas de boa vontade ou equilibradas no Astral terreno a ponto de se engajarem no exército do amor universal nestes momentos críticos da História terráquea, que demandam muitos trabalhadores de última hora, encarnados e desencarnados.

Temos percebido que muitos irmãos, ansiosos por verem o planeta redimido o quanto antes, e, em razão da sensibilidade que possuem, têm acessado algumas informações superiores com relação ao futuro da humanidade terrena da primeira dimensão física, mas as interpretam de maneira equivocada, afirmando que a genética dos seres humanos está sendo generalizadamente alterada por irmãos extraterrenos, o que é um mito, pois para que haja mudança na genética dos corpos astrais, do duplo-etérico e, por conseguinte, do corpo físico, é preciso que cada "proprietário" dos corpos, ou seja, cada espírito individualizado, imprima esforço transformador dentro de si em direção à evolução. Os seres superiores e anjos podem até ajudar, dentro do grande plano cósmico, mas somente àqueles que já se encontram prontos para migrar para um novo estágio de vida em futura encarnação na quarta dimensão física, fruto de seus próprios esforços evolutivos. Aí sim, ocorrem processos de ajuda de irmãos superiores no campo genético de reencarnantes em dimensões mais sutis.

O Plano Espiritual Superior não irá intervir na vontade e no livre-arbítrio de cada ser, pois faz parte da democracia cósmica respeitar a individualidade. Somente quando a alma está impedindo ou atrapalhando a evolução do próximo, de forma doentia, qual vem ocorrendo na Terra por obsessores encarnados e desencarnados, é que há intervenção maior por uma questão de evolução da coletividade. Contudo, aqueles que não desejarem se engajar numa nova forma de pensar, sentir e agir, na futura Terra, sem dúvida poderão migrar para outros orbes menos evoluídos e condizentes com o grau de instinto, mente e sentimentos viciados e primários que preferem vivenciar, respeitando-se, portanto, o livre-arbítrio.

Muitos sistemas de vida têm sido experimentados em muitos e muitos orbes. Avanços no campo mental e artifícios tecnológicos avançadíssimos têm sido ou já foram usados para impulsionar a evolução, e os resultados, na grande maioria das vezes, foram ou têm sido parciais e, em alguns casos, frustrantes. As "quedas de anjos" são exemplos claros disso; na verdade, trata-se de seres que não chegaram ao plano angelical; muito longe disso, nem saíram do plano astral. Adquiriram elevadíssimos graus de inteligência (até por serem espíritos velhos), sem profundas revisões de seus sentimentos.

Dizer apenas com palavras que ama a todos e a tudo não significa que houve mudança real na intimidade. Construir pensamentos artificiais para se convencer de que o ser ama a todos e a tudo também não significa que houve alquimia dos sentimentos de orgulho em humildade, de egoísmo em incondicionalidade a serviço do Pai e de ética cósmica nas atitudes. A transformação verdadeira se processa nas profundezas da alma e necessariamente passa pelos sentimentos. Avançar no intelecto é apenas uma fase do processo, que não se completará se o ser não acessar seus sentimentos orgulhosos, vaidosos, arrogantes e egoísticos, de modo a transmutá-los a partir de esforços íntimos de autoeducação no pensar e agir, ao mesmo tempo que exercite o autocontrole consciente de impulsos e paixões grosseiras.

Reafirmamos mais uma vez: a evolução não dá saltos. A Espiritualidade Superior não está mudando a genética de todos os seres humanos, de forma generalizada e desrespeitando as leis da evolução; nem o planeta saltará fisicamente para a quarta dimensão. Não existe mágica em processos físicos e químicos que exigem maturação natural, ainda que os mentores do planeta usem alguns mecanismos catalisadores para acelerar o processo, o que não exime o esforço individual e coletivo da humanidade.

Existe uma realidade quântica e subatômica que se ajusta aos esforços mentais e às transformações verdadeiras do sentimento de cada ser. Mudanças de comportamentos promovem, indubitavelmente, pequenas modificações, mas a consolidação das transformações internas se processa no âmago das almas ainda imperfeitas quando a consciência se amplia e os sentimentos passam por uma verdadeira alquimia interior.

Exatamente, toda uma transformação alquímica que gera efeitos físico-químicos na essência espiritual dos seres, tornando-os mais sutis, se processa quando se evolui a partir do próprio esforço íntimo e consciente. Nesse processo, as partículas subtômicas denominadas bósons de Higgs,[10] já descobertas pela Ciência, têm papel fundamental na composição atômico-molecular e celular dos corpos, porque permitem alterações nos estados físicos da matéria, bem como nos estados energéticos e evolutivos dos componentes atômicos de um ser. Combinadas em graus mais sutis com outras partículas subatômicas, permitem a formação dos corpos astrais, mentais, e outros, para que os reencarnantes mais aprimorados possam habitar dimensões menos densas em vidas futuras.

Desse modo, o ser torna-se mais sutil a partir do seu próprio esforço íntimo, num processo que gera mudanças não a partir de uma intervenção artificial externa, ainda que possa haver alguma colaboração superior. Portanto, não seria justo que se desse o mesmo mérito ao aluno que se esforçou e es-

[10] Os bósons de Higgs são partículas bem menores que os prótons e os neutrons e ficam no interior do núcleo atômico. Quanto mais aglomerados ou adensados estiverem, mais densa será a dimensão física de determinada matéria, e, quanto mais dispersos estiverem no núcleo atômico, as dimensões serão sucessivamente mais sutis. Esse maior ou menor adensamento se faz por força dinâmica vibratória e conforme o tônus energético dos seres, dos ambientes e das coisas que o compõem. No meio científico, os bósons de Higgs são conhecidos como "as partículas de Deus". Na verdade, tal denominação não surgiu por acaso, tendo havido uma certa influência do plano invisível, uma vez que, além de ter papel fundamental na composição subatômica celular, são uma espécie de "porta de entrada" para outras dimensões físicas, porque permitem alterações nos estados físicos da matéria, bem como nos estados energéticos e evolutivos dos componentes subatômicos de um ser.

tudou àquele que passou "colando", ainda que nos últimos momentos da vida escolar o aluno preguiçoso tenha caído em si e se redimido na forma de ser. Ambos, merecem respeito e consideração, mas decerto possuem graus diferenciados de dedicação, disciplina e progresso, devendo-se considerar no cálculo, ainda, a variável tempo.

Quem ficará na Terra após o grande saneamento cósmico?

Após o completo saneamento planetário, ainda deverão permanecer no orbe terreno muitos irmãos inseguros na estrada do bem que terão um grande avanço evolutivo na Nova Era já instalada, graças à boa índole ou potencial para o bem de que dispõem – ainda que estejam temporariamente presos a impulsos inferiores ou mazelas do sentimento, adquiridos por repetições e condicionamentos ao longo de muitas vidas. Embora isso os induza a fraquezas ou quedas constantes, não deixam de ser pessoas ou almas de bons propósitos no fundo do coração.

Muitas vezes, tornaram-se assim por conta do convívio com pessoas ou entidades firmes na maldade e nas energias primárias, que as influenciaram por processos obsessivos ou por atração mútua. Tais situações ocorrem com frequência no planeta, atualmente. Há muitos casos de irmãos mentalmente mais fracos que, com seus esforços limitados, encontram dificuldade em se desprender de processos obsessivos de desencarnados, ou mesmo de encarnados, mas que, no futuro saneado da Terra, estarão libertos dos obsessores. Desse modo, terão que lidar apenas com a auto-obsessão, isto é, com o conteúdo viciado de si próprios, necessitados de autoeducação.

É importante frisar novamente que as mudanças genéticas vêm se processando somente nas pessoas e entidades que, por esforço próprio, e não por intervenção artificial externa e indevida, promoveram avanços internos no campo mental e do sentimento, em encarnações anteriores e na vida atual. Nesses casos, irmãos extraterrenos capacitados e orientados para tais atividades de geneticistas da alma podem ajudar alguns terráqueos na reorganização no núcleo atômico do campo perispiritual, mas estão cientes de que não têm permissão para interferir em almas que não atingiram o estágio mínimo que as capacita a tais procedimentos.

Esses esforços também fazem parte do planejamento de longo prazo (diga-se: longo prazo aos vossos olhos, mas de curto prazo em nossa visão), conforme dito anteriormente, para permitir a futura colonização da quarta dimensão física terrena, que se iniciará dentro de várias décadas (tal processo perdurará por séculos e milênios), apenas para seres que irão reencarnar. Isso quer dizer que não haverá transporte de corpos físicos da primeira dimensão para a quarta dimensão física, pois estes não suportariam a pressão atmosférica, a falta de oxigênio, a sutileza e intensa frequência dos compostos energético-vibratórios de uma dimensão física bem mais sutil.

Considerando que o verdadeiro sentido da vida é espiritual, o mais importante é que, nestes tempos de transição planetária, cada pessoa busque o seu equilíbrio, o seu caminho espiritual. Que busque ser cada vez mais ecumênica, universalista, que evite discussões e contendas em torno de questões de caráter efêmero, como por exemplo aquelas ligadas estritamente a métodos de se vivenciar sua crença. Que possam os terráqueos, independentemente de credo religioso, buscar a agregação, e não a desagregação entre as várias correntes, encontrando os pontos comuns que as ligam, e não os que as separam.

Disputas por poder ou por metas materialistas geram vibrações magneticamente sintonizadas com o planeta intruso. Desespero por adquirir terras, cultivar alimentos, instalar bases de sobrevivência antifraterna e construir verdadeiras barreiras contra a invasão de famintos, nos tempos mais críticos do planeta, são práticas incompatíveis com os novos tempos, quando a fraternidade universal deverá estar impregnada da atitude de cada humano. Não se deverá fugir do trabalho e da vida correta, da ética e fraternidade do dia a dia. A tônica deverá ser: seguir seu rumo para a educação e a melhoria da qualidade de vida justa e com bases firmes em princípios superiores de ética e fraternidade cósmica.

As informações acerca dos tempos que são chegados não devem ser recebidas como fatores de desequilíbrio, mas sim de catalisação na busca do equilíbrio espiritual, que começa com o autoconhecimento, com a transformação íntima e com a prática da caridade, alicerces da fase de regeneração dos terráqueos que deverão construir o novo tempo.

Há absoluta consciência por parte da Espiritualidade Superior de que a plena fase de regeneração planetária não se instalará do dia para a noite. Este será um processo lento e de longo prazo, aos olhos dos tempos terráqueos. Os esforços para o autoconhecimento e a reforma interior, aliados à prática da caridade, deverão estar sendo construídos dentro de cada ser humano ao longo desta e das próximas vidas físicas, assim como no mundo astral. O importante é estar no caminho, sentir-se feliz por trilhar a estrada da autotransformação, que será longa e exigirá o cultivo constante da humildade, gratidão, fé, persistência, autoconfiança, renúncia, serenidade, esperança, disposição em servir e alegria ao longo da caminhada.

Tropeços haverão, e farão parte dessa jornada, como também a capacidade de se erguer e prosseguir. Todos estes aspectos são e sempre serão os ingredientes do amadurecimento do ser. Para isso, a Espiritualidade Maior estará de braços abertos, assim como uma série de novos espíritos que vêm encarnando e hão de estar encarnados para, de mãos dadas na fraternidade, seguirem rumo à luz. Conforme já vos afirmamos: não existem saltos evolutivos. Jesus, assim como os anjos e o Cristo Planetário, tiveram suas passagens milenares de sofrimentos e esforços em muitas e muitas encarnações, desde níveis primários, como seres unicelulares, a humanos cheios de imperfeições. E a bondade divina lhes proporcionou muitas oportunidades reencarnatórias para alcançarem, por esforço próprio, o estágio em que se encontram, de felicidade plena a serviço do Pai. Assim, esses seres divinos conhecem a psicologia humana e sabem exatamente do que cada terráqueo necessita para despertar e prosseguir em seu processo evolutivo-espiritual.

Não existe sofrimento por acaso, e cada alma passará por aquilo que está nos planos da Mente Divina enquanto situação necessária para que amadureça e encontre o caminho da verdade e do amor infinito. Portanto, não existe injustiça de

Deus, mas bondade e amor incondicional para cada filho do Pai, que, às vezes, por ignorância e orgulho, não está de coração e mente abertos para perceber esse amor contido nas situações da vida.

Irmãos da próxima e da última hora, sejam encarnados ou desencarnados, não esperai facilidades no novo tempos, mas oportunidades para o mergulho interior, para o esforço de se educar espiritualmente e de servir utilmente a cada instante da vida nos planos físico e astral terreno. A Terra, como planeta de regeneração, será cheia de lutas no interior de mentes e corações, e repleta de desafios para que cada ser possa conviver em paz, harmonia e alegria junto ao irmão próximo – este, também com muitas imperfeições, demandará paciência, tolerância e disposição do outro, para, do mesmo modo, educá-lo fraternalmente, e todos juntos construírem as bases espirituais e materiais do novo tempo.

Imaginai quantos irmãos possuem potencial latente para optar pela direita do Cristo e que por uma série de circunstâncias internas e externas a si, ao longo de várias encarnações, ainda não chegaram firmemente à estrada da autotransformação consciente, e que não podem ser abandonados nesta hora de transição e opção de vida, pois os psicólogos siderais sabem que no âmago dessas almas há chances claras de transformação verdadeira. Imaginai, hoje, quantos irmãos tentam um caminho espiritualizante e, por serem ainda fracos em vontade e princípios éticos, são atropelados pelo convite da "esquerda" do Cristo, e então se desestimulam porque lhes falta fé e esperança.

Imaginai agora quantos irmãos existem, ainda perdidos na caminhada em direção ao Pai Celestial, que possuem potencial e disposição para optar e seguir pelo caminho da evolução, e que, no entanto, encontram-se sujeitos a tropeços e equívocos por falta de amadurecimento suficiente. Eles terão ao seu lado, em um futuro próximo, irmãos mais velhos que irão ajudá-los na educação para a boa convivência, a boa atitude interna e externa, e na busca do caminho da retidão nos pensamentos e atos. Certamente estarão motivados a se levantar e prosseguir na senda da transformação de suas concepções e seus sentimentos imaturos. A bondade do Pai é infinita, e Ele jamais abandona seus filhos, mesmo os revoltados, egoístas, injustos, pródigos e fracos de vontade.

Nada é mais capaz de mobilizar corações e mentes para o bem do que outros corações e mentes repletos de amor, esclarecimento e disposição em servir. De certa forma, é mais fácil e estimulante estar num ambiente onde todos buscam a mesma direção do que viver num verdadeiro "cabo de guerra" da vida, como ainda ocorre nos dias atuais deste planeta de expiação.

Jesus dizia: "Eu vim para os doentes, e não para os sãos". O Mestre se sacrificou incondicional e amoravelmente para descer até os planos mais densos da matéria e trouxe o exemplo de fraternidade universal. Todos os terráqueos, encarnados e desencarnados, independentemente de serem bons ou maus, tiveram oportunidade de contato, em algum momento de sua história encarnatória ou astral, com a mensagem e vibração de amor de Jesus (mesmo antes, e principalmente depois, de Sua descida à Terra, e em muitos casos por meio de outros mensageiros, como Buda e demais seres que encarnaram no Oriente, por exemplo). Uns foram tocados por ela; outros não quiseram percebê-la; uns tantos fugiram ou continuam fugindo dela. Contudo, a economia do Universo tem que fazer seu balanço de contabilidade cósmica da Terra. Os tempos são chegados, e os planos dos administradores do Sistema Solar não podem ser mais adiados, nem interrompidos no seu curso normal em face da existência de almas persistentes no mal. Daqui para a frente, na História terrena, os doentes serão tolerados e auxiliados pelos obreiros que trazem a mensagem e o amor crísticos. Entretanto, após o despertamento consciencial, terão que, primeiro, tomar decisões íntimas, e depois buscar disposição interior para se transformar.

Os irmãos persistentes no mal, por vontade própria e por firmeza de seus propósitos orgulhosos e egocêntricos de vida mundana, materialista e apegada às forças atávicas, decerto serão transportados para o planeta intruso. Deus não os abandonará, apenas atenderá sua vontade de permanecerem na erraticidade e em outro local, onde terão novas chances encarnatórias de amadurecimento espiritual. Alguns espíritos renitentes no mal já se encontram em prisões astrais de outros orbes, uma vez que não apenas queriam se manter, por convicção, no lado do mal, mas por estarem perturbando perigosamente a ordem geral, arrastando para suas hordas almas suscetíveis de optar pelo caminho do bem.

Um dia, cada irmão persistente no mal se cansará desse caminho de sofrimento, e então começará a cair em si e a alcançar a maturidade mínima necessária para plantar as sementes do amor cósmico em seu coração. Daí em diante, começará a trilhar a senda da transformação interior, e poderá, então, ter os requisitos necessários para retornar à Terra do futuro ou para migrar para orbes compatíveis com seu estágio evolutivo, e com os desafios que a Providência Divina achar mais convenientes para sua evolução.

No futuro próximo, os seres humanos, com ajuda providencial de irmãos espiritualmente mais velhos, encarnados, desencarnados e extraterrenos, terão mais disposição para a ampliação de sua consciência e a prática do amor crístico trazidos pelo Mestre Maior, como também na prática da serenidade e da compreensão trazidas por outro avatar, Confúcio, ou na prática da política ética e pacífica exemplificada por Gandhi. Ninguém construirá o novo tempo para o terráqueo; ele mesmo o fará, com sua própria dedicação, contando com a participação ampla e fraternal mais direta de muitos irmãos na dianteira evolutiva, para a concepção, o planejamento e suporte espiritual, sob inspiração de anjos e arcanjos.

Haverá carma nos novos tempos?

A Lei Cósmica continuará existindo em todos os cantos do Universo. O carma, como parte dessa Lei, estará presente como mecanismo da Divina Perfeição e do senso de justiça do Pai Celestial, bem como servindo de eficaz instrumento de educação espiritual. Esse novo tempo planetário será construído paulatinamente. Erros e equívocos continuarão a existir, pois, repleta de condicionamentos do passado e sentimentos deseducados, a mente continuará sofrendo impulsos advindos do subconsciente visando à prática de atos e pensamentos incompatíveis com os novos tempos. Contudo, esses impulsos inferiores não deverão ser esmagados e enfrentados com violência, mas sim ser educados com amor. Os abusos não serão tolerados; desse modo, sistemas de segurança eficientes e de educação serão implantados para que danos físicos e morais entre as pessoas sejam controlados e evitados.

Como a Lei do Carma é muito complexa e administrada por anjos especializados no assunto, não será possível nos aprofundarmos nela aqui; porém, ela existe e existirá, com todas as suas nuances e formas de se vivenciar como lei de educação do ser em direção à Luz Maior. Será necessária muita humildade para aceitar-se imperfeito, coragem para mergulhar em si e enfrentar os "lobos" internos que precisam ser domados. A confiança na vitória deverá ser um dos alimentos diários do cidadão dos novos tempos, sempre em conexão com a fé em Deus.

Uma das diferenças entre os tempos atuais e os futuros será a ajuda do irmão ao lado, de forma mais direta e imediata, seja de um encarnado ou desencarnado, de um terráqueo ou de um extraterreno. As barreiras dimensionais e de planos serão tênues, e as relações entre os mundos físicos e extrafísicos aos poucos deixarão de ser um empecilho a quem deseja evoluir, até porque não haverá mais obsessores para retroalimentar com impulsos negativos o encarnado inseguro na senda do bem, que deverá lidar e trabalhar apenas com as energias provenientes de suas próprias mazelas espirituais. Atualmente, no plano astral, já se processa um amplo e intenso trabalho de resgate de almas obsessoras e perdidas entre as teias do Umbral e do Astral inferior. Não haverá mais muito tempo para que essas almas assumam caminhar no lado do Cristo. Aquelas que permanecerem renitentes a mudanças certamente serão levadas ou atraídas para o plano astral de planetas mais atrasados.

Conforme acabamos de afirmar, erros continuarão existindo no novo período da Terra, e ocorrerão para serem corrigidos a partir do mergulho na própria consciência e na disposição da alma de reeducar-se em bases ético-universais e na prática da fraternidade. A Era de Aquário ou do Mentalismo, que já se iniciou acanhadamente e será expandida em breve, pressupõe a reeducação mental por meio do estudo, pelo diálogo e exercício do pensamento elevado, pela meditação, por práticas que treinem a mente para a concentração, o relaxamento e o mergulho interior, como já se pratica na ioga, por exemplo, dentre outras técnicas e práticas que irmãos bem adiantados na evolução trarão em auxílio ao esforço individual e coletivo de progresso espiritual dos terráqueos.

O saneamento do "lixo" mental, acumulado por muitas encarnações de sofrimento e equívocos, será uma prática diária. Os sentimentos inferiores e os impulsos instintivos deverão ser controlados de forma equilibrada e educados por uma mente não mais obscurecida pela desinformação ou por posturas violentamente autorrepressivas, mas pela humildade de aceitar as próprias imperfeições. Não haverá mais a conivência com elas, mas sim a disposição do indivíduo de melhorar a cada dia, sob orientação de uma mente cada vez mais e mais esclarecida, firme no propósito de trilhar os caminhos do bem e da felicidade verdadeira.

O conceito do carma será difundido e compreendido como algo natural e com finalidade educativa, e não como castigo ou vingança de Deus, muito menos com base no preceito do "olho por olho dente por dente", o que seria um contrassenso, pois Deus é puro amor e perdão. O princípio do perdão ou do resgate por meio de ações positivas, em suas mais amplas nuances, será cada vez mais claro para os seres de consciência mais ampliada.

A nova etapa planetária será um tempo em que serão ensinados nas escolas não apenas conhecimentos relativos à educação formal, mas sobre ética cósmica, sobre os princípios do Cristo e de todos os avatares que desceram aos planos densos da matéria. A filosofia e o ecumenismo espiritual serão disciplinas vivenciadas não apenas na teoria, mas na prática da prece, meditação e de outros exercícios de interiorização, como alicerce para a expansão das relações fraternas entre os colegas de estudo e irmãos em Deus. Atualmente, esforços têm sido empreendidos no plano espiritual com vistas a influenciar os tomadores de decisão em vários países, inclusive no Brasil, para que se crie a disciplina escolar Filosofia e Ética, e que esta seja inserida nos currículos escolares desde as fases iniciais dos ciclos educacionais, já como preparação para os novos tempos.

Nos tempos vindouros do planeta saneado a civilização terráquea terá novas bases existenciais

Surgirão novas práticas espirituais e algumas atuais permanecerão, mas todas com propósitos universalistas baseados na reencarnação e no carma como fatores inerentes à vida. Diferentes serão apenas os métodos de praticar os conhecimentos apreendidos. O respeito interpessoal e intergrupal será prática essencial entre todos. Sectarismos e contendas serão palavras do passado. A religião deixará de ter o atual aspecto puramente institucional, e o materialismo, ainda predominante em muitas organizações, deixará de existir. O verdadeiro sentido de religião será buscado dia a dia, isto é, o religar-se a Deus e à essência divina habitante do "eu" interior. Com o passar das décadas e dos séculos, a tendência será o desaparecimento das religiões. Haverá o conceito *mater* de religamento de cada ser com Deus impresso nas almas. Sim, existirão agrupamentos espirituais que adotarão métodos diferenciados em detalhes, mas todos estarão irmanados no sentido único da evolução e do amor universal.

Para alcançar esse estágio, não acontecerá uma mudança mágica, do dia para a noite, com ruptura consciencial. A evolução ocorrerá paulatinamente; todavia, bem mais rápido que a velocidade de evolução atual. Após os grandes acontecimentos planetários, depois de muito sofrimento e da compreensão da necessidade de que todos estendam as mãos uns aos outros, como condição *sine qua non* de sobrevivência e reconstrução, após o aparecimento e a descida de muitas naves extraterrestres e a materialização de irmãos da Espiritualidade Superior, muitos descrentes ou pessoas presas a dogmas arcaicos passarão por choques conscienciais, com quebras de paradigmas, e então descortinarão em suas mentes novos horizontes de compreensão. O ser humano vivenciará uma catarse existencial e abrirá os olhos espirituais; os corações serão tocados profundamente para uma nova maneira de pensar, de sentir e agir, em bases verdadeiramente fraterno-universais e de consciência mais ampliada.

Hoje, o mundo se apoia numa economia baseada essencialmente no ganho financeiro como alicerce maior de sustentação das relações interpessoais, inter-organizacionais e sociais. Praticamente para tudo se depende de dinheiro, de recursos econômicos: para realizarem-se obras e obter-se infraestrutura básica essencial à boa qualidade de vida; para promover-se a educação e a saúde; enfim para gerar-se desenvolvimento em todos os sentidos. Até quem deseja construir um lugar para práticas de religamento com Deus precisa despender somas monetárias para sair do mundo das ideias e alcançar o plano denso da realização. A política, o domínio e o poder são alcançados com o suporte de fatores econômicos que pagam pessoas e empresas, a fim de que haja mobilização de forças e aparatos de comunicação, equipamentos, veículos, e uma série de elementos indispensáveis para que se alcancem as metas planejadas. Tendo em vista estas e outras causas, a economia planetária está ruindo como o alicerce dos tempos atuais. E essa desestruturação será impulsionada ainda mais pelos desajustes globais econômicos com efeito em cadeia, acelerados pelos cataclismos e pelas mudanças climáticas em curso.

A economia é uma ciência muito importante para qualquer nação ou planeta, sem dúvida. Contudo, no futuro ela não estará mais apoiada pela ganância, pelo egoísmo, pela desonestidade, sede de domínio e poder, que nada mais são que frutos de vaidade, orgulho e egoísmo doentio. Na Nova Era, a economia estará pautada pelos princípios emanados da Consciência e do Amor crísticos, ou seja, por uma economia sintonizada com os fluxos biológicos da natureza, e, ao mesmo tempo, pela criatividade de uma ciência livre das pressões monetaristas e equilibrada nos princípios da Consciência Cósmica, que gerará soluções educativas e materiais para o bem comum.

A nova economia será permeada pelo respeito e pela ética entre todos os membros da sociedade, pela distribuição equitativa e justa, conduzida não por um poder autoritário e arrogante, mas por uma administração transparente, democrática, respeitosa, que sabe perdoar, mas que, ao mesmo tempo, dispõe de ordem e disciplina, cheia de amor fraterno e justo. Cada cidadão, a partir do seu exercício individual de busca do autoconhecimento e de transformação interior, estará aberto à nova economia cósmica que balizará a nova gestão planetária. Desse modo, cada pessoa será um vigilante natural dos padrões crísticos que determinarão as futuras relações entre os cidadãos e instituições.

A economia apoiada nos atuais padrões materialistas ruirá. Por isso, torna-se crucial, desde já, que se proponham e se estudem novos mecanismos econômicos e de gestão holística para a nova fase planetária, como preparação para esses tempos que exigirão novas fórmulas, evitando-se assim um período de vácuo conceitual que poderá causar riscos de um tempo maior em estado de caos planetário. Uma economia justa e sustentada por padrões de consciência elevada será fundamental para proporcionar organicidade às comunidades terrenas do futuro.

Os anos de 1992 e 2012[11] representaram dois momentos simbólicos para a Espiritualidade Maior, dois marcos cósmicos e astrológicos com relevantes impactos sobre a vida e a expansão da consciência na Terra, sob o impulso do Cristo Planetário. Eventos e movimentos sociais e econômicos que se materializaram a partir desses períodos, aparentemente sem grandes retornos concretos para alguns encarnados, têm promovido fortes impactos sobre padrões de consciência no Astral e no plano físico, ainda que longe do ideal. São sinais para que mais pessoas e entidades possam trabalhar em soluções sintonizadas com o equilíbrio e a verdadeira sustentabilidade do orbe que devem partir do interior de cada um – da mudança de atitude, pensamento e sentimento, apoiada no esforço da educação mental e dos sentimentos, hoje ainda distantes da verdadeira fraternidade.

Atualmente, em vez de norteadas pela cooperação fraterna e justa, as sociedades são pautadas por princípios econômicos da competitividade, da busca insana por recursos

[11] Quando foram realizadas as conferências das Nações Unidas sobre meio ambiente e desenvolvimento sustentável.

financeiros, pela vaidade de se mostrarem detentoras de bens e *status*. Para tanto, quantos não destroem a própria saúde mental e física pelo acúmulo egoístico e doentio que causa frustração e insaciedade, pelo orgulho de ter poder e dominar os outros, num franco desvio da conduta humana, que gera desrespeito e maltrata o próximo? Tudo isso já está em processo de desestruturação. No entanto, como esse processo proporciona certa desordem geral, pode dar a impressão de que o mal está vencendo o bem na Terra. Essa intensificação momentânea da catarse planetária faz parte do processo de saneamento geral para que se inicie a cura mais plena do planeta num futuro não distante. A ética e o amor cósmicos que deverão pautar a nova economia, e não as imperfeições humanas baseadas no egoísmo, orgulho e vaidade, necessitam de um terreno astral limpo em que tenham sido extirpadas todas as células psíquicas contaminantes do orbe terráqueo.

A disposição e os compromissos assumidos pela Espiritualidade Maior

No Sistema Solar existe um grande Conselho Administrador Interplanetário que cuida, consciente e amoravelmente, da gestão de todos os astros e seres que dele fazem parte. A Terra, no que tange a vidas físicas, tem como representantes somente os irmãos que vivem na décima dimensão física do orbe. A vida da primeira dimensão física (que é a mais densa e onde vos encontrais) não tem representante direto encarnado; os representantes, neste caso, são os anjos que cuidam do planeta, sob a coordenação do seu Administrador Maior, Mestre Jesus, que participa dos encontros fraternos em que se discutem e se propõem planos, monitoramentos, ajustes e ajuda fraterna. Chegará um tempo em que haverá representantes encarnados da Terra acompanhando e participando dessas reuniões, com o uso de equipamentos sofisticados (como telões, transmitindo imagens e sons de outras dimensões, com mecanismos similares às atuais videoconferências).

Mestre Jesus encontra-se em fase preparatória para assumir outros compromissos cósmicos maiores que exigem maior amor incondicional expandido, com consciência plena e igualmente mais expandida. Ele continuará ligado mental e amoravelmente à Terra, pois essa nova função cósmica englobará vários orbes do Sistema (incluindo a própria Terra). Já está em fase de assunção o novo governador da Terra, irmão Francisco de Assis, que outrora foi João, o Evangelista, e antes o profeta Samuel. Este amado anjo tem estado com Jesus desde os primórdios tempos da formação e estabilização da Terra, acompanhando e trabalhado em prol da evolução planetária, paciente e amoravelmente.

Auxiliarão Francisco outros amoráveis seres, irmãos compromissados com a evolução da Terra. Fazem parte deste amplo trabalho e corrente de amor arcanjos, anjos e espíritos superiores: Ariel, Miguel, Gabriel, Ismael, Buda, Confúcio, Saint Germain, Gandhi, Maria (mãe de Jesus), Akhenaton, Kardec e tantos outros. Temos recebido a incumbência de auxiliar na aceleração do despertamento espiritual individual e coletivo dos terráqueos ainda presos ao passado denso, mas que, no fundo de suas almas, têm o desejo latente do encontro com a verdadeira felicidade universal.

Muitos espíritos têm seus compromissos com a Terra ligados a diversos estágios evolutivos do planeta, desde anjos vindos de várias paragens cósmicas até seres humanos com débitos do passado atrelados a este orbe. Outros seres vêm para este planeta em missão de amor cósmico, como a grande maioria de extraterrenos, na maior parte encarnados em dimensão mais sutis. Neste momento de transição planetária, conforme a missão a desempenhar, torna-se indispensável a forma física de encarnado, ainda que em dimensão mais elevada, para que certos trabalhos de cooperação sejam processados com maior eficiência no mundo das formas físicas, pois assim é possível atuar com mais efetividade no mundo atômico e subatômico.

A Espiritualidade Maior, que cuida da Terra, e os irmãos de orbes mais avançados espiritualmente têm vindo a este planeta para ajudar os terráqueos nestes momentos cruciais dos destinos do orbe. Os terrícolas são como crianças que ganharam utensílios e os transformaram irresponsável e quase inconscientemente em brinquedos, a ponto de, não raras vezes, irem além do que deviam e usarem alguns deles como armas de autodestruição. Tal comportamento acaba por exigir que irmãos mais velhos interfiram, fazendo-lhes descobrir a consciência maior que os habita interiormente, de forma a ajudá-las na educação do pensar e agir, tocando-lhes o sentimento para que percebam o risco que estão causando a si e à coletividade planetária.

No que se refere ao apoio extraterreno, voltamos a afirmar que existe uma colonização temporária de irmãos intraterrenos na quarta dimensão física da Terra que têm o papel específico de ajudar a proteger a natureza animal e vegetal, ameaçada pela violência humana.[12] Eles já estiveram pela Terra outrora, e para cá retornaram em missão de auxílio, por solicitação dos mentores do Sistema Solar. Com o passar de seis a dez décadas, deverão retornar ao seu planeta de origem. Hoje, dão suporte aos devas que cuidam da natureza e aos elementais, bem como a alguns grupos indígenas (estes últimos, por meio de intuição, especialmente através dos xamãs ou pajés).

Há um planejamento que prevê o início da colonização encarnatória da quarta dimensão física por irmãos desencarnados oriundos da primeira dimensão física terrena, mas sobretudo por irmãos marcianos (que ajudarão na instalação das estruturas físicas da futura civilização), a partir do ano 2050, e mais intensamente daqui a uns duzentos anos. Mas apenas encarnarão nesse bojo os terrícolas que tiverem condições mentais e emocionais capazes de suportar um ambiente mais puro, que exige controle de impulsos dos instintos, bem como vigilância constante dos pensamentos e profunda educação contínua dos sentimentos.

---

[12] Os intraterrenos são seres que, quando encarnados, habitam a quarta dimensão física; por isso não são perceptíveis a olho nu pelo terráqueos. Atuam como guardiões dos portais da natureza, em pontos estratégicos interdimensionais, uma vez que os minerais, os vegetais e os animais têm um papel vital para a macroestrutura de ancoragem da vida nesta e em dimensões mais sutis. Eles monitoram e prestam informações a entidades superiores, especialmente aos terráqueos da décima dimensão, sobre os movimentos geológicos intraterrenos da primeira dimensão: fluxo de magma, correntes subterrâneas dos estados líquidos e pastosos que influenciam nas correntes magnéticas da superfície e das camadas atmosféricas, na dinâmica dos vulcões, terremotos e tsunamis, e os complexos efeitos das intervenções humanas no meio ambiente. Mais informações na obra *Missão Planetária*.

Espera-se que, em cerca de duzentos anos, se alcance um estágio de boa qualidade de vida nessa nova dimensão (a quarta) para o reencarne de um grande número de almas terrenas, mas para isso é necessário que haja um maior número de terráqueos imbuídos do firme e profundo propósito de se autoeducar espiritualmente. Outros aspectos importantes, em termos de facilidades para o reencarne de um ser numa dimensão mais sutil, são o cultivo da paz, da paciência, da tolerância e da compreensão nas relações interpessoais, da boa vontade, dos sentimentos fraternos, da disciplina e dos pensamentos construtivos.

Ao longo dessa fase, haverá vida na primeira e na quarta dimensões, simultaneamente. O plano de longo prazo prevê que dentro de aproximadamente quatro mil anos a vida humana na primeira dimensão terrena deixe de existir, como resultado da migração de todas as almas da primeira para a quarta dimensão física. Se por acaso depois desse período alguma alma não atingir o mínimo de condições mentais-emocionais e de limpeza cármica minimamente requisitadas para encarnar na quarta dimensão física, ela será levada para outros orbes que tenham vida na primeira dimensão, com padrão vibratório sintonizado com ela. Outras, em número bastante menor, que avançarem além do padrão vibratório exigido para a quarta dimensão poderão ir para orbes mais evoluídos (essa conexão e encarnação futura em dimensões físicas mais sutis ainda, como acima da quarta, ocorrerão sobretudo para espíritos extraterrenos que têm encarnado ultimamente na Terra e cujo número aumentará nos próximos anos).

Num futuro bem distante, haverá apenas alguns tipos resistentes de vegetais e de certos animais que conseguirão sobreviver fisicamente na Terra, os quais, com o passar dos séculos, tenderão a desaparecer, pois ocorrerão cataclismos gigantescos que eliminarão todas as formas de vida na primeira dimensão terrena (assim como ocorreu em Marte há mais de doze mil anos atrás). Nessa época futura, o clima terreno será totalmente árido, a água desaparecerá e a paisagem será similar ao que hoje se vê em Marte, em sua primeira dimensão física (que é aquela que vemos a olho nu e que se apresenta como um deserto desabitado). A vida futura na quarta dimensão física terrestre terá algumas semelhanças com o que existe hoje nesse orbe, contudo numa fase ainda primária de desenvolvimento tecnológico e espiritual, se comparada com o atual estágio evolutivo marciano. Há que se ressaltar que os irmãos marcianos e de outros orbes virão com frequência e ajudarão muito os terráqueos no avanço tecnológico e no apoio espiritual, não somente com ajuda direta, mas também encarnando na Terra.

O planejamento cósmico contempla o planeta intruso, ou Nibiru (como alguns o denominam atualmente), com movimento em direção ao Sistema Solar (ele passará a grandíssima distância físico-cósmica, mas com forte efeito magnético), para ser o novo *habitat* de almas mais primárias ou que, por revolta e orgulho, resistirem à força transformadora da humanidade e de fototropismo de atração à Luz Maior. Como os irmãos podem observar, esse será um processo relativamente lento, se calcularmos por vossas medidas de tempo.

Outro aspecto a considerar diz respeito às previsões. Há muitos irmãos descrentes e que até fazem gracejos sobre o que estava planejado para ocorrer no ano 2000 ou 2012 na Terra, e que não se materializou.[13] É preciso relembrar a todos vós que assim como ocorre aos planos terrenos, os quais muitas vezes necessitam de ajustes, o mesmo acontece em relação aos níveis mais sutis de planejamento, sobretudo quando se levam em conta fatores tão complexos de ordem cósmica. Questão semelhante diz respeito à dimensão do tempo, que varia substancialmente entre planos de menor densidade e planos físicos, incluindo o mais denso, como é o caso da Terra. Para esclarecer melhor, podemos citar o exemplo de uma grande pedra, que jogada nas águas de um lago gera pequenas ondas no local onde afundou, demandando algum tempo para que essas ondas cheguem à outra margem. Do mesmo

[13] Nota do médium: Segundo nosso guia espiritual Ramatís, no ano de 2000, havia previsão de grandes acontecimentos planetários, em termos de cataclismos, em várias regiões do planeta. No ano de 2012, esses acontecimentos seriam ainda mais intensos e em escala global, com a verticalização do eixo da Terra de forma mais rápida, em função de enormes *tsunamis* e outros abalos sísmicos, e ainda ocorreriam grandes rupturas nas estruturas econômicas em decorrência dos cacaclismos globais, o que não se materializou, também, por intervenção e alguns ajustes promovidos pela Alta Espiritualidade.

modo, há um tempo de deslocamento atômico de ações geradas em planos e dimensões sutis até que se materializem no mundo denso, ou o impactem, com suas complexas interações sistêmicas no campo subatômico e envolvendo vários astros da Via Láctea e do Sistema Solar.

Guardadas as devidas proporções de analogia, é preciso que se diga que há certo retardamento temporal em eventos disparados em planos e dimensões mais sutis – onde não há tempo nem espaço, pois estes são unos e vibram as forças divinas de criação, manutenção e transformação do Universo –, até que esses eventos venham a se materializar nos planos e nas dimensões mais densos. Nesses casos, à medida que esses eventos se aproximam das zonas mais densas, enfrentam atritos, e a pressão aumenta à medida que eles alcançam regiões com maior densidade energético-astral e física, gerando impactos físicos mais intensos, propiciando maior pressão energética sobre a atmosfera e o Éter, como ocorre com a eletricidade no que se denomina de diferença de potencial.

Existem nos planos e nas dimensões mais sutis do Universo o que alguns escritores de ficção chamavam de hiperespaço[14] (inclusive, hoje em dia, alguns físicos quânticos e relativistas da Terra já o consideram como hipótese). Na verdade, existem gradações de hiperespaços, que vão se tornando mais sutis até o ponto de ser um hiperespaço uno, onde se integram com consciências arcangelicais ou divinas. Nesses planos, existe uma unidade espaço-tempo, ou seja: o que ocorreu no passado, o que está ocorrendo hoje e o que está por vir, se encontram numa dimensão única. Portanto, anjos (mais continuamente) e espíritos superiores (em certos momentos), quando se encontram em êxtase espiritual, acessam esses planos e podem ver (como videntes cósmicos) o que está gravado nos registros cósmicos e etéricos. Em níveis sutis já foram disparados certos movimentos cósmicos na galáxia (que afetarão fortemente o Sistema Solar e a Terra), e

[14] Em sua obra *Mergulho no Hiperespaço* (**EDITORA DO CONHECIMENTO**), o general Moacyr Uchôa fala do hiperespaço como sendo uma realidade acessível através dos chamados "buracos de minhoca". Diz ele: ... "são como atalhos espaciais que permitem as viagens interestelares; caminhos que os extraterrenos se utilizam, mas sobretudo por onde chegam a outros mundos físicos; ainda físicos, porém mais sutis que o nosso".

os videntes siderais sabem e veem esse processo em seu dinamismo universal, os quais, nos tempos densos terráqueos, podem significar tanto milênios como séculos e décadas.

Além dessas questões de ordem macrocósmica, não há novidade alguma na identificação, para esses seres das altas paragens cósmicas, sobre as mudanças geofísicas e climáticas que ocorreram desde seu passado longínquo, que vêm ocorrendo ultimamente, e que ainda ocorrerão com a Terra.

Os planetas são "seres vivos" que integram fatores biológicos, minerais, climáticos, e suas interações e efeitos no campo físico-químico, os quais envolvem gases e influências magnético-espirituais. Além da biologia vegetal, animal e humana, existem as respectivas almas que, se somadas, geram uma alma coletiva, que se conecta vibratoriamente com o Cristo Planetário. Além da alma planetária, existe a alma coletiva do Sistema Solar e a da constelação onde esse sistema está inserido, que por sua vez se conecta com a alma galáctica, e em seguida a universal, pois todos estão imersos em sistemas, desde os mais simples e menores aos mais complexos e macrocósmicos, em ritmo dinâmico de evolução e constante transformação. Períodos glaciais, eras de intensa vulcanização, terremotos, *tsunamis*, queda de meteoritos e influências magnéticas do Sol e de outros astros... a Terra já vivenciou tudo isso e tornará a vivenciar, pois trata-se de movimentos cíclicos normais da vida geológica e cósmica inerentes aos planetas.

Assim como todos os astros do Cosmo, a Terra está em constante processo de mudança milenar. Nada é estático, tudo evolui, ainda que uns orbes passem por movimentos mais intensos que outros, em função de sua programação evolutiva física e espiritual. Vênus e Mercúrio, por exemplo, são dois planetas em intensa transmutação; Urano e Netuno vivem momentos de maior estabilidade ambiental e espiritual, mas, mesmo com essa estabilidade relativa, continuam se transformando e caminhando em direção à Luz Maior.

Com a passagem do planeta intruso[15] entre as zonas de

[15] Esse astro demorará para ser identificado e qualificado pela Ciência terrena. Seu movimento foi retardado por interferência de arcanjos e anjos, mas o dinamismo de sua rota está retomando à sua velocidade inicial.

influência das órbitas de Júpiter e Marte – mas em uma altura bem acima do espaço (geo)físico direto entre os dois planetas –, estes dois orbes sofrerão abalos físicos gigantescos, e essa influência também ocorrerá no campo espiritual. A quarta dimensão física marciana receberá fortes reflexos, o que será um grande estímulo à mudança e migração da vida daquele orbe para a sexta dimensão (a nova morada dos irmãos marcianos), já em fase de colonização, o que demorará alguns séculos (na ótica de tempo terreno). O mesmo se dará com Júpiter, que alcançará um estágio evolutivo quase estelar, e seus habitantes, igualmente, migrarão para dimensões mais sutis ainda, o que proporcionará a seus seres mais pura luz pré-angelical.

A Terra, com sua evolução inadiável, doravante, graças ao trabalho de milhões de irmãos extraterrenos de altíssima estirpe evolutiva, terá em breve desatados os nós energéticos[16] colocados em nível subatômico nas estruturas moleculares que envolvem vários pontos estratégicos de sustentação magnética e orbital deste planeta e do planeta intruso. Essas intervenções foram fruto de decisão do Conselho Administrador Interplanetário do Sistema Solar, que interveio no sentido de conter temporariamente a aceleração do avanço do movimento cósmico e transformador do espaço e ambiente físico dos planetas do Sistema, que geraria gigantescos impactos sobre a Terra.

Já faz alguns anos que esses nós vêm sendo gradativa e inadiavelmente desativados, e o fluxo normal dos movimentos cataclísmicos tem sido aos poucos reativado. Entretanto, os impactos no campo físico só se materializarão dentro de alguns anos e décadas, uma vez que existe um efeito retardatário de caráter temporal em razão das diferenças dimensionais,

---

[16] Esses nós são acessados pelos "buracos de minhoca", conforme fala a Ciência astrofísica e a Física quântica e relativista. Trata-se de portais interdimensionais que podem ser fechados ou abertos, apertados ou firmados, ou ainda desatados em variados graus de abertura (qual ocorreria figurativamente a um nó de sapato ou a nós de uma grande rede de pesca); são pontos de conexão entre as várias dimensões e representam pontos de segurança estrutural no dinamismo e na interação sistêmica que liga cada planeta à sua órbita, gravidade e, por conseguinte, às orbitas e gravidades de outros planetas do Sistema Solar, da constelação e da galáxia. Eles proporcionam equilíbric ou estabilização em variados graus em cada planeta e nos sistemas cósmicos onde estão inseridos.

pois esses nós foram trabalhados em dimensões e planos muito mais sutis que os vossos.

É importante salientar que esses nós energéticos foram colocados somente em alguns pontos-chave de estruturas cósmicas nesta constelação e neste Sistema Solar, ou seja, não há controle sobre outros processos naturais de mudança planetária, sobretudo os relacionados com mudanças no clima e eventos cataclísmicos isolados. Evidentemente que poderia haver intervenção de Deus, por meio de seus arcanjos e anjos, para reverter totalmente o quadro de eventos cataclísmicos e transformadores da Terra. Mas os responsáveis pela Via Láctea sabem que existem limites para interferência no livre-arbítrio das humanidades, sob risco de se gerarem medidas prejudiciais à pedagogia evolutiva dos seres integrantes da Terra e dos demais planetas.

Imaginai, por exemplo, alguns alunos irresponsáveis e relapsos numa sala de aula onde há outros estudantes preocupados em aprender e responsáveis no cumprimento de suas tarefas. Na escola cósmica funciona de semelhante maneira, guardadas as devidas proporções. Assim, os alunos que resistem a aprender e a se comprometer com os estudos – e que decerto acabarão por ser reprovados –, para não impedir os demais de crescer, precisarão ser retirados da sala ou terão de mudar radicalmente suas posturas, por meio de muito esforço reeducativo.

A Terra seguiu por si própria seu ritmo normal de evolução, num ciclo que já perdura há seis mil anos (sem contar as eras anteriores, desde os primórdios da História civilizatória terráquea). Ao longo desse período, desceram anjos e seres especiais como mecanismo estimulador e educativo dos habitantes terrenos. Entretanto, o Universo tem uma economia e uma contabilidade cósmicas que precisam ser atendidas, por uma questão de Justiça Divina. Assim, não se pode esperar um tempo além da prorrogação já dada aos terráqueos, tendo em vista os efeitos danosos à evolução daqueles que alcançaram um estágio mínimo de amadurecimento que os capacita a viver uma nova era de evolução.

Se não houvesse interferências daqueles que governam

espiritualmente o planeta, isso implicaria darem-se "asas" a terráqueos viciados, inteligentes (no campo da governança, das ciências, das artes e tantos outros), porém maquiavélicos, egoístas, orgulhosos e vaidosos em graus patológicos, o que, portanto, propiciaria a existência de futuras comunidades inteligentíssimas desprovidas de coração fraterno-universal, como já ocorreu e ainda perdura em várias paragens deste imenso Universo. Há guerras e explorações regadas a altíssimas tecnologias em muitos planetas do Cosmo (evidentemente que a Lei do Carma e do livre-arbítrio está atenta a esses quadros, e há planos diversos contemplando esses lugares). Vários filmes de ficção da Terra relatam um possível futuro de alta tecnologia e violência, com elevados índices de exploração humana, de marginalizados e excluídos sociais (o que já vemos hoje, por exemplo, ao observar países africanos e latino-americanos, de um lado, e países desenvolvidos, do outro).

Há no Cosmo comunidades com alta tecnologia e limitada evolução no campo moral e emocional. Os muitos danos e ações irresponsáveis causados por elas demandam complexos esforços de governadores planetários e seus auxiliares com ações de intervenção, muitas vezes deixando de cumprir planos cósmicos e geoclimáticos naturais (reação do próprio ambiente e das leis cósmicas naturais de evolução). Trata-se de medidas cósmicas para se conterem abusos que extrapolam leis cósmicas, graças à vigilância de anjos e espíritos superiores, quanto a certos limites que requerem interseções ou reajustamentos civilizatórios. Ao longo dos últimos dois séculos, e mais ainda nas últimas décadas, a Terra vem tendo intensa evolução no campo material e uma grande defasagem no espiritual, e esse desequilíbrio chegou ao seu limite.

Houve um pequeno retardamento nos acontecimentos geofísicos da Terra, graças a intervenções superiores, com efeito no Sistema Solar e em particular na Terra, guardadas as devidas proporções. A título figurativo, é como se entidades superiores e anjos houvessem colocado aquelas válvulas com pequenos orifícios, típicos das panelas de pressão, para que parte do ar comprimido pudesse escapar já no início da fervura, evitando assim que a pressão causasse maiores danos decorrentes de uma explosão de efeitos gigantescos. Esse exemplo comparativo é para clarificar o fato de que previsões anteriores foram alteradas, evitando-se temporariamente que acontecimentos cataclísmicos de maiores proporções pudessem já estar em curso.

Todavia, apesar dos esforços de várias almas encarnadas e desencarnadas, no sentido da transformação íntima e da instalação da fraternidade universal na Terra, os avanços conquistados ainda estão longe do que se esperava para a civilização terrena, com muitos grupos reprovados e outros tantos atrasados na escola da evolução. Se guerras nucleares em âmbito planetário foram evitadas até o momento, ainda há riscos isolados de explosões com efeitos tremendamente danosos. A despeito dos esforços isolados rumo à luz (que é o que ainda sustenta a vida terrena), o planeta está imerso numa escuridão astral e cósmica. Há conflitos, exploração humana e violência em muitas cidades e países; as drogas, o egoísmo, o orgulho e a vaidade se encontram presentes nos quatro cantos da Terra; vícios desenfreados, paixões inferiores e apegos à materialidade rude e agressiva, alcançam graus extremos de patologia por todo o globo terreno: todos eles reflexos negativos de mentes e corações endurecidos, que ainda são em grande número e com papel dominante sobre o globo. Se somados, os impactos energéticos resultam em grandes danos para o planeta e suas almas, com consequente efeito em cadeia de carmas individuais e coletivos, o que têm gerado enorme peso no astral terráqueo, chegando ao limite do insustentável.

Princípios universais são imutáveis e perenes, e não se alteram projetos cósmicos do dia para a noite, muito menos para proteger indevidamente almas que, por revolta, se recusam a construir um mundo de amor e paz. Seria descumprir leis cósmicas, invadir o livre-arbítrio de individualidades que desejam e optam por ficar num mundo preso a paixões inferiores, repleto de violência, egoísmo e orgulho. Ao mesmo tempo, considerando a contabilidade cósmica e a economia do tempo universal para um planeta em expiação, chegou-se no limite da convivência entre aqueles que desejam e os que não desejam evoluir espiritualmente. Assim sendo, está chegando a hora de separar o joio do trigo. Além disso, os efeitos magnético-vibratórios da Terra vêm prejudicando o campo magnético da primeira dimensão física dos demais planetas do Sistema Solar, em especial dos mais próximos dela, como Marte e Vênus, que possuem uma programação cósmica em seus processos evolutivos no campo físico e espiritual. Não podem a Terra e seus habitantes ser o centro do Sistema, nem interferir negativamente, e por mais tempo, na evolução dos outros.

Assim, há mecanismos astrais terrenos que vêm passando por mudanças, conforme planejado e de acordo com os fluxos energético-evolutivos naturais. O mesmo se processa no campo geofísico e climático mais denso, que lentamente continua com sua caminhada, já que esse retardamento dos acontecimentos (conforme já citamos, por meio de instalação de espécies de nós cósmicos em estruturas subatômicas de fluxos de ventos solares, forças atmosféricas e intraterrenas) não impediu o andar das mudanças, mas apenas o desacelerou. Não há como impedir por completo um processo evolucionário natural, pois há o risco de rupturas de "redes" energéticas cósmicas muito intensas, e com reflexos em cadeia em todos os planetas do Sistema Solar. É possível apenas interferir temporariamente, pois a vida na Terra é tão importante quanto nos demais orbes, e todos merecem evoluir. A maioria das civilizações e dos astros do Sistema Solar não pode ser impedida dessa continuidade rumo à Luz Maior só porque ainda existem seres terrenos em movimento retrógrado em relação a essa força fototróprica em direção ao Pai.

O que está acontecendo fisicamente com a Terra no campo geológico e cósmico?

As informações dos profetas e videntes do passado e dos tempos atuais vêm de visões antecipadas de acontecimentos e situações futuras. Em termos de tempo, é muito difícil para o vidente e o profeta encarnados precisarem se sua visão ocorrerá daqui a dois mil anos ou em cinquenta anos, pois, por segundos ou minutos, eles adentram dimensões em que o tempo e o espaço são unos, ao contrário do que ocorre na primeira dimensão física dos humanos, onde o tempo é verticalizado. Fatos que ocorrerão dentro de dez, trinta ou cem anos no calendário terráqueo constituem um leve piscar de olhos nos planos superiores. Assim, o retardamento de um grau cósmico no tempo de seres superiores pode representar trinta, cinquenta ou sessenta anos terrestres.

É preciso dizer que, com ou sem as agressões que a Terra vem sofrendo em sua ecologia e entre seus habitantes, o planeta passaria por mudanças naturais cósmicas. Evidentemente que a existência de seres humanos presos a padrões primários ou atrasados no pensar e sentir, e que se agridem física e mentalmente uns aos outros e ao seu meio ambiente, decerto provocará particularidades intensificadas nos processos de mudanças geofísicas e climáticas, acentuando, portanto, os impactos decorrentes de transformações cósmicas.

Devido aos movimentos do magma no interior da Terra, é natural que ocorram alterações magnéticas e de fluxos das correntes marinhas e de ventos, face a interações sistêmicas entre fatores geofísicos intraterrenos e geoclimáticos. Esses movimentos, contudo, têm sido mais intensos nos últimos duzentos anos, e mais acentuadamente nos recentes cinquenta anos. Por isso, muitos animais sensíveis, como baleias, golfinhos e elefantes, sentem-se perdidos em sua orientação magnética e às vezes acabam por encontrar a própria morte. Esses movimentos do magma, agravados pelas explosões e tempestades solares, o pressionam a sair do interior da Terra por meio de vulcões, fato que ocorrerá com mais frequência em um futuro não distante, visto que essa dinamização sistêmica entre o Sol e seus impactos magnéticos na Terra, incluindo no seu núcleo, serão cada vez mais acentuados doravante.

Tais movimentos geram efeitos dinâmicos nas placas tectônicas, causando mais terremotos e *tsunamis*, cuja ocorrência tem se acentuado pela verticalização do eixo da Terra, que se processa em ritmo lento. O eixo magnético não corresponde ou não está sincronizado com o movimento ou a disposição geofísica do planeta. Esse quadro, somado às influências magnéticas solares, às agressões ambientais e ao denso peso astral planetário (causado pelo que as mentes e os corações humanos produzem), tem contribuído para algumas alterações na temperatura e no dinamismo das correntes marinhas, o que resulta em desequilíbrios climáticos e inversões térmicas, produzindo verões mais quentes e mais extensos, e invernos mais frios e mais curtos, aliados a períodos mais secos e chuvas mais torrenciais e em menor espaço de tempo ao longo da estação chuvosa.

Como parte dessa dinâmica geofísica, geoclimática (historicamente o planeta sempre passou por períodos glaciais e de pequenas glaciações), e evolutiva do planeta, é natural que ocorram tais transformações. A Terra é um ser vivo sistêmico e, como tal, está em constante evolução, com ritmo mais intenso ou mais lento, dependendo do estágio natural evolutivo em que se encontra, incluindo seus seres, variando conforme o momento planetário e os planos cósmicos. Salientamos, porém, que atualmente esse dinamismo tem se tornado mais acentuado.

Nos primórdios da vida planetária, tudo ocorria de forma mais intensa. Modificações geofísicas eram mais dinâmicas. À medida que o planeta e seus seres evoluíam, a tendência era que houvesse mais equilíbrio ambiental e o dinamismo geofísico e seus efeitos climáticos fossem se estabilizando, mas não desaparecendo. O terráqueo, de modo geral, está atrasado na escala evolutiva; tem muito a avançar nela. Mas o planeta, no aspecto geofísico, tem seguido seu rumo de amadurecimento energético e áurico graças aos esforços magnânimos dos guardiões da natureza – devas, elementais e irmãos intraterrenos – e, evidentemente, do Cristo Planetário.

Verifica-se, nos tempos atuais, um descompasso entre a evolução física do planeta e de seus seres humanos da primeira dimensão, a ponto de exigir intervenção bastante intensa dos guardiões da natureza nos últimos duzentos anos, haja vista as agressões ao meio natural geradas pelas mentes terrenas distantes do amor fraterno universal. Somem-se a isso, fatores cósmicos maiores, os quais já mencionamos, relacionados com o planejamento do Sistema Solar e o papel da Terra, que necessita alcançar uma nova etapa evolutiva, o que é inerente aos processos naturais da evolução dos planetas (física e astralmente falando) e de seus seres, em todas as suas biodimensões. Com esse quadro cósmico e planetário, tem-se constatada a amplificação do dinamismo intrassolar, no Sistema Solar e dentro do orbe terráqueo, que vem propiciando maior intensificação nos movimentos atômicos e moleculares, com seus reflexos nos componentes no interior da Terra, na natureza em geral e no clima.

Previsões de profetas, mapa e quadro geopolítico global, e o que se espera para o Brasil

Com relação às visões do irmão Nostradamus que induzem a deduções sobre guerras no Oriente Médio e a invasão da raça amarela no futuro, é importante salientar que ele captou probabilidades na Estatística Cósmica, há aproximados quinhentos anos (no calendário terreno), porque acessou o plano onde não há tempo nem espaço, e onde os projetos encarnatórios individuais e coletivos de almas já estão esboçados pelos planejadores e Senhores do Carma (anjos com enorme capacidade para acessar registros e visualizar o futuro). De certo modo, dentro de cálculos de variância cósmica, tais probabilidades no campo da estatística de engenheiros siderais ficam como que impressas no Éter e em planos sutis. Porém, evidentemente, estão sujeitas a ajustes de percurso conforme a visão e interferência de anjos e arcanjos, e sujeitas, também, à interferência do livre-arbítrio e do grau de esforço evolutivo dos habitantes que compõem determinada civilização planetária. Isso já enfatizamos diversas vezes.

A invasão de vários países por parte dos exércitos da raça amarela das visões de Nostradamus – considerando os referenciais históricos e de realidade que ele possuía à época – hoje está subentendida como a atual invasão econômica mundial pelos produtos da China e de seus efeitos enormes na economia global. Esse processo merece ser observado com atenção, pois forças gigantescas de desestruturação econômica e social já vêm ocorrendo em várias nações, e se acentuarão por conta da centralização da motricidade econômica-global apoiada sobretudo num único país, com invasão de bens, de capitais financeiros e grande fluxo de migrantes chineses que, atualmente, já ocupam todos os continentes.

Existe, no caso, um tipo de invasão diferente do que era comum na época de Nostradamus, ainda que não se possa descartar a leitura da psique do povo que o irmão vidente realizou ao captar, no século dezesseis, informações da aura e da personalidade coletiva daquela civilização. Hoje, o exército da China do passado se confunde com os produtos chineses e o fluxo migratório de cidadãos daquele país se dirigindo aos quatro cantos do planeta. Em virtude do livre-arbítrio humano, entretanto, não se pode descartar a ocorrência de movimentos bélicos por trás desse processo, que pode ter início por efeito de problemas geopolíticos envolvendo a ilha de Taiwan. Contudo, esforços têm sido feitos no plano astral para evitarem-se novas guerras.

De fato, não se pode deixar de levar em conta que projetos planetários lidam com humanidades que possuem livre-arbítrio. Sendo assim, esses projetos estão sujeitos a alterações à medida que as humanidades caminham, o que pode gerar efeitos coletivos diversificados, em cadeia, e no ambiente, muitas vezes com certo grau de imprevisibilidade, mesmo que tudo esteja contemplado dentro dos estudos de probabilidade no campo da estatística cósmica. Nesse escopo, há que se considerar que muitas vezes um guia ou um irmão espiritual do bem dá sugestões aos ouvidos espirituais de um encarnado; mas ele também poderá ouvir a sugestão advinda de uma entidade desencarnada das sombras, passando a ter dúvida e seguir qualquer um dos lados, segundo o que mais predominar dentro de si. E assim, após tomadas de decisão impactantes, muitos líderes mundiais, de países e regiões podem influenciar coletividades inteiras a seguir por rumos ideais ou não, gerando decisões que afetam positivamente em transformações coletivas ou aprofundando o caos no ambiente em que vivem.

O planeta Terra está predestinado a ser unificado, sem fronteiras, sem competições, sem diferenças de etnias ou línguas. O domínio de um único país, seja no aspecto econômico, territorial ou político, tem seus dias contados em face das mudanças globalizantes geofísicas, com efeitos climáticos já em curso. E, no que concerne ao Oriente, o Plano Espiritual Superior não tem medido esforços quanto ao controle de movimentos astrais e no plano físico para que o Irã e a Coreia do Norte sejam freados em seus projetos bélicos nucleares, o que nem sempre alcança êxito, em função do livre-arbítrio. Ainda há, portanto, sérios riscos de explosões atômicas isoladas na Terra.

Os sérios problemas envolvendo o terrorismo, a partir do Oriente Médio, da África e de grupos dentro da própria Europa e América do Norte, podem gerar efeitos em cadeia, e são de difícil controle por sua natureza dispersa e de elevado grau de infiltração dentro das sociedades, não somente as de origem árabe, mas mesmo as de outras origens, compostas por jovens revoltados e carregados de orgulho e indisciplina. Apesar dos esforços de segurança e controle, com mecanismos e tecnologias de inteligência colocados em prática por vários países, somente um saneamento mundial em maior extensão será capaz de retirar essas almas empedernidas do planeta.

Esse processo envolvendo o terrorismo é fruto de complexos fatores cármico-coletivos de várias nações que, no passado, colonizaram e exploraram e que hoje ainda exercem seus poderes coercitivos por meio de mercados e aparatos econômicos mais estruturados e consistentes do que os dos países pobres e em desenvolvimento. Vale enfatizar que, mesmo dentro de vários dos países desenvolvidos, apesar de não haver fome e falta de teto, há verdadeiros bolsões de excluídos sociais, bem como grupos étnicos discriminados pela arrogância e vaidade dos que detêm o poder econômico e político, normalmente em quadros que não se expressam em palavras, mas em atitudes racistas.

Sem fraternidade planetária, nenhum país alcançará sustentabilidade social e econômica, e a felicidade perene não se instalará sem bases espirituais apoiadas em um universalismo crístico. E somente um processo global e abrangente será capaz de sanear o mundo, de tocar os corações mais sensíveis daqueles que idealizam uma Terra de paz e amor verdadeiros, e de imprimir esses princípios nas almas terrenas.

Os acontecimentos de transformação geofísica e cósmica

já estão aos poucos se materializando, mas os quadros vindouros mais fortes não serão tão abruptos como os ocorridos na Atlântida. Será um processo que durará muitas décadas em seu período mais intenso, e dentro de cerca de duzentos anos do vosso calendário, mudanças em menor grau de dinamismo ocorrerão, todavia ainda com fortes impactos isolados sobre o globo terrestre.

Os acontecimentos que mencionamos antes, ao reafirmar previsões de outros videntes do passado, continuam valendo: elevação do nível dos mares, intensificação de vulcões, terremotos e *tsunamis*, inversões e alterações climáticas, verticalização do eixo da Terra. Diversas teorias científicas seriam geradas para justificar os fatos geoclimáticos e sismológicos, e muitos veriam os acontecimentos cataclísmicos pela televisão (isso já foi sinalizado anteriormente na obra *Mensagens do Astral*,[17] e continua em pauta, ainda que tenham havido ajustes de movimentos e tempos cósmicos, com reais impactos no plano terreno). Esses fatos de ordem física apenas aprofundarão crises econômicas e sociais que estão em curso, e que fazem parte da catarse planetária necessária para se processarem o saneamento e a construção da nova fase de regeneração terrena.

O velho continente europeu, a América do Norte, a América do Sul e a maior parte da Ásia e da África serão bastante afetados. O Brasil sentirá, também, os fortes impactos dos eventos geofísicos e seus efeitos climáticos, e, apesar de algumas regiões e localidades virem a senti-los em menor grau, por possuírem terrenos geologicamente mais estabilizados e elevados (em relação ao nível do mar), não estarão isentas de outros problemas, como secas, ciclones e tempestades torrenciais, que gerarão grandes perdas na produção de alimentos.

---

[17] Na obra *Mensagens do Astral*, psicografada por Hercílio Maes, médium de Ramatís, e publicada pela **EDITORADO CONHECIMENTO**, há explicações pormenorizadas dos acontecimentos que se registrarão na Terra, já descritos por inúmeras profecias. Conforme foi exposto na obra *Missão Planetária*, bem como no decorrer desta, os acontecimentos cósmicos de grande envergadura são acompanhados de perto pela Espiritualidade Superior e submetidos a avaliações periódicas. Graças à intervenção superior, ocorreram ajustes nos planos de transformação geológica, de maneira que eles foram adiados para dar mais uma chance de mudanças internas aos humanos. Porém, o máximo que a Espiritualidade Maior pode fazer é retardar os movimentos atômicos e subatômicos envolvidos nesse processo.

Este país sofrerá muitos impactos em seu litoral e na maior parte da Amazônia e do Pantanal, com inundações, e sofrerá intensas inversões térmicas e fortes desequilíbrios climáticos.

Irmãos encarnados no Brasil e profissionais das áreas de controle de contas públicas e do poder judiciário, como fruto de compromissos assumidos antes de sua encarnação, têm realizado esforços altamente positivos ao descobrirem irregularidades e corrupção na gestão dos recursos públicos e nas subterrâneas relações negativas com o poder econômico. E a mídia, com seu papel crucial para levar ao conhecimento da população brasileira esses fatos, propicia com isso a geração de choques conscienciais sobre problemas de corrupção e danos morais, que perduram desde o tempo do descobrimento do país pelos portugueses, e que vinham se ampliando a cada século e década. Esses eventos recentes no campo político e econômico fazem parte do saneamento moral necessário para melhor estruturar as bases astrais e de governança da Pátria do Evangelho, e os guias espirituais da Terra do Cruzeiro não a abandonarão nessa missão. Eles acompanham as tentativas de impedimento desse saneamento moral, tanto por parte de encarnados quanto de desencarnados desejosos de manter a decadência moral no país, e não têm medido esforços para influenciar positivamente na continuidade dessa limpeza, que terá de continuar como parte dos planos superiores.

As cidades de grande e médio porte, no mundo, serão respectivamente as mais afetadas pelos grandes acontecimentos geofísicos e seus efeitos climáticos do planeta, por conta da maior concentração de pessoas com mentes e emoções em desequilíbrio, o que propicia um maior peso astral negativo localizado num mesmo espaço geográfico. Ainda assim, todos os municípios, mesmo os pequenos, sentirão os desequilíbrios relacionados à produção de alimentos e condições mais tranquilas de vida. Na verdade, todo o planeta sentirá os abalos geofísicos e seus efeitos climáticos, bem como seus reflexos econômicos, sociais e suas consequências nos sistemas de vida.

Apesar de tudo, o Brasil terá seu papel de país do amor universal testado. Observai a intensa migração de estrangeiros que ocorreu no passado, que de certo modo continua em direção ao Brasil e se ampliará à medida que o desequilíbrio econômico aumentar no mundo. Haverá momentos no Velho Mundo e na América do Norte de aparente melhora na conjuntura, mas esta não terá maior sustentabilidade. Avanços conquistados na construção da união de países em blocos econômicos correm o risco de ruir, em decorrência do egoísmo e orgulho imanente na civilização terrena, mesmo entre países considerados desenvolvidos.[18] Enquanto muitos países estabelecem leis restritivas, controles acirrados e chegam a visar à construção de muros e barreiras para impedir a entrada de estrangeiros, usando da coerção e violência, o Brasil tem recebido e receberá de coração aberto irmãos de todos os lugares, a exemplo do que já ocorre com aqueles vindos do Haiti.[19] Aliás, esse tem sido o destino histórico deste país, desde que começou a receber migrações de vários continentes, séculos atrás.

Grandes ajustes, no entanto, precisam ser implantados com mais rigor no Brasil, dentre eles os relacionados com a violência, a corrupção, os desequilíbrios sociais e a educação. O governo terá, a cada ano, que enfrentar de modo mais enfático essas questões. As configurações astrológicas e os movimentos de irmãos de orbes diversos e do Plano Astral Superior da Terra têm influenciado positivamente na busca de um ambiente mais sadio no país, e a imprensa e o poder da justiça serão crescentemente mais decisivos para colocar clareza nas informações e ética nas relações sociais, na governança e na gestão pública.

Os escândalos diversos que se tem presenciado não devem ser vistos como algo negativo, mas sim como oportunidade de saneamento, que será ainda mais amplo e profundo doravante, em que pese as tentativas de certos grupos afundados na escura postura mental de usurpação dos recursos públicos tentarem conter esse avanço saneador. Afinal, a Pátria do Evangelho não pode fazer brotar a nova civilização do amor em bases éticas apodrecidas. E o movimento em torno da ética e da expansão da fraternidade deverá se expandir no

---

[18] A posição da Inglaterra, ao se retirar da União Europeia, recentemente, já é um vislumbre dessas informações psicografadas por Ramatís no ano de 2015.
[19] Nos últimos dez anos, o número de imigrantes aumentou em 160 por cento no Brasil, sendo liderado por haitianos que entram pela fronteira norte do país.

planeta como um todo, com efeito em cadeia, ainda que em alguns países os impactos sejam restritos ou localizados.

A manifestação da população nas ruas, em especial dos jovens, faz parte desse movimento aquariano de despertar do Brasil para novos padrões de responsabilidade a serem cobrados de quem está no poder público. Há que se atentar, sem dúvida, para as tênues fronteiras entre reivindicações e violência. Isso exigirá, por parte dos poderes públicos, posição firme e inteligente por meio dos órgãos de segurança, pois essas fronteiras comportamentais e de desarmonia mental-emocional ocorrem nas mentes de alguns jovens duvidosos entre optar pelo caminho do bem ou do mal. Além disso, parte dessa violência é fruto da revolta e do orgulho interior, somados a interesses torpes de lançar mão de bens que não lhes pertencem. Muitos grupos sintonizados com as zonas infernais do Astral terreno se aproveitam do orgulho e da revolta dessas almas para expandir seu "reinado" no mundo das formas, sobretudo nestes tempos de expurgação cármica planetária.

A fraternidade sendo irradiada para o mundo, a partir das terras brasileiras

A afirmação de que a Era de Aquário corresponde à era do mentalismo que se expandirá no planeta Terra não significa, apenas, que nesse período será desenvolvido um forte padrão energético em torno do campo mental (intelectual e intuitivo). Quando se intenciona promover o progresso espiritual equilibrado, não se pode estimular o campo mental desprovido do sentimento fraterno. A escolha das terras brasileiras para serem o futuro berço espiritual do planeta ocorreu por uma série de fatores que favoreceriam nessas paragens o desenvolvimento do espírito crístico, alicerçado por uma abertura mental e de coração de grande magnitude, indispensável para se cultivar novos padrões vibratórios calcados na simplicidade, no carinho, no calor humano e no amor fraterno. Hoje, o Brasil ainda está longe desses padrões, mas dispõe de potencial para desenvolver ou ampliar essas características imanentes na maioria das pessoas que se encontram em seu território, no plano astral ou no plano dos encarnados.

Francisco de Assis é um dos mais puros exemplos vibratórios comprometidos com o orbe terreno e que funde todos os referenciais, em seu mais alto grau, do mentalismo que deverá predominar na nova Terra, quais sejam: mente e coração equilibrados, discernimento e amor, renúncia no mais alto grau, ética e perdão, firmeza com retidão e flexibilidade com doçura. O discípulo absorveu eficazmente os ensinamentos exemplificados por "seu guru", Mestre Jesus, ao longo de milênios e milênios. Esses padrões interiores e comportamentais deverão ser desenvolvidos no planeta, e em especial nas terras brasileiras.

Pelo fato de o chacra cardíaco planetário estar neste país – isso aliado a outros fatores de cunho histórico que propiciam a expansão de certos padrões energético-vibratórios –, vem sendo trabalhada no Brasil uma aura favorável para o desenvolvimento espiritual, para cuja formação a Espiritualidade Maior tem envidado esforços há séculos. Espera-se que cada alma ligada e este país, encarnada e desencarnada, responda positivamente a esses estímulos energéticos e que desenvolva o comprometimento, no âmago de suas consciências e de seus sentimentos, quanto à mobilização em direção à autoeducação espiritual.

Observai uma curiosidade: o nome do principal rio genuinamente brasileiro é São Francisco, e essa bacia corta boa parte da região que recebe forte influência magnética do chacra cardíaco terreno, que se encontra no Centro-oeste, onde também nascem importantes bacias tributárias do São Francisco. A intuição de quem o nominou não foi mero acaso. Devemos lembrar qfue as águas representam os sentimentos, ao se analisarem os quatro principais elementos da matéria sob o ponto de vista energético.

Francisco de Assis, como o futuro avatar e governador planetário, terá no Brasil sua coluna vertebral espiritual. Ele não estará sozinho; ao contrário, terá o suporte de outros anjos nessa jornada e na gestão do Conselho Espiritual da Terra, bem como a ajuda providencial de muitos espíritos superiores na condução de iniciativas rumo à instalação verdadeira da nova era planetária, com papel importante para as terras brasileiras. Jesus, Miguel e Ismael, apesar de estarem assumindo novas e maiores missões no Sistema Solar, no que diz respeito a amor e consciência, ainda continuarão mental e emocionalmente vinculados a este orbe.

Outra curiosidade é o fato de o atual papa da Igreja Católica, igualmente não por coincidência, haver adotado o nome de Francisco e ter escolhido o Brasil como o primeiro país a visitar em missão religiosa, além de demonstrar uma forte preocupação com os problemas sociais, a ganância, necessidade de buscar-se maior equidade entre as pessoas e simplicidade no trato com os bens que foram emprestados a quem vive no planeta. Some-se a isso, a natureza universalista que habita o fundo de sua alma, em que pese representar uma instituição religiosa, visto que, por esse motivo, ainda precise se mostrar relativamente apegado a certos preceitos dessa instituição. Essa alma comprometida com os novos tempos tem tido e ainda terá importante papel na mobilização de muitas almas terrenas em direção ao amor fraternal verdadeiro.

Conforme já afirmamos algumas vezes, o fato de o chacra cardíaco da Terra localizar-se em terras brasileiras não é mero acaso, e este emana a cada instante mais e mais energias purificadoras de sentimentos primários (como um filtro no Éter do corpo físico da Terra) que se mesclam à luz proveniente do Sol e geram vibrações estimuladoras do amor fraterno. Ainda que cada "poro" físico e astral da Terra emane todas as vibrações do Cristo Planetário, é pelo chacra cardíaco que ele emana mais a vibração do amor e a partir de onde se espalha pelo resto do orbe terreno. Por isso, muitos estrangeiros, quando vêm ao Brasil, se estão de coração aberto, sentem algo estranho em suas auras, uma alegria que não experimentam, normalmente, onde vivem. E é também por isso que muitos brasileiros, ao viajar ou morar fora do país, sentem que na Pátria do Evangelho há uma diferenciada energia de calor humano que só existe no Brasil. No entanto, para que essa força do amor fraterno se instale de fato no íntimo de cada integrante da população brasileira, e o local se solidifique como região expansora do amor crístico na Terra, há muito trabalho a ser feito ainda.

A vibração de amor que emana potencialmente do espírito geral do brasileiro deverá estar sustentada por padrões de ética, respeito às leis (humanas e cósmicas) e disciplina. Essas conquistas só ocorrem a partir do esforço individual e coletivo, com ajuda de lideranças que deem bom exemplo e possuam autoridade natural, sem autoritarismo, sem vaidades, sem centralismo arrogante e movidos por reais interesses da coletividade. Alguns desses futuros líderes já encarnaram. Não é por acaso que muitas crianças e jovens com perfil diferenciado têm demonstrado atitudes éticas e reivindicado mais seriedade dos pais e gestores públicos, e exigido compromissos ambientais das empresas – nem sempre expressos da maneira mais adequada, mas, de certo modo, demonstrando a indignação existente em seus corações e mentes.

As mudanças ocorridas na Atlântida, pela forma como foram processadas, abruptamente, levaram à ruptura de elos de conhecimento e tecnologias. Com as mudanças mais fortes que estão por se processar, somente será perdido e tornar-se-á irrecuperável o que for danoso à vida futura saudável. O saneamento será seletivo em todos os aspectos, e os espíritos superiores vêm monitorando e gerenciando essa seleção. Assim, a partir de certo momento futuro, após a "virada planetária" ou desencadeamento dos grandes acontecimentos em série, quando pessoas ainda presas a velhos costumes e práticas nocivas suscitarem conhecimentos incompatíveis com os novos tempos, tais práticas serão automaticamente rechaçadas por almas sintonizadas com a nova proposta planetária. Ao mesmo tempo, irmãos do plano astral e extraterrenos trabalharão no sentido de vigiar contra riscos de contaminação de ideias, informações ou posturas indesejáveis ao planeta de regeneração.

Os cuidados que se deve ter com as sorrateiras forças negativas, nestes momentos de intensificação da drenagem psíquica da Terra

Existe atualmente um amplo movimento de inteligências das Trevas para expandir ainda mais o consumo de drogas no planeta, pois sabem elas que com essa prática a vontade das pessoas enfraquece e isso representa portas abertas para influência e domínio de mentes astrais viciadas que se acoplam em processos obsessivos e degradados. Assim, encarnados e desencarnados viciados se tornam presas fáceis de inteligências astrais mal-intencionadas para dominar suas mentes e realizar transfusão energética, ou vampirismo de bioplasma e ectoplasma – elementos indispensáveis no Astral inferior para que se realizem intentos diversos, sobretudo para potencializar a força e influência mental deles sobre o mundo material, além de lhes permitir satisfazer prazeres menos dignos.

Essa luta entre o bem e o mal tem sido dolorosa, e o mal tem conseguido algumas vitórias, graças à sintonia que obtém com encarnados revoltosos e indisciplinados. Muitos políticos, artistas, dirigentes públicos e empresários são consumidores de drogas diversas (de maconha à cocaína, passando por *ecstasy*, heroína e até *crack*), dando mau exemplo, além de tornarem-se vítimas conscientes ou inconscientes de planos diabólicos de domínio da Terra. Até dirigentes de países estão mobilizados a disseminar e legalizar o uso da maconha, sob o argumento de minimizar a violência do tráfico, despreocupados que estão com o desastre emocional e o enfraquecimento das mentes de jovens que consumirão a droga em ritmo crescente, além de institucionalizar a implantação de sistemas agrícolas de espécies entorpecentes e de agroindústrias bem estruturadas para produzirem em larga escala e atenderem a consumos crescentes dessas drogas.

Muitos dirigentes nacionais e pessoas ligadas ao poder público de certos países estão de fato interessados nas altas somas de dinheiro que ganharão ou que já ganham com essas atividades (na concepção de alguns, sorrateiramente e sob influência de almas do Astral inferior, essa atividade é ou virá a ser uma das tábuas de salvação para suas fracas economias nacionais). Vários políticos e governantes, ao fazerem apologia ou políticas de liberação de uso de drogas sob um pseudocontrole, não se dão conta de que, com as facilidades legais, haverá maior consumo, que exigirá um sistema produtivo mais organizado e ampliado para atender a demandas cada vez mais crescentes, qual já ocorre com a produção e o consumo de bebidas alcoólicas, que se ampliam a cada dia. A Era Aquariana não permitirá esse tipo de ideias e práticas que, certamente, serão lavadas ou queimadas pelas forças da natureza, em futuro não distante.

Ao ter facilitada a sedimentação do vício por meio da legalização, por se acreditar que com isso a violência do tráfico desaparecerá, parte relevante da sociedade acabará sendo consumida por outra forma de violência: aquela contra seu próprio corpo, com sérios impactos no perispírito. Assim, a organização empresarial voltada para o consumo das drogas se estruturará de tal maneira que enfraquecerá a vontade coletiva da nação, o que destruirá no longo prazo os neurônios e a inteligência nacional, bem como sua capacidade criativa e de trabalho eficaz, amplificando a dependência das drogas e da respectiva máquina produtiva. É preciso que se construam formas criativas de resgatar almas viciadas e dar-lhes bases educativas para que possam canalizar seus potenciais humanos em direção ao bem, e o principal veículo transformador dessas almas é e será crescentemente o amor sincero, expresso em carinho, atenção, cuidado, boa palavra, bom exemplo, e buscando preencher a mente e o tempo vazios com atividades construtivas.

Com vistas a ajudar no processo de construção dessa nova fase planetária, já vêm encarnando na Terra espíritos de orbes diversos, com a missão de trazer o bom exemplo ético e equilibrado no campo mental-emocional, bem como novos conhecimentos que darão base a novas tecnologias e a sistemas de vida mais equilibrados. Ao mesmo tempo, irmãos do Plano Astral Superior com forte base moral e retidão, cheios de amor fraterno e experiências nas áreas de educação, organização e psicologia, também vêm reencarnando (e esse número tenderá a aumentar). As bases da nova sociedade planetária já começam levemente a se desenhar em alguns pontos isolados, e terão contornos mais definidos a partir do saneamento mais amplo que a Terra sofrerá. No atual estágio evolutivo, o planeta ainda precisa do sofrimento salutar como mecanismo de limpeza de sentimentos densos e como estímulo ao cultivo da fraternidade verdadeira.

Atenção, carinho e base ética para com os espíritos que chegam de outros orbes

É importante atentar-se para o fato de que, no meio de almas extraterrenas que ultimamente vêm encarnando na Terra, têm vindo seres muito inteligentes, mas ainda necessitados de melhorar suas bases morais e de ampliar seus sentimentos humanitários e fraternos, o que exigirá dos pais muito discernimento para que não lhes estimulem a vaidade e a arrogância. É preciso ter em mente que essas crianças demonstram certo avanço na inteligência, o que as diferencia das demais e dos jovens. Assim, será preciso uma educação com consciência ampliada, flexível, mas apoiada por princípios ético-cósmicos muito bem definidos e, acima de tudo, que esses jovens e crianças recebam muito amor, com orientação, carinho, diálogo, compreensão e até repreensão sadia, quando necessário.

O processo de mudanças, a busca do equilíbrio da mediunidade e o cultivo do amor nos grupos espirituais

O mapa geográfico da Terra passará por algumas alterações, mas muitos países e regiões continuarão existindo; outros locais surgirão ou ressurgirão. O planeta não será destruído, mas passará – aliás, já vem passando – por transformações gradativas em sua configuração geográfica e climática, embora poucos se aperceberão disso. Muitos desencarnarão e permanecerão no orbe; a maior parte desencarnará e será atraída pelo planeta intruso. Raríssimos migrarão para outros planetas mais evoluídos.

A Espiritualidade Maior tem se mobilizado e chamado à ação muitos irmãos encarnados e desencarnados, além de contar com a imprescindível ajuda de irmãos extraterrenos, para que nestes tempos possam ser resgatados irmãos perdidos em caminhos equivocados, e que, dessa maneira, aumente o percentual dos identificados pelo Evangelho como os da "direita" do Cristo. Salientamos mais uma vez que não estamos resgatando entidades ou mesmo contando com a colaboração de irmãos ainda cheios de imperfeições que em breve se tornarão "santos". Compreendemos que estamos lidando com seres humanos que têm estado ou que deverão estar dispostos a se transformar, e que, para tanto, terão uma longa estrada de reencarnações e de ajustes cármicos futuros, alicerçados por novos padrões de pensamento que começarão a exercitar numa extensa jornada de educação de sentimentos e de atitudes viciadas do passado.

A Era de Aquário não será imediatamente uma Era Dourada, mas uma luz translúcida e brilhante se expandirá pouco a pouco pelos esforços de construção desse novo momento planetário de todos os terráqueos, com vigilância das atitudes e dos pensamentos diários, sempre contando com a ajuda direta de muitas almas abnegadas do plano físico e extrafísico. Esse novo tempo poderia ser traduzido como a Era da Transformação ou da Regeneração, e esta, cuja mola propulsora do processo transformador é a vontade firmemente direcionada, já vem se processando por etapas, e não por saltos mágicos.

Considerando que o principal sentido da vida é espiritual, cabe a cada terráqueo, desde já, aprofundar seus estudos, suas meditações, suas preces, a atenção e vigilância à postura interna do pensar, sentir e agir, sua educação mediúnica, o empenho para alcançar uma alimentação mais sadia e leve. É preciso que se purifique em pensamentos e atitudes, que exercite o sentimento fraterno para que se torne cada vez mais humilde, tolerante, paciente, sereno, persistente, autoconfiante em sua própria capacidade de ser um instrumento do bem, mesmo com muitas imperfeições. Que se sinta repleto de esperança e alegria por estar na estrada do autoconhecimento e da autotransformação, aberto a aceitar sacrifícios sem revolta, sempre que for chamado pelo Alto e pelas situações da vida a desenvolver a resignação, com a mente desobstruída para reerguer-se com iniciativas construtivas, isto é, de maneira que possa cultivar a resiliência interior, expressa em atitudes também. Não há por que alimentar pânico e medo. Quem tem fé verdadeira nos desígnios do Alto, nada temerá nesses momentos de transição, de mudanças geofísicas e climáticas.

Vai aqui uma pequena recomendação aos irmãos espíritas e espiritualistas: muita vigilância com os sentimentos de inveja, maledicência e intrigas que têm sido plantados no seio dos grupos por entidades das sombras, e que, regra geral, encontram guarida nas imperfeições que habitam a intimidade dos médiuns e colaboradores. Daqui para a frente é preciso colocar mais firmemente em prática o "orai e vigiai". Os irmãos que já se encontram no caminho da busca do equilíbrio espiritual serão "peças-chave na engrenagem do futuro próximo. Precisaremos de grupos unidos no futuro, mesmo que hoje estes sintam a necessidade circunstancial de não descaracterizarem suas metodologias de trabalho em direção a métodos mais amplos e universalistas, mas, pelo menos, que se esforcem em permanecer sintonizados com o amor fraterno universal exemplificado pelo Mestre Amado há dois mil anos. Em vez de pessoas e grupos perderem tempo procurando identificar aspectos negativos uns nos outros, que se sintonizem buscando os pontos positivos que os unem.

Necessitamos de colaboradores humildes, sensatos e firmes no propósito de transformação íntima, que atentem para não se descuidar do corpo e da mente, que têm de estar em contínua educação. Que o coração esteja em incessante treinamento para a fraternidade universal! Cada grupo tem seus guias e orientadores, e estes se incumbirão de cuidar de seus pupilos, de alertá-los ou de permitir certas situações de embaraço para que aprendam a se defender, não pela violência, mas pelo discernimento. Que cada grupo se concentre em sua tarefa sincera, humilde e abnegada! Cada grupo antigo, recente ou a ser criado em breve, deve incentivar o trabalho do outro, e não disparar críticas mentais negativas, ou verbalizadas. Cada grupo e trabalhador da seara do Mestre deve estar de espírito aberto a intercambiar e colaborar, sem julgamento da qualidade ou da procedência desta ou daquela mensagem, sem apegos à desconfiança ou ao ciúme, que atrasam o progresso espiritual.

Somos todos pertencentes à mesma irmandade cósmica. O preto velho ou o caboclo que incorpora no centro de Umbanda, em muitas ocasiões, é o mesmo que incorpora ou transmite uma mensagem num grupo dito kardecista, ou faz parte da mesma corrente de um grupo espiritualista. Muitas vezes, esse mesmo espírito está anonimamente auxiliando alguém na vida comum ou profissional, sem que o encarnado saiba ou o perceba, apenas por amor e sob permissão superior. Ou a servidora simples, abnegada e desconhecida do humilde grupo espírita do interior ou da periferia, com todas as suas imperfeições, poderá estar recebendo um elevado extraterreno médico, manifestado como preto velho ou como humilde João ou José desconhecido. Na verdade, o nome da entidade é o que menos importa. O que vale observar e sentir é a vibração, pois esta denotará a origem verdadeira do ser – se trata-se de um espírito equilibrado e de luz, ou apenas um sofredor desorientado ou manipulador. É importante atentar-se para o conteúdo das palavras, mas estas ainda assim poderão enganar; o que não engana é o sentimento expresso na vibração, que expõe a realidade espiritual de quem quer que seja.

Os irmãos conhecidos como mestres ascensionados são desprovidos de vaidade e se portam como de fato são: humildes, simples e ricos em luz e bondade fraterna. Embora muitos médiuns os percebem cheios de paramentos (é a decodificação do médium, que poderá estar apoiada na base de dados de sua própria mente, repleta de conteúdo imaginário artificial), nem por isso aquele ser angelical deixará de auxiliar o grupo. Muitas vezes, esse mestre é o preto velho do terreiro. O importante é a vigilância da vaidade por parte de cada médium e de cada grupo, pois esta, sim, poderá abrir sintonia com entidades do mal ou zombeteiras muito inteligentes, as quais podem se utilizar de artimanhas e estratégias maquiavélicas, no intuito de desestruturar e influenciar a caminhada dos colaboradores bem-intencionados e invigilantes.

A Providência Divina virá para quem tem consciência de seu próprio esforço no caminho da melhoria interna e da prática da caridade, observando que a caridade não se faz apenas com bens materiais, mas com um sorriso, a boa palavra, o bom exemplo, a boa atitude de servir de coração aberto e feliz, com a prece e a disposição em ser um canal do Alto em prol da melhoria de quem sofre e padece por invigilância.

O novo tempo deverá começar já para quem ainda não iniciou dentro de si o processo transformador. O "trabalhador da última hora" deve prosseguir firme, determinado e cheio de esperança. A construção dessa nova etapa planetária se fará gradativamente, e por isso os irmãos de boa vontade e que já percebem os sinais de saneamento e catarse planetários não podem ficar esperando que o planeta inteiro mude, pois essa mudança deve se processar e ser acelerada dentro de cada um. Nos momentos mais difíceis da Terra, a Espiritualidade Maior necessitará de medianeiros equilibrados, instruídos e dispostos a ajudar a organizar o caos e a liderar muitos desesperados e desorientados.

Reafirmamos, os tempos já chegaram, as mudanças já estão ocorrendo e serão intensificadas a partir da próxima década, sendo proporcionais às mudanças de rumo das nações, das sociedades e de cada um, no Astral e no plano físico. As turbulências vêm ocorrendo fora e dentro das pessoas. Quando determinada mistura química fica muito tempo estagnada e sem perspectivas claras de alteração para melhor, a tendência é que ela apodreça, estrague ou fique sob a ação corrosiva do tempo, sem função objetiva. Por isso é preciso que se coloque alguma substância química para dinamizá-la ou para catalisar a mistura ali instalada. Assim estava o ser humano, caminhando, mas a passos lentos, tendendo a uma estabilização atávica de padrões de pensar, sentir e agir. Por esse motivo, a Providência Divina permitiu a sensibilização de bilhões de almas terráqueas antes do encarne, e desse modo a mediunidade e seus fenômenos surgiram em um maior número de pessoas, num processo de mais de duzentos anos de trabalho (que para a Espiritualidade Superior é um piscar de olhos). Foi assim que essa aparente desordem se instalou no seio da Terra. Alguns têm sabido otimizar essa mediunidade[20] buscando práticas espirituais que os conduzam ao equilíbrio; porém muitos estão perdidos, e outros tantos vêm utilizando esse dom para reforçar o mal que os habita há milênios. Mas a cada qual será dado segundo as suas obras.

Os esforços de ajuda e resgate já se iniciaram amplamente no plano astral e, apesar de haverem começado timidamen-

[20] Que nada mais é que uma sensibilidade mais aguçada, resultante de dinamizações em alguns chacras, realizadas por entidades superiores, antes do reencarne da alma.

te no plano físico, mais à frente se expandirão no meio dos encarnados. O exercício da serenidade e da fé serão cruciais para o equilíbrio de cada um. Todos os atributos da autoeducação espiritual, já mencionados, serão básicos para que haja sintonia com os trabalhadores do Plano Espiritual Superior, de modo que cada qual possa ter condições de receber a ajuda necessária e possível. Um aspecto, no entanto, deve fazer parte da consciência de cada um: que Deus jamais desampara seus filhos.

Faça cada qual o seu trabalho profissional e espiritual diário. Aqueles que estão integrados a trabalhos espirituais de grupos, esforcem-se todos os dias para se afinar com os guias e obreiros a serviço da Espiritualidade Superior, pois com toda certeza continuarão recebendo ou receberão orientações nos momentos devidos. Há milhares e milhares de trabalhadores do Astral, bem como extraterrenos a postos, e outros já em atividade em prol da assistência fraterna ao terráqueo. Assim, nada se deve temer, pois "o amor cobre a multidão dos pecados", como dizia o Mestre dos Mestres. Com toda certeza, há a consciência divina em tudo o que acontece com o ser hmano. Desse modo, o que virá a ocorrer será para o seu próprio bem, a fim de estimulá-lo a seguir pela estrada da transformação íntima verdadeira, integrando-o ao serviço coletivo cósmico.

Fé e esperança pelo despertar deste novo tempo!

Paz e alegria a todos vós!

Ramatís

Capítulo 2
A Terra que devemos reconstruir: uma reinvenção planetária

Algumas considerações sobre a nova fase da Terra

Alguns leitores poderão questionar a real necessidade de se saber como será o futuro. De fato, não há sentido em se conhecer o porvir, se a intenção for uma mera curiosidade. As humildes palavras dos irmãos que colaboram com esta obra estão imbuídas de estímulo, a fim de que despertem ou mobilizem a esperança em um futuro melhor e a fé em Deus. Delineiam alguns caminhos para que, desde já, os irmãos do plano físico e do Astral possam se preparar, adotando padrões de atitude e educação sintonizados com os novos tempos. Contudo, para que as transformações sejam consistentes e duradouras, elas não podem ser colocadas em prática desprovidas de um processo de amadurecimento consciencial, de sentimentos e atos, o que exige tempo.

Se na civilização terrícola, a cada década e século, se constata a importância do planejamento para a organização das atividades humanas e o alcance de metas que melhorem a qualidade de vida, imaginai, pois, como ocorre nos elevados planos espirituais. Assim, o planejamento faz parte das atividades básicas dos ideais superiores, e os vários teóricos dessa matéria que desceram ao mundo dos encarnados fizeram parte desse planejamento cósmico terreno, na medida em que trouxeram para o mundo das formas experiências adquiridas em outros orbes e conhecimentos assimilados no mundo astral.

Evidentemente que os mentores da Terra realizam planejamentos desde os primórdios do planeta até os dias atuais, incluindo o futuro, com a esperança de êxito para todos os seres que aqui habitam, até mesmo para si próprios,[21] que fazem parte dos mundos sutis do orbe. Quando se planeja, e isso tem sido comum nas bem gerenciadas organizações atuais da Terra, se realiza o exercício da visão de futuro, ou seja, um exercício de plasmar-se o futuro: o que se pretende alcançar e onde se pretende chegar. Para tanto, surge em seguida o estabelecimento de estratégias, ou melhor, quais caminhos possíveis deverão ser adotados para o melhor êxito e alcance da visão idealizada. Durante a execução desses planos – voltamos a insistir –, ajustes de percurso são práticas costumeiras, pois em todos eles existe o ser humano como elemento-chave da história e do porvir, e este possui livre-arbítrio.

Essa visão futura para a Terra, que foi ampla e amoravelmente discutida e delineada por arcanjos do Sistema Solar e anjos mentores do planeta, processo no qual se integraram direta ou indiretamente muitos espíritos superiores, é a que será expressa de forma breve neste capítulo. Mas tanto ela quanto as estratégias têm contemplado a participação dos terráqueos. Afinal, todos os que estão compromissadamente agregados ao orbe já fazem parte do planeta; e um planejamento, para que tenha o máximo de êxito, demanda a participação de lideranças planetárias em variadas escalas evolutivas a fim de que não haja risco de inexequibilidade, dos níveis mais sutis aos mais densos. Indiretamente, milhões de almas terráqueas têm participado do plano evolutivo planetário e de suas etapas executivas, e muitos têm se envolvido com planos relacionados ao atual momento e ao esperado período de re-

[21] A Terra não pertence somente aos que habitam os planos densos da matéria ou os mundos astrais do orbe. A Terra pertence, antes de tudo, a Deus e também a todos que a integram nos diferentes planos e dimensões, desde arcanjos, anjos, espíritos superiores, até aqueles seres nas zonas mais densas do mundo físico e astral. Entretanto, cabe a quem dispõe de mais visão, responsabilidade e evolução espiritual dar o tônus da direção para onde se almeja chegar, sob risco de a maioria dos desorientados levar o planeta a um estágio indesejável, rico em tecnologia e abarrotado de arrogância, vícios, explorações, egoísmo e violência. Evidentemente que existe o livre-arbítrio, mas o tempo que já tiveram ao longo de milênios não permite continuidade de um processo tão extenso de mundo de expiação, pois há uma contabilidade cósmica que orienta ajustes coletivos e a estrutura astrogeofísica do planeta.

generação do planeta. Contudo, a maioria dessas almas o faz de forma subconsciente.

As palavras contidas nesta obra estão, *a priori*, carregadas da imantação de esperança, amor e consciência ampliada dos irmãos que contribuíram com ela. Que os sinais aqui expostos sobre os sistemas de vida que comporão o futuro do novo mundo terreno possam colocar algumas sementes de estímulo no esforço de organização planetária, de transformação interior, de cooperação e de construção de novos ideais para a Terra.

Para tanto, é importante desde já a prática da meditação e da prece para os que ainda não o fazem ou que o fazem fria e mecanicamente, longe da sensibilidade e sem a profunda concentração. E que essas práticas os sintonizem com os irmãos das Altas Esferas da Espiritualidade e com os extraterrenos de vários orbes, aprendizes da maturidade evolutiva cheios de disposição elevada que estão prestes a encarnar na Terra ou que permanecerão no plano extrafísico para vos orientar. Todos construirão juntos o novo planeta, sustentado pelos alicerces do Amor Crístico que pode e deve ser exercitado por cada irmão terráqueo – condição essencial para que, após o grande saneamento e catarse planetários, os encarnantes ou já encarnados com a missão construtora do novo tempo possam encontrar essa base consciencial indispensável para a sustentação dos alicerces do novo templo cósmico que aqui será instalado.

Abordaremos neste capítulo como deverá ser esse futuro que cada um de vós irá construir ao permanecer no plano físico, e, no capítulo seguinte, os melhores caminhos para o alcance de metas futuras por meio de ações que podem e devem ser realizadas imediatamente, como forma de criar-se a ponte energético-espiritual entre o agora e o futuro.

A nova Terra não receberá de graça as futuras benesses. A nova fase será construída por encarnados que permanecerem após as grandes mudanças, por irmãos que estarão encarnando, por entidades do plano astral e de outros planos evolutivos do orbe, por irmãos extraterrenos desencarnados e, sobretudo, encarnados em dimensões mais sutis, todavia com frequentes imersões na vossa densa dimensão. Será um grande mutirão fraterno-universal de muito trabalho, que exigirá muitos esforços de toda ordem, mas repleto de boa vontade, alegria e boas vibrações. O trabalho, como instrumento de lapidação da alma, não será algo pesado, mas abençoado, e ao final de cada etapa, em vez de cansaço, a maioria estará envolta numa vibração de luz que a fará sentir mais energia e disposição para o dia seguinte. E assim, todos agradecerão a Deus pela vida, pelo trabalho e pelo pão físico e espiritual de cada dia.

Alguns podem nos questionar que, se a morada física terrena será transferida para a quarta dimensão, por que reconstruir o planeta? Por que não fazer apenas uma espécie de grande acampamento temporário na primeira dimensão física da Terra, e já começar os preparativos para a construção da vida na quarta dimensão?

Primeiro faremos uma pequena analogia com situações terrenas corriqueiras, como no caso do aluguel de um imóvel: estaria o inquilino autorizado por lei a cuidar mal do imóvel do proprietário? Quem alugou pode até ser um inquilino desleixado, entretanto, quando devolver o imóvel ao dono, terá que refazer a pintura e consertar alguns danos que tenha causado. Mas, se esse inquilino tiver boa consciência, decerto cuidará bem da casa e evitará avarias para que não tenha de despender gastos extras com os consertos. Normalmente, o proprietário exige, no contrato, uma pintura nova, porque, regra geral, sabe que as pessoas, com raras exceções, não têm consciência básica de conservação. Guardadas as devidas proporções, ocorre o mesmo na relação com os planos mais sutis da alma. O mais importante em toda essa questão, porém, é que cada pessoa desenvolva seu caráter em elevados padrões morais, sua consciência de respeito ao próximo e ao bem coletivo. Esse processo educativo será conquistado a partir do esforço de construção da nova fase planetária numa morada que exigirá reparos e reconstruções físicas e de organização da vida física apoiados por princípios espirituais universalistas, sustentados pela fraternidade entre aqueles que estarão de mãos dispostas ao trabalho renovador do campo físico e espiritual.

Não importa se apenas estarão alugando o imóvel chamado Terra por um tempo – todos deverão desenvolver a consciência de amor a este bem, cujo proprietário é Deus. Devemos dizer que esse período não será inferior a aproximados quatro mil anos, com base no calendário terreno, pois a maioria das almas terráqueas ainda não possui condições básicas para habitar a quarta dimensão. Assim, precisarão da morada na primeira dimensão física como local de preparação, amadurecimento e adequação vibratório-espiritual para começar, paulatinamente, a ir migrando para o novo estado físico – desencarnando e reencarnando no novo ambiente.

A preparação, adequação e amadurecimento da alma decorrerão de oportunidades para vivências mais equilibradas na densa dimensão física. Por exemplo: no caso do corpo físico, o cidadão terreno entenderá que o corpo merece uma alimentação mais sadia, que não agrida as células, que faça exercícios físicos e mentais, como ginástica, a prática de ioga, ou outros métodos, de modo a gerar bem-estar psicofísico. Nas relações interpessoais, será indispensável o respeito ao próximo de maneira que cada um não agrida a mente e o corpo do irmão, mesmo que ocorram discordâncias de opiniões. Enfim, o respeito será uma das tônicas comportamentais do novo tempo, e não apenas comportamentos controlados por pressão social e pela força das leis, conforme já ocorre em vários países onde há forte aparato de controle institucional e de pressão social, alimentado por esse sistema de controle. A ampliação da consciência e a abertura do coração ao sentimento fraterno-universal serão[22] metas diárias perseguidas e alcançadas no íntimo de cada habitante terreno. Assim, a ambiência do planeta, não mais pressionada por um Astral repleto de obsessores e almas dispostas a perturbar e a vampirizar irmãos encarnados, favorecerá esse avanço.

A Terra tem vivido nos últimos sessenta mil anos a era da expiação, como uma espécie de escola-pronto socorro vi-

[22] Atenção para o tempo verbal utilizado, o qual não tem postura de arrogância, mas de firmeza. Não se pôs a frase: "deverão ser", mas sim, "serão", porque quando se projeta uma visão futura, quando se plasma no Éter um ideal superior, é preciso ser incisivo, mentalizar-se com firmeza de propósito, com certeza mental e no coração. Não se pode ter dúvidas. As palavras têm de refletir essa energia decidida, repleta de fé, esperança e autoconfiança.

vencial. A fase de regeneração será como uma escola-centro de prevenção e tratamento integral da saúde, local em que o paciente dialoga com o seu terapeuta, mergulha em si e tira uma série de conclusões sobre sua reeducação interior. Daí ele retoma sua vida, após inúmeras oportunidades catárticas, já em um novo padrão consciencial, a partir do qual deverá despender forças interiores renovadas, mais leves e mais firmes, em direção à felicidade verdadeira e ao bem maior.

É importante voltar a frisar que a Terra, em sua dimensão física mais densa, terá vida humana por aproximados quatro mil anos futuros. Dentro de cerca de duzentos anos deverá se alcançar um equilíbrio básico físico-espiritual no orbe que permitirá que um certo número de almas possa migrar, encarnando na quarta dimensão física. Contudo, na primeira dimensão física, por muitos e muitos séculos, continuará encarnando a maioria das almas terrenas. Essas almas ainda precisarão drenar sua psique nesses próximos séculos, até por volta do ano 6000. É evidente que, quando cada ser conseguir atingir o mínimo de condições para essa migração encarnatória à quarta dimensão física, isso ocorrerá automaticamente – sob a supervisão, o monitoramento e a orientação dos seus mentores espirituais.

Cabe aqui algumas considerações complementares sobre o assunto: o ser humano, durante sua estada encarnatória terrena na dimensão física mais densa, vem se alimentando sobretudo de carne animal, o que tem gerado uma enorme dívida cármica para com esses nossos irmãos menores, e indiretamente para com o planeta. Muitos, até hoje, caçam e matam por esporte. O homem tem usurpado e destruído muitos recursos naturais, não os utilizando com amor e consciência, e aumentando ainda mais o carma para com o planeta.

Carma não é resposta vingativa da natureza; é a lei que responde proporcionalmente a atitudes boas ou más sobre pessoas, e funciona como uma oportunidade para revisões de naturezas humanas, tendências e atitudes, ou seja, oportunidade para autotransformação. No caso dos animais, estes acabam por receber os impactos de reação da natureza não por carma, mas por busca de autoajuste natural ou resiliência, em face aos impactos gerados na interação com os seres humanos e por necessidade automática de adaptação e avanço evolutivo, sob supervisão e controle de devas.

A Terra, como grande palco da vida humana, deverá ser também o grande palco de reconstrução física e espiritual pela consciência e sensibilidade, através das mãos dos mesmos humanos que ajudaram a maltratá-la. Já se iniciou, e continuará pelos próximos trinta anos, a execução do plano intenso de reencarnações, como expurgo ou drenagem, de almas de boa índole, mas intoxicadas por sentimentos e mentes presas a traumas, recalques e vícios do passado. Junto com essas almas reencarnantes, têm descido e ainda descerão muitos espíritos evoluídos e irmãos decididamente seguidores da "direita" do Cristo. Todos estes que chegam e chegarão em massa ao plano físico necessitam encontrar um ambiente, no mínimo, saudável e com condições para se viver uma vida digna. Também têm chegado e chegarão irmãos da região do Cinturão de Fótons, de planetas do sistema solar de Sírius, de Órion, de Alpha Centaurus entre outros, e muitos (a maioria) oriundos de planetas do nosso Sistema Solar. Assim, cabe a todos que optaram por permanecer no orbe "arregaçar as mangas" para o trabalho coletivo de construção dos novos tempos.

Então, surge aqui uma outra questão: Como seria a gravidez de uma irmã terrena, num tempo de caos? Trazer um ser neste tempo, não seria irresponsabilidade? Onde encontrar abrigo, alimento e vestuário dignos para se viver num tempo de escassez? Primeiro é preciso lembrar que a maior segurança do ser humano será a de ordem espiritual. Não busqueis antes a material, pois esta poderá perecer ou se degradar, e sua qualidade é e sempre será fruto do grau de equilíbrio espiritual. Muitos têm fugido para certas localidades por medo, e construído estruturas físicas para enfrentar os desafios da escassez que virá, sem, no entanto, erguer uma base espiritual profunda, universalista, sincera para consigo e para com o próximo. Essas pessoas serão afetadas pelo próprio egoísmo, o qual está intimamente atrelado a processos cármicos.

O saneamento planetário será antes de tudo espiritual; portanto, o caminho espiritual justo é que deve ser buscado incessantemente. Deus proverá a quem devido for. Por isso, recomendamos que todos leiam e estudem o Sermão da Montanha, periodicamente, pois se encontram ali ensinamentos perenes. Naquele tempo, nosso amado Rabi da Galileia dizia: "Não estejais ansiosos quanto à vossa vida, pelo que haveis de comer ou pelo que haveis de beber; nem quanto ao vosso corpo, pelo que haveis de vestir. Não é a vida mais do que o alimento, e o corpo mais do que o vestuário? Olhai para as aves do céu, que não semeiam, nem ceifam, nem ajuntam em celeiros; e vosso Pai celestial as alimenta".

Assim, tendes fé, esperança, serenidade e alegria! O máximo que pode ocorrer é o desencarne e o encontro convosco e com os amigos da Espiritualidade Maior, que vos receberão com regozijo e aconchegantes braços abertos. Os que permanecerem encarnados vivenciarão o que tiver sido programado em planos superiores. Nenhum dos filhos de Deus será abandonado por Ele. Desse modo, podemos vos tranquilizar que tanto a gravidez, como o bebê e todas as crianças que estiverem programadas para ajudar na futura condução dos destinos da nova Terra, sem dúvida terão todas as benesses do Pai Maior e da mãe Terra para que não lhes falte nada na sobrevivência e no seu desenvolvimento. Eles, com toda a certeza, já crescerão balizados pelo novo sistema alimentar planetário: receberão o alimento espiritual, muito amor e uma alimentação frugal, mais leve e com proteínas à base de grãos, sementes e castanhas. Esses espíritos estão *a priori* sintonizados com esse tipo de alimento, necessário para que suas almas encontrem uma morada físico-corporal sem toxinas animais e sem abusos que causem mal-estar.

Observai outro detalhe ainda: a previsão, de acordo com os nossos superiores, é de que em torno de duzentos anos terão sido completadas as bases essenciais da vida na quarta dimensão física terrena, de modo a que se possa ter início o recebimento de almas encarnantes naquela dimensão. No entanto, haverá almas que precisarão de mais encarnações na primeira dimensão física para se drenarem psiquicamente, demandando mais duzentos, seiscentos, mil anos ou mais, até que o processo de expurgo de carmas, miasmas, vermes astrais e outras substâncias tóxicas provenientes da alma ainda desequilibrada (mas com potencialidade para servir ao Senhor) possa estar concretizado em um padrão mínimo aceitável para um futuro reencarne na quarta dimensão física.

Desse modo, é preciso que cada irmão que permanecer encarnado, após os acontecimentos maiores, com a ajuda de extraterrenos e irmãos desencarnados, possa assumir a morada terrena da primeira dimensão física com amor ou, no mínimo, com disposição para amá-la e reconstruí-la com alegria e como se fosse sua eterna morada, fazendo sua parte como "inquilino do Pai Maior".

A vida na quarta dimensão física será, pouco a pouco, construída dentro da mesma lógica de paz, harmonia e fraternidade universal. Entretanto, será composta por almas já desintoxicadas ou, pelo menos, com o mínimo de desintoxicação que lhes permita encarnar e continuar com o trabalho de reajustamento interior, aliado a mínimas condições de ajuste nos seus corpos astrais, com a reorganização das partículas subatômicas de cada célula astral e também do corpo mental, de maneira que a sutilização mínima possa ser alcançada para viver num ambiente físico mais tênue, conforme foi elucidado em capítulo anterior desta obra.

Supõe-se que cerca de cem milhões de almas terrenas possam vir a migrar para a quarta dimensão dentro dos próximos quatrocentos a seiscentos anos, com a ajuda incansável e amorável de pelo menos quarenta milhões de irmãos marcianos (em sua maioria) e de extraterrenos de outros orbes, para que assim, juntos, possam construir essa nova morada. Após esse período, e com o incremento da migração extraterrena, mais almas marcianas e de outros planetas ampliarão seus processos encarnatórios na nova morada terrena da quarta dimensão, que ajudarão, também, na melhoria contínua desse ambiente físico. Deverá haver uma proporcionalidade entre almas da Terra e extraterrenas mais evoluídas, de maneira que estas últimas tenham capacidade de influenciar positivamente e conduzir para a evolução a massa populacional dos pupilos terrenos, mais atrasados na escola evolutiva, como num influxo energético mobilizador coletivo e por uma espécie de forte "influência psíquico-osmótica".

Se algumas almas não alcançarem o mínimo de condições para migrar e reencarnar na quarta dimensão, mas tiverem condições de receber ajuda especial, poderão, em casos excepcionais, ter apoio intensivo para que alcancem esse estágio psíquico necessário. Suas células e seus átomos astrais e mentais deverão estar num patamar adequado para enfrentar uma ambiência de menor pressão atmosférica e com mais intensas frequências vibratórias, que exigirão mais leveza no pensar, sentir e agir.

É importante deixar claro que não haverá afastamentos entre almas que se amam e que desejarem permanecer mais próximas. Ou seja, se determinada alma tiver condições de avançar para a quarta dimensão física, mas desejar permanecer ou reencarnar na primeira dimensão física para ajudar um ente, amigo ou pessoa amada, sem dúvida sua vontade será respeitada, salientando-se que não há nada mais sublime que o amor e a capacidade de servir por compaixão e dedicação ao próximo.

Paz, trabalho e alegria, amigos!

Akhenaton

Como será a reconstrução da Terra?

A reconstrução terrena será baseada em novo desenho arquitetônico e em novas bases estruturais, em que será descartado tudo o que não for adequado ao novo tempo e reaproveitado o que for útil. Interessante observar que o termo "reconstrução" ressalta justamente a ideia não de se construir algo totalmente novo, mas sim de reciclar o que já existe, uma vez que nada se perde no Cosmo, nem mesmo o que se fez de errado e gerou carma em muitas vidas físicas. Assim sendo, tudo deve ser reaproveitado como recurso de amadurecimento das almas: as tecnologias, os conhecimentos adquiridos, e até mesmo a maneira de ser, o que denota um sentimento de gratidão ao Alto, pelas diversas oportunidades reencarnatórias proporcionadas a todos os seres, numa convivência sociofraterna, em ambientes físicos diversos, sempre com o intuito de oportunizar a ampliação da consciência e a capacidade de amar.

Os avanços futuros decorrerão da fusão de conhecimentos e experiências oriundos da própria Terra, bem como dos trazidos por irmãos de vários orbes planetários e do auxílio de entidades de boa vontade, de planos diversos. O Universo está em um eterno processo de mudança rumo à Luz Maior, e todos fazemos parte dessa grande fraternidade cósmica. Quem resiste a aliar-se à força evolutiva, mais cedo ou mais tarde será levado pela força propulsora do amor universal expresso na dor, no carma e nas patologias da alma. Com o tempo, isso educa o espírito, que aos poucos vai se cansando de tantas amarras a vícios e padrões mentais-emocionais primários e acaba por descobrir a verdadeira felicidade nesse influxo que impulsiona a todos para a harmonia interior e o serviço fraterno em pleno regozijo.

Por isso, é importante abordar neste trabalho questões a serem vivenciadas no futuro. Cada uma delas ligada a um ramo específico, cujas instituições já vigentes no palco terreno podem até adotar outras nomenclaturas futuramente, mas que na essência estarão inseridas em objetivos semelhantes. Desse modo, poderão ser futuros ministérios ou organizações outras de governo, ou da sociedade, compondo a organicidade necessária para que se cumpram, no mundo terreno, os planos oriundos da Espiritualidade Maior, que cuida deste orbe. Essa nova configuração organizacional de vossa sociedade, bem como os novos comportamentos, as novas atitudes, as novas formas de pensar e agir, os esforços na educação dos sentimentos desequilibrados, tudo, enfim, será construído paulatinamente e ao longo dos anos, das décadas e dos séculos vindouros.

E por que é preciso abordar esse aspecto? Repetimos outra vez: para que possamos realizar o exercício de plasmar no Éter um ideal superior de vida para os terráqueos e com os terráqueos, sejam aqueles viventes nas zonas mais densas, sejam espíritos habitantes dos altos páramos celestiais do planeta, como uma grande corrente energética de amor fraterno. E que os terráqueos não esperem pelo futuro, comecem já a vivenciá-lo. Que suas mentes, seus corações e suas mãos possam entrar em ação transformadora imediatamente!

Nas fronteiras terrestres e no idioma

No futuro, não haverá mais fronteiras terrestres. Muitos irmãos vêm tomando consciência do quão egoísticas, orgulhosas e sem propósito são as fronteiras geográficas que separam irmãos semelhantes, filhos do mesmo Pai. Essa percepção e conclusão serão expandidas à medida que os acontecimentos climáticos e geofísicos ocorrerem e os sofrimentos deles decorrentes demandarem mais união entre os povos, num sentimento cooperativo. Quando começarem a descer naves extraterrestres em missão de amor fraternal, a maioria da população terráquea concluirá que a Terra não é a única morada neste Cosmo infinito. Assim, o separatismo, reforçado pelas fronteiras, não terá mais sentido para uma única família terrestre, que deverá ser construída. Os países serão chamados de regiões e peculiaridades culturais serão respeitadas e valorizadas como parte da diversidade inerente a grupos de natureza e formação genético-antropológica diferente. Então, a Terra será um local único, e os terráqueos, irmãos uns dos outros.

Por esse motivo é que afirmamos que as fronteiras não mais existirão, o separatismo será coisa do passado e buscar-se-á um idioma comum, que não represente hegemonia cultural, econômica, nem poderio sobre os demais. O esperanto será cada vez mais buscado, disseminado e aprendido, tornando-se o idioma do milênio, todos cientes de que ele deverá ser aperfeiçoado ao longo de décadas e séculos posteriores, pois o entendimento de que tudo deve evoluir será uma constante na nova Terra. Quando a estrutura consciencial e de amor universal estiver seguramente implantada na primeira dimensão física terrena, muitas expressões mântricas[23] serão incorporadas ao esperanto. E, com o passar do tempo e a expansão da sensibilidade do terráqueo, cada vez mais

[23] Conforme afirmam os antigos iogues, *mantras* são palavras que, em face de sua estrutura linguística, fonética e, por conseguinte, energética, expressam aquilo que a coisa de fato é, em sua essência; seria um som relativamente perfeito para expressar ou denominar algo ou alguém. Mas também pode ocorrer de, ao se repetir várias vezes uma palavra, com o tempo ela tornar-se um mantra pela força consciencial e de sentimento nela impregnada. Se esse aspecto da repetição se unir a um termo que realmente expresse energeticamente aquilo que a coisa é, então essa força se torna mais intensa ainda ao ser manifestada em palavra ou som, tornando-se essencialmente um mantra de elevado impacto energético.

aumentará a comunicação telepática e o idioma falado será uma segunda forma de expressão, somente efetivada quando realmente necessária, em vez de desperdiçar-se indiscriminadamente essa energia criadora.

Paz e alegria pelos tempos que chegam!

Hamod

Nas leis

Será dado muito mais valor ao que se pensa e se sente do que ao que se escreve. O legalismo formalizado na escrita não será totalmente abandonado, mas certamente será substancialmente reduzido. Desse modo, deixará de haver tantas leis e normas escritas que, por não serem absorvidas pela cultura, não são aplicadas. A maioria entenderá que não haverá mais espaço para hipocrisia, mentiras e proteção de alguns em detrimento de outros; a justiça entre os homens será de fato praticada. A Constituição ou Lei Maior da Terra será uma única, aos moldes da Declaração Universal dos Direitos Humanos, mas não ficará apenas no papel: será cobrada por cada cidadão e pelos dirigentes.

Cartórios deixarão de existir porque a confiança será uma das balizas nas relações interpessoais. Alguns poucos indivíduos que descumprirem as leis serão levados a instituições de reeducação (em vez de prisões), que terão como bases de funcionamento a consciência cósmica e o amor fraterno. Como a Terra na primeira dimensão física não terá mais espíritos empedernidos e optantes pela maldade, o processo de reajustamento não será tão difícil como ocorre hoje. Além disso, o constrangimento de quem praticar algo errado será tão grande que a pessoa cairá em si rapidamente e empreenderá mais esforço para seu realinhamento à sociedade e à Lei Cósmica. A maioria não a olhará como marginal ou delinquente, mas como alguém que necessita de mais orientação, disciplina, autoesforço e amor.

Há um aspecto ligado ao cumprimento da legislação de que vale a pena fazer uma síntese, que é a segurança. Quando a nova fase planetária estiver de fato instalada, haverá um sistema global de segurança, bem como sistemas regionais e locais, todos interligados por uma mesma diretriz: o cumprimento de leis e normas, disciplina comportamental e esforço interior para ajustar impulsos instintivos, sentimentos, pensamentos e atos desregrados ou inseguros rumo à adoção de atitudes éticas e da fraternidade universal.

Planeta em regeneração é planeta em aprendizado. Portanto, dentre as almas no Astral e encarnadas no plano físico, a maioria estará repleta de imperfeições; todavia, terá optado pelo lado do bem, estando assim disposta a se transformar, a empreender esforços para a prática desse bem dentro de si e no meio social. Ainda assim, deverão ocorrer deslizes, equívocos, faltas, e caberá aos agentes de segurança vigiar, educar e reprimir (quando for o caso, e sob controle adequado, sem exageros) os que infringirem as leis e normas coletivas. Em casos de reincidências ou de erros mais graves, essas pessoas serão recolhidas em ambientes campestres, fora do círculo social comum, onde receberão forte tratamento terapêutico com o uso de métodos sofisticados de imersão no subconsciente, por meio da adoção de aparelhos que atuam no nível energético profundo e que promoverão o relaxamento da mente e das emoções, para que tenham contato com o mundo interior e iniciem um processo sincero de reavaliação de pensamentos, sentimentos e atitudes. Quando estiverem recuperadas ou prontas para o convívio social, então elas retornarão, sob observação e acompanhamento de terapeutas sociais.

Haverá níveis regionais de organização da segurança (que serão similares aos exércitos dos dias atuais), cuja missão será de promover a organicidade de todos os sistemas locais de segurança. A tônica será a prevenção. Como não existirão mais fronteiras, nem guerras entre nações, não haverá armamentos, mas reuniões de conselhos de segurança global (compostos por membros dos conselhos regionais), voltados para a proteção do orbe contra riscos (que serão mínimos, mas nem por isso se deverá descuidar) de entrada de intrusos extraterrenos com alta tecnologia e desprovidos de elevada base moral e espiritual (para estes casos, serão adotados recursos mentais-espirituais de segurança e adoção de barreiras magnéticas, inclusive com a ajuda amiga de extraterrenos).

Esse sistema de segurança também terá aparatos sofisticados de controle da qualidade vibratória do planeta, não somente utilizando-se de pessoas muito sensitivas e experientes, como também de aparelhos de medição do tônus vibratório de regiões e do planeta como um todo. É como se fosse um sistema de controle meteorológico atual, contudo, voltado para o monitoramento da qualidade espiritual geral, que indicará zonas ou locais necessitados de atenção especial por conta de riscos ou descontroles pertinentes a egrégoras do passado, retroalimentados por pessoas invigilantes e que não estejam se dedicando o suficiente para promover profundas transformações nos sentimentos e pensamentos.

Resumindo: os sistemas de segurança futuros serão, acima de tudo, sistemas de segurança espiritual de pessoas, coletividades locais, regionais e do planeta em sua globalidade, todos interligados por aparatos tecnológicos muito avançados e informatizados. As leis humanas estarão alicerçadas por princípios cósmicos, como os que geraram a Lei da Evolução, do Carma, da Reencarnação, do Amor Universal e tantas outras que darão base ao novo pensar e agir..

Que a Nova Era seja o período da efetiva prática individual e coletiva do "orai e vigiai"!

Sesóstris[24]

Na política e na gestão pública

Não haverá eleições nos moldes da democracia atual, com baixo padrão de moralidade e repleto de interesses pessoais, conchavos e corrupção. O passaporte para cargos públicos legislativos não será a busca pelo poder de influenciar e articular em causa própria, nem o interesse por altos salários, mas sim o nível elevado de padrão ético, de consciência e amor fraterno dentro de si, avaliado por orientadores espirituais e até por aparelhos avançadíssimos, semelhantes aos detectores de mentira, porém voltados para a avaliação da capacidade intuitiva, intelectual e de amor incondicional, os quais, lendo a aura dos candidatos, mostrarão o diagnóstico da personalidade, a natureza íntima e as habilidades que eles possuem,

[24] Sesóstris foi o faraó Ramsés II, no antigo Egito.

antes das eleições.

Aqueles que assumirão cargos executivos em regiões mais extensas e em localidades menores, à semelhança dos atuais governadores e prefeitos, bem como o dirigente máximo, não sairão candidatos em campanhas, tal como ocorre hoje em dia; serão escolhidos por meio de plebiscitos, a partir da sugestão dos guias espirituais do planeta, e serão submetidos à apreciação e confirmação da sociedade. Haverá rodízios, de tempos em tempos (não mais que três anos), para se permanecer nos cargos, bem como órgãos colegiados de supervisão, orientação e acompanhamento de cada governante. Não haverá autoritarismo, mas sim autoridade e respeito.

No futuro haverá um sistema democrático um tanto diferente dos dias atuais. As conquistas serão obtidas tomando por base o respeito humano; a governança pública e a gestão das organizações terão como parâmetros a ética, a consciência elevada, o amor fraterno e a qualidade no desempenho, nos processos e nos resultados. Contudo, os avanços atuais conquistados no campo da administração contemporânea não serão perdidos, pois os estudiosos, os sábios, os filósofos e os pensadores que encarnaram com a missão de trazer luz à consciência e à convivência humana não passaram pela Terra inutilmente, tampouco os teóricos que trouxeram modernas práticas de governança e gerenciamento de organizações; todo o legado desses luminares será aproveitado.

Assim, desaparecerá o modelo atual de política e gestão pública balizado pelos interesses pessoais, pela corrupção, arrogância, vaidade e manipulações escusas. O respeito à hierarquia e disciplina, as instituições com alto padrão de planejamento e gestão, conforme se verifica nos planos espirituais superiores, desde os níveis mais sublimes e complexos aos mais simples, será a nova ordem mundial. Quanto maior for a posição hierárquica, mais se verificará consciência ampliada e amor fraterno-universal em elevado grau de expressão. Os membros do poder judiciário, escolhidos pelo Conselho Planetário, será composto por criaturas da mais alta estirpe, atuando como vigilantes espirituais e conselheiros dos demais poderes.

Nada será perdido no aprendizado do terráqueo. Os ensinamentos e experiências conquistados nos últimos duzentos e cinquenta anos serão levados em conta. Portanto, a Era de Aquário não começará do zero, não havendo, pois, ruptura de conhecimentos, como ocorreu nos tempos que separam a Atlântida da atual História terrena. Os primeiros dirigentes terrenos do novos tempos, desde os momentos mais críticos da turbulência planetária, assim como os que vierem logo depois, serão escolhidos por um Conselho Planetário composto por irmãos da Espiritualidade Maior. Esse Conselho criará as condições necessárias para que irmãos preparados possam assumir posições de liderança, desde os momentos mais desafiantes para a civilização terráquea. Assim sendo, muitos irmãos já estão sendo preparados para reencarnar; outros já estão encarnados e vêm recebendo orientações desde já, durante as horas de sono, a fim de que, quando assumirem posição de liderança planetária, cumpram-na segundo os princípios espirituais superiores.

Quando o caos se desencadear mais intensamente no orbe, o irmão ainda eleito pelo voto popular do sistema atual permanecerá no seu mandato, até que seja estruturada uma nova ordem de gestão planetária. Nos primeiros momentos de crise, o poder legislativo continuará com seu papel de gerar leis e vigiar as ações do executivo, juntamente com o poder judiciário. Haverá um momento, no entanto, em que a desestruturação do sistema econômico e os desastres globais serão tão intensos que se formará um processo de caos em cadeia. Nesse instante, muitos irmãos do Astral estarão em trabalho ativo, juntamente com extraterrenos, os quais, em nome do Cristo, descerão em auxílios pontuais, em várias localidades do planeta. O aparecimento de extraterrenos, associado ao caos, gerará tal surpresa na população que a maioria das pessoas entrará em choque existencial.

As estruturas de poder ruirão. Grande parte dos parlamentares congressistas desencarnará ou tentará, em vão, fugir do caos, ocorrendo o mesmo com a grande maioria dos ministros e dirigentes públicos. O presidente tentará manter a ordem e será auxiliado por mentores espirituais. Coincidirá com o final do seu mandato o clímax do caos. Nesse momento, um grupo de doze pessoas será escolhido para formar um conselho gestor, que terá um presidente. Essas pessoas serão orientadas espiritualmente, sob a égide de Ismael, o anjo condutor do Brasil, juntamente com o auxílio de irmãos extraterrenos, a gerenciar o país e a buscar a ordem e a reorganização.

Os outros países sofrerão muitos abalos geofísicos e terão suas estruturas socioeconômicas completamente destruídas. Muitos migrarão para o Brasil. A falta de uma gestão propiciará a desordem total, a violência e a busca por sobrevivência. No Brasil, porém, por ser a futura Pátria do Evangelho e líder global nessa nova postura de vida, haverá certa preservação geofísica, mas não isenção dos efeitos cataclísmicos (como abalos sísmicos, secas intensas, tempestades e ciclones), sofrendo de desorganização e conflitos sociais. Mas o pior será evitado, de modo que o país será preservado quanto à instalação de um vácuo de poder, o que geraria um caos descontrolado e demandaria muito tempo para reorganizar a população dentro dos novos paradigmas aquarianos.

O período de transição até o clímax do processo será o mais complexo e exigirá que todas as lideranças e habitantes sintonizados com os princípios do universalismo não fujam ao dever de coordenar pessoas desequilibradas e um país em desequilíbrio, rumo a uma nova ordem crística. Não deverá ser usada a violência e sim o espírito fraterno; não deverá haver a omissão e sim a disciplina, nem deverá alimentar-se o medo e sim a coragem de dialogar e orientar firmemente, com o coração aberto e a mente serena.

A fome deverá ser suprida com esforço, inteligência e senso de organização; por isso, antes de o caos ser instalado, haverá grandes safras de grãos, que serão armazenados adequadamente em local e no momento certo. Líderes do setor produtivo do Brasil têm cobrado esforços dos dirigentes, mas haverá iniciativas mais amplas para a construção de silos e melhorias na estrutura logística por parte dos governos atuais e futuros, pois, além das necessidades atuais do setor produtivo brasileiro, há um projeto futuro maior, em nível de planejamento acima do plano terrestre.

Aqueles que alimentarem a fé nos desígnios do Alto estarão, imediatamente, sendo auxiliado pelos mentores do Astral e por abnegados irmãos de outros orbes. O Pai não abandonará nenhum de seus filhos e cada qual passará pela experiência necessária ao seu aprimoramento interior. Esteja encarnado ou desencarnado, todos receberão as bênçãos do nosso Pai Celestial. Os que, figurativamente, são denominados de "os da direita do Cristo" certamente estarão aptos a viver na Era Renovada, com corpo físico preservado ou com corpo astral sendo preparado para futuros encarnes.

Quando a ordem estiver instalada no Brasil, os ânimos de violência estiveram acalmados e as pessoas cansadas de lutar pela vida, neste e em outros países, muitas naves descerão em auxílio aos de corações mansos ("Felizes os mansos de coração, pois herdarão a Terra", já dizia o Mestre, no Sermão da Montanha). O planeta terá expurgado cada célula física, astral e mental vivente no orbe que não estiver em sintonia com o amor universal. Quem tiver amor no coração ou a mente pacificada e construída em bases éticas, receberá o auxílio do Alto no momento adequado. Mesmo aqueles empedernidos e resistentes ao influxo do amor crístico não serão esquecidos pelo Pai, pois sairão da Terra e habitarão nova morada planetária, condizente com seus interesses e graus evolutivos.

Então, após esses momentos mais tensos e caóticos, o conselho dos doze será ampliado e, por orientação espiritual, com auxílio de irmãos extraterrenos, serão escolhidos dirigentes por regiões do planeta. Esse processo de escolha, será auxiliado por irmãos de outros orbes e sob os auspícios do Conselho da Administração Espiritual da Terra. Nesse momento, haverá uma sintonia ou sincronicidade global e uma decisão mundial será tomada por todos: não haverá mais fronteiras entre os países; todos serão conscientemente irmãos planetários e filhos de um único Pai; todos deverão ajudar-se mutuamente e buscar de fato construir um novo planeta, sustentável, humano, fraterno, justo, democrático, sem preconceitos de raça, cor, etnia ou crença – alguns princípios estarão instalados no âmago de cada ser, como o da reencarnação, da evolução, do carma, do amor crístico-universalista, do respeito e da disciplina, necessários à busca da felicidade verdadeira.

Nesses novos tempos, os atuais continentes continuarão a existir; todavia, com várias configurações geográficas diferentes, e serão denominados de regiões onde hoje se encontram os atuais países (alguns desaparecerão, mas a maioria terá alterações geofísicas). Dentro dessas regiões, haverá sub-regiões como as que atualmente muitos países denominam de estados ou departamentos/províncias, e, dentro destas, as microrregiões, as quais aglutinarão um conjunto de municípios, além dos municípios que serão compostos por cidades e zonas rurais contíguas. Cada um desses níveis de organização territorial ou esferas de governança pública terá um conselho diretivo composto por três pessoas (um governante e dois vice-governantes, que farão rodízio entre si). Esses três administradores terão os seguintes perfis: um mais mental, o outro mais ligado ao sentimento e o terceiro mais prático, porém todos sintonizados entre si, compreensiva e humildemente, respeitando-se mutuamente. Essas características de ser e de atitudes balizarão a escolha de futuros gestores públicos na nova Terra, e se basearão nas três naturezas ou manifestações divinas: *Brahma*, *Vishnu* e *Shiva*, isto é, um ser criador e mais mental, um mantenedor e mais amorável, e um transformador e mais prático ou realizador, contudo intimamente ligados entre si e com mútua integração.

Portanto, a condição básica desses três dirigentes será, respectivamente: **a)** possuir ampla lucidez mental e elevado discernimento; **b)** amor incondicional e **c)** sentido realizador. Como esses atributos são relativos, eles serão escolhidos dentre as pessoas que possuírem proporcionalmente maior grau de cada uma dessas naturezas, respectivamente. A rigor, cada uma dessas pessoas terá os três aspectos dentro de si, mas com uma pequena predominância de uma das três naturezas. Como o estágio evolutivo predominante dos terráqueos ainda está longe dessas características, certamente durante muitas e muitas décadas esses conselhos serão integrados por irmãos de outros orbes. De tempos em tempos, a população será consultada sobre a governança em curso e o Conselho da Administração Espiritual da Terra fará uma avaliação ponderada sobre se um dos três, ou dois, ou se os três devem continuar ou se devem sair para que outros tenham oportunidade na experiência salutar da governança local e regional.

A tendência é que haja mudanças, mas sempre guardados os princípios de consciência, ética e amor crístico, rumo a uma evolução contínua e transformadora de cada um dos governantes e dos estímulos e condições que ofereçam, com seu trabalho e dedicação, para a melhoria do conjunto de almas e no uso sustentável dos recursos materiais e naturais.

Embora possa parecer uma utopia, do ponto de vista da atualidade brasileira, que está mergulhada num caos ético-moral, do Brasil se irradiará a luz do Amor Crístico para todo o planeta, graças ao plano espiritual elaborado e implantado pela Espiritualidade Maior, ao longo de quase mil anos. É importante salientar que o Brasil não será dos brasileiros, mas da Terra; daqui emanarão as diretrizes para as demais localidades planetárias que ficarem ou que ressurgirem. Não haverá fronteiras, nem países: haverá a Terra irmanada pela fraternidade cósmica. O planeta, em sua primeira dimensão física, não estará mais isolado mentalmente dos demais planetas do Sistema Solar, e o intercâmbio entre extraterrenos e terráqueos será uma constante.

A nova ordem política levará em conta a busca de crescente nível de consciência, associado à maior capacidade de amar ao próximo, com serenidade e discernimento. Quanto maior o cargo e a responsabilidade, tanto maiores deverão ser esses atributos, obviamente atrelados à capacidade intelectual e experiência desta e de outras vidas no trato com aquele tema ou com aquela responsabilidade (têm encarnado e ainda encarnarão na Terra mais almas extraterrenas que já assumiram muitos cargos de gestão governamental em seus planetas).

Os dirigentes terão remuneração justa e proporcional a qualquer cidadão que tenha responsabilidade similar. Haverá autoridade e não autoritarismo. Os requisitos para assumir cargos políticos ou de governo terão como parâmetros a capacidade maior de servir ao próximo, incondicionalmente, aliada a competência e habilidade em governança e gestão. Vaidades, orgulho e atos egoísticos serão vigiados pelos próprios detentores dos cargos, e também pelos poderes legislativo e judiciário e pela sociedade. Entretanto, essa supervisão externa será mero mecanismo de segurança e prevenção, posto que as almas que assumirem essas posições já trarão em seu âmago naturezas bastante elevadas para escorregarem em práticas tão primárias e irresponsáveis como essas, infelizmente ainda persistentes na Terra dos dias atuais.

Além do conselho diretivo, em cada esfera de gestão governamental dos territórios continuarão a existir o Parlamento e o Judiciário, todos com seus respectivos papéis de legisladores e vigilantes da aplicação das leis. Contudo, todos os membros desses poderes estarão balizados pela Lei Cósmica e se demandará dessas pessoas conhecimentos profundos sobre cosmogonia, evolução, carma, fraternidade universal, justiça humana e social, respeito à individualidade e ao coletivo, dentre outros aspectos sintonizados com a Nova Era do Mentalismo. Haverá esforços dos poderes para atender às necessidades de todos quanto à alimentação sadia, educação, artes, infraestrutura, habitação, economia, e outras demandas sociais. Haverá vigilância e correção de rumos sempre que necessário, a fim de que todos os cidadãos tenham oportunidades iguais e sejam auxiliados naquilo que necessitam para aprimorar seus processos de transformação íntima e busca de melhorias sociais, de ajustes contínuos nos processos evolutivos dos sistemas de educação, sejam estes de caráter profissional, existencial ou espiritual.

Alegria pelos tempos que estão chegando!

Akhenaton

Na educação

Não haverá a separação existente hoje entre a educação da escola, a educação do lar e da sociedade como um todo. Haverá atividades que integrem escola, lar e sociedade. Desde cedo, a criança será levada a interagir com o meio social e com os desafios de se construir um mundo melhor, de modo que em todas as fases de ensino, desde criança até a fase adulta, o estudante seja um agente de transformação para um mundo mais humano, fraterno, justo e impulsionado pela força evolutiva no campo material e espiritual.

Aos poucos, a palavra "preguiça" deixará de existir no dicionário e a motivação para estudar, aprender e crescer como pessoa não será a de ter uma profissão para amealhar dinheiro e a possibilidade de se acumular bens, mas o prazer de aprender para ajudar a construir um mundo ético, cada vez melhor, mais dinâmico, feliz e sustentável. Desde tenra idade, as pessoas serão educadas a pensar e a sentir a partir de referenciais cósmicos ampliados; a terem senso crítico construtivo e otimista, desenvolvendo e fortalecendo a resiliência dentro de si. Serão orientadas a cultivar o estado de vigilância aos seus atos, pensamentos e sentimentos, de modo que compreendam e sintam que cada uma delas se constitui em componente-essencial na macro-orquestra evolutiva da Terra e do Cosmo.

Sem diferenças substanciais do que existe nos dias atuais, no entanto, sem burocracias ou complicadores, e com alto nível de flexibilidade e adaptabilidade, as escolas serão divididas em três ciclos: **a)** o ensino básico para todos; **b)** o ensino médio, dividido em técnico e ciclo geral; e **c)** a universidade, dividida em cursos tecnológicos (com um foco mais na prática profissional) e cursos de conhecimento e soluções (que estimulem a pesquisa, a criação de novos paradigmas e a inovação).

Haverá cursos de pós-graduação focados em aprimoramento de certas linhas de pesquisa e de geração de tecnologias específicas, ou mesmo de aprofundamento de certos estudos (similar ao que hoje se chama de pós-doutorado). Os cursos de mestrado e doutorado deixarão de existir na formatação atual, pois os cursos de graduação serão melhor estruturados, mais focados em seu campo de atuação, e os pesquisadores, professores e demais profissionais estarão se aperfeiçoando e aprimorando seus conhecimentos e habilidades, incessantemente, a partir de cursos de reciclagem contínuos, de curta duração, participando de seminários e eventos que permitam a contínua troca de experiências e avanços científico-tecnológicos. Não haverá mais sentido em incrementar-se o orgulho e a vaidade expressos somente em títulos de mestre e doutor.

Haverá, sim, o respeito a quem se esforça e se dedica a servir à evolução da humanidade em todos os campos do conhecimento, ampliando a mente e buscando, incansavelmente, informações, novos métodos e soluções não ligadas a sistemas aprisionantes, mas sim aos apoiados na mente intelectual e também intuitiva, o que pressupõe abrir espaço para que a sensibilidade adentre os processos científicos.

Assim, para quem se dedicar à pesquisa, haverá simplesmente dedicação e aprofundamento dos estudos, métodos, busca de inovação e de novos conhecimentos, progressiva e continuamente, com auxílio dos mais experientes e de irmãos do plano extrafísico ou de colaboradores extraterrenos. Os pesquisadores e cientistas terão cada vez mais consciência de que é preciso integrar sentimento e razão e aprimorar a sensibilidade para se alcançar as fronteiras da Ciência. Os caminhos da Ciência e da Espiritualidade serão convergentes.

Há comprovações científicas de que as plantas e os animais possuem sentimento, reações repulsivas ou de defesa às investidas dos humanos que os agridem, ou reações receptivas àqueles que os tratam com carinho. Assim, para que o ser humano possa penetrar na essência dos seres animais e vegetais, conhecendo sua natureza e propósitos de vida, e identificando que tipo de interação poderá haver com o ser humano, inclusive no sentido de beneficiá-lo por meio de medicações ou biotecnologia, terá de fazê-lo através do sentimento e não apenas do conhecimento racional. Desse modo, os cientistas do futuro abrirão os horizontes do campo intuitivo e descortinarão um universo de novas informações e conhecimentos acerca da natureza, do seu papel ecológico e de como poderá haver maior cooperação entre meio natural e humanidade.

Desde cedo, elaborar o mapa astrológico das pessoas será uma prática natural. Já antes do nascimento, os pais farão o mapa do filho ou da filha, com o intuito de ajudá-los, bem como para facilitar a orientação e interrelação com familiares e amigos daquele espírito reencarnante, de modo a estimular o seu progresso pessoal e espiritual ao longo da vida. Assim, o mapa astrológico, associado à quiromancia e a testes psicológicos holísticos, orientarão a pessoa em sua história estudantil, desde as fases mais tenras, já que o espírito traz uma história anterior àquela vida e todo um conjunto de potenciais e aspectos a serem transformados ou otimizados no âmago de sua mente e sentimentos. Essas artes divinatórias não se preocuparão com aspectos corriqueiros, irrelevantes e mesquinhos da vida, mas com questões elevadas, de cunho espiritual, focadas na busca de maior responsabilidade da alma que reencarnou em relação aos desafios da vida no plano físico e o que ela poderá construir, dentro dos seus limites de atuação e potenciais.

A educação possuirá forte interação com o desempenho e aptidão do aluno, em todos os ciclos, de modo que não haverá a tradicional rigidez ou inflexibidade dos sistemas educacionais atuais. Ou seja, ao se observar que o aluno está inadaptado no curso ou na classe, serão buscadas soluções apropriadas para cada caso. Os diplomas serão apenas referenciais de suporte no campo profissional; todavia, jamais um futuro profissional será barrado por falta dele, se for verificado que possui conhecimentos suficientes para o exercício de dada atividade, haja vista que todos terão consciência de que o ser traz conhecimentos e experiências de muitas vidas. Desse modo, a flexibilidade e adaptabilidade serão palavras-chave na vida estudantil e em sua relação com o mundo das profissões. Evidentemente que haverá formas para se avaliar o grau de conhecimentos e habilidades do profissional, com uso de ferramentas tecnológicas de alta sensibilidade que adentrarão o âmago dos arquivos conscienciais da pessoa, avaliando inclusive o grau de conexão entre conhecimentos passados e consciência atual (nos novos tempos, muitas almas extraterrenas terão corpos com os chacras mais abertos e com fronteiras mais tênues entre subconsciente e consciente).

Em cada família sempre haverá, no mínimo, um espírito de elevado teor vibratório ou pelo menos que, evolutivamente, esteja mais à frente dos demais membros, de modo a ser-lhes uma espécie de orientador, ou aquele que enxerga mais longe e servirá de baliza consciencial para os demais. Não necessariamente será o pai ou a mãe, mas com o passar do tempo o que se espera é que haja amadurecimento dos filhos, e estes, quando virarem pais, possam estar num ritmo evolutivo em que tenham plenas condições de orientar melhor seus pupilos.

A construção de uma sociedade mais consciente e amorável será um processo lento e, no início, será um tanto desafiante, na medida em que haverá mais filhos do que pais conscientes e amoráveis, até que se inverta essa lógica, com a reencarnação dos antigos pais, já como futuros filhos, e assim possa se ampliar o grau de maturidade da civilização dos terráqueos pelos terráqueos. E esse dinamismo reencarnatório será amplo e intenso, com diversificadas combinações de espíritos mais evoluídos vindos como pais ou filhos ou irmãos, ou mesmo como parentes e amigos.

Cabe aqui um pequeno parágrafo de alerta, pois vem encarnando na primeira dimensão física terrena um número enorme de espíritos bastante evoluídos, se comparados com os irmãos terrenos. Algumas pessoas, e até irmãos desencarnados, têm criado verdadeiros clichês para denominar essas crianças: de índigos, cristais, diamantes, entre outros. Isso é o que menos importa ou deveria importar, até porque esses espíritos vêm de inúmeras paragens cósmicas, trazendo auras que englobam todos os matizes de cores, com diversificadas e boas experiências, conhecimentos, potenciais; porém muitos também trazem em sua natureza íntima milenar aspectos necessitados de aprendizado e educação. A evolução não cessa e extraterrenos são também seres em aprendizado.

Assim, há que se ter cuidado na educação dessas crianças. Algumas trarão muita energia, impulso criativo brilhante e iniciativa; outras serão mais tímidas, mas de sensibilidade e conhecimentos ampliados. Algumas com dons artísticos fabulosos; outras com o campo mental aguçadíssimo para cálculos e análises matemáticas, físicas ou biológicas. Umas com mais coração, outras com mais inteligência; umas com mais firmeza ética e analítica, outras mais flexíveis, dóceis, contudo sujeitas a influências nem sempre positivas, e, ainda, aquelas de mediano e até de baixo teor educativo-espiritual, mas com inteligência racional brilhante, em muitos casos somada a percepções extrassensoriais aguçadíssimas.

Temos acompanhado, do lado de cá, que certos pais e familiares deixam que esses espíritos encarnados, ainda infantis em sua estrutura de desabrochamento mental e emocional,[25] retroalimentem vivências e reavivem conteúdos energéticos antigos, às vezes negativos, como alguns elementos de vaidade, orgulho e egocentrismo manifestado de formas diversas, permitindo, muitas vezes, que essas crianças dominem o ambiente, reabastecendo egrégoras de um passado com rastros de autoritarismo e até de desrespeito ou ausência de humildade.

Como o número delas vem crescendo a cada ano, e deverá crescer mais ainda, haja vista a necessária condição física de reencarne de inúmeros irmãos programados pela Administração Planetária para ajudar a Terra nos momentos difíceis de transição e de reconstrução de um novo tempo, esse quadro desafiante fez com que, por necessidade de encarnarem e por falta de opções, muitas fossem ou venham a ser ancoradas em famílias sem base espiritual consistente, em ambientes com pouca infraestrutura e com risco de terem uma educação formal e ética frágil. Muitos desses espíritos suplantarão os desafios do ambiente com mais tranquilidade que outros. Alguns, já na infância, manifestarão suas qualidades éticas, amoráveis e de inteligência; outros na adolescência ou mais na fase adulta; uns serão líderes naturais, com equilíbrio interior; outros necessitarão do apoio e orientação de pessoas experientes com o trato humano e com os temas espirituais.

Esse processo de planejamento encarnatório tem exigido amplos e profundos estudos psicológicos e materiais dos encarnantes e das famílias receptoras, num verdadeiro quebra-cabeças de programação espiritual. Temos que pensar onde haverá ambiente mais favorável a que esses espíritos despertem seus potenciais, mas também cresçam espiritualmente, porque são seres ainda em evolução, e, assim, terão o papel não somente de ajudar na evolução dessas famílias, mas também de exercitar o sentimento amorável, respeitoso e de humildade, em padrões mais elevados que os atualmente predominantes da Terra.

A grande maioria dessas almas reencarnadas ou em fase

[25] Mesmo uma alma mais evoluída mental e espiritualmente necessita do amadurecimento do corpo físico, da disponibilidade de certos hormônios do amadurecimento emocional que vão surgindo com o decorrer dos anos e o passar da idade.

de reencarnação são crianças diferenciadas em inteligência e evolução e não têm relação de débito cármico com essas famílias, nem com o planeta. Há alguns, entretanto, que já encarnaram em outros orbes, mas que estão voltando para resgatar algum saldo negativo de suas experiências encarnatórias na Terra, e aproveitaram este momento de grandes mudanças para trazer sua contribuição e fazer seus últimos resgates cármicos neste planeta.

Acima de tudo, essas crianças precisam receber muito amor, para que despertem o amor latente em si. E embutido no amor, se encontra a orientação adequada e o bom exemplo por meio da ética. Assim, elas precisam de base ética e espiritual numa perspectiva universalista; necessitam aprender a desenvolver ou a despertar o que já trazem, em termos de humildade, tolerância, paciência, alegria e serenidade, pois, em geral, possuem uma frequência mental muito à frente dos terráqueos normais e isso pode lhes trazer impaciência, intolerância e postura inconsequente ou de arrogância. São seres em evolução e por isso não devem ser tratados como "deuses", mas como crianças especiais que demandarão muito esforço educativo e compreensivo dos pais a fim de que encontrem terreno fértil para, na vida adulta, contribuir de modo eficaz e amplo em tudo o que lhes foi planejado pela Espiritualidade Superior e plenamente aceito por eles.

Fechando esse parêntese, de importância para a educação atual e futura, voltamos ao tema anterior. Em complemento à educação recebida no lar e na escola, haverá associações de bairros e outros movimentos associativos, sempre tendo como base de suas atividades a fraternidade universal e as leis cósmicas. Na fase adulta, quando a pessoa já tiver sua atividade profissional, também terá na prática de sua profissão o referencial maior da Lei Cósmica e do amor universal. Haverá consciência de que todos trabalham, independentemente de profissão, em prol da própria evolução e da evolução da coletividade, estando a ética universal inclusa nos pensamentos e nas atitudes.

O novo tempo não significará mudança de canal vibratório imediato, ou seja, que todos deixarão de ser imperfeitos e se transformarão, repentinamente. Poderá haver esforços maiores, impulsos nos processos evolutivos de cada ser do futuro, mas sem saltos ou mecanismos artificiais que impeçam cada pessoa de exercitar sua vontade em direção à educação interior. Contudo, com a retirada ou resgate de entidades obsessoras do orbe, o Astral ficará mais leve, embora as imperfeições continuem a persistir no consciente, subconsciente e nos sentimentos de encarnados e desencarnados, salientando-se que, logo no desencarne, essas almas sofredoras e desorientadas serão assistidas e levadas para hospitais e escolas de aprendizado espiritual, e não ficarão perambulando ou na erraticidade, perturbando a vida na crosta, criando zonas infernais ou umbralinas, as quais deixarão de existir no orbe.

Assim, a fase de regeneração da Terra será a fase de reeducação íntima massificada. Hoje, o que alguns poucos irmãos espíritas, umbandistas, espiritualistas ou de qualquer religião ou filosofia de cunho espiritual fazem, interiormente, ou seja, esforçar-se para mudar padrões de pensamento, sentimentos e atitudes, no futuro será um trabalho massificado e terá auxílio fraterno de muitos irmãos encarnados e desencarnados, sempre a postos para ajudar nos momentos-chave e indispensáveis à persistência e ao prosseguimento da jornada evolutiva. E embora pensamentos e sentimentos mesquinhos, e apegos a vícios e paixões do passado, continuem fervilhando no interior de muitos irmãos, haverá métodos de ajuda à autotransformação, com especificidades próprias a cada caso. Esses suportes espirituais serão oferecidos nas escolas, aplicáveis a cada estágio de evolução da alma, adaptados às respectivas fases: infantil, adolescente ou adulta. Paralelamente, haverá os templos ecumênicos, locais para meditação e realização de correntes de prece, locais na natureza (como jardins e bosques) para retiros espirituais coletivos e individuais, além de todo apoio no lar, no trabalho e nas associações, visando a atender cada pessoa necessitada de ajuda no seu processo de autoconhecimento e transformação de cada "célula astral e mental imperfeita e apegada a reflexos condicionados do passado milenar.

Quando ocorrerem ânimos desequilibrados, haverá sempre alguém para ajudar a contornar a situação. Se surgir tristeza ou desânimo, alguém aparecerá para mostrar a alegria, o exemplo de sentimento de gratidão e, assim, elevar o padrão de pensamento e sentimento da criatura. Divergências hão de ocorrer, mas serão encaradas e vivenciadas de forma equilibrada como embates de ideias fraternas e não como palco de violências mentais ou físicas, e sempre haverá almas encarnadas e desencarnadas para ajudar a desativar elos astrais de agressões e fazer as pessoas imediatamente caírem em si, refletirem, se perdoarem e buscarem novos padrões de pensamento e sentimento.

Certamente haverá momentos em que inimigos do passado estarão juntos na mesma família, qual ocorre hoje; todavia, já imbuídos do propósito de se modificarem no fundo da alma, com a mente aberta à expansão da consciência, com o coração voltado ao cultivo do perdão e ao amor fraterno. Mas nem sempre as energias do passado, suscitadas a partir de conexões cármicas, permitirão que as pessoas possam suplantar determinados instantes de ebulição vibratória e, nestes casos, haverá socorro de encarnados e desencarnados, com vistas a ajudar aquelas almas em processo de ajustamento individual e mútuo a vencer as dores e traumas do passado, exigindo-lhes profundas reflexões e exercício da humildade e do perdão.

Pessoas que tentarem atos ilícitos, como roubo ou posse de algo que não lhes pertença, logo serão desmascaradas e sentirão vergonha do ato, pelos constrangimento e pressão mental coletiva a que estarão submetidas, sendo retiradas para locais de meditação e reflexão, com a ajuda de amigos, retornando logo que alcançarem um mínimo de equilíbrio mental, sem recalques; ao contrário, fortalecidas intimamente para não repetirem o ato. Mas, se pensamentos similares retornarem, sempre haverá um suporte espiritual ao seu lado, e poderão pedir ajuda a Deus, aos seus guias espirituais e a amigos encarnados, para vencerem essas tendências adquiridas em muitas vidas anteriores.

Haverá clínicas de desintoxicação mental-emocional que se utilizarão de processos de regressão de memória e descompressão energética de forças interiores negativas, com técnicas de suporte ao tratamento, com emissão de raios magnéticos projetados por equipamentos avançadíssimos, os quais atuarão em nível atômico de células astrais e do duplo-etérico, e ainda com uso de cristais e outras gemas, cromoterapia, passes, fitoflorais, homeopatia, radiônica, além do diálogo orientador.

A educação da alimentação e do sexo desequilibrados terá auxílio especial de irmãos mais experientes, nas escolas e em clínicas específicas. Técnicas de contato transformador com egrégoras do passado, e padrões viciados e cristalizados em reflexos condicionados, serão trabalhados diariamente. A alimentação será vegetariana; haverá prática de exercícios que aglutinarão conhecimentos da ioga e de outras técnicas que serão trazidas por extraterrenos, voltadas para a educação e práticas conscientes de respiração (como o que os iogues chamam de pranayama), exercícios físicos (mescla entre práticas de hatha ioga, pilates e outros) e educação mental-emocional (como exercícios para aprimorar a concentração, aprender a meditar, e outras práticas similares). Várias ferramentas serão oferecidas em direção a essas práticas nas escolas, nos ambientes de trabalho, nas associações, entre amigos e vizinhos.

O processo de produção e o uso de drogas serão banidos do planeta e o álcool será utilizado só para fins medicinais, laboratoriais, de higienização ou de conservação de coisas perecíveis. Almas encarnadas ou desencarnadas que trazem egrégoras que os aprisionam a vícios serão tratadas com alta tecnologia de desintoxicação física e mental-emocional, exigindo tratamentos prolongados de desestruturação dessas egrégoras e reconstrução de novos padrões mentais-emocionais. Além do uso de equipamentos avançados, serão transferidas técnicas de educação mental para enfrentamento de lutas interiores relacionadas a vícios de droga e bebidas alcoólicas que deixaram sequelas como ansiedades de causas desconhecidas, tiques nervosos e certos comportamentos desajustados.

Cada recém-nascido que reencarnar passará por uma espécie de espectrômetro áurico, ainda no hospital, que mostrará um mapa identificando em que fases da vida aquele ser poderá expressar todos os tipos de natureza humana, de boas ou más tendências, inclusive os impulsos inferiores atrelados a vícios do passado. Assim, poderão receber ferramentas educativas preventivas e terapêuticas eficientes para lidar com essas situações, antes, durante e depois do processo a ser vivenciado (o que poderá ocorrer ao longo de toda a vida do encarnado).

As crianças futuras serão ainda mais precoces que as atuais. O ensino começará com a alfabetização e, na sequência, o ciclo básico, indo logo depois para a fase preparatória em que o aluno, por aptidão e escolha própria, poderá seguir um curso técnico ou o ciclo geral. Essa decisão, com suporte de especialistas sensitivos e aparelhos de leitura de aura (espectrômetro de análise encarnatória, que combinará dados pessoais, mapa astrológico e tendências mentais-emocionais), deverá ir sendo amadurecida ao longo dos cinco anos anteriores ao término do ensino básico, até o momento em que desperte a maturidade para tal decisão – cada pessoa terá o seu tempo, dada sua natureza e história encarnatória, recebendo sempre o auxílio de educadores experientes, com elevado discernimento.

Nos processos de ensino, serão adotados métodos de vivências práticas para que os conhecimentos sejam absorvidos de forma mais efetiva, com o uso de dinâmicas interativas que estimulem o sentimento fraterno e cooperativo, e não o de competição. O respeito a todo tipo de diversidade será básico e compreendido como algo positivo, fator de progresso social e espiritual. Desde cedo será estimulado o espírito de liderança, mas não uma liderança autoritária, egoística e orgulhosa, e sim o cultivo de posturas de liderança verdadeiramente fraterna, compreensiva, educadora de si e do próximo.

Fazer prece e agradecer a Deus por tudo será uma prática corriqueira: um exercício de humildade, gratidão e fé. Haverá estudos de assuntos como filosofia, com o intuito de abrir a mente desde cedo para a prática espiritual, no verdadeiro sentido do religamento e não da prática religiosa institucional, materialista, social, vaidosa, arrogante, superficial e desconectada do sentido real de espiritualidade.

Haverá disciplinas voltadas para a ética cósmica (conceitos básicos de cosmogonia, carma, reencarnação, evolução, respeito humano, amor fraterno, cooperação, dentre outros) até informações básicas de higiene pessoal, passando pelas artes, conhecimento gerais, matemática, esperanto entre outras, desde a mais tenra idade. E tais informações irão se aprofundando conforme a evolução da criança e do jovem, dentro do princípio de que a evolução se dá em sentido espiralar, ou seja, cada vez que o círculo do conhecimento e da vivência ressurge, sobe um patamar ou nível de complexidade e exigência.

O segundo ciclo será composto por duas vertentes: cursos técnicos e curso geral. O primeiro, focado no ensino de técnicas que prepararão pessoas para uma profissão técnico-profissionalizante ou para seguir um curso universitário em campos das ciências exatas, naturais ou biológicas, e o segundo, com informações e conhecimentos mais generalistas, holísticos e integrativos, preparando a pessoa, caso deseje, para seguir um curso universitário numa linha mais filosófica, de gestão e governança ou ciências humanas. Ambos, entretanto, receberão ensinos avançados relativos à ética, cosmogonia e filosofias diversas, para deixar o estudante preparado para seguir o caminho espiritual que mais lhe convier, dentre outras disciplinas que preparem o cidadão a seguir um caminho profissional seguro e feliz. Apesar de suas especificidades, todos os cursos exercitarão o aluno a pensar crítica mas construtivamente, holisticamente e também de modo mais estruturado e sistêmico, treinando uma percepção muldimensional das disciplinas e da vida.

O terceiro ciclo, ou universitário, será dividido em ensino tecnológico e ensino para o conhecimento. O primeiro focado em um conjunto de cursos que proporcionem uma profissão de aplicação de conhecimentos e tecnologias existentes e o segundo, composto por cursos que estimulem a pessoa a buscar as fronteiras do conhecimento, a romper paradigmas, a não se aprisionar a métodos engessadores da alma intuitiva, a se utilizar de processos mediúnicos e interação com a Espiritualidade e irmãos de outros orbes, num processo cooperativo para trazer novos conhecimentos e soluções tecnológicas sustentáveis e inovadoras.

Haverá profundos estudos sobre filosofia e psicologia humana e social, e a sociologia terá outros tipos de abordagens, mescladas com princípios de ética cósmica. Não serão alimentados debates ou pesquisas infrutíferas de crítica pela crítica e quase sempre recheadas de violência, negativismos, arrogância e autoritarismo disfarçado de pseudodialética, sem consequências transformadoras e construtivas para o meio social e para cada ser.

As escolas se utilizarão de salas e ambientes dinâmicos, com luzes (lâmpadas fabricadas à base de cristais) em cores diversas e apropriadas a cada tipo de ensino ou situação, ou adotarão cromoterapia para alunos desajustados ou necessitados de ajuda; usarão cristais e gemas, terapias com florais, homeopatia, fitoterápicos e um conjunto de instrumentos e métodos inovadores que estimularão o aprendizado e o crescimento interior, aliado à prática da fraternidade universal e do conhecimento cósmico.

Professores e alunos vigiarão pensamentos e sentimentos de orgulho, arrogância, vaidade, egoísmo e agressividade. O processo de aprendizado visará, antes de tudo, ao amadurecimento do espírito; o progresso material será consequência e não meta primaz, e a felicidade verdadeira será pautada na ética, na expansão da mente superior e no amor fraterno, como tônicas diárias, aliada à gratidão a Deus.

Que os desafios que se aproximam sejam encarados como tijolos da nova obra de amor a ser construída pelo esforço no trabalho disciplinado, persistente e sereno de cada um daqueles que compreenderam no fundo de suas almas que não dá mais para esperar pelos novos tempos aquarianos, que esta fase planetária já assinalou sua chegada e que cabe aos irmãos de boa vontade dar início a essa jornada.

Vosso irmão,

Nicanor[26]

---

[26] Nicanor foi o nome adotado, na Grécia antiga, como escravo, por este sábio espírito ligado à Falange de Dharma, na Colônia Espiritual do Grande Coração. Este amorável e lúcido irmão tem profundos conhecimentos sobre a psicologia

Na economia

A nova economia aquariana estará baseada na cooperação e não na competição, na lei do amor universal, na ética e na consciência cósmica e não nas leis de um mercado ganancioso, materialista e insatisfeito. A economia deve existir para facilitar a organização da vida e não para massacrar a vida, não para impedir a contemplação dos céus, do sol, das estrelas, do mar, dos rios, dos pássaros, das montanhas, dos campos e árvores. A economia não pode levar as pessoas ao estresse que aniquila a saúde, nem à insegurança egoística que tira de uns e enriquece outros, ressuscitando a violência adormecida nas almas que necessitam de esclarecimento e amor.

A nova economia deverá promover a educação dos seres imbuídos do propósito de progredir espiritualmente; e o mundo material, com sua importância primordial nos processos de drenagem das impurezas psíquicas e energéticas, deverá ser um palco de vivências fraternas e transformadoras, e não um campo de lutas egoísticas que alimentam orgulho e vaidade. Portanto, respeito a cada ser humano e à natureza, bem como compreensão ao esforço individual rumo à construção do bem comum, deverão representar um dos pilares da economia dos novos tempos.

O capitalismo trouxe avanços enormes na Ciência e na tecnologia, na organização das coisas materiais e nos processos de gestão. Todavia, as bases do capitalismo, em grande parte, se aproveitaram da vaidade e do orgulho dos cientistas para estimular descobertas; do egoísmo dos empreendedores que industrializaram ou que viabilizaram as inovações tecnológicas, muitas delas motivadas por guerras e corrida armamentista. O socialismo adotado pelos países da antiga "cortina de ferro", transformado em comunismo, apoiou-se em seus conceitos básicos para colocar em prática a vivência no usufruto de bens e serviços comuns e amortizar o impulso individualista, experienciar o espírito coletivo, a simplicidade e igualdade, porém sob o "chicote" da coerção de estados militaristas e violentos, tolhendo o direito de ir e vir da população

---

humana e larga experiência como educador cósmico, já tendo encarnado em outros orbes, além da Terra.

e favorecendo a minoritária cúpula diretiva com as benesses materialistas do poder político.

Assim, ambos, capitalismo e comunismo, falharam em sua plenitude educativa quando colocados no terreno das experiências humanas e sob uma perspectiva espiritual. O primeiro favoreceu o recrudescimento do individualismo e do egoísmo. O segundo, quando colocado em prática no comunismo soviético, fortaleceu o autoritarismo, a paranoia da perseguição, o desrespeito à liberdade individual e renegou princípios espirituais. Até os dias de hoje, o capitalismo tem se submetido ao autoritarismo do egoísmo, do orgulho, da vaidade e ao apego doentio ao dinheiro; e o socialismo soviético e seus modelos derivados, estendidos a países alinhados, se afundou no autoritarismo da violência e do orgulho, e no materialismo histórico. Como saldo, pôde-se aprender que os aspectos positivos de cada um desses sistemas devem ser aplicados, desde já, na vida da humanidade (alguns países do norte da Europa já perceberam isso e, de algum modo, vêm tentando harmonizar os aprendizados oriundos dos dois sistemas), mas com bases em preceitos espirituais (que não se referem a religiões institucionalizadas).

Após as experiências amargas e violentas do socialismo soviético e o cansaço de um capitalismo alucinado que exaure as energias do ser humano e o lança para lamaçais de aprisionamento ao mundo materialista, o futuro mais avançado da humanidade se direciona para uma organização da sociedade em bases econômicas e políticas socialistas e democráticas, respectivamente, diferentes das que balizaram os teóricos e revolucionários que provocaram ou mantiveram a Revolução Russa. A nova sociedade se apoiará em princípios de uma vida comunitária equânime, nascente de dentro da alma e não nas pressões externas e totalitárias, na expressão voluntária de quem deseja a igualdade e a fraternidade entre todos. No novo tempo terreno, ninguém, de boa índole e princípios crísticos, se sentirá feliz vendo um irmão passando fome ou necessidade, enquanto outro esnoba riqueza e humilha o próximo. Ninguém se sentirá feliz vendo violência, ausência de amor fraterno e falta de princípios espirituais.

O Estado terá um papel organizador e facilitador das estruturas sociais, a partir do pensamento coletivo inerente a cada um, e não de um Estado autoritário, repressivo, e por isso respeitará as liberdades individuais, desde que a liberdade de um não interfira na do outro. A intervenção estatal ainda é e será necessária por muitos séculos ou até milênios, considerando os padrões humanos de egoísmo e orgulho ainda elevados, mesmo em um planeta de regeneração, pois as mentes e os corações estarão em processo de educação, o que demanda tempo para maturação até chegar-se ao ponto ideal de ser liberalizada para que a própria sociedade se auto-organize. Assim, a demanda por uma educação espiritual em massa exigirá hercúleos esforços educadores e organizadores por parte do Estado.

Supõem-se que, daqui a uns quatro mil anos, a sociedade terrena possa alcançar um nível de maturidade espiritual em que gradativamente será possível se instalar o que ocorre em civilizações muito avançadas, que é uma espécie de liberalismo apoiado num elevadíssimo grau de responsabilidade e sensibilidade interior, em que ninguém rompe com as fronteiras pessoais do outro, em que as estruturas sociais e as coisas se instalam de forma tão harmonizada que a educação é naturalmente conduzida para uma ampla fraternidade universal, em que o liberalismo pleno não irá pressupor desordem e domínio de uns sobre outros, mas harmonia crescente, dado o grau de evolução alcançado por cada um e pelo conjunto das almas encarnadas.

Numa sociedade espiritualmente madura, o livre-arbítrio e a individualidade são respeitados e há plena consciência e atitudes coerentes com princípios ético-cósmicos e de fraternidade universal, no sentido de que o livre-arbítrio e a autonomia individual não afetem a decisão do outro de seguir o seu caminho, e todos são profundamente conscientes do caminho do bem.

A atual civilização terráquea ainda se encontra escrava do próprio orgulho, egoísmo e vícios a paixões inferiores. Ninguém tem o direito de espalhar negativismo e atrasar a evolução do seu semelhante e da coletividade, seja utilizando-se de *marketing* estimulador do consumo desenfreado, de estratégias de controle de mercado, de domínio pelo poder econômico ou político. A Terra avançou ao longo de mais de um milhão de anos, desde que apareceram os primeiros homens das cavernas, mas ainda tem muito a caminhar, quando se pensa em instalar no planeta uma civilização de paz, amor e harmonia. A economia do Universo tem um tempo que deve ser obedecido e seguido em sua organização maior. Assim, chegou a hora, após muitas experiências históricas, de o ser humano reconectar-se com Deus e construir um novo mundo, com base numa nova economia espiritualizante.

Quando alguns teóricos terrenos da ciência econômica, começando por Robbins,[27] se complementaram no entendimento dessa disciplina e sistematizaram o conceito de que economia era a ciência do uso mais eficiente de recursos escassos (sejam quaisquer tipos de recursos: naturais, humanos, materiais, financeiros, dentre outros), estavam sendo inspirados por irmãos do plano espiritual que tinham plena convicção de que, com os sistemas econômicos em curso na Terra, não poderiam continuar se utilizando de recursos a partir de uma visão perdulária e egoística, mas sim focados no risco da escassez, de modo a levar os seres humanos a compreenderem a necessidade do uso racional das fontes naturais, com perspectiva solidária. Por esse prisma, o conceito de economia converge com o de ecologia, pois ambos lidam com os recursos ambientais finitos ou com ciclos biológicos incompatíveis com a velocidade dos desejos humanos materialistas, que são criativamente insaciáveis.

A relação homem-natureza exige da consciência humana o acesso e uso sustentável e criativo de matérias-primas, com equilíbrio e respeito aos limites impostos por esse mesmo meio e sua biologia. Demandam, antes de tudo, conhecer profundamente, com humildade e coração aberto, os componentes e mecanismos que fazem parte desse ambiente. E se os mais incrédulos disserem: "Neste nosso mundo, isso é

[27] Lionel Charles Robbins foi um economista britânico que propôs, em 1932, uma das primeiras definições contemporâneas de economia, mais aceita por muitos: "A economia é a ciência que estuda as formas de comportamento humano resultantes da relação existente entre as ilimitadas necessidades a serem satisfeitas e os recursos escassos destinados a fins diferentes".

impossível porque os paradigmas que sustentam a economia estão baseados nos fundamentos da insatisfação humana, do espírito competitivo, da busca por poder e acúmulo de riqueza e da vaidade", então lhes responderemos que tais paradigmas ruirão, graças à Providência Divina que sabe que o tempo da Terra chegou no limite e que os alicerces de uma nova economia começam a dar sinais de vida nos horizontes de um novo tempo.

O desenvolvimento científico e tecnológico vivenciado pelo planeta nos últimos duzentos anos trouxe avanços preciosos na qualidade de vida da humanidade, mas muitos seres humanos ficaram de fora desse avanço, e os que o acessaram também trouxeram para o mundo do consumo coisas e alimentos perniciosos para a saúde física e mental-emocional. E o desenvolvimento da Ciência foi e tem sido, em grande parte, estimulado por uma economia de mercado que promove o consumo crescente, como condição básica de dinamizador do comércio e consequente aumento da produção industrial, com adoção de tecnologias que crescentemente minimizem custos e reduzam o uso de matérias-primas, todavia tendo por pano de fundo nem sempre as justas necessidades humanas, mas sim o acúmulo crescente e patológico de valores monetários e bens. Desse modo, percebe-se, majoritariamente, uma ciência econômica fadada ao uso exclusivo de uma razão fria, calculista, e no fim do túnel focada em retorno financeiro, estando o bem-estar muitas vezes como apenas um meio, e, quando este se torna o fim, acaba por apoiar-se na exclusiva satisfação material e físico-sensorial.

São meritórios os esforços de muitos cientistas terrenos, em que pese terem sido, em grande escala, mobilizados por uma economia de mercado oscilante entre o necessário e justo e a insanidade de consumidores e produtores, mas por outro lado já se vislumbra no horizonte e na periferia do consumo de massa segmentos de mercado mais qualificados, preocupados com qualidade de vida e sustentabilidade, e isso representa grande avanço para a humanidade atual e do futuro; em grande parte, porém, são trilhas tortuosas que percorrem um caminho econômico que busca lucro incessante, até na chamada economia verde. O propósito da nascente economia solidária (exercitada em vários países europeus e com reflexos positivos em continentes de onde provêm produtos primários ou mesmo industrializados em pequena escala), por outro lado, já representa um avanço de fato em direção à nova economia planetária, pois busca relações mais justas e mais distributivas de renda ao longo das cadeias produtivas.

Cabe aqui uma pequena ressalva, no que se refere aos fatores estimuladores do desenvolvimento científico e tecnológico da humanidade atual: a busca incessante por mercados de consumo crescente aprimorou o lado puramente mental-racional da Ciência e dos agentes dela – os cientistas. São, indubitavelmente, válidos os esforços de biólogos, ecólogos, engenheiros florestais, agrônomos e todos aqueles que buscam conhecer cada componente dos ecossistemas vegetais e animais, incluindo os micro-organismos, bem como os processos que movimentam e provocam interações sistêmicas entre esses vários componentes. Entretanto, não será apenas pelo caminho do intelecto e da débil relação utilitarista-materialista que o ser humano vislumbrará todo o universo biológico terreno e seu potencial de serviços à humanidade, mas especialmente pelo caminho do sentimento.

No trato com a biodiversidade vegetal, por exemplo, o primeiro passo do ser humano naturalmente será a identificação e classificação de espécies e famílias vegetais, via campo racional, mas imediatamente o segundo passo será a sintonia afetiva com aquela determinada planta ou árvore. Essa sintonia o levará a descortinar um novo universo dentro da vida. Evidentemente, os esforços pelo caminho do intelecto são válidos e serão importantes os estudos para que os mergulhos na essência desses componentes ambientais possam, por meio do campo mental, permitir uma compreensão mais ampla e verdadeira da vida que pulsa no planeta. Mas o sentimento de amor será o grande canal de acesso à vida vegetal e animal, e esse acesso permitirá conhecer seus papéis enquanto partes de um ecossistema, e aí sim o lado mental será também importante para facilitar o entendimento e o uso do discernimento na relação com a natureza. Essa junção de coração e mente na relação com o ambiente natural redundará numa nova forma de o terráqueo penetrar na compreensão da vida: pela intuição, que agrega sentimento e mente e ainda abre canais para recepção de informações, e diálogo com os planos mais sutis da Terra e do Cosmo.

Explicando melhor: o ser humano deverá olhar para a natureza mineral, vegetal e animal, de todos os tamanhos, macro, micro e nano, através do amor. Por esse caminho, fará contato com os anjos da natureza (os devas) e será possível conectar-se com as partículas atômicas de cada componente do meio e da espécie natural, chegando à função essencial deles; por conseguinte, serão abertos portais de sintonia com os devas que cuidam da existência de cada um deles. Com esse envolvimento energético-vibratório, será possível acessarem-se informações essenciais de cada ser; será possível compreender-se, pelo sentimento e pela razão, o sentido da existência desses seres minerais, vegetais ou animais, da interação entre eles e em que e como estes poderão ajudar o ser humano, numa relação mútua de respeito à existência de todos, permitindo que nessa interação e troca haja benefícios a todos, numa relação fraterna de intercâmbio.

Por essa ótica e canal de interação, os recursos naturais deixarão de ser tão escassos e serão mais abundantes, ainda que limitados, podendo escassear-se somente se não houver uma boa sintonia e uma relação dialética e sincera entre o ser humano e os componentes da natureza. Essa interação será um dos elementos-chave, também, no processo de reeducação e regeneração da humanidade. Com tal postura, o ser humano não precisará dominar a natureza para dela extrair sua fonte de vida alimentar, de comodidade e lazer. A nova economia do futuro, que precisa ser exercitada desde já, deverá levar em conta a interação homem-natureza, não pelo prisma do domínio e exploração, mas sim pelo caminho da compreensão e troca fraterna, alicerçada por uma relação amorosa, não apenas racional, e principalmente sem o atual e predominante foco exploratório-utilitarista.

Buscando o seu autoconhecimento, a transformação íntima, a prática do amor fraterno efetivamente entre todos (entre seres humanos, e entre os humanos e o meio natural), e conhecendo e sentindo a natureza, o terráqueo encontrará a felicidade verdadeira aqui mesmo na Terra, na primeira dimensão física, e, no futuro, somente haverá a migração para a quarta dimensão porque a evolução não para e não devemos nos apegar a nada, nem mesmo ao que nos proporciona alegrias por um certo tempo.

Quando o ser humano compreender e amar a vida em todas as suas formas, desde os níveis energéticos, subatômicos, até os planos mais densos da matéria, deixará de relacionar-se com os semelhantes e com a natureza de modo bruto e interesseiro, apenas vislumbrando de que maneira poderá se dar bem, extraindo dela o que lhe interessa e depois descartando-a, como egoístico ato utilitarista, ausente de sentimento de gratidão ao Sol, à mãe Terra e ao Pai Celestial, conforme ainda prevalece na humanidade atual e nas bases da economia terráquea em curso.

Feito esse preâmbulo, a partir deste ponto, podemos nos aprofundar no tema específico da economia dos novos tempos, pois a economia em curso na primeira dimensão física terrena sempre esteve apoiada por um ser humano egoísta, orgulho e vaidoso, que não se satisfaz com pouco, que quer mostrar aos outros que possui bens e que tem poder financeiro ou riquezas. O ser humano do presente, em grande parte, não tem sido fraterno o suficiente e tem tido pouca sensibilidade à miséria ou pobreza do próximo, quando muito dando-lhe esmolas para mostrar aos outros que é caridoso e assim alimentar sua vaidade. E quando falamos em miséria humana, não nos limitamos ao aspecto material. Os países desenvolvidos alcançaram um bom estágio de equilíbrio social, mas poucos cidadãos desses países se dispõem a servir incondicionalmente nos países pobres.

Quando a grande massa populacional atual olha para a natureza, ainda a vê como um grande estoque de recursos a serem explorados e utilizados como fontes de bem-estar do ser humano, numa postura puramente egocêntrica e desprovida de visão de intercâmbio amorável. Em grande parte dos países, os rejeitos têm sido despejados nessa mesma natureza, igualmente sem respeito. O planeta é um ser vivo e os seres humanos são parte dessa vida. O planeta deve ser visto e sentido como parte de cada um. Deve ser respeitado e reverenciado como dádiva divina, assim como se deve respeitar e amar o corpo físico.

Apesar de tudo, o mundo terreno está mudando. Os esforços em direção a uma consciência ambiental e social têm se expandido, ainda que se encontrem longe do mínimo ideal. As conferências e reuniões internacionais já começam a sinalizar para uma nova era de relações mais respeitosas com o meio ambiente e entre as pessoas. São meritórios os esforços da Organização das Nações Unidas (ONU) e de várias lideranças globais envolvidas com esses temas, esforços estes sendo orientados e movimentados a partir do plano espiritual, especialmente sob orientação maior de nosso irmão Francisco de Assis, de muitas falanges franciscanas que atuam no plano astral e que se multiplicam por meio de grupos ecumênicos e universalistas nos mundos invisíveis.

A construção de uma nova economia planetária será lenta e proporcional à construção de um novo mundo dentro de cada ser humano, apoiado na fraternidade universal, nos esforços de reeducação mental e ética. No entanto, depois dos grandes fatos geofísicos e dos consequentes choques conscienciais da humanidade, já nos primeiros anos e décadas dos novos tempos, deverão ser sinalizados os alicerces de uma nova economia, não mais apoiada num mercado voraz e insano por consumo e desperdício, porém uma economia que olha os seres humanos como uma grande família cósmica e a natureza como irmã e fonte de relação de troca fraternal, e não de exploração insustentável, seja mineral, vegetal ou animal.

A economia é uma ciência indispensável para a organização da humanidade, em qualquer paragem do Universo; o que varia é o estágio de evolução de cada humanidade, o que se refletirá na forma como essa economia irá se estruturar. Entretanto, somente nas humanidades em expiação prevalecem alicerces econômicos apoiados no orgulho, na vaidade e egoísmo.

Muito do progresso nas ciências e no campo material humano decorreu da busca do lucro, do acúmulo de riquezas e da transformação desse acúmulo em negócios, da busca de realização tendo como base a vaidade para mostrar aos outros a inteligência, o *status* e a capacidade de poder; enfim, as mazelas interiores fizeram parte do substrato de crescimento material e tecnológico da humanidade, ou seja, atuaram como vetores do progresso material. Cumpriu o seu papel, na medida em que não havia outro substrato mais elevado para ser trabalhado pelo ser humano. Sem dúvida, é válido citar que os avanços da Ciência e da tecnologia, e da consequente forma de vida material, criaram ambiente propício ao avanço no campo espiritual e essa lógica de progressos são inerentes à evolução de grande parte das humanidades planetárias. Muitos espíritos elevados abnegadamente desceram ao mundo materialista e orgulhoso para trazer sua colaboração criativa ao planeta, e humilde ou resignadamente aceitaram conviver em meio a tantos desequilíbrios, por compromissos com o amor universal. É como extrair do esterco sujo o adubo indispensável para a planta gerar frutos limpos e sadios. Essas vivências exigem habilidade, flexibilidade mental-emocional e discernimento, e alguns conseguiram esse feito de forma plena; outros parcialmente, e outros tantos falharam, em virtude dos atrativos ilusórios do mundo dos encarnados em expiação.

À medida que os seres de um determinado planeta ou dimensão evoluem, a economia passa a ser organizada por espíritos muito avançados em consciência e amor, e todos se sintonizam com o serviço abnegado e incondicional, se sentem bem ao servir ao bem comum; sabem que o tempo é precioso e que o trabalho é instrumento de realização em prol do coletivo; não pesquisam soluções tecnológicas ou criam organizações pensando no lucro e na vaidade de se sentirem "os tais". Nas comunidades mais evoluídas, há milhares de filamentos ou mecanismos energéticos que ligam a consciência maior ou o Cristo Planetário aos administradores angelicais do lugar, e estes, por sua vez, se sintonizam com os trabalhadores menores, e, em face do estágio de consciência em que se encontram, todos sabem de seus papéis no conjunto. O grau de responsabilidade e maturidade mental-emocional é tão grande, por parte de cada cidadão, que não há necessidade de supervisores ou gestores diretos.

Em grande parte, o ser humano atual da Terra tem latente em sua alma uma forte pressão do ego, da vaidade e do orgulho para que tenha cada vez mais bens e, enquanto não os possui, alimenta a inveja daquele que tem, ou imprime metas de vida para que, por meios lícitos ou ilícitos, obtenha aqueles bens. Essa mesma energia poderia estar sendo empregada para doar-se em prol do coletivo e, no tocante à realidade pessoal, poderia estar sendo direcionada para esforços de transformação íntima.

Não queremos aqui fazer apologia exclusiva ao coletivo e à eliminação do "eu", inerente à individualidade; todavia, o estágio atual da humanidade terrena mostra um claro desequilíbrio ente esses dois aspectos da existência humana: o individualismo tem sido mais forte que o coletivo, com exceções perceptíveis em algumas nações, como nos países nórdicos, por exemplo, mas que ocorre principalmente sob pressão social e não em função de elevada e madura consciência individual (com exceções, evidentemente). Apesar de tudo, essas nações já demonstram bom exemplo de amadurecimento em sistemas sociais organizados em prol da coletividade.

Por conta de seu grau evolutivo, e considerando que a evolução não dá saltos, a vida na primeira dimensão física terrena ainda terá que se utilizar de alguns mecanismos da economia atual. Por exemplo, o dinheiro continuará tendo importante papel. Aliás, ele não é uma coisa negativa; é mero instrumento organizador e facilitador das trocas. Quem dá valor ético e de justiça (sujo e injusto) ao dinheiro são as mentes e corações que o obtém e o utilizam. Unidade monetária é um veículo muito importante para organizar e facilitar as trocas de bens, serviços e trabalho entre as pessoas. No passado, se praticava o escambo, a troca entre coisas, mas com a evolução da economia surgiu a unidade monetária para facilitar a valoração dos bens e uma troca mais prática e justa.

No futuro, haverá uma única moeda planetária. Essa nova unidade, similar ao bônus-trabalho que é utilizado no plano astralino mais evoluído da Terra, será a unidade de medida para pagamento a cada cidadão trabalhador que despender seu tempo servindo à causa comum. Haverá liberdade das individualidades, desde que não prejudiquem o próximo, e todos deverão estar sintonizados com a engrenagem econômica maior do planeta, pois, apesar do crescimento profissional individual, como o caso do avanço profissional a serviço do planeta, cada cidadão estará buscando nesse processo sua própria evolução, sendo capacitado e educado para a expansão dos seus conhecimentos técnicos e gerenciais num contexto maior de entendimento e doação.

Atualmente, muitas sociedades consideradas desenvolvidas na Terra possuem uma boa estrutura socioeconômica, o que gera um quadro de pressão e controle social em quem tente burlar as regras. Todavia, raras vezes essa consciência provém de alicerces formados por sentimentos fraternos e por uma profunda visão espiritual. Evidentemente são positivos os avanços conquistados por esses países; entretanto, estes funcionam ainda como grandes condomínios nacionais, isolados de países e regiões mais pobres do planeta. São como aqueles condomínios existentes nos países em desenvolvimento, protegidos e confortáveis, havendo no seu entorno favelas e fome. Representam uma amostra dos velhos feudos medievais. Nos novos tempos, não haverá mais espaço para esses gigantescos "condomínios nacionais" (países desenvolvidos) com alto padrão de vida material e social isolados de comunidades excluídas, como as existentes nos países pobres da Terra.

Normalmente, as sociedades dos países mais ricos ainda estão presas a uma visão materialista, sem considerar o espírito como parte do progresso individual e coletivo. Nesses países mais abastados, o trabalho, a remuneração, os serviços púbicos e a infraestrutura são de muito boa qualidade, mas as regras socioculturais desprezam o ser espiritual. Assim, de modo geral, as pessoas não sentem satisfação e realização humana em níveis profundos, não sabem lidar com seus sentimentos, nem expandir suas potencialidades para amar e servir incondicionalmente o irmão que sofre de depressão e tristeza, ou o irmão latino-americano ou africano que padece de fome crônica – ainda que muitas pessoas sintam, inconscientemente, o anseio de ajuda no âmago de suas almas, ou que haja algumas organizações humanitárias e esforços nacionais isolados de ajuda aos países necessitados, o que não deixa de representar um avanço importante.

No futuro, todo trabalho será digno, merecerá respeito e será remunerado justamente. O mercado será justo e não haverá ninguém querendo ganhar mais indevidamente sobre outro irmão, o que favorecerá a inexistência de pobres, miseráveis, famintos, sem-teto, favelados, desnutridos. Mas também os aspectos psíquico-espirituais serão contemplados nas estruturas de gastos públicos e das despesas ordinárias das organizações privadas como indispensáveis à qualidade de vida do conjunto, e assim se evitarão ou serão adequadamente tratadas as pessoas solitárias, tristes, depressivas, desmotivadas, egoístas e arrogantes. Indivíduos inadaptados ou com problemas de motivação pessoal serão considerados como desajustados ao meio ou a si próprios e poderão ser devidamente encaixados em outra atividade, conforme sua vontade e as necessidades do conjunto.

Haverá, no início, regras de mercado pré-estabelecidas, sob vigilância social e de órgãos do governo e da justiça. Com o tempo, elas serão incorporadas naturalmente à cultura, não havendo necessidade de serem redigidas publicações, em formas de leis, normas e regras de contratos.

Nenhuma empresa terá lucro líquido acima de determinado percentual que possa gerar desequilíbrio na economia do conjunto. As empresas terão lucros somente até o ponto que lhe propicie sustentabilidade econômica e digna qualidade de vida aos seus dirigentes e colaboradores. O lucro será o valor obtido pelas vendas, depois de subtraídas despesas com aquisição de insumos para produção, salários, impostos e serviços de manutenção, viagens, custos com educação e capacitação de pessoas, depreciação de máquinas e equipamentos, obras de reforma, dentre outras despesas necessárias à busca da melhoria contínua e da qualidade da empresa (nesse contexto, será contemplado um percentual para investimento em contínua inovação). Quando for o caso, nesse rol de despesas serão incluídos pagamentos de empréstimos obtidos junto a um banco do governo, destinados ao desenvolvimento da organização, mas não um desenvolvimento baseado no crescimento do lucro pelo lucro, e sim para investimentos com aquisição de máquinas, veículos, equipamentos e aprimoramento tecnológico do processo produtivo.

A evolução deve ser parte do progresso não somente espiritual, mas também material do planeta. As coisas materiais tenderão a se aprimorar. As mudanças e o avanço serão uma constante, mas não estimuladas por uma pesquisa vaidosa e arrogante, ou por investimentos de capitalistas em inovação visando a busca de mais dinheiro e de fazerem crescer seus negócios, e sim pelo simples desejo de servir ao conjunto, impulsionado pela força universal propulsiva de evolução contínua, da melhoria da qualidade tecnológica agregada ao progresso espiritual de cada pessoa e do coletivo.

Nenhum cidadão se sentirá feliz em querer ter mais que o próximo, em ter sua vida digna e o vizinho viver na miséria e sofrendo. Pessoas não tentarão enganar outras pessoas. Qualquer cidadão que, por um descuido de consciência, tentar burlar as normas, facilmente será detectado, pois, além da sensibilidade e percepção extrassensorial ser mais aguçada entre grande parte dos futuros encarnados, em casos de dúvida ou sensação de algo errado numa relação de venda ou troca, serão utilizados equipamentos avançadíssimos (com tecnologia extraterrena) que detectarão pela aura da pessoa e do documento (que será digital apenas, não haverá mais papel utilizado para imprimir documentos) qualquer tentativa de se burlar as regras.

Na nova economia, produtos ligados à arte serão bastante valorizados. Os artistas serão respeitados e suas obras serão pagas de forma justa e proporcional ao seu esforço artístico, com sistema de apreçamento avaliado por consultores organizacionais ligados ao Estado, que avaliarão aspectos econômicos e de probabilidade de ganhos (a partir do uso de *softwares* avançados que simularão até aspectos comportamentais da pessoa e de demandas por aquele produto, gerando orientação para ajustes no processo criativo ou de material usado para que tal produto seja melhor recebido pela população). Os artistas da música, do teatro e do cinema serão pagos por um sistema similar de avaliação. A arte estará sempre permeada por sentido construtivista no processo criativo e com inspiração de forças superiores.

Haverá um simples e bem planejado sistema de previdência e assistência social para atender os idosos que alcançarem uma idade ou situação física que os impossibilite de trabalhar, o mesmo ocorrendo com os deficientes. A pessoa buscará ser produtiva até seus últimos dias de encarnado, pois, mesmo aposentada de suas atividades profissionais, estará engajada em nova atividade, seja no campo das artes ou mesmo profissional, por vontade própria e não por necessidade do sistema produtivo. A remuneração paga aos aposentados será justa e equitativa entre todos. O ser humano, em média, alcançará cento e vinte anos com boa saúde; alguns chegarão aos cento e cinquenta anos com facilidade, havendo casos mais raros de pessoas que ultrapassarão essa idade.

Vale ressaltar que aposentadoria não significará parada de atividades; pelo contrário, haverá muitos trabalhos voluntários por parte desses grupos sociais. A invalidez, que é uma palavra muito dura ainda utilizada atualmente, apesar de estar caindo em desuso, perderá seu total sentido, já que a pessoa que sofreu algum acidente poderá buscar formas alternativas de se mostrar produtiva e construtiva à vida, pois a medicina estará mais estruturada no futuro para realizar procedimentos biomédicos no campo da engenharia genética, fazendo recomposições de órgãos com células-tronco.

Os tratamentos com base em células-tronco começarão ainda no ventre materno e mais acentuadamente no momento do nascimento da criança, havendo todo um sistema de planejamento que permitirá interação entre os vários setores, como educação, saúde, previdência e assistência social, economia, dentre outros. Certamente, muitos problemas futuros serão evitados, exceto em casos de acidentes. Ainda assim, a medicina terá avanço tal que fará o que hoje seria verdadeiro milagre em relação à renovação de órgãos e adoção de biotecnologias (como bioeletromecânica e bionanotecnologia) no campo da saúde humana. É evidente que carmas serão respeitados e haverá tecnologia e sintonia com orientadores no mundo espiritual que permitirão saber se determinado problema não terá cura.

Haverá um sistema público de serviços realizado por meio de organizações não-governamentais com equipes de pessoal especializado em servir amoravelmente a pessoas idosas ou com deficiências físicas que não puderem ser tratadas com células-tronco. Não existirão mais os deprimentes asilos, pois haverá uma reorganização e redirecionamento dessas instituições com apoio do governo, para que atuem promovendo melhores processos de convivência saudável, psicológica, e medicamente assistida, com suporte por parte das próprias famílias dos enfermos, e, dependendo do caso, de pessoas amigas. Dentro dos lares, os parentes mais novos, imersos numa consciência fraterna mais aguçada, farão questão de ter seus pais, avós, parentes e amigos assistidos no próprio lar. Isso tudo porque as pessoas terão tempo de cuidar da vida, e não serão escravas do trabalho pelo ganho de dinheiro, nem do poder, nem da vaidade, nem dos ganhos volumosos, o que lhes exigiria trabalho além do estabelecido como normal e dentro de padrões de flexibilidade decorrente do uso do bom senso, do sentimento crístico e do discernimento.

A nova economia estará baseada em valores humanos verdadeiros, de respeito, fraternidade e trocas justas, com ninguém querendo ser nem ter mais que o outro. E, considerando que o planeta em regeneração significa que ainda haverá muitas almas com débitos cármicos, imperfeitas e cheias de mazelas espirituais, certamente o sistema de vida implantado no novo tempo terá mecanismos de auxílio, reorientação, reajuste e reeducação dessas almas, sempre que seus pensamentos e atitudes estiverem fora dos princípios superiores. Não haverá corrupção, nem ganância, nem mau uso do erário público.

No caso do sistema previdenciário, totalmente público, não haverá riscos de falência nem de não cumprimento com o dever de remunerar aqueles que já trabalharam o suficiente e que não podem mais dedicar seu tempo a servir ao bem comum numa atividade profissional. Na verdade, não haverá mais o conceito de aposentadoria, como ocorre hoje em dia; afinal, ninguém trabalhará insatisfeito e infeliz, pois o labor diário será fonte de felicidade. Pessoas que se sentirem infelizes serão assistidas, para que descubram as causas verdadeiras de tal sentimento, visando a saná-las ou ajustar-se psicologicamente, o que, em muitos casos, tem causa milenar. Como trabalho, centros de saúde, escolas e o lar estarão imbricados nas metas de evolução e da prática da fraternidade universal, não haverá maiores problemas em buscar sintonia entre as várias organizações que comporão a sociedade do futuro.

Assim, as pessoas trabalharão com amor e alegria até os seus últimos dias de vida, mantendo-se úteis à vida e ao conjunto. Evidentemente poderão mudar, ao longo da vida, de tipo de trabalho ou atividade. Aposentadorias ocorrerão quando houver necessidade específica, exclusivamente por limitações físicas e mentais. A arte, por exemplo, poderá ser uma dessas atividades complementares. As pessoas poderão recomeçar a vida, estudando novamente e buscando novas profissões ou atividades para não ficarem ociosas e doentes – essa visão e prática já se fazem sentir nos dias atuais com programas para a terceira idade, muito comuns em vários países, inclusive no Brasil, se expandindo a cada dia, já como fruto do magnetismo dos novos tempos que avançam.

Um aspecto importante a considerar: haverá uma vigilância constante das instituições e engrenagens das economias locais, regionais e mundial, de modo que não se permitirá que essas engrenagens criem verdadeiras egrégoras mentais e astrais ou aparatos físicos maiores e mais importantes que a qualidade de vida e o respeito humano, mas sim deverão ter como metas a busca contínua da evolução, a vivência e convivência fraterna e a felicidade verdadeira.

Certos aparatos atuais, ditos como importantes para a sustentação da economia, e de fato mostrando-se como pseudo-artifícios ou como verdadeiros "vampiros" da economia, que criaram vida própria, no futuro deixarão de existir (cartórios, notas promissórias, bolsa de valores, ações de empresas, títulos públicos, mercado de capitais e os inúmeros "pacotes" de produtos bancários, juros e correção monetária, bem como as jogadas financeiras para ampliar lucros, burlar impostos, gerar negociatas ou negociações injustas e ganhos ilícitos). Haverá uma nova contabilidade empresarial e pública em que valores imateriais farão parte das análises e planilhas contábeis, de maneira a se ponderar números com aspectos abstratos sob a visão física, mas tangíveis sob parâmetros espirituais, como bem-estar, respeito interpessoal, valores sociais, qualidade de vida e felicidade verdadeira.

Não se permitirá nem se verá, em nenhum local do planeta, mendigos – jovens, adultos ou idosos – necessitados de alimentos, vestimenta, lar, atividade ocupacional e lazer. Haverá sistemas muito bem engendrados que se utilizarão dos avanços da engenharia da informação, além de que os dirigentes planetários, do governo, de empresas, organizações não-governamentais, membros da família consanguínea e da família social, do planeta e cósmica, todos estarão sintonizados com a grande orquestra da consciência e do amor universal, sob a batuta dos administradores siderais.

Não haverá especulação financeira qual ocorre nos dias atuais – por isso, nem mercado financeiro, nem bolsa de valores, nem bancos comerciais em busca de lucros irracionais e gananciosos, sem produção de bens e especulando com o dinheiro dos outros. Um banco estatal produzirá moeda, disciplinará e organizará essa emissão, e organizações não-governamentais farão o papel de bancos comerciais, mas sem fins lucrativos, ainda que sejam justamente remuneradas por seus serviços, apenas facilitando e organizando o processo de troca de moedas. As pessoas serão remuneradas pelo justo pagamento de serviços bancários, em valores bastante acessíveis, e investimentos em modernização tecnológica ocorrerá com suporte do banco estatal. Eventuais empréstimos serão pagos de forma justa e sem abusos ou lucros exorbitantes por parte de bancos, e nas amortizações estarão inseridos apenas os serviços realizados pela instituição, dentro de parâmetros reais e transparentes, com o devido esclarecimentos aos clientes.

Todos os colaboradores de empresas, governo e organizações não-governamentais trabalharão a serviço do bem comum. Não haverá busca de acúmulo de riquezas e o lucro terá outra lógica, pois haverá constrangimento de quem tentar acumular além do necessário, salientando que despesas para se alcançar uma boa qualidade de vida, sem luxo e desperdício, contemplarão viagens de lazer e realização de investimentos que lhes proporcionem conforto (o conforto com simplicidade é justo; o excesso e a luxuria são patologias).

Lucros das empresas e impostos serão utilizados para a melhoria e evolução das estruturas físicas, incrementos tecnológicos em máquinas e equipamentos, aprimoramento da logística e da capacidade humana nas organizações, sempre com elevada consciência coletiva e balizada pela Lei Cósmica. Nada de acomodação e inércia nas pessoas. Evolução e dinâmica constante rumo à luz será um dos lemas da nova sociedade planetária. Por isso, pesquisa e inovação será atividade básica da nova sociedade, realizada por organizações não-governamentais e universidades, por cientistas que desejarão apenas o bem comum e a contínua melhoria da qualidade de vida material e espiritual.

Como não haverá competição e sim cooperação, muitos males da sociedade de consumo deixarão de existir. Ninguém deverá se estressar em correr contra o tempo e atropelar a tudo e a todos para gerar produtividade. O ritmo da vida será tranquilo, o que não significa adormecido e indolente. Trabalho será fonte de felicidade. Querer não ser o melhor, mas ser melhor a cada dia, será um princípio elementar de evolução individual e do conjunto. Ninguém precisará trapacear ou tentar fazer mal ao outro ou às instituições em busca de poder ou para adquirir promoção, salário ou mais bens materiais. A ganância e a arrogância serão aspectos fora de propósito, vigiados por cada um, dentro de si, e pelo coletivo, como prerrogativa essencial de quem deseja evoluir.

As regras sociais baseadas nos costumes e na cultura serão desenvolvidas desde os primeiros anos, no lar e na escola, e por toda a vida estudantil e profissional, com plena consciência de que mesmo os costumes e a cultura devem ser dinâmicos, e portanto, deverão evoluir em direção ao melhor, ao mais qualificado, ao mais humano e fraterno, rumo à ampliação da consciência cósmica. A Lei Cósmica permeia hoje e continuará sempre permeando a todos: indivíduos, coletividades e organizações, cada qual em seu grau evolutivo de entendimento e vivência e, exatamente por isso, os novos tempos exigirão de quem estiver à frente em consciência e amor fraternal ser mais e mais pacífico, paciente, tolerante e educador em relação ao próximo que se encontrar mais atrás na trilha cósmico-evolutiva.

No futuro, não haverá cartéis, nem monopólios, nem oligopólios, nem empresas gigantes que dominam mercados e esmagam os pequenos empreendimentos. As empresas não poderão crescer tanto, e somente algumas chegarão ao porte médio. Raríssimas serão grandes (por alguma necessidade de produção em maior escala), pois as dimensões serão calculadas, de forma clara e sincera, entre os membros da empresa e as entidades de suporte e assessoramento, que prestarão serviços gratuitos, uma vez que serão organizações não-governamentais sem fins lucrativos e remuneradas pelo governo. Em geral, para que as empresas não se agigantem, ao chegar a determinado porte corporativo e financeiro, serão criadas outras células empresariais semelhantes, sob a gestão de outro grupo cooperativo, como forma de se ampliar a geração de trabalho e renda, criando-se uma lógica celular, como colmeias, que fazem parte de um único sistema de vida, apesar de se situarem em ambientes relativamente independentes, como estratégia de gestão simplificada.

Serão estimulados a produção e o consumo locais, como forma de gerar atividade econômica. Alguns produtos básicos (produzidos em maior escala, em função da demanda massificada) poderão viajar maiores distâncias, estimular economias regionais e, em alguns poucos casos, mundiais. As relações mundiais de troca serão realizadas por empresas e organizações não-governamentais, sob acompanhamento do governo, tudo funcionando de forma articulada, coordenada, sistêmica, sempre seguindo os princípios cristico-universais.

Haverá elaboração, implantação, monitoramento e ajustes de planos econômicos globais. Ou seja, o planeta terá uma economia planejada, com profundos e amplos estudos de mercado, análises de demandas e compatibilização destas com potenciais ofertas de produtos e serviços, desde o nível local ao mundial, segundo a necessidade de busca de felicidade e bem-estar de todos, no nível material e espiritual. Haverá respeito ao indivíduo e às suas necessidades de ser livre; contudo, sem que sua caminhada individual e evolutiva jamais prejudique os mais próximos e o conjunto em geral. Ocorrendo isto, haverá pessoas e instituições de braços abertos a ajudar a corrigir ou a levar à tomada de consciência e adequação de atitudes, sejam organizações, seja cada pessoa, no sentido que facilite a evolução espiritual e material individual e coletiva.

As pessoas viajarão muito mais entre todas as localidades regionais e do globo, o que permitirá uma maior interação fraternal entre os habitantes planetários. Haverá muito mais viagens de pessoas do que de produtos. A ideia futura é que cada região crie seu modo de vida cultural e de consumo de produtos específicos, dinamizando economias locais e regionais, e estimulando a economia equilibrada do turismo em âmbito mais abrangente e globalizado, de maneira a motivar todo cidadão terreno a viajar dentro de sua região e interregionalmente, mas também por todo o planeta. Assim, as pessoas desejarão conhecer o sistema de vida e os costumes dos irmãos viventes em outras paragens, estimulando o respeito à diversidade cultural, a compreensão quanto às diferenças étnicas e de modo de ser, e a fraternidade geral. Já como sinais dos novos tempos e da nova economia planetária, alguns países europeus começam a exercitar e a estimular esse tipo de modelo turístico agregado ao sistema produtivo local, baseado na valorização integrada de belezas, culturas, costumes, produtos locais e regionais.

As empresas serão coletivas, em sistema cooperativo; as pessoas não se sentirão bem intimamente em criar firmas individuais. Isso será algo estranho, pois alimentar a vaidade, o egoísmo e a busca de poder individual não será atitude crística. A educação interior, impulsionada pelo influxo da Força Crístico-planetária em direção à união e à busca do espírito coletivo, fará com que as consciências individuais, quando desejarem trabalhar com atividade empresarial, o façam nas muitas cooperativas existentes ou criando novas. As cooperativas serão instrumentos empresariais para que o ser humano cultive o espírito fraterno, já como sinais tímidos dos futuros anjo e arcanjo, sintonizados com a coletividade de seres e coisas que integram determinados ambientes, planetas, sistemas solares, constelações, galáxias e o Cosmo. Será um pequeno treino para a expansão da consciência coletiva.

Na nova economia, a criatividade será constantemente estimulada. O cuidado para com os indivíduos e as suas ideossincrasias será respeitadíssimo, e o discernimento será buscado diariamente pelo esforço de cada um, de maneira que saber até onde deve prevalecer o individual sobre o coletivo e o coletivo sobre o individual serão partes da educação comum. As pessoas mais sábias sempre estarão ao lado para fazer esclarecimentos, e, quando não houver alguém que o faça, ocorrerá a ligação com os mentores desencarnados ou mesmo com algum extraterreno mais evoluído, a assistir espiritualmente em casos de dúvidas ou falta de clareza sobre determinados temas mais complexos. Contatar desencarnados será prática corriqueira. Igualmente, o discernimento dirá quando se deverá pedir ajuda ao plano espiritual ou a um irmão extraterreno, de modo a evitar-se a preguiça mental de não se tentar raciocinar, se esforçar e discutir fraternalmente alguma questão, antes de buscar outros auxílios.

Impostos continuarão existindo, pois eles geram renda necessária aos investimentos e à manutenção da vida comunitária, e serão cobrados e pagos de forma justa pelos dois lados, respectivamente, de quem cobra (governo) e de quem paga (pessoas e empresas). As pessoas físicas que estiverem em fase produtiva pagarão imposto de renda, mas este será justo e proporcional ao salário, em escalonamento automático e gradativo; os sistemas tecnológicos de informação do governo já farão a arrecadação *on line* e justa, na hora em que a folha de pagamento da instituição ou empresa for elaborada, sem necessidades de futuras correções. O mesmo se dará com os sistemas contábeis interligados de empresas e governo. Não haverá interesse em se burlar impostos, pois todos, empresas e cidadãos, terão plena consciência de seus direitos e deveres; serão e estarão cientes quanto à Lei do Carma e aos desígnios maiores.

Sistemas de fiscalização como existem hoje na Terra deixarão de existir num mundo onde a corrupção, a deslealdade, a infidelidade e a mentira não serão estimuladas, nem farão parte da vida cotidiana. Ninguém se sentirá confortável ao errar propositadamente, pois o constrangimento levará as pessoas menos evoluídas a seguirem a "pressão" social e a própria consciência no sentido do bem comum. Erros serão aceitáveis e considerados normais, partes da autoeducação e do processo evolutivo de todos. Ao serem detectados por terceiros ou por equipamentos, serão logo corrigidos e todos aprenderão e crescerão com ele. Some-se a isso, a sensibilidade das pessoas, que será muito maior, ajudando na percepção, uns aos outros, tanto em direção a detectar oa desajustes como na correção educativa, consciencial e motivacional do próximo, levantando a moral da pessoa para que não se afunde em culpas, mas que reaja positivamente, erguendo a cabeça, com humildade, e seguindo sua caminhada evolutiva com persistência e bom ânimo. A palavra perdão será rotineira e sincera, e os esforços serão contínuos em busca de se corrigir e se ajustar a cada dia.

Haverá uma forte presença do Estado, e todos trabalhando a serviço do bem-estar coletivo. Por isso, o Estado será bem estruturado, com uma equipe bastante capacitada, composta por pessoas de elevado sentimento de serviço incondicional, apoiados, numa fase incial, por uma maioria originária de outros orbes. Muitos irmãos terráqueos em aprendizado, e sob acompanhamento e orientação dos mais experientes e evoluídos, farão parte das equipes de governo. E, conforme foi visto anteriormente, haverá instituições de monitoramento e avalição quanto aos atos do Estado, a fim de que este também cumpra sua missão de protetor da paz, harmonia, ordem e respeito comuns. Portanto, o Estado não será um ente autoritário nem caudilho.

O diferencial, em relação aos dias atuais, será o fato de que, desde cedo, no lar e na escola, o Evangelho à luz do Cosmo será estudado, havendo plena compreensão quanto aos conceitos básicos de evolução, carma e fraternidade. Assim, os funcionários do governo terão elevado grau de responsabilidade, postura ética e compromisso com o bem-servir ao público. Haverá uma estrutura sistêmica de defensorias públicas que terão como requisito contratar pessoas com elevado padrão moral e mediunidade aguçada, a fim de que possam acessar não apenas seus conhecimentos e sua consciência, mas também os mentores do plano espiritual que os orientará em tomadas de decisão envolvendo conflitos entre pessoas e Estado, e entre estes e organizações privadas.

Não haverá salários exorbitantes e desproporcionais entre todos os cidadãos. Todo trabalho será considerado digno e será respeitado, dos mais braçais aos que exigirem mais do raciocínio, discernimento e grande responsabilidade na gestão de pessoas. Quem assumir postos mais altos em empresas, organizações não-governamentais e órgãos do governo terá plena consciência de que deverá servir mais e, portanto, sua remuneração será um pouco mais alta. Haverá três níveis de hierarquia e de salários: os básicos ou operacionais, os intermediários ou gerenciais, e os superiores ou estratégicos (as atividades serão executadas por profissionais sintonizados com elas). Haverá algumas poucas pessoas com natureza mental-emocional e prática que se permitirão transitar por esses três níveis de forma habilidosa.

Todos terão vida digna, justa, confortável, porém sem luxo, com moradia e alimentação de boa qualidade, sem extravagâncias que lhes alimentem a vaidade ou os desequilíbrios. A maioria dos transportes será coletiva, de alta qualidade e eficiência. O uso de transportes coletivos será uma forma diária de se exercitar e expandir o espírito coletivo, o sentimento comunitário, de se favorecer as trocas de atenção, de diálogo salutar, de abraços fraternais, mesmo entre desconhecidos.

Exercitar o sentido de equipe e criar momentos de fortalecimento da família planetária e cósmica será uma rotina. Muitos andarão de bicicletas leves; de veículos individuais, poucos se utilizarão, a fim de se evitar congestionamentos. Haverá consciência e compreensão, tanto de quem poderá se utilizar do veículo individual (todos os lares terão direito e condições de adquirir um veículo, mas nem todos o terão, face ao livre-arbítrio maduro optar por soluções que favoreçam o equilíbrio do conjunto) quanto daqueles que, morando ou trabalhando em lugar distante ou mais isolado (como em algumas áreas rurais), por alguma circunstância de viabilidade, terão que se utilizar de veículo próprio.

As empresas serão representadas principalmente pelas indústrias, sistemas de produção agrícola, setor de extração e processamento mineral. Na nova economia, haverá muitas organizações não-governamentais, sem fins lucrativos, mais até do que a quantidade de órgãos do Estado. Esse tipo de organização, que se expande a cada ano nos dias atuais, já é fruto dos reflexos dos novos tempos planetários e representa as estruturas institucionais que deverão predominar no futuro, como forma de desafogar certos papéis típicos de Estado, os quais exigirão postura coletiva, sentimento de serviço ao bem comum em ações não apropriadas a empresas (como no caso dos serviços). Estarão integradas por pessoas com forte espírito coletivo, em prol do conjunto, atentas à harmonia da natureza e à evolução espiritual, com base no universalismo e nas leis cósmicas.

Como haverá computadores e internet avançadíssimos, será possível uma ligação em rede entre todos os cidadãos e organizações. As telas dos aparelhos, inclusive dos celulares, serão de multidimensões em que a comunicação se dará por imagens tridimensionais, sendo possível ainda perceber-se os efeitos magnéticos e vibratórios, sentirem-se cheiros e todo um conjunto de reflexos do magnetismo da mente e do sentimento dos usuários ou das pessoas que estarão no outro lado da tela ou do vídeo. Haverá pouquíssima circulação de dinheiro em papel, pois a maioria das compras ocorrerá pelo uso de aparelhos, tipo *smartphones*, de altíssima resolução, com leque enorme de operações, inclusive financeiras, com uso de código de barras, altíssima velocidade e capacidade computacional, qual já se utilizam hoje em alguns países mais avançados tecnologicamente.

Os cidadãos procurarão ter coisas úteis, no que se refere aos bens de consumo. O supérfluo será uma prática do passado. O bom senso, discernimento e sentido de utilidade serão bastante aguçados, pois, há que se considerar que, em função de certas atividades, o que pode ser fútil para um, pode ser importante para o crescimento interior de outro, ou mesmo útil para alguém que esteja fazendo algo a serviço do bem comum e da evolução do coletivo.

Além do poder executivo e dos órgãos do judiciário, cada cidadão será educado para ser vigilante de si e da qualidade de vida justa da sociedade. O princípio de que o seu direito termina quando começa o do próximo será vivenciado efetivamente. Conflitos hão de existir, pois o mundo estará numa grande escola de regeneração chamada Terra, onde haverá pessoas em processo de autoconhecimento e autotransformação. Por isso, profissionais e instituições com funções de monitoramento e avaliação, orientadores e mantenedores da disciplina, da ordem e da justiça terrena (sem violência), terão importante papel, sempre com aval da Espiritualidade Maior.

Haverá produtos fabricados e distribuídos que atendam às necessidades básicas de uma boa alimentação, de vestimenta, higiene pessoal, limpeza pública, veículos, tratores, máquinas, equipamentos e implementos agrícolas e industriais, veículos aéreos, fármacos (em especial fitoterápicos, florais, homeopáticos), equipamentos radiônicos e eletromagnéticos de alcance subatômico, e outros tantos materiais nanotecnológicos avançadíssimos no campo da saúde e alimentação, dentre outros bens e serviços que facilitem a vida com qualidade, mas sem luxo, sempre buscando a visão de inserir ou utilizar elementos que agreguem lgum valor ao progresso material e espiritual das pessoas.

Os produtos terão muita durabilidade, se comparados com os atuais, e sempre que os pesquisadores, preocupados com a evolução e aprimoramento do conjunto, inventarem ou melhorarem algo de útil para a sociedade, produtos antigos poderão deixar de existir (aos poucos e com peças de reposição até que toda a população possa haver adquirido o substituto). Serão realizados estudos de viabilidade de fabricação em escala. Por ser uma economia planejada, sempre haverá estudos micro e macroeconômicos combinados e interagentes antes de se iniciarem novos empreendimentos e com suporte de *soft*-

wares avançadíssimos em pesquisa, simulação e projeção de futuro (com sensores capazes de captar e tratar informações provenientes de mentes e corações das populações locais, regionais e mundiais, realizando análises complexas a partir do cruzamento desses dados com os provenientes de cadeias produtivas e recursos naturais disponíveis ou potenciais).

Sempre que surgirem inovações tecnológicas que venham melhorar a vida do conjunto, agregadas a estas haverá planejamento econômico para que se integre toda a cadeia produtiva, desde a identificação e garantia da matéria-prima (com projeção de sua capacidade de reposição), transporte, processamento, armazenamento (se for o caso), venda no atacado e varejo e consumo pelo cidadão.

Diferente do que ocorre hoje, não haverá propaganda para estimular o consumo de bens e serviços. Os meios de comunicação serão mídias de caráter informativo e educativo e, no caso de produtos, haverá apenas orientação quanto ao uso adequado, parcimonioso, até o manejo correto para o descarte e sintonia com os sistemas de reprocessamento e reciclagem. A busca do "ambientalmente responsável" será prática inerente à nova sociedade planetária.

A educação, desde os tempos infantis, adotará como prerrogativa informar e orientar quanto ao sentido da vida e dos bens que o Pai Celestial nos disponibiliza para que, por meio do uso correto e sensato, o ser humano possa dispor de uma boa qualidade de vida para uma evolução física e espiritual otimizadas, e tendo consciência de que os filhos, netos e gerações futuras precisarão encontrar um planeta em contínuas condições materiais e energéticas apropriadas a que tenham, igualmente, boa qualidade de vida. Esses princípios são percebidos em pessoas e algumas organizações não-governamentais e lideranças, nas discussões e propostas em curso nos organismos ligados à ONU em prol do desenvolvimento sustentável, e certamente são sintomas positivos desse futuro que já começa a se materializar, ainda que de forma tímida.

Se as pessoas fossem mais maduras, espiritualmente falando, poderia haver um maior liberalismo econômico, mas como as mazelas interiores ainda persistirão por muitos e muitos séculos é preciso que haja controles do Estado, como disciplinador e organizador do conjunto, para evitar que a vaidade, o orgulho, o egoísmo e as viciações do passado ressurjam e criem uma sociedade planetária repleta de injustiças sociais e desequilíbrios.

Em um planeta de expiações, faz parte do processo evolutivo a coexistência de sociedades com desníveis e situações sociais calamitosas, tendo vizinhos na miséria e outros em estado de riqueza ou de equilíbrio material. Num planeta em regeneração, em que a Lei do Carma continua existindo, mas passa a atuar de maneira diferente (aliada a forte processo educativo individual e comunitário, inclusive envolvendo amplo replanejamento e redistribuição de carmas individuais e coletivos, sob coordenação dos anjos do carma), essas relações de diferenças sociais deixam de ter sentido corretivo. Observai que o Estado terá um papel disciplinador e educador e não de ente coercitivo e punidor, quais governos totalitários e agressivos do passado terreno.

O tempo tem papel fundamental na relação com a economia e, portanto, possui íntima relação com evolução. Os recursos materiais, assim como os de cunho existencial, devem ser utilizados com graus crescentemente mais elevados de consciência, cada vez com mais tecnologia que implique em se produzir mais, com menos e com mais discernimento. À medida que o tempo passa e há crescimento de consciência e progresso na sensibilidade humana de uma determinada sociedade, pode-se afirmar que as almas encarnadas, e mesmo as desencarnadas que a compõem, estão sintonizadas com os fluxos evolutivos do progresso espiritual. Nesse caso, espera-se e trabalha-se para que, no futuro terreno, a economia venha a ser vista e vivenciada com responsabilidade por todos, ou pelo menos pela maioria, e que os recursos materiais sejam utilizados com parcimônia e equilíbrio.

Se há, no entanto, estagnação no progresso espiritual ou mesmo forte desaceleração nesse fluxo evolutivo, refletindo-se na irresponsabilidade de todos ou da maioria, no tocante ao uso dos recursos naturais já em processo de escassez e no acúmulo exacerbado de riquezas por parte de alguns, é porque está na hora de algo ocorrer no mundo interno ou externo, nessa sociedade, para que a dinâmica da evolução continue seus passos de transformação e progresso (este caso é o exemplo da Terra, onde, apesar de se ver pessoas preocupadas com o uso insustentável dos recursos ambientais e as diferenças sociais gritantes entre países e estratos sociais, a maioria das lideranças políticas, de governo e das empresas que conduzem o mundo ainda está presa ao egoísmo, orgulho, vaidade e busca por prazeres efêmeros). As economias se tornarão mais justas à proporção que mais justo se tornar cada ser humano consigo mesmo e com o próximo.

A orientação, o diálogo, os processos educativos, serão as "armas" do futuro: o "orai e vigiai" será o lenitivo dos seres humano do futuro, que embora continuem cheios de vícios do passado, gradativamente, com a ajuda dos sistemas educativos ambientados nos lares, nas escolas, nas universidades, nos trabalhos profissionais, nos espaços ecumênicos e nas práticas espirituais universalista, poderão ir melhorando a cada dia. Tristezas, vazio interior, insatisfação consigo, em função de se ver cheio de imperfeições, continuarão a existir, mas sempre haverá alguém ao lado, ou o próprio guia espiritual, que a fará retornar para a vivência da humildade, da persistência, da autoconfiança, da fé em Deus, da esperança em dias melhores para o seu mundo interior, e, por tudo isso, deverá alimentar a alegria. O abraço e o carinho fraternais serão atitudes sinceras e comuns entre as pessoas, que se ajudarão mutuamente.

Esperança a todos pelos tempos que se aproximam, em que os valores morais serão revistos e criarão as bases dos valores econômicos na nova economia planetária.

W. Vickrey[28]

Na saúde

A nova medicina não será mais como a que se vivencia predominantemente na Terra, hoje em dia: basicamente ligada à terapêutica, apoiada nas doenças, nas deformações genéticas e nas emergências; será sim uma medicina calcada funda-

[28] Este irmão teve sua última encarnação como economista no Canadá.

mentalmente na prevenção, inclusive no campo da genética, a partir da genômica, proteômica e uso de células-tronco, em sua fase preambular, atualmente, mas deverá expandir-se nos novos tempos. É evidente que quando solicitada a atuar na terapêutica e na emergência lá ela estará, com seu avançado aparato tecnológico, sem perder os elos com a natureza. Essa nova ciência estará repleta de vibrações de amor, ao servir através dos médicos, com o seu papel de indutora da saúde individual e coletiva, com ampla consciência de suas responsabilidades terrenas e cósmicas, sem nada esperar em troca, a não ser a cura, o restabelecimento, ainda que em alguns casos seja um processo gradativo, pois haverá plena consciência de que a reintegração da pessoa à sua cura completa ou mesmo parcial estará sintonizada com fatores cármicos e seus passos de transformação íntima. Aliás, o autoconhecimento e a autotransformação serão as metas finais da nova medicina, que atuará intrinsecamente ligada à psicologia.

A formação de médico e psicólogo será realizada pelo mesmo e único curso, ao invés de separados como ocorre hoje na Terra. O curso se denominará algo similar a Psicomedicina da alma e dos corpos, com foco na integralidade do ser, atuando não somente no corpo físico, mas também no astral e no mental. Essa nova ciência adotará como paradigma os princípios da lei universal e os conceitos básicos de espiritualidade e proposta de progresso espiritual. Haverá consciência plena de que os problemas do corpo nascem na alma e entendimento e vivência plena de que saúde mental-emocional é inseparável de saúde física. Após a fase inicial de estudos, dar-se-á então a especialização em alguns campos específicos da psicologia ou da medicina, mas sempre levando em conta as bases das duas ciências, alicerçadas por princípios espirituais. A fisioterapia, além da visão sistêmica de saúde humana, será uma especialidade médica que atuará nos corpos físico, astral e mental dos pacientes. Muito se trabalhará com medicina energética ou quântica e serão utilizados equipamentos avançadíssimos e pesquisas nos campos da genômica, proteômica, células-tronco, bionanociências, e uso de modernos aparelhos de bioradiônica.

Os sistemas de tratamento de saúde mesclarão diversas áreas do conhecimento, trazendo novas soluções, aproveitando algumas existentes hoje, inclusive tradicionais, resgatando e sistematizando uma abordagem holística do que atualmente se sabe na medicina ayurvédica, chinesa e de conhecimentos indígenas no campo do tratamento natural. A educação infantil, infanto-juvenil e de adultos, cada qual com seu grau de complexidade respectiva, estará permeada por informações relativas a conhecimentos básicos de saúde preventiva – aliás, a saúde preventiva será a tônica geral na sociedade futura. Não haverá mais sentido pensar-se separadamente em terapeuta alternativo ou medicina complementar e médico convencional, pois a medicina será única e integral. A psicomedicina se baseará em paradigmas cósmicos e holísticos, focados na medicina da alma e dos corpos que servem o espírito.

Todas as atividades ligadas à saúde (assim como ocorrerá à educação) serão oferecidas gratuitamente, e com alto padrão de qualidade, pelo Estado, diretamente ou por meio de organizações não-governamentais. Qualquer espaço ou ambiente da vida cotidiana na Terra do porvir será *locus* de vivência e exercício para se construir uma boa educação e boa saúde. Desde os primeiros anos de vida, haverá consumo de alimentação sadia, vegetariana, sem agrotóxicos ou resíduos biológicos que possam afetar a saúde, e será diversificada em variedade e sabor. Haverá plena expansão da alimentação viva ou biossolar, com a oferta abundante de alimentos vegetais crus, frescos, e maximamente ricos em vitalidade.[29]

Os nutricionistas do futuro recomendarão dietas alimentares adequadas a cada psicobiotipo e de acordo com as necessidades cármicas, encarnatórias, adequadas a determinado momento da vida de cada pessoa. Poder-se-ia perguntar então: Não seria pouco prático ou difícil atender a dietas personalizadas? E diríamos que, quando almas reencarnam e formam uma família consanguínea, não estão ali por acaso, mas em decorrência de fatores cármicos e/ou de projetos conjuntos

[29] Na alimentação biossolar ocorre a direta expressão energética e molecular do Sol e das forças telúricas, gerando muito mais riqueza em prana e nutrientes do que os alimentos "mortos"ou sem vitalidade, ainda que sejam vegetarianos.

de reencontros e de implementação de missões ou ações previamente acordadas, fato que criará um elo forte entre todos e um conjunto de recursos necessários para que aquela família alcance as metas idealizadas. Isso passa por certas posturas mentais e de reeducação interior, e também por energias que deverão ser absorvidas em terapias e na própria alimentação. Desse modo, haverá alguns alimentos-comuns para grupos familiares e também para todos de uma determinada comunidade ou local, face as similaridades energéticas, os compromissos cármicos coletivos e as características da ambiência climática, de solo e vegetação ali disponível naturalmente.

Exemplificando: membros de uma família que foram inimigos no passado e precisam cultivar o espírito de perdão, de união e coletividade, certamente terão padrões físico-energéticos bastante favorecidos pela ingestão de milho e de leguminosas, como amendoim, feijões, ingás e outros alimentos cujas sementes estão indissociavelmente unidas dentro de um invólucro (a vagem), em clima de harmonia e integração. Para grupos de pessoas ou individualidades que trazem traumas e recalques do passado, muito afeitas à depressão e tristeza, será salutar, em termos de padrões energético-atômicos, consumirem bastante alimentos de cores fortes, a exemplo da melancia, laranja, tangerina. Pessoas que trazem outros tipos de mazelas, como costume acentuado de guardar mágoas, ressentimentos e rancor, o ideal será consumir mamão, com suas cores fortes e grande capacidade de limpeza intestinal, ou mesmo ameixa seca, com sua cor escura que absorve e leva consigo tais impurezas, para que os intestinos se harmonizem, já que essa região do corpo costuma desequilibrar-se com esses sentimentos retidos, podendo até gerar câncer.

Cores, formatos, aromas e conteúdo nutricional de frutas, folhas, raízes, grãos, sementes, castanhas e outros alimentos, enfim, deverão ser analisados e orientados pelos futuros nutricionistas e psicomédicos, com inspiração vinda dos amigos espirituais. A sintonia com plantas será uma prática relativamente comum, especialmente por parte dos mais sensíveis. Através dessa sintonia com o alimento em sua forma natural e com o deva a ele ligado, será possível obterem-se respostas bem consistentes em termos da finalidade daquele alimento ou planta, proporcionando condições de uma análise mais acurada para se dar melhor orientação alimentar, em complementação ao que se sabe pela Ciência corrente.

Cuidados com a mente e o sentimento, por meio do "orai e vigiai", serão práticas rotineiras. Ocorrerá processo educativo desde os primeiros dias de vida, ainda no ventre materno, como diálogo e orientação ao espírito encarnante. Já no mundo físico, ele receberá toda orientação e amor durante sua vida, com amplo suporte, além da família e amigos, das instituições do Estado, organizações não-governamentais e empresas. Tudo será feito para que se evitem problemas com a saúde humana mental-emocional e física. Entretanto, ocorrendo desequilíbrios físico-mentais e emocionais, e estes certamente ocorrerão de fato, os hospitais estarão aparelhados fisicamente e preparados em capacidade humana para os tratamentos e emergências que se fizerem necessários.

A nova fase terrena propiciará o reencarne de irmãos com elevada sensibilidade, cujos chacras estarão bastante ativados, alguns por resultado de esforços educativo-espirituais de outras vidas; em outros casos, por intervenção dos mentores, que dinamizarão os centros de força dos corpos astrais de seus pupilos reencarnantes, de acordo com a situação de cada um e orientação espiritual superior. Também no duplo-etérico, grande número de pessoas receberá ativação intensa, especialmente no plexo solar, chacra cardíaco, frontal e coronário (os vórtices médios e superiores, o que proporcionará mediunidade mais aguçada).

Pretende-se com isso que essas pessoas, quando encarnadas, estejam mais sensíveis aos chamamentos superiores da consciência e do amor fraterno, permitindo-lhes auscultar com maior fidedignidade e mais eficácia as orientações dos seus mentores espirituais. Todavia, junto com o "trigo", advirá também o "joio", que exigirá esforço redobrado de vigilância interior para que, com discernimento, possa se separar um do outro no momento certo e com orientação adequada para um salutar processo de revisão do seu universo íntimo. Mente orientada pelas leis cósmicas será a base para o disciplinamento e educação dos instintos e sentimentos.

Exercícios de concentração e meditação serão práticas rotineiras de educação da mente, dentro das escolas e hospitais, porque haverá plena consciência de que a paz interior não se alcança com uma mente agitada, e que harmonia na saúde não se obtém sem paz interior. Outro recurso vital e indispensável, de toda hora, será a prece, como exercício de humildade e auxílio na busca da paz interior e de sintonia com Forças Superiores. Essas práticas serão instrumentos para facilitar o contato interior, visando a uma maior eficácia na educação espiritual individual que, por sua vez, se refletirá no coletivo.

A Era do Mentalismo dará atenção especial ao processo de educação mental, porém com plena compreensão de que a evolução só se sedimenta se ocorrer simultaneamente ao cultivo do amor a Deus, para consigo e para com o próximo. O ser poderá evoluir até certo ponto com esforço mental, todavia chegará algum momento de sua escalada evolutiva em que só avançará mediante o exercício da transformação dos seus sentimentos impuros em salutares, tornando-se assim mais humilde, manso, alegre, tolerante, paciente, fraterno e cheio de compaixão.

Haverá grandes avanços na medicina terapêutica e emergencial, com aparelhos avançadíssimos, resultantes de tecnologias trazidas por irmãos extraterrenos. Práticas de ioga (com algumas novas práticas inseridas e atualizadas por irmãos extraterrenos) e outros métodos de reequilíbrio físico-mental-emocional, de autoconhecimento, mergulho no infinito mundo interior, exercícios físicos com reflexos no campo interior, técnicas de concentração, meditação e purificação dos corpos físico, etérico, emocional e mental serão adotados nos lares, nas escolas, nas organizações em geral e dentro dos hospitais. Os hospitais do futuro deixarão de ter filas enormes abarrotadas de doentes, como ocorre em muitos lugares da Terra atualmente, pois, como a prática da saúde preventiva ocorrerá em todo lugar, isso reduzirá substancialmente a geração de desequilíbrios psicofísicos que exijam a busca de terapias ou hospitalizações.

Todos os tratamentos deverão estar carregados de muito

amor incondicional por parte de quem trata, e de humildade, com mente e coração receptivos, por parte de quem recebe a ajuda terapêutica. Serão usadas a cromoterapia, os cristais e diversos tipos de gemas e ervas da flora local, tanto nos processos preventivos, de tratamento de longo prazo, quanto nos casos crônicos e de emergência. Para estes últimos, haverá aparelhos avançadíssimos, no campo da radiônica, que se utilizarão de cristais e cromoterapia, com projeção de raios similares ao laser e todo um conjunto de aparatos e medicações da nova medicina holística e quântica. Nesse processo, será adotada a solarterapia ou cromosolarterapia, uma espécie de cromoterapia com os raios solares, potencializados por cristais, diretamente aplicados nos corpos humanos, através de aparelhos próprios. O consumo de água solarizada com imersão de cristais, ou cristalsolarterapia (prática que já foi trazida para a Terra e que algumas raras pessoas dela se utilizam), será automática no atendimento às casas por meio do sistema de água encanada oferecido pela companhia de abastecimento do governo.

Algumas considerações sobre a cromoterapia solar

Cada hora do dia intensifica certos tipos de raios terapêuticos do Sol. Entre dez e dezesseis horas, todas as forças e tipologias terapêuticas do Astro-rei estão concentradas e poderão ser absorvidas, potencializadas com cristais, armazenadas, e depois aplicadas em seres humanos necessitados de reequilíbrio físico e mental-emocional. Por estar mais branda, com menos intensidade, e, portanto, com menos riscos à saúde humana, da alvorada às dez horas e das dezesseis horas ao pôr-do-sol, essa força poderá ser captada de forma direta pelas pessoas. Por estarem envoltas em corpos mais sutis, almas viventes no plano astral não possuem essa restrição.

O nascer do Sol traz a força do infravermelho ao vermelho, em seus diversos matizes, até chegar à cor rosa, que auxilia no restabelecimento ou equilíbrio de pessoas necessitadas de maior sincronia com as forças telúricas, com a capacidade de realizar ou materializar coisas no mundo das formas (essa energia solar está sintonizada com o chacra básico). Quem está desenergizado, poderá aproveitar esse momento (que já começa com sua influência um pouco antes de aparecerem os primeiros raios de sol, com cores avermelhadas no horizonte – a cor avermelhada, como as outras várias cores, aparece dessa forma devido à relação dos raios solares com fatores atmosféricos típicos da Terra). Não é à toa que muitos iogues aproveitam essas horas para meditar (em alguns lugares a partir das quatro horas da manhã, em outros das cinco ou seis horas), pois os raios solares nesses momentos também favorecem o estímulo do sentimento de amor-compaixão, amor-doação incondicional. Portanto, preces e meditações nessas horas trazem muitos benefícios, tanto no impulsionamento de ideais e metas espirituais para que sejam viabilizadas no mundo das formas, como para o despertamento do amor incondicional dentro da alma. Favorecem também a forte sintonia com seres solares e de outros orbes que vibram na mesma frequência espiritual.

Com o passar do dia, aos poucos o Sol vai tomando a coloração alaranjada e mobilizando forças relacionadas com a ação, o dinamismo da vida, das mentes e corações, das células físicas e perispirituais. Pessoas com problemas intestinais e renais podem ser tratadas com as emanações solares desses momentos do nascer do Sol, logo que a atmosfera começa a projetar mesclas entre o vermelho, o rosa e o alaranjado. É o momento de maior sintonia vibracional com o chacra umbilical, momento energético bom para liberar mágoas, rancores, sentimentos de menor valia e baixa autoestima.

E então, o Sol vai se projetando no firmamento terrestre de forma mais intensa e surge a predominância da cor amarelo-dourada, cuja sintonia é maior sobre o plexo solar, onde age com uma força vital intensa, relacionada com o bom humor, a ação, a alegria, o estímulo do ser a expandir sua capacidade realizadora e transformadora no meio familiar e social em que se encontra (normalmente entre sete e sete e meia da manhã, dependendo da região do planeta e da respectiva estação climática). O plexo solar está localizado no centro etérico e físico das criaturas, o que por si só denota equilíbrio entre o material e o espiritual. Este centro de força também está relacionado com a raiva, a irritação, a impaciência, a ansiedade ou a dificuldade de aceitação das situações interiores e exteriores a si (não é por acaso que certas pessoas sofrem de gastrite, úlcera e refluxo).

Quando a pessoa se curva para a frente, o ponto de dobra do corpo é a cintura, que leva junto consigo todo o sistema digestivo superior e intermediário. E então, a região do estômago, regido pelo plexo solar, quando se encontra em equilíbrio, tem a cor predominante amarelo-brilhante e clara. Dobrar-se quer dizer posição de humildade perante a vida; por isso há forte interação entre esse plexo, sua função, os ossos e a articulação do tronco: reflexo de postura interior e do grau de orgulho versus humildade da pessoa. O osso é a parte do corpo que dá robustez e firmeza, ou seja, atitudes de tênue fronteira entre firmeza ou altivez, determinação versus orgulho e teimosia. A dobra realizada por todas as articulações do corpo, para equilibrar com a dureza dos ossos, está relacionada com humildade e flexibilidade para enfrentar os problemas e desafios da vida. Assim, grande parte desses aspectos são regidos pelo plexo solar e a simbólica, e ao mesmo tempo real, capacidade de dobrar o corpo, no ato de transformar orgulho em humildade.

É importante frisar que o plexo solar atua, principalmente, em associação com o chacra cardíaco, frontal, esplênico e umbilical; afinal os chacras formam um sistema em que cada um não trabalha de forma independente do outro. Não é por acaso que muitos que possuem problemas estomacais sofrem de artrite, artrose, reumatismos, problemas ósseos e suas derivações, pois o corpo físico, o duplo-etérico e o corpo astral funcionam interligados em "tomadas" ou "conexões energéticas", e os ossos, os órgãos, as circulações e todos os processos fisiológicos atuam como um sistema interagente e interinfluente entre seus integrantes. O osso, duro e resistente, que dá estrutura ao esqueleto e a todo o corpo, possui junto a si dobras que proporcionam flexibilidade e movimentos; portanto a firmeza, a determinação e os propósitos de vida bem estabelecidos precisam estar balizados pela humildade, dinâmica, maleabilidade e adaptabilidade. Assim, desajustes mentais-emocionais nesse campo podem provocar problemas em ossos e juntas.

O chacra esplênico e sua coloração rosada, contando com muitos raios amarelos, aumenta também sua atividade nesse momento do dia e trabalha em sincronia com o plexo solar (que, por sua vez, capta alguns matizes rosados), pois são dois centros de força que atuam de modo muito interligado. Além de energizador prânico do corpo, o chacra esplênico tem íntima relação com o processo de purificação e equilíbrio do sangue, com a produção de plaquetas e outros componentes sanguíneos, como a produção de glóbulos brancos e vermelhos (os rins estão subordinados à gestão deste chacra).

Alimentar estados mentais-emocionais negativos, como apatia, baixa motivação, baixa autoestima, sem autoconfiança e com falta de fé em Deus, afetarão o estado energético e equilibrado do chacra esplênico, que, se for mantido cronicamente sob esse campo magnético, afetará negativamente o funcionamento dos rins e todo o sistema de purificação e renovação do sangue, além de propiciar anemia. O sistema imunológico baixará as defesas orgânicas e também haverá baixa imunidade no campo espiritual. Hoje em dia, essa tendência cria ambiente favorável para processos obsessivos ou interferência de energias intrusas, inclusive vampirismo. No futuro, os obsessores serão retirados da Terra, mas a alma encarnada ou desencarnada tendente a certos padrões psicomentais e emocionais, como os aqui citados, terá de vigiar e orar para não cair em auto-obsessão e se consumir energeticamente, num processo autofágico, inclusive favorecendo a criação de células cancerosas.

Entre oito horas e oito e meia da manhã, os efeitos da cor verde começam a entrar em cena na atmosfera terrestre (conforme salientado anteriormente, devem ser observados os fusos horários de cada região do planeta e as respectivas estações climáticas[30]; a energia solar vai se locomovendo sobre a atmosfera de leste para oeste). É a hora mais dinâmica

[30] Esse é aquele momento em que o Sol está claro, levemente amarelo-dourado, e, mesmo que o tempo esteja nublado, chovendo ou nevando, o Sol, caso ali se apresentasse, estaria com essa coloração. De fato, suas energias estão sendo emanadas com aquelas características naquele horário, mesmo não atingindo diretamente o solo.

do coração, em que o chacra cardíaco começa a pulsar mais. Bom momento para tratamentos cardíacos, para se trabalhar os sentimentos em direção ao serviço de assistência ao próximo, de forma abnegada, desinteressadamente. Quem se doa verdadeiramente ao serviço ao próximo, esquece os seus problemas e descobre que eles são muito pequenos diante de muitos outros. Muitos trabalhos de cura seriam imensamente potencializados se realizados nessa hora da manhã. É bom lembrar que a pessoa que doa sua energia prânica ao próximo (seja bioplasma e/ou ectoplasma) a recebe de volta, podendo chegar ao dobro ou mais, face a efeitos sinérgicos, proporcionalmente ao nível de amor sincero e desinteressado expresso na atitude.

A velha crença popular do "verde-esperança" não existe por acaso. Esse é, pois, o momento adequado para se cultivar a esperança, que é um tipo de expectativa em algo que exige paciência. A fé é um estado mental em que se extrapola a espera de algo, alguém ou alguma situação, e simplesmente a pessoa confia nos desígnios do Alto, independentemente de planejamento. A esperança, por outro lado, se atrela a algum tipo de planejamento, com o aguardo de alguém ou de alguma coisa, baseado em estatística ou trabalho prévio. Mas, a verdadeira esperança não alimenta estresse ou ansiedade; ela expressa serenidade. E se o que se espera não acontecer, a fé deverá suprir a esperança, com uma crença consciente em algo maior, em escala cósmica, e compreendendo sem revolta que nada acontece por acaso. Esses raciocínios e sentimentos pulsam mais fortemente nesses momentos solares, em que a serenidade, a esperança, a fé e a temperança serão potencializadas se cultivadas nessas horas.

O estresse, a ansiedade e também a revolta e arrogância diante dos sinais da vida e dos desígnios do Alto ocasionam propensão a problemas cardíacos ou cardiovasculares, que podem ser potencializados se associados à alimentação gordurosa e/ou rica em açúcares e sal. O impulso para consumir alimentos gordurosos ou doces está ligado à busca de "calorias humanas", isto é, a busca por carinho, aconchego e atenção, ainda que inconscientemente. Pessoas com alta, média ou baixa intensidade de carência afetiva, conforme o grau de egoísmo que possuir, será desafiada a alcançar um estado de equilíbrio e harmonia proporcional à sua capacidade de amar. Observai que o cultivo do sentimento e a expressão da ação não deve estar aquém de seu potencial interior de doar-se, e que não deveis doar sentimento além da sua própria capacidade – para encontrar o seu ponto de equilíbrio será preciso meditação e auto-observação.

Já os que buscam excesso do sal nos alimentos, estão à procura de mais sentido para a vida, muitas vezes sob impulso inconsciente. Essa busca, normalmente, gera estados de ansiedade e é típica de almas desejosas de aventuras, de dinamismo na vida, tendendo a ser pessoas com elevado índice de estresse. O consumo exagerado de sal causa desequilíbrios nas trocas osmóticas, gerando maior pressão arterial porque o sistema sanguíneo procura atender às necessidades orgânicas e celulares. Por isso, é comum que pessoas muito estressadas e ansiosas tendam a ter pressão alta e a consumir mais sal; desse modo, um aspecto alimenta negativamente o outro. O melhor para esses casos é cultivar a serenidade, a meditação e realizar um profundo e verdadeiro encontro consigo mesmas.

Todos os seres estão em processo de evolução; muitos ainda estão longe de cultivar o serviço incondicional e, então, mergulham excessivamente em seus problemas pessoais e se esquecem de ver a dor do próximo, o que exige muito discernimento, pois não estamos aqui fazendo apologia ao esquecimento de si próprio, longe disto, e sim abordando a necessidade de um maior equilíbrio entre amar a Deus sobre todas as coisas e ao próximo como a si mesmo. A meditação ou auto-observação é um bom caminho para se perceber, discernir, decidir e mobilizar forças internas em direção ao aumento ou redução de uma ou outra característica do amor, com vistas ao equilíbrio destes três aspectos: Deus, eu e os outros.

Quando as horas se aproximam das nove da manhã, a cor azul solar começa a tomar conta da atmosfera. O pulsar do chacra laríngeo aumenta. É o momento propício à boa palestra e à informação do que se pretende comunicar com mais intensidade e efeito eficaz. É preciso, ao mesmo tempo, vigiar o que se fala. O verbo é uma dádiva divina com força materializadora no mundo das formas. Problemas de garganta e de todo o trato respiratório denotam dificuldade em lidar com as energias do meio, com a interação interpessoal e com a expressão da palavra. Esse chacra é um centro de força muito ligado à tolerância para com as diferenças e limitações do próximo e do mundo que os cerca. Essa força está intimamente atrelada à humildade e compaixão no lidar com as pessoas, com os seres da natureza e com todo o Universo. É sentir-se pequeno diante do Todo, diante do próximo, mas ao mesmo tempo como um componente dessa engrenagem cósmica que exige instrumentos ou médiuns capazes de interpretar a vontade superior e transmiti-la à sua consciência, ao seu redor e ao mundo. O chacra laríngeo reflete um centro de força central para a educação de si e do mundo.

Quando o ser humano dá o primeiro suspiro, ao nascer fisicamente, ele entra em contato com o mundo que o cerca, e assim permanecerá enquanto estiver com vida física, respirando e interagindo com esse "mundo" que exigirá cautela, mas também destreza para lidar com os desafios do meio, humildade, mas também coragem e firmeza, iniciativa e proação, com tolerância, mas também com capacidade de educar com uma boa comunicação, de modo que esta seja eficaz, hábil, firme, sensata e carregada de amor. A pessoa que carrega muita insegurança traz fragilidades no chacra laríngeo e necessita trabalhar simultaneamente coragem e autoconfiança, fé em Deus, sem perder o senso de humildade e de observação, buscando interagir com o meio e as pessoas que a cercam de forma equilibrada, porém ativa, compreendendo que todos são aprendizes da evolução e do progresso espiritual, sem temor de arriscar e errar quando preciso. O amadurecimento na vida e, portanto, no campo espiritual, só virá para aquele que sai de si, para o ser que interage e realiza, dentro do seu nível de alcance ou capacidade.

O momento entre nove e meia e dez horas da manhã amplifica os efeitos das cores que vão do azul intenso a um profundo índigo, que estimula a meditação, o pensar a longo prazo e com profundidade, antes de tomar decisões sérias ou de grande impacto. É o momento de serenar a mente e torná-la mansa, porém ativa. É a hora de abrir os olhos físicos e espirituais, mirar o céu azul profundo e ver a infinitude do Universo, sentir que somos pequenos, mas que também fazemos parte dessa grande obra divina e, por isso, temos de buscar a consciência da necessidade de tomar decisões equilibradas, de cultivar a lucidez mental e o discernimento. O chacra frontal, que comanda essas forças e os demais chacras, bem como os sentidos físicos, carrega consigo a responsabilidade de pensar, de orientar lucidamente as emoções e promover boas ações no mundo das formas.

Maus pensamentos, arquitetura de planos maquiavélicos, uso da mente para fins menos nobres e persistência nesse caminho, podem causar danos neurológicos, aceleração de desgaste dos neurônios, rupturas nos "circuitos" cerebrais ou nos neurotransmissores, gerando ou propiciando aneurisma, cânceres ou outros problemas cerebrais e neurológicos, mal de Parkinson, mal de Alzheimer, esclerose múltipla e problemas afins no campo neurológico e mental, inclusive os resultantes de acidentes (podendo ocorrer na vida presente ou em futura encarnação). "Orai e vigiai" é e será sempre um grande remédio. A meditação e a educação mental serão ótimos canais para se cultivar pensamentos sadios e prevenirem-se doenças nesse campo. É evidente que não se pode esquecer de processos cármicos que afetam corpos sutis e físicos, em qualquer área do corpo ou relativos a variados problemas da vida.

A partir das dez horas, aumenta a entrada de raios ultravioletas na atmosfera terrena, e não por acaso inundam o ambiente de energias salutares para transmutação das rudezas e primariedades do planeta e de seus seres, inclusive com efeito eliminador ou equilibrador da população de certas bactérias e micro-organismos nocivos ao ser humano. Até às doze horas, esses efeitos são muito intensos, estendendo-se mais lentamente até quatorze horas, quando diminui sua força, o que exige cuidados para exposição do corpo físico aos raios solares, que é mais denso e por isso sujeito a efeitos nocivos à pele, como queimaduras e câncer face aos danos acentuados às células.

A cor violeta brilhante puxando para o branco, que funde todas as cores, gera um branco incandescente que gradativamente se torna predominante entre doze e quatorze horas, mantendo ainda muitos matizes do ultravioleta. É momento da conexão com as forças superiores, para se receber intuições, orientação sobre os destinos do planeta, das pessoas, das almas desencarnadas. É o momento do coletivo, de reflexão e agradecimento pelo alimento físico e espiritual, pela existência da vida. Instante em que as forças transmutadoras de pensamentos, sentimentos e impulsos estão intensamente irradiantes na atmosfera, hora para se sintonizar com as forças solares e pedir ao Astro-maior, de forma concentrada e do fundo do coração, que todos os miasmas e egrégoras ligados a si, bem como recalques, traumas e outras mazelas interiores sejam transformados em prana, em substancias benéficas, positivas, a serviços da Vontade Divina.

Pessoas com bloqueios mediúnicos ou emprego inadequado da mediunidade podem apresentar enxaquecas e dores de cabeça inexplicáveis pela medicina terrena (não raras vezes, intensificadas na hora do almoço), cujos médicos costumam receitar analgésicos que só enodoam a aura e impedem uma melhor auto-observação e busca de caminhos mais espiritualizantes.

Após às quatorze horas e com o passar da tarde, as cores do Sol vão se desdobrando novamente, indo do branco ao violeta até às quinze horas, ainda com larga extensão dos efeitos concentradores de energia, momento em que a incidência dos raios solares ainda é intensa. A partir das quinze e trinta, começa o desdobramento da energia solar em índigo, até às dezesseis horas, quando o azul celeste intenso retoma sua influência. O efeito do verde começa por volta das dezesseis e trinta, e em torno das dezessete e trinta o amarelo, passando ao alaranjado e rosa-vermelho (sempre cores brilhantes), até a hora final do ocaso. Essas influências de cores, igualmente do ponto de vista energético, influenciam os mesmos aspectos considerados na análise anterior, em relação aos momentos do nascer do Sol e do período da manhã.

Esses horários apenas firmam com mais intensidade uma

ou outra cor específica, com lento desdobramento em matizes quase infinitos e com sutis diferenças entre si, de modo que os olhos humanos não percebem. Portanto, a qualquer momento do dia há a força do Sol e todas as suas cores terapêuticas estão ali presentes. Mesmo ocorrendo certas intensificações e manifestações em alguns momentos, que trazem favorecimentos para a prática de certas terapias ou pensamentos, a terapia solar ou cromoterapia solar pode ser usada a qualquer hora do dia, ou mesmo à noite, quando o efeito dos raios ainda perdura no ambiente, apesar da menor intensidade.

A sincronização entre os raios solares, segundo os horários específicos, e a postura mental-emocional das pessoas funcionam apenas como sintonizadores de certas vibrações e magnetismos, o que não significa que os bons pensamentos e sentimentos não devam ser praticados a qualquer hora e a todo instante; muito pelo contrário, pois a vida espiritual é, em si, independente do tempo e espaço. Essas orientações gerais são como ajustes finos de certas posturas para o bem-viver do ser humano aquariano, e serão bastante aplicadas em sintonia com práticas terapêuticas e preventivas no futuro.

Pode-se, por exemplo, colocar um copo de vidro com água ao sol e intensificar o efeito curativo colocando-se dentro cristais ou outras gemas.[31] Essas forças serão captadas e potencializadas como alimento energético preventivo e terapêutico. Pode-se ainda usar a pedra ou gema direto na mão, segurando-a ou colocando-a sobre o órgão do corpo ou chacra necessitado de reequilíbrio, mentalizando a luz do sol penetrando no corpo físico e astral do aplicador, passando pelo cristal ou outra gema, sentindo essa energia ser potencializada e chegando ao local doente ou desequilibrado (recomenda-se usar o poder da mente concentrada, firme, confiante, mas sempre carregada de bons sentimentos de cura, compaixão, desejo de recuperação do paciente, sentindo que as estruturas atômicas e celulares vão se reorganizando, tornando-se sadias e entregando a Deus os seus resultados). Essas práticas, perfeitamente passíveis de autotratamento, podem e devem ser usadas hoje (algumas pessoas e terapeutas já as utilizam

[31] Sugerimos que o leitor comece a estudar o uso de gemas e cristais, e suas funções terapêuticas, as quais serão bastante utilizadas no futuro.

atualmente); sabemos que serão mais intensamente utilizadas no futuro.

Ainda como parte da proposta de terapia solar, uma prática muito simples e passível de ser aplicada diariamente e que será muito comum no futuro, é a energização prânica direta nos chacras pela luz solar. Pode-se fazê-lo a qualquer hora do dia, mas preferencialmente na parte da manhã. Basta olhar bem rapidamente para o Sol, sem se fixar nele, a fim de evitarem-se danos à retina, fechando os olhos em seguida. Simultaneamente, inspira-se profundamente sentindo a luz solar entrar em cada um dos chacras, e estes enchendo-se de prana. Pode-se fazer aplicação chacra por chacra ou simplesmente mentalizar todos ao mesmo tempo e sentir o prana solar alimentando-os de uma só vez, à medida que se inspira.

Essa prática poderá ter inúmeras variações. Exemplo: a pessoa poderá, nesse momento, segurar um cristal branco transparente sobre o chacra frontal e então o prana solar será potencializado naquele ponto. Ao adentrar o chacra frontal, essa energia potencializada se espalhará para os demais chacras abaixo dele, reenergizando-os e harmonizando-os (se algum chacra tiver com energia em demasia, deve-se mentalizar que o prana solar estará harmonizando-o, de forma a organizar suas funções; ademais, e se for o caso, mentalizar os outros chacras se energizando e se harmonizando).

Se, porventura, a prática for feita chacra por chacra, desde o básico ao coronário, poder-se-á utilizar o mesmo cristal branco ou gemas com cores específicas, conforme a necessidade do vórtice energético (captando-se a orientação por intuição, por exemplo), ou simplesmente colocando-se uma pedra avermelhada ou rosa sobre o chacra básico (na base da coluna vertebral); em seguida, deve-se repetir a operação com uma pedra de cor puxando para o alaranjado ou coral, colocando-a sobre o chacra umbilical (dois dedos abaixo do umbigo), e na sequência uma amarelada no plexo solar (na boca do estômago), uma avermelhada ou rosa no esplênico (na altura do baço), uma verde no cardíaco (naquela estrutura óssea achatada e levemente afundada no meio do peito, que se forma logo acima do estômago, conhecida como osso esterno, na altura ao lado do coração), uma pedra cor azul clara no laríngeo (naquela formação de osso que faz um buraco abaixo da garganta), uma azul marinho ou índigo no frontal (um ponto entre as sobrancelhas) e uma violeta ou branca no coronário (no topo da cabeça). Não se deve esquecer de mentalizar a luz prânica solar junto com a inspiração do ar, sentindo que as energias estão de fato chegando e alimentando cada chacra.

Caso se chegue ao final do dia, ou mesmo ao longo do dia, com a sensação de cansaço, ou a pessoa sentir-se desenergizada e desanimada, poderá colocar os pés no chão e abraçar uma árvore frondosa; poderá lavar os pés e as mãos com água e sal grosso, e complementarmente ou unicamente (caso não possa fazer as práticas anteriores) fazer a prática da pranização solar direta sobre seus chacras.[32] Nossa mente é criadora, e nesse momento se sintoniza com a Mente Divina Criadora. Se a pessoa estiver cheia de fé, não apenas se concentrando na prática, mas, principalmente, sentindo a luz solar, a energização de seus chacras e os seus benefícios equilibradores, certamente os efeitos positivos serão tão grandes quanto maior for essa fé. Não se esquecer de agradecer a Deus sempre.

Comentários sobre a força vital do ser humano encarnado – ectoplasma e bioplasma

Considerando a importância esclarecedora do tema, abordaremos aspectos ligados ao ectoplasma e bioplasma, elementos fundamentais na busca da saúde física e psíquica dos seres.

O bioplasma é a substância que todos os seres vivos possuem; é a energia imanente a todo ser vegetal, animal e humano enquanto possui vida física; é decorrente da energia vital que vem do alimento físico e se transforma em gorduras, açúcares, sais minerais, proteínas e vitaminas, alimentando o sangue e gerando energia para as células. Essa energia é também alimentada suplementarmente pela respiração. O bioplasma é sentido naquele calor que a pessoa percebe ao

[32] Ao cair da noite, já sem sol, poder-se-á olhar para a estrela mais brilhante e fazer o exercício. Se estiver nublado ou chovendo, pode-se mentalmente sentir o vento e as gotas de chuva fazendo a limpeza dos chacras e, em seguida, mentalizar a luz do sol energizando-os.

aproximar a mão da superfície da pele, sem necessariamente tocá-la. Ele tem alta concentração energética em órgãos vitais do corpo humano; possui coloração variada, mas predominantemente cor de rosa ou levemente avermelhada.

O ectoplasma, substância leitosa e poderosa, é alimentado energeticamente pelas cargas eletromagnéticas oriundas do sistema nervoso; é composto pelas células nervosas, as quais, por sua vez, são sustentadas pelo alimento de cada dia e pelo próprio bioplasma (bioplasma e ectoplasma interagem e se retroalimentam energeticamente), e ainda pelo prana que se inspira ou se capta no ar.

Há outras fontes de energia prânica mais sutis que interagem com o bioplasma e o ectoplasma, podendo alimentá-los ou vampirizá-los: são os magnetismos de minerais, vegetais, animais, humanos encarnados ou desencarnados, e anjos (podemos simplificar magnetismo como sendo a aura ou a resultante energética decorrente das estruturas atômicas e moleculares de um ser e que, no caso de humanos, variam conforme sua alimentação, estágio evolutivo e padrão vibratório de sentimento e mente).

Auras de luz e magnetismo de seres superiores e anjos, de estrelas e planetas superiores, alimentam positivamente o ectoplasma através dos chacras. Essas sintonias entre astros do céu com a mente e corpo do encarnado representam conexões prânicas entre corpos da dimensão física visível aos olhos. Há também sintonias e conexões prânicas entre seres encarnados e desencarnados, de maneira que os sinais ou energias advindas de um ser desencarnado chegarão ao corpo físico de uma pessoa através do corpo etérico (tendo no sistema de chacras seus principais captadores), que levará a mensagem energética. Todo ser humano encarnado possui duplo-etérico, o qual refletirá no corpo físico sua cópia fiel, e, quando o ser humano desencarna, ambos se desintegram: o corpo físico denso se decompõe e seus elementos retornam à natureza, já o duplo-etérico igualmente se dissolve, mas seus componentes atômicos retornam ao meio etérico do planeta, de onde foi retirado o *quantum* de energia que o formou quando possuía o corpo físico que o alimentava de prana ectoplasmático.

O ectoplasma é mais sutil do que o bioplasma, apesar de ambos os fluxos de energia estarem localizados no duplo-etérico. Nos conhecimentos tradicionais do Oriente, fala-se dos nadis,[33] que são canais por onde passam correntes nervosas ou um tipo de prana ou energia vital tipicamente humana, instalados ao longo da coluna vertebral. A energia prânica humana que circula nos nadis[34] é o ectoplasma. Somente seres vivos com sistema nervoso a possuem.

Como o ser humano possui no seu duplo-etérico um conjunto enorme de subchacras ou vórtices menores de energia prânica vinculados aos chacras principais, assim como ocorre na sua contraparte do corpo físico com os diversos plexos e filamentos nervosos, sobre os quais existe essa substância prânica conhecida pelos espíritas como ectoplasma, tal substância acaba por se espalhar pelo corpo etérico. Um vidente pode ter a impressão de estar vendo uma substância leitosa espalhada pela pessoa. Se essa pessoa estiver perdendo ou doando energia, orifícios e chacras emitirão para fora esse prana. Os vampiros conscientes ou inconscientes, encarnados ou desencarnados, costumam absorver essa substância quando o ser emissor não tem vigilância ou educação para a retidão no pensar e sentir (costumam absorver também o bioplasma, pois ambas as substâncias são preciosidades no mundo astral).

Desencarnados que emitem vibrações negativas emitem magnetismo ou eletromagnetismo de baixa qualidade e se utilizam de ectoplasma e bioplasma para darem força magnética a essas vibrações e, assim, tentar alcançar intentos negativos ou simplesmente para alimentarem seus desejos e vícios

[33] Os três nadis são: *ida* (princípio feminino, que circula a partir do chacra básico saindo pela esquerda e chegando ao coronário pelo lado direito do cérebro – representa o prana que alimenta os fatores aliados ao sentimento, criatividade e espiritualidade), *píngala* (princípio masculino, que circula a partir do chacra básico saindo pela direita e chegando pelo lado esquerdo do cérebro – alimenta os fatores do raciocínio, pensamento lógico) e *shushumna*, por onde se desloca a kundalini , pelo centro da coluna. Os três nadis se cruzam, *ida* e *píngala* em movimentos circulares e ascendentes e *shushumna* reto e ascendente, sobre a coluna, perpassando os outros dois e se encontrando todos sobre cada um dos chacras principais, até chegar ao topo da cabeça (chacra coronário).

[34] O traçado desse conjunto dos três nadis, um vertical e dois sinuosos, configura a imagem do caduceu de Mercúrio, velho símbolo oculto que veio a tornar-se – não por acaso – o símbolo da Medicina.

ligados ao mundo físico, manipulando-os mentalmente.

Muitas entidades negativas de várias regiões que vivem em costumeiro estado de tensão e guerras no planeta Terra, por exemplo, têm se alimentado de ectoplasma para manipular e potencializar cargas energéticas de ódio, estimulando e mobilizando encarnados para violência e conflitos. Por outro lado, falanges do bem, do Astral e de outras dimensões, como os irmãos extraterrenos, necessitam de ectoplasma e bioplasma para procederem trabalhos de cura e de equilíbrio espiritual de encarnados e desencarnados. É uma substância energética extremamente preciosa para trabalhos de auxílio espiritual e somente encarnados a possuem (se todos os encarnados soubessem desse valor e do largo espectro de utilidade dessa energia, dariam mais importância à vida encarnada, até porque, dentro do corpo e com essa dadivosa energia, se avança mais na evolução, quando há esforço interior de autotransformação).

Se o bioplasma é vital à vida física, pois dá energia às células, ao sistema sanguíneo, às estruturas ósseas e musculares, no mundo astral atende a necessidades mais grosseiras que o ectoplasma, porém possuindo importância equivalente para se mobilizar demandas mais densas do plano astral. O ectoplasma, além de ser essencial à física vida, por sua potência ou força energética mais impactante e carregada de eletromagnetismo, alimentando os chacras no corpo etérico, proporciona dinamismo ao sistema nervoso e cerebral e atende a um espectro maior de interesses e usos também ao mundo astral.

Seria uma ingenuidade pensar-se que os planos evolutivos ou de vida estão dissociados um do outro. Os mundos físicos, astrais e mentais interagem continuamente, mesmo à revelia ou com desconhecimento dos que habitam o plano físico. Entidades do mal, por exemplo, utilizam o bioplasma para trabalhos de magia negra, assim como o ectoplasma, usados para variados fins torpes. Entidades do bem utilizam essas energias para curas, resgate de almas no Umbral e zonas infernais, para restabelecimento de almas desencarnadas de estados inconscientes ou mesmo de hipnose e até de auto-hipnose, dentre tantos outros fins. No futuro, os encarnados poderão utilizar equipamentos que os irmãos de Marte já adotam para conservar bioplasma e ectoplasma e transportá-los para uso em locais distantes e com finalidade de tratamento físico-espiritual. Esses equipamentos estão começando a ser desenvolvidos também no mundo astral superior terreno por entidades que trabalham com cura.

Aqueles que dispõem de muito bioplasma e ectoplasma precisam doá-los para as Forças Superiores da Espiritualidade, a serviço das necessidades do Universo, a fim de auxiliar muitos seres em sofrimento (esse uso deve ser disponibilizado sob orientação e labuta do Alto; portanto, é vital que o trabalho espiritual para esse fim esteja seguro, de preferência em corrente, e a criação de uma aura protetora estará garantida quando da sincera invocação de Deus, do Cristo ou de Jesus, como protetor-maior do trabalho sutil com essas preciosas energias). Quem mantém essas forças represadas dentro de si, tende a ficar doente e/ou mental-emocionalmente desequilibrado por conta do excesso de energia que não está sendo canalizado para fins nobres ou que não está sendo doado, permitindo maior dinamismo energético.

Quem está com pouca quantidade dessas energias sente-se fragilizado e pode ter algum tipo de desequilíbrio mental-emocional e físico, podendo ficar doente. Pode acontecer que determinado órgão ou chacra esteja com maior concentração ou falta delas, o que exigirá o reequilíbrio entre todos e em todos os corpos (físico e duplo-etérico), para melhor distribuição e harmonização dessas energias. Situações cármicas (em que determinado órgão do corpo físico, que, naturalmente, estará ligado a algum chacra, tenha alguma programação cármica que lhe cause ou venha a causar danos ou desequilíbrios) podem gerar esses desequilíbrios, mas o que mais afeta negativamente é a alimentação inadequada e padrões de pensamento, sentimento e atitudes desequilibrados.

Ao se falar de bioplasma e ectoplasma, naturalmente temos que tratar de um tema de suma importância: os alimentos, os quais se constituem numa das principais fontes prânicas desses elementos que sustentam a vida humana. É certo que a postura do pensar, sentir e agir é mais importante que o alimento físico, mas uma alimentação saudável proporciona um corpo limpo e sadio para o espírito, que certamente terá capacidade qualificada de realização no mundo das formas.

Alimentação: tema essencial para a boa saúde, agora e no futuro

Já falamos anteriormente sobre os alimentos vivos, que podem ser reclassificados como alimentos biossolares, uma vez que recebem a força da vida que vem da terra e a luz solar que promove a fotossíntese. Ambos os fenômenos proporcionam um alimento cheio de vida telúrica e solar, por esse motivo são denominados de biossolares. Eles devem ser orgânicos e não submetidos à fervura, nem fritura ou serem assados, tampouco passarem por secagens com temperaturas superiores a quarenta graus (aquela temperatura que chega no limite suportável pelo toque da pele). Assim procedendo, as suas estruturas moleculares permanecem intactas conforme foram processadas pela natureza, através da fotossíntese (momento em que o Sol insere sua força prânica na planta), e com a força prânica telúrica intacta, que em última instância é energia básica da vida também proveniente do Sol, pois o magma ou núcleo da Terra é fruto do resfriamento de uma parte do Sol que se descolou e formou o planeta.

Se os seres humanos pudessem adaptar-se a esse tipo de alimentação, seria um grande salto de purificação do corpo físico e de preparação para os tempos que chegam. Com essa alimentação, que será predominante na nova Terra, as pessoas terão mais saúde física, mais sintonia com os planos superiores e a sensibilidade mais aguçada para contatos diretos com o mundo extrafísico. Por estarem consumindo estruturas moleculares intactas conforme a natureza processou, e, portanto, alinhadas com as forças solares, despertarão uma energia crescentemente descomunal. No entanto, é importante que as pessoas que optarem por essa alimentação, o façam de forma gradativa e de coração, o que exigirá em muitas ocasiões disciplina e determinação, que são partes do aprendizado de evolução; porém, que esses sacrifícios circunstanciais não provoquem ira ou revolta interior, pois, se isso ocorrer, é preciso antes tratar a consciência e os sentimentos internos em níveis ainda básicos. Uma simples horta orgânica no quintal ou na varanda poderá ser o primeiro passo para se ter alimentos frescos em casa, com essas forças biossolares em alto nível de dinamismo benéfico.

Certas substâncias estimulantes (como a cafeína e outras, que aliás devem ser consumidas de forma parcimoniosa) possuem estruturas moleculares muito alinhadas com as estruturas energéticas provenientes do prana solar, só que com alta concentração em um único arranjo atômico-molecular, em alguns alimentos ou plantas específicas (conforme ocorre na medicina alopática, que se utiliza de medicamentos com altas dosagens do princípio ativo de uma única vez). No caso dos alimentos biossolares (os quais serão potencializados, se produzidos por agricultores cheios de amor no trato com a terra e para com as plantas), estes têm estruturas moleculares com melhor distribuição do prana solar, mais equilibradas e com absorção gradativa pelo ser humano que consumi-lo normalmente, de maneira que se criará uma combinação ou associação com as estruturas fisiológicas que os absorverão paulatinamente e de acordo com a receptividade e necessidade orgânica de cada um.

Os estímulos vitais para quem consumir alimentos biossolares serão tão ou mais intensos que aqueles sentidos por quem ingere substâncias como chá, café ou guaraná. Por isso, quem consome alimentos biossolares não deve ingerir tais alimentos estimulantes, já que possuirá atributos moleculares com determinados arranjos atômicos e padrões magnéticos que provocarão efeito similar. O organismo absorverá os nutrientes e os transformará em energia vital solar tanto quanto maior for a pureza e vivacidade dos alimentos, e principalmente tanto quanto a pessoa estiver mais sintonizada, no fundo da alma, com essa proposta alimentar. Não esqueçais, porém, que de nada adiantará essa proposta alimentar sem transformação interior de sentimentos e pensamentos em direção à expansão da consciência e à fraternidade universal, que são os principais sentidos da vida humana.

O ser humano de hoje e dos novos tempos ainda precisa de alimentos mais densos, pois vive no mundo denso das formas e necessita deles para dispor de forças vitais para realizar atividades transformadoras e que melhorem a vida no mundo físico, algumas delas até bem rústicas e que exigem força mais rude. Essa ambiência, no entanto, não significa a ingestão de alimentos tão densos como os dos homens das cavernas, a exemplo das vísceras e carnes cruas, ou mesmo dos homens antigos ou medievais, que já cozinhavam grosseiramente os irmãos menores em escala evolutiva, nem como o caso das cozinheiras de hoje em dia, que preparam inocentes irmãos bovinos, suínos, caprinos, ovinos e outros, ou como os sofisticados especialistas em culinária da atualidade, que se esmeram em cardápios sofisticados para esconder a brutalidade imersa em pratos requintados e bem decorados à base de carne animal. Esses atos de insensibilidade para com a vida de irmãos menores não existirão mais nos tempos futuros.

Com boa vontade, criatividade e busca da ampliação do sentimento crístico, o ser humano, hoje, já tem condições de aderir a uma alimentação cada vez mais vegetariana e, se puder, deve avançar aos poucos em direção aos alimentos veganos e, em seguida, para os biossolares, até que um dia possa se centrar nesses últimos como base alimentar. Em sua dieta, deve inserir abundantemente o seu principal componente alimentar: a água, e que seja de qualidade, sem as altas concentrações de cloro (que danificam a flora natural bacteriana do intestino), mas resguardada quanto à sua potabilidade por meio de filtros naturais e com o uso de raio ultravioleta, que será normal no futuro e que já pode ser utilizado agora em tratamentos de água, como bactericida.

Uma forma bem prática e simples de "pranizar" a água é derramá-la muitas vezes de um copo para outro à frente de uma janela aberta e exposta ao sol, ou, caso não haja sol, ainda assim que se mentalize a luz solar energizando a água. Ao bebê-la, que o faça sentindo-se rico em prana, com sentimento de gratidão à natureza por oferecer-lhe tão precioso líquido. Quando se ferve a água, as estruturas atômicas se desequilibram e ao se resfriarem retomam o estado anterior, mas estão apenas aparentemente normais, pois de fato perdem prana. Contudo, se houver risco para a saúde, decorrente da presença de bactérias, o ideal é fervê-la. Pode-se ainda colocar cristais brancos dentro dos filtros de água para energizá-la ou equilibrar suas estruturas energéticas. Gemas, com suas diversificadas cores e estruturas atômicas, poderão ser imersas na água, pois certamente funcionarão como "caldos energéticos" aplicáveis a vários estados patológicos ou mesmo como prevenção.

Ensinamentos antigos que serão amplamente praticados no futuro

A mantraterapia, que também pode e deve ser utilizada agora, será bastante adotada no futuro. Alguns mantras, que são sons perfeitos ou carregados de efeito magnético potente, sejam em sânscrito (muito conhecidos pelos praticantes de ioga), ou em esperanto, têm efeito curativo potentíssimo e receberão novas orientações e ajustes atualizados, por intermédio dos irmãos extraterrenos. Esses sons cósmicos representam o sentido exato das coisas ao serem manifestados em palavras, como é o caso do mantra OM, que é o verdadeiro som de Deus, som do Universo, que permeia a tudo e a todos e tem um poder indescritível. Seu efeito harmonizador e terapêutico é extraordinário e continuará sendo utilizado amplamente.

Como tudo no Universo é predestinado a evoluir, o sânscrito, antiga língua mântrica, deixou de existir porque foi muito mal utilizado no passado remoto da Atlântida e mesmo no velho Egito e Índia. Mas alguns de seus sons divinos foram preservados e, mesmo em Marte e outros orbes, são utilizados em integração com outros sons mântricos, como o é o idioma marciano.

O idioma como mantra curativo no futuro

O idioma do futuro será o esperanto que, como tudo, deverá ir se aprimorando e ajudando a unificar a irmandade terrena, como linguagem de todo o planeta. Alguns idiomas ainda persistirão em décadas e séculos futuros. Contudo, qual ocorre ao inglês nos dias atuais, o esperanto será a língua de intercâmbio entre os povos das várias origens, nas várias regiões do planeta. Com o passar do tempo, somente ele prevalecerá (com uma estrutura mais avançada e propensa a continuar a evoluir como linguagem). Ele servirá de base para que especialistas desenvolvam mantras para cura. Após a repetição em milhões e milhões de vezes, com seu uso positivo por parte de terapeutas e das próprias pessoas em seus trabalhos espirituais e de educação interior, então aos poucos criar-se-ão as egrégoras mentais-astrais desses sons, que dobrarão sua capacidade de efeito terapêutico.

No convívio com irmãos de outros orbes, em especial os marcianos, serão ensinadas palavras e sons diversos com efeito magnético extraordinário (a palavra tem efeito criador), tanto no equilíbrio da mente e das emoções, como das células do corpo físico. Vários mantras serão, também, utilizados para energizar e dinamizar o prana dos alimentos. Haverá aparelhos de som, que se utilizarão de pequeníssimos armazenadores de dados, como os *pendrives* atuais, e tocarão os mantras emitindo simultaneamente cores energeticamente correspondentes, os quais funcionarão tanto como suporte de saúde preventiva quanto terapêutica, em escolas e hospitais, ou mesmo nos lares.

A musicoterapia e outros caminhos terapêuticos e preventivos

Alguns médiuns já canalizaram para o mundo das formas várias informações sobre musicoterapia. Não é uma prática nova para algumas raras criaturas terráqueas, todavia será algo bastante corriqueiro no futuro. Instrumentos à base de cristais produzirão sons terapêuticos com forte reflexo positivo na reorganização de células físicas, astrais e mentais. As pessoas poderão se utilizar de fones para ficar ouvindo esses sons terapêuticos gravados e recomendados pelos especialistas, desde que necessitem de reorganização energética e conforme o problema ou o desajuste. Nessa mesma linha terapêutica, estão a cristalterapia, os chás, os banhos de ervas com gemas ou pedras, a argiloterapia e uma infinidade de combinações que sustentarão a nova medicina holística e quântica.

Medicação homeopática, florais, fitoterápicos, fitoflorais, extratos de gemas e cristais, gemaflorais e gemafitoflorais (essências de cristais e gematerapia mesclada com florais e fitoterápicos) serão amplamente utilizados. A alopatia prescrita como nos dias atuais não existirá mais. Haverá um tipo de medicação com características alopáticas, devido a sua alta concentração e dosagens do princípio ativo, mas somente será usada em casos emergenciais e sob intensa orientação e acompanhamento médico. Serão remédios resultantes de pesquisa no campo da transgenia e da nanotecnologia, basicamente em suporte a processos cirúrgicos físicos, em especial nos casos de acidentados. Cirurgias, por exemplo, serão realizadas por equipamentos e robôs moderníssimos e muito pequenos, pouco invasivos, com uso de nanotecnologias, praticamente sem dores, sem cortes extensos e sem necessidade de o paciente ficar hospitalizado.

O uso de fisioterapia próxima à natureza, e usando seus elementos, será natural e corriqueira, o que facilitará a rápida recuperação de pacientes acidentados, operados e sob tratamento intensivo, até porque esses profissionais atuarão nos vários corpos energéticos e não apenas no físico. Anestesias serão realizadas por equipamentos que farão uma espécie de hipnose, levando a pessoa a mergulhar em estado alfa e chegar ao seu mundo psíquico; em seguida, receberá doses de raios anestesiantes em pontos da acupuntura, com uso de cristais finíssimos, os quais ativarão os centros produtores de endorfina do próprio corpo, fazendo com que o paciente mergulhe num estado de relaxamento e anestesia geral.

No futuro da Terra, haverá um equipamento muito comum na medicina marciana, que é um tipo de leitor ótico da fisiologia humana, em que poderá ser visto o funcionamento de todos os órgãos internos do paciente, com clareza e detalhes, facilitando o uso da nanotecnologia cirúrgica e terapêutica (muito mais avançados que os atuais tomógrafos ou equipamentos de ressonância magnética utilizadas na Terra). Ao ingerir algum medicamento ou ao se realizar determinada terapia por raios (sem os efeitos colaterais danosos da radioterapia atualmente utilizada), esse equipamento poderá monitorar os efeitos do tratamento ou do medicamento sobre a fisiologia do paciente, desde sua ingestão, digestão, absorção, diluição na corrente sanguínea, atuação sobre áreas em desequilíbrio, em nível molecular e subatômico. Poder-se-á avaliar se o medicamento estará sendo eficaz ou não, e a partir disso orientar a mudança ou não do tratamento, ou esclarecer o paciente sobre a reprogramação de sua postura mental-emocional para permitir a eficácia do tratamento.

A boa saúde e a boa educação serão praticadas em todos os lugares, não apenas nos ambientes hospitalares ou educacionais, pois ambos os aprendizados e práticas preventivas, e mesmo terapêuticas, estarão atrelados ao seu verdadeiro sentido: a vida espiritual e os esforços desprendidos por cada um e pela sociedade em direção ao autoconhecimento e à transformação íntima. Alma sã, corpo são; e os desequilíbrios no corpo serão proporcionais ao maior ou menor equilíbrio que cada um estiver vivenciando no seu íntimo, entendendo que haverá dezenas de métodos e tratamentos inovadores para auxílio ao ser humano em regeneração no planeta de regeneração. O suporte, em termos de aparelhos e de assistência psicológica, será infinitamente superior e mais eficaz que os adotados pela medicina terrena atual. Mesmo os casos cármicos serão melhor compreendidos e tratados, desde o nível físico ao espiritual, evidentemente aceitando-se e respeitando os desígnios superiores.

Os avanços na engenharia genética serão fabulosos, como já vem ocorrendo na ciência médica terrena atualmente, com a encarnação de muitos irmãos de planetas diversos. E ela continuará avançando mais ainda. A genômica, a proteômica e os avanços no campo das células-tronco serão decisivos no trato de problemas genéticos, de doenças crônicas e na recuperação de pacientes acidentados.

Ao nascer, com a simples leitura ótica de um fio de cabelo do bebê, será possível visualizar-se e analisar todos os genes da criança. Mesmo a Ciência atual da Terra já tem chegado a avanços fabulosos e alcançará resultados ainda mais positivos nesse caminho. Aparelhos moderníssimos apontarão os problemas e a qualidade da saúde do ser humano reencarnante, suas predisposições a desequilíbrios e o que deverá fazer ao longo de sua vida no tocante às necessidades nutricionais, de educação mental-emocional e de atitudes.

Outro equipamento analisará a aura, fará o seu mapa astral, fará uma análise dos dados oriundos de uma base de informação extraída dos registros akásicos (onde está registrado o conjunto de informações de vidas passadas). Ou seja, será feito um completo diagnóstico daquela pessoa, tanto física quanto energético-vibratória e espiritual, permitindo indicar-se qual o caminho mais adequado para que a vida lhe propicie mais evolução espiritual e a encarnação seja bem aproveitada.

A saúde será vista sempre com um foco integral: mente-sentimento-físico. Os chacras poderão ser vistos através de aparelhos que dirão se estão desregulados ou equilibrados, com excesso ou falta de energia vital; se estão sendo desajustados por vícios de pensamentos e/ou sentimentos negativos renitentes, facilitando a orientação da educação interior.

Haverá outros equipamentos inimagináveis por vós, em que será possível que um ou mais terapeutas, de dentro dele, o manipulem emitindo energia de cura, o que exigirá muito sentimento de doação e compaixão do profissional, e então o efeito terapêutico será muito mais eficaz e intenso. Esses equipamentos terão cristais em suas extremidades e as energias deles emanadas, com cores diversas e conforme o caso necessitar, serão direcionadas aos chacras e órgãos do paciente necessitado de equilíbrio.

Muitos conceitos e práticas das milenares medicinas chinesa e ayurvédica serão utilizadas nas terapias dos novos tempos, inclusive combinados com sistemas e aparelhos decorrentes de tecnologias moderníssimas trazidas por irmãos extraterrenos que encarnarão na Terra. Em futuro mais à frente (a partir, aproximadamente, dos anos 2300), haverá intercâmbio direto entre terráqueos e irmãos extraterrenos por meio de telas interdimensionais (que poderão trazer sinais, sons e imagens de outros orbes, até de fora do Sistema Solar) que permitirão avanços extraordinários nas ciências e na caminhada espiritual dos terráqueos.

Haverá um outro equipamento de saneamento de resíduos mentais-emocionais controlado por mentores especialmente preparados e aplicável somente a algumas criaturas que já estiverem prontas para encarnar na quarta dimensão. Sua função será provocar o relaxamento na pessoa, e em seguida acessar e retirar resíduos energéticos trazidos de outras vidas ainda presentes na aura, os quais serão absorvidos, como num aspirador de pó. Esses resíduos poderão ser nódulos traumáticos ou egrégoras relacionadas a antigos recalques, medos, impulsos indesejáveis, sentimentos de culpa, dentre outros reflexos criteriosamente avaliados como passíveis de serem retirados por meio desse aparelho.

É importante compreender que tais equipamentos não resolverão os carmas ou a oportunidade de as pessoas exercerem seus esforços de transformação íntima; serão apenas coletores de resíduos astrais e mentais, pois muitas vezes o ser avançou interiormente em evolução, podendo chegar ao ponto de eliminar a maioria ou até todos os seus carmas, mas ainda permanece com alguns resíduos agregados à sua aura e pode receber uma ajuda externa complementar aos seus esforços, para a limpeza total, por compaixão do Alto. Então, a partir da análise de mentores experientes e altamente sensitivos, pessoas com probabilidade quase zero de reincidências em erros primários estarão capacitadas a passar por esse equipamento. Assim, da mesma maneira que uma pessoa toma banho para higienizar-se, ele promoverá uma espécie de limpeza dos corpos astrais e mentais, somente aplicável em pessoas que já avançaram bastante na escala evolutiva estando prontas para numa próxima vida física encarnar na quarta dimensão.

Ao final da terapia, o ser voltará ao seu estado consciente e lhe será apresentada uma grande tela com um mapa comportamental da mente e dos sentimentos, mostrando-lhe um balanço psicoenergético daquilo que trouxe de vícios de outras vidas, o acúmulo que fez ao longo de várias encarnações, os avanços conquistados e os locais (nos esconderijos da alma) onde se encontravam egrégoras que necessitavam ser retiradas e que nem sempre conseguia acessar, funcionando como esporádicos incômodos ou impulsos indesejáveis, porém já sob controle. É como se fosse uma retirada do peso do "lixo" energético residual produzido (interessante saber que esses resíduos energéticos captados pelo aparelho serão reciclados e transformados em energia positivas e devolvidas ao meio). É fundamental que a pessoa tenha conhecimento do seu tratamento, a fim de que os padrões de autoconhecimento e autodeterminação nos novos caminhos espirituais e na nova encarnação sejam fortalecidos.

Futuramente, haverá uma terapia que é uma extensão e aprofundamento de antigas práticas, como é o caso da antiga reflexologia praticada no *shiatsu* e de outras terapias que tocam e acessam pontos e correntes energéticas no corpo. Aqui nos referiremos a ela simplesmente pela sigla TDMEC, ou seja, *terapia que trata a dor através das memórias mentais-emocionais impressas no corpo*, prática que alguns terapeutas bastante intuitivos começam a exercitar atualmente, mas ainda de forma parcial. Alguns pesquisadores e profissionais da psicanálise conseguiram captar o seu sentido geral no Astral, durante o sono físico, mas o fizeram de forma incompleta ao trazê-lo para a consciência e, por conseguinte, para o mundo denso da matéria, face ao distanciamento que possuem de uma percepção mais integral da alma-corpo.

Toda a história atual e pregressa de cada ser se encontra imantada no corpo:[35] são reflexos de choques físicos e mentais-emocionais, atitudes, formas repetitivas de pensar e sentir do presente, do passado recente, do passado remoto e de outras vidas, e todos os sinais pregressos. As dores que o corpo humano sente são, portanto, sintomas de algo que está

[35] Os registros akásicos, que todas as almas possuem, contém a história pregressa de todos os seres, desde a época em que eram apenas átomos ou estavam em sua fase monádica até o presente. Nos planos astrais, mentais e nos demais planos superiores, entidades elevadas e preparadas, bem como usando-se determinados aparelhos, podem acessar esses registros das almas desencarnadas ou encarnadas. Por incrível que possa parecer, a bondade divina permite que os dados e informações inerentes a essa história possam ser acessados através do corpo físico, por meio de técnicas apropriadas, como é o caso da TDMEC, que pode acessar partes dessa história, a qual se limitará ao grau evolutivo de cada um. Imaginemos virtualmente um corte transversal perpassando todos os sete corpos de um espírito, desde o mais sutil até o físico; ali no físico, como em todos os outros, há amostras do todo e de cada parte desses corpos, contendo toda a história daquele ser, pois existem "vasos energéticos" intercomunicantes entre os vários corpos. É o que na Ciência terrena atual se expressaria como uma leitura holística dos corpos.

errado ou desequilibrado; são avisos ou gritos de socorro do corpo; mecanismos naturais de reação da natureza corpórea e, por isso, verdadeiras dádivas divinas avisando que há algo que precisa ser tratado.

As dores devem ser observadas, acessadas, sentidas por meio do toque com os dedos e/ou a mão. Para que o tratamento pela TDMEC seja eficaz, a pessoa que se submete a ela precisa estar mental e emocionalmente tranquila, relaxada, confiante e entregue ao procedimento, mas principalmente exercitar a paciência, pois o tratamento pode ser longo, como longa pode vir a ser a história de traumas e mazelas espirituais da alma. Na verdade, essa modalidade de tratamento é uma técnica terapêutica da alma que pode ajudar no autoconhecimento e na autotransformação, como suporte aos processos íntimos e inerentes a cada ser humano. Ou seja, se a pessoa está realmente disposta a se livrar da dor, deverá estar aberta ao enfrentamento de sua própria alma, paciente, corajosa e amoravelmente.

Ao esmiuçar as causas das dores mentais-emocionais, logo encontraremos na raiz delas: orgulho, arrogância, vaidade, apego a vícios diversos, mágoas guardadas na alma, agressividade, raiva, revolta, indisciplinas diversas, inveja, atitudes de maledicência, culpa, medo e vingança, tristeza, estados depressivos e de solidão, egoísmo, e outras tantas mazelas que ficaram impressas na alma e que, em decorrência da quantidade acumulada ou da força com que operaram e impactaram nas emoções, chegaram ao corpo em forma de dores, normalmente alojadas nas costas, pois o ser humano tende a esconder ou a jogar para trás o que não quer ver. Por isso, as costas são os reflexos do subconsciente, uma vez que estão localizadas numa zona física em que a pessoa não enxerga.

Mas haverá um momento em que o corpo "gritará" e pedirá socorro, em forma de dor. É como se fosse uma maneira de incomodar e fazer a pessoa buscar a cura, mesmo que seja de forma paliativa, conforme é comum à maioria dos seres humanos fazerem, através de massagens ou técnicas que trazem alívio, mas que geralmente não alcançam as causas reais na alma.

A primeira condição essencial para se neutralizar a dor é aceitá-la, ao invés de somente procurar amenizá-la com o uso de analgésicos. No futuro, porém, em casos de dor desconfortante ou intensa, serão utilizadas diversas formas auxiliares de analgesia, como por meio do raio-laser acupuntural, emanado através de cristais finíssimos que mobilizarão a endorfina – substância analgésica produzida pelo próprio corpo –, sem necessidade de que haja a ingestão de medicamento externo. Contudo, é importante ter consciência de que a dor definitiva só será eliminada completamente por tratamentos que atinjam as causas na alma. Podem ocorrer situações em que, após tratamentos no campo físico e mesmo no duplo-etérico, haja o desaparecimento definitivo da dor física, por não estar mais alojada na alma.

Processo terapêutico com a TDMEC

A TDMEC é um processo de terapia contra a dor, que se utiliza da própria dor como caminho de acesso à cura, ou seja, é a busca da cura através da dor que está causando o incômodo ao corpo e ao bem-estar mental-emocional, da mesma forma como se dá no princípio da homeopatia e das vacinas, as quais se utilizam do próprio "veneno" para fabricar o elemento terapêutico contra o veneno. Vale ressaltar que a origem da dor física (que é apenas sintoma) é exatamente no campo mental--emocional e, por não ser tratada, acaba se alojando no corpo físico. Mesmo o caso de algum reflexo de ordem mental, como imagens, sons e palavras traumatizantes, no final, impactos serão gerados no campo emocional, gravando-os no Éter e na aura da alma encarnada, que os leva para o Astral e para vidas futuras, necessitando serem acessadas e trabalhadas até a dissolução ou, mais precisamente, até a transformação dessas energias energias densas em energia com padrão vibratório oposto, ou seja, energias de alívio e bem-estar.

Com o passar do tempo, o trauma, a mágoa, o medo, a culpa, o choque ou a mazela emocional sofrida no passado (na vida presente ou pregressa e, às vezes, se repetindo por várias vidas) vai se somatizar, ou seja, irá ser drenada no corpo físico em forma de dor, chegando a criar verdadeiros nódulos físicos nos músculos, nos tendões, nos nervos ou nos tecidos subepiteliais. A dor física decorre, portanto, de uma inflamação oriunda do acúmulo ou da autoconcentração de informações traumáticas não trabalhadas, que também podem estar associadas à má postura física, a comportamentos repetitivos (o que não deixa de ter relação com estados mentais-emocionais, de algum modo desajustados) ou a atividades repetitivas, acidentes e situações imprevistas no campo físico, com reflexos também ao campo mental-emocional (e muitas vezes, nestes casos, há processos cármicos envolvidos).

Os nódulos, não raras vezes, vão endurecendo, virando verdadeiras pedras de tecidos, impedindo que haja circulação nos micros-vasos sanguíneos, gerando inflamação no local e consequentemente dor. Com o passar do tempo, esses nódulos e endurecimentos musculares podem afetar a coluna vertebral e outros ossos, gerando efeitos mais complicados, como hérnia de disco, artrose cervical ou lombar e outros males.

O *shiatsu*, o *do-in* e técnicas diversas de fisioterapia podem ajudar a dissolvê-los e, em alguns casos, até curá-los, eliminando nódulos e por conseguinte a dor (neste caso, a dor já não estava mais no campo emocional, ou a terapia foi suficiente para acessar e dissolver a dor do campo mental-emocional). Entretanto, na maioria das vezes, as dores são reflexos de profundas causas mentais-emocionais desta ou de outras vidas, que precisam ser acessadas para encontrar a cura definitiva.

Normalmente, essa terapia deve ser realizada por outra pessoa, e não pelo próprio paciente, pois este pode ter dificuldade de acessar alguns pontos dolorosos do corpo, como as próprias costas, por exemplo. Antes de iniciar o tratamento, o paciente deverá deitar-se em local confortável, relaxar o corpo e a mente, deixando de lado as preocupações, e fazer alongamentos. O uso da respiração lenta e profunda é fundamental nesse relaxamento. Poderá mentalizar que, em cada expiração profunda, está jogando para fora da mente pensamentos e preocupações. E repetir esse procedimento várias vezes. Em seguida, deve informar ao terapeuta onde se encontram as dores que mais o incomodam. E então a terapia deve começar exatamente por esses pontos.

Passos essenciais para se aplicar e receber o TDMEC:

1. A respiração será prática essencial durante todo o processo de tratamento. Portanto, sempre se utilizar da respiração profunda quando for tomando consciência das causas da dor e para ir se libertando dela, procurando sentir que, na expiração, estão indo embora as dores físicas e as da alma.
2. Ao tocar-se o local dolorido, o paciente deverá mergulhar na própria dor, a fim de verificar de onde ela realmente provém, não colocando o raciocínio nem questionamentos intelectuais no processo, mas sim deixando vir a intuição, pensamentos espontâneos, sensações e principalmente os sentimentos. Junto com eles, muito provavelmente virão energias cristalizadas do presente, do passado recente ou longínquo (até de outras vidas), que se instalaram em forma de dor. E, à proporção que o paciente vai evoluindo em conhecimentos, ao longo de várias vidas, mais a dor tenderá a ficar exposta para que o "entrave" seja identificado, como forma de estimular a alma encarnada a mudar padrões de sentimento, pensamento e atitudes. Ou seja, a TDMEC pode se constituir numa valiosa técnica ou instrumento de ajuda ao autoconhecimento e à autotransformação, de forma que é importante que a dor seja vista não como algo negativo, mas como um sinal do corpo para algo que deve ser tratado, em sua causa. Assim, ao se tomar contato com a dor, que ela seja compreendida e sentida como meio de libertação e não de fixação e aprisionamento ao passado.
3. A pressão sobre o ponto de dor deve ser realizada com a ponta do dedo, podendo ser o polegar, preferencialmente. Pode-se ainda usar o cotovelo para dar mais firmeza e pressão, se for o caso. A pressão sobre o local deverá ir se aprofundando ou aumentando, tal como se costuma fazer em algumas práticas de *shiatsu*, conforme o estado da memória ali presente, o que pode significar que ela (a dor) seja mais antiga ou mais recente, se estiver mais no fundo ou mais na superfície dos

tecidos do corpo, respectivamente. Pode ocorrer que a dor esteja se mostrando na superfície e ser intensa, ou num nível suficiente para incomodar; nesse caso, pode ser reminiscência do passado e chegou a hora de ser conhecida e tratada; ou pode significar também antigos processos que se repetem nos dias atuais. Então a pressão deverá ser firme e constante, chegando a um ponto em que a pessoa em tratamento possa suportar, sem que a incomode, pois se a dor for forte demais ela não terá condições de se entregar naturalmente ao processo terapêutico, condição essencial para deixar fluir os sentimentos e pensamentos ligados àquela dor.

Repetindo, para fixar bem o entendimento: dores mais superficiais tendem a ser casos mais recentes, mas há casos em que uma dor intensa pode vir de situações repetidas na profundidade da alma, de muitas vidas passadas, e chegam até a superfície da pele porque o paciente já tem condições de acessar aquela memória, ou porque sua alma vem repetindo padrões de pensamento e de sentimento semelhantes desde muitos séculos até os dias atuais.

4. A pressão sobre o local da dor deve continuar sendo constante e firme: faz-se a pressão (o que no *shiatsu* chamam de acupressura) até aquela energia adensada ir se mostrando (de onde ela veio, qual foi o fato, a situação, o trauma, o medo, a culpa ou outra mazela que a gerou). Então, o paciente deixa vir a memória que estava presa ao passado, e, se tiver vontade de chorar ou de gritar, que o faça, devendo o terapeuta deixá-lo à vontade, a fim de que ele se sinta livre para expressar as emoções aprisionadas.
5. Deverão surgir imagens, sensações, emoções e pensamentos espontâneos, que não devem ser censurados ou analisados; ao contrário, deve-se procurar aceitá-los com coragem, uma vez que se encontravam aprisionados por dias, meses, anos ou até mesmo séculos. O paciente então vai entrando em contato com essa memória e, em vez de evitá-

la, toma consciência da situação traumática que se ocultava e vai respirando profundamente, sentindo que a dor da alma e dor corpo se esvai naquela expiração. Repete esse processo tantas vezes quantas forem necessárias até sentir alívio. Contudo, caberá ao terapeuta perceber quando esse processo deverá ser repetido, em sessões futuras, na medida em que haja situações antigas ou profundas que não são curadas de uma só vez. Existem casos, inclusive, em que só se obterá alívio e que a cura total será proporcional à mudança interior do paciente, o que pode demandar muito tempo.

A grande maioria das dores físicas está relacionada com dores no campo dos sentimentos. Então não adianta fugir deles, pois seria como jogar o problema para debaixo do tapete adiando a terapia verdadeira, que é pela tomada de consciência e pelo contato transformador com aquele trauma, medo, culpa ou padrão de pensar e sentir, o qual deverá sair de uma polaridade negativa para a positiva. Esse processo, de fato, transforma a dor em benesse para a própria evolução.

6. Após identificar e tomar consciência de onde provém a verdadeira causa da dor (se foi um acidente, uma tortura ou um trauma sofrido, algum sentimento e/ou pensamento obsessivo, dentre outras) e de repetir por várias vezes respirações profundas e expirações, sentindo a dor ir se esvaindo, o local dolorido deverá ser mentalmente envolvido por muita luz brilhante, que deve ir até as profundezas do corpo e da alma: o violeta, para transformar o padrão vibratório da energia ali aprisionada; depois o verde, que tem função analgésica e antinflamatória; o azul, que é relaxante e fixador da cor verde com função analgésica; o rosa, rico em amor-perdão (incluindo o autoperdão) e que dinamiza a circulação no local onde existe nódulo. Na sequência, mentaliza-se o amarelo-dourado envolvendo a região cardíaca, em seguida a cabeça e o chacra frontal, e depois o corpo inteiro, fortalecendo-o como um todo e procurando sentir-se

aliviado. Por último, mentaliza-se sendo envolvido por uma circunferência de luz azul tranquilizante, de paz e bem-estar.

Dependendo de cada caso, e se for conveniente, pode-se usar lâmpadas ou bastão atlante, que é um bastão de cobre com cristal na ponta, com o uso das cores recomendadas. Há casos em que são necessárias várias sessões para que o paciente consiga enfrentar a dor, suas causas e, consequentemente, libertar-se dela, incluindo exercício de perdão a pessoas ou ao quadro expresso nos arquivos guardados, de forma a transformar o pânico, medo, culpa ou revolta com o fato gerador daquele trauma ou memória (que estava em estado subconsciente) em energias libertadoras de compreensão e amor.

Como foi dito anteriormente, muitas e muitas sessões, geralmente, serão necessárias para transformar aquela dor do corpo em fator de transformação interior e elevação a mais um patamar na escalada evolutiva, momento em que ela desaparecerá, junto com a dissolução da mágoa, do sentimento de culpa, da revolta e vingança, da insegurança, medo, pavor, abandono, insatisfação, intolerância, impaciência, orgulho, vaidade, egoísmo, ou outras mazelas atreladas ao trauma. Quase sempre são atos ou sentimentos inapropriados do passado ou mesmo com reincidências presentes. Há muitos casos de traumas, como por exemplo: choques emocionais por traições, agressões, estados de aprisionamento ou imposições de outra(s) pessoa(s), perseguições e relacionamentos conflituosos ou difíceis com alguém ou com os outros. Pode acontecer de nesses pontos doloridos estarem alojados processos cármicos e sentimentos de culpa por males que foram causados ou que a pessoa ainda causa a outros ou a si própria.

Sessões de *shiatsu* e de acupuntura poderão ser bons auxiliares desse processo terapêutico transformador. No entanto, é importante estar-se ciente de que, se não houver profundas mudanças nos padrões de pensar e sentir, as dores retornarão ou simplesmente não cessarão, podendo apenas ser amenizadas ou alojadas no fundo do corpo e, portanto, nos esconderijos da alma (pode ser que, naquele momento, a pessoa não esteja preparada ou desejando contatar a dor e sua causa; contudo, mais cedo ou mais tarde, na vida presente ou futura, ela terá que acessar e transformar aquelas memórias desajustadas e densas no campo mental-emocional em energias equilibradas, leves e de bem-estar contínuos).

É possível que certas dores mentais-emocionais, e consequentemente físicas, associadas a processos inflamatórios, estejam tão arraigadas que afetem determinados órgãos e desequilibrem a fisiologia do organismo. Quando a dor chega às costas, é provável que o problema já tenha passado pela frente do corpo, podendo ter percorrido algum órgão (cabeça, face, ouvidos, garganta, coração, duodeno, estômago, fígado, vesícula biliar, pâncreas, baço, rins, bexiga, ureter, intestino delgado, intestino grosso, reto etc.), e certamente afetado um ou mais chacras, alojando na memória dele(s) tais sentimentos, pensamentos ou traumas.

Esses casos de dor podem, inclusive, ser reforçados por entidades negativas, em processos obsessivos ou possessivos (e isso é muito comum em dores na região da cabeça, ombros e na região da escápula esquerda); todavia, também estes serão fruto de sintonia entre o encarnado e o desencarnado, o que necessitará, igualmente, de esforço para mudança de postura interior por parte de quem sofre a obsessão. Buscar a autotransformação, por meio do esforço persistente, é o caminho para a mudança de sintonia com entidades desequilibradas e perturbadoras, inclusive promovendo a ajuda a si e às entidades pela mútua educação espiritual.

Há situações ainda de dores decorrentes de processos de auto-obsessão pelas egrégoras que a pessoa criou e que permanecem interagindo com ela em sintonia de retroalimentação com certos padrões de sentimento e pensamento. Qualquer que seja a situação que, por dádiva divina, se expressa em dor física, deve-se acessá-la e trabalhar com coragem, serenidade e desejo sincero de se curar, chegando às causas dessas dores e promovendo a transmutação das energias ali surgentes ou ressurgentes até a eliminação completa da dor pela transformação verdadeira de suas causas mais profundas.

Sem disposição verdadeira de autocurar-se, a pessoa não

conseguirá se libertar desses incômodos, exceto com tratamentos paliativos, o que significa que eles retornarão, mais cedo ou mais tarde. Há casos, inclusive, em que a pessoa deseja que o terapeuta retire suas dores, mas não deseja mudar interiormente, alterando a polaridade daquelas energias causadoras da dor, o que não deixa de ser um estado de acomodação ou aprisionamento a certos padrões mentais-emocionais viciantes para aquela alma encarnada que, no fundo, não deseja transformação. Há situações ainda em que a pessoa deseja que a dor desapareça como num passe de mágica, o que denota falta de paciência para consigo mesma e com o processo terapêutico, pois o desparecimento da dor está diretamente correlacionado com o acesso às suas causas, à tomada de consciência, à aplicação interior de exercício de compreensão daquela situação passada (entendendo que o passado passou e a alma evoluiu), construindo doses homeopáticas de amor dentro si e envolvendo aquela situação e aquele nódulo do corpo (aquele trauma emocional) em aceitação, compaixão, superação, otimismo, alegria. E isso pode levar tempo.

É importante lembrar novamente que, se terapias diversas (*shiatsu*, medicação, chás, acupuntura, massagens terapêuticas e outras) sanaram a dor, é sinal de que a pessoa alcançou o ponto ideal para se livrar daquele problema, resultante de seu estado de amadurecimento interior. Mas existem pessoas que criam dependência patológica à dor, demonstrando verdadeiro estado de contradição quando relatam o aspecto negativo dela. No fundo, desejam permanecer doentes (às vezes por trás desse processo existe carência afetiva, isto é, a pessoa se utiliza da dor ou do problema para atrair a atenção).

Aquele que desejar se submeter à TDMEC deve estar ciente de que mergulhará em si mesmo, enfrentará sua própria consciência, que exigirá de si coragem para se enxergar por dentro, e isso demandará disposição em realmente querer mudar, pois, na maioria dos casos, os traumas, os choques mentais-emocionais, os medos, as culpas e outras mazelas íntimas implicarão em se livrar desses fantasmas energéticos e, ao mesmo tempo, renovar padrões mentais-emocionais para que essas situações traumáticas não se repitam.

A *terapia das memórias emocionais no corpo* não é simplesmente um procedimento que se destina a extirpa a dor, mas sim um meio para se possibilitar o contato com ela e com sua origem, e então autopropor-se um aprendizado e a consequente tomada de consciência e transformação de sentimentos. À medida que são eliminados traumas ou sentimentos e padrões de pensamentos relacionados com aquela determinada dor, ela vai desaparecendo e naturalmente se transformará em energias diversas, desde bem-estar e alívio, até energia de amor-doação, amor-compaixão, de consciência ampliada e outras infinitas manifestações benéficas.

Não raras vezes, esse tipo de terapia pode induzir a pessoa a fazer uma regressão espontânea de memória ao passado recente ou remoto, podendo chegar a experiências vividas em outras encarnações. Se isso ocorrer, o terapeuta terá que manter uma postura serena, lúcida e orientadora, facilitadora do processo de mergulho do paciente ao fundo de sua alma, a fim de deixar aflorar sentimentos espontâneos, sensações, imagens, e despertar a coragem de se descortinar por dentro, desbravando os esconderijos da alma e olhando com aceitação e amor situações traumáticas ou indesejadas do passado, as quais muitas vezes ou quase sempre se repetem na atualidade, através de impulsos comportamentais, padrões de pensamento, emoções ou sentimentos espontâneos, e até inesperados ou descontrolados.

Um aspecto importantíssimo a considerar é que o terapeuta e o paciente em regressão de memória deverão não se envolver de forma alguma com curiosidades vãs ou busca de informações infrutíferas, tais como: se no passado a pessoa foi importante ou poderosa, se foi dessa ou daquela forma. A personalidade vivida no passado é o que menos importa, pois o que vale é atentar-se para que tipo de sentimentos e pensamentos predominaram naquele momento, os impactos traumáticos que aconteceram e a tomada de consciência atual quanto à importância de aceitar a situação e agir com lucidez e discernimento sobre aqueles nódulos energéticos, sentindo que eles estão se transformando em energias de libertação, alívio e bem-estar.

Por exemplo: se vierem sentimentos de raiva, ira, insatisfação, o paciente deverá aceitá-los com amor, pois, se estão ali, fazem parte de si. Logo em seguida, deverá buscar a causa desses sentimentos a fim de tomar consciência da situação, envolvendo-a com compreensão, tolerância, perdão, compaixão ou gratidão, enfim, com o sentimento positivo que transformará aquela energia negativa em positiva. Nesse momento, pode-se envolver o local e o sentimento com luz violeta clara brilhante, transmutadora.

Quando existe um forte sentimento de culpa envolvido por trás desse processo, há uma postura bastante eficiente a ser adotada, que consiste em fazer a seguinte autoafirmação: "Na época em que ocorreu tal episódio, eu era mais imaturo e foi o que pude fazer, haja vista as minhas limitações interiores" ou "Eu me arrependo de ter machucado alguém ou a mim mesmo; por isso peço perdão a mim, por minhas imperfeições, e a quem eu machuquei. Agora os tempos são outros e aceito responsavelmente os desafios que a vida me colocará para consertar erros ou equívocos passados, aceitando-os de coração, sem revolta, com boa vontade e alegria pelas oportunidades advindas da Infinita Bondade Divina". E então o paciente mentaliza a si mesmo envolvido por uma luz violeta brilhante, sentindo o vento liberador da dor, o alívio e a paz.

A coluna é como se fosse a central físico-energética por onde correm os condutos elétricos do corpo, funcionando como armazém de energias de padrões comportamentais e de atitudes mentais ou emocionais. Assim, na própria coluna e no entorno dela, normalmente se situa o histórico da pessoa, onde se alojam as dores emocionais que, regra geral, não se deseja ver. Normalmente, nas costas se localizam estados subconscienciais da alma, e, se esses estados contêm situações traumáticas, pensamentos ou sentimentos indesejáveis que a pessoa não quis ou não teve condições emocionais e/ou consciencias de trabalhar, tendem a se transformar em dor. Dor física é reflexo de dor na alma.

Pessoas que não sentem dores nas costas ou no corpo é provável que não possuam memórias mentais-emocionais dolorosas, ou porque esses arquivos ainda estão muito bem guardados nos esconderijos da alma e elas ainda não têm condições de conhecê-los e trabalhá-los, ou porque praticam esportes e possuem musculaturas bem fortalecidas, o que pode ajudar a encobrir pontos sensíveis do corpo, impedindo que a alma se expresse de forma mais clara e espontânea. Nesses casos, as dores podem estar bem no fundo dos tecidos e poderão aparecer quando o corpo envelhecer ou quando a pessoa estiver em condições de encará-las, inclusive numa encarnação posterior.

Posturas do corpo erradas também podem levar a dores ou problemas na coluna e no seu entorno, mas, de qualquer maneira, essas posturas incorretas estão intimamente relacionadas com formas inadequadas de pensar, sentir e agir, certamente reincidentes no presente e, quase sempre, originárias no passado viciado ou equivocado da alma. No mínimo, podem ser fruto de uma desatenção consigo mesma, denotando baixa autoestima e falta de amor próprio, o que precisa ser trabalhado.

Há ainda acidentes ou situações cármicas pelas quais aquela alma esteja passando e isso se reflita em dores no corpo ou em partes do corpo. Assim, as terapias amenizadoras da dor sempre serão bem-vindas, e aquelas que trabalham mente e emoções (choques, traumas, medos, culpas e outras mazelas da alma), como a TDMEC, poderão contribuir muito com o equilíbrio e a eliminação ou amenização de certas dores causadas por esses acidentes ou compromissos cármicos.

Todas as soluções terapêuticas para se aliviar as dores são nobres e devem ser buscadas, evidentemente. Porém, o que de fato gerará a cura definitiva será a transformação das mazelas humanas, ou seja, cada forma de pensar desarmonizada com a Mente Divina, de cada atitude impensada, impulsiva ou distante do Amor Universal. Como essa transformação é realizada, normalmente, por meio de um processo de vivências de longo prazo, podendo perpassar várias encarnações, há que se compreender que os tratamentos terapêuticos (como *shiatsu*, acupuntura, práticas fisioterapeutas, ginásticas, massagens, atendimentos psicólogos, e outros), destinados a descarregar ou amenizar as dores e desequilíbrios, são importantes para que a pessoa ganhe um pouco de força, se reabasteça e tome contato com um estado de equilíbrio e perceba onde poderá chegar. Se a terapia realizada proporcionar alívio, é porque a pessoa já conquistou uma transformação interior relacionada com o problema que vivenciava e mereceia tal conquista, mas não poderá perder de vista os esforços contínuos que deverá despender para manter o estado de saúde conquistado. Portanto, a TDMEC não evita o uso de outras técnicas terapêuticas do corpo e da alma, inclusive recomenda a associação dela a outras alternativas que venham ajudar a equilibrar a mente, as emoções e o corpo físico.

Outras terapias do futuro planetário direcionadas à alma

Com a retirada de almas empedernidas do orbe terreno, não haverá mais a prática da obsessão de outrem, a partir do plano astral inferior sobre os encarnados (poderá haver a auto-obsessão). A obsessão de seres desencarnados sobre encarnados ainda existente no orbe terreno serve para estimular e acentuar certos padrões vibratórios nas pessoas, a fim de que elas possam perceber com maior clareza suas mazelas íntimas. Serve também como um alerta e, ao mesmo tempo, como uma espécie de treinamento para o desencarne, haja vista que as mazelas presentes no ser às vezes não são percebidas com clareza ou simplesmente não estão sendo trabalhadas pelo indivíduo, o que poderá levá-lo automaticamente para zonas umbralinas ou ao Astral inferior no momento do desencarne, pelo simples fator de atração magnética natural.

Sob esse ponto de vista, a obsessão não deve ser vista como algo extremamente negativo, já que funciona como um sinal acentuador de certos tipos de impulsos, pensamentos e sentimentos inferiores presentes e reincidentes na alma encarnada (e também na desencarnada), para que sejam conhecidos e educados com amor. É o necessário aparecimento do "joio", a fim de que seja tratado e não expulso violentamente; a fim de que seja separado do "trigo" salutar que habita o interior do ser, pois uma entidade desencarnada que provoca a obsessão ou que é atraída pelo encarnado, em função de sintonias vibratórias, demostra que está sendo vítima de seus próprios vícios e imperfeições. Nesses casos, ambos se retroalimentam em mútua troca energética, sendo que o desencarnado, por não possuir corpo físico, aproveita o fato de ser invisível ao outro para vampirizar bioplasma e ectoplasma do encarnado (o que lhe dá forças magnético-energéticas no plano astral), estando este último consciente ou em estado subconsciente e até inconsciente do processo.

Certos tipos de trabalhos de desobsessão espíritas podem funcionar apenas como medicação temporária e paliativa. Não há eficácia no processo de desobsessão, se este não estimula e promove a mudança de padrão vibratório, a tomada de consciência e sensibilização, aliadas ao esforço íntimo do ser para a transformação de sua postura interior diante da vida e de outras almas, seja um agente encarnado ou desencarnado.

No futuro, os desequilíbrios internos não serão intensificados ou sugeridos a um encarnado por parte de uma alma desequilibrada no Astral. A pessoa estará em contato apenas com suas mazelas interiores e não com um ou mais seres desencarnados a amplificar o magnetismo daqueles desajustes, embora a sincronicidade vá continuar existindo, pois essa é uma questão de sintonia magnética de ondas semelhantes, factível entre almas que estejam vibrando no mesmo diapasão energético e frequência dentro de um orbe planetário. Portanto, se um ser encarnado emitir um sentimento de raiva intensa, se sintonizará com outros irmãos que tenham a mesma natureza raivosa dentro de si, no plano físico e astral, podendo estimular e desencadear um processo de estímulo geral daquele sentimento. Nesse momento, e para evitar que se crie um processo energético em cadeia com consequente geração de egrégoras, será feito um tratamento emergencial com aquela pessoa (e isso será comum em qualquer ambiente, no lar, na escola, no trabalho ou na vida comunitária, e também no mundo astral, caso isso ocorra com almas desencarnadas). Esse tratamento deixa muito claro que, no futuro, alma e corpo serão entendidos como uma coisa única e integral, e ambos necessitados de saúde integral e equilibrada.

A aromaterapia, que já se pratica hoje e deverá expandir-se de modo mais massificado sobre o orbe terreno, poderá ser uma solução terapêutica para essas situações de crescimento de egrégoras indesejáveis, a partir da sincronicidade entre seres humanos, na nova fase planetária de regeneração, quando haverá ainda muitas almas desequilibradas involuntariamente, mas desejosas de vencer seus vícios e mazelas íntimas, em que pese suas dificuldades e lutas de vigiar, orar e autotransformar-se. Então será pulverizado um *spray* na aura da pessoa, que neutralizará as energias negativas, ao mesmo tempo em que ela usará um aparelho saneador de miasmas coletivos e emanador de energias terapêuticas absorvíveis pelos chacras frontal e cardíaco, pedindo aos devas (face a essência natural do *spray* vir de plantas) que canalizem as bioenergias e átomos do *spray* a todos os seres que naquele momento se sintonizaram com aquela emanação vibratória desajustada. O sistema de segurança vibratório local, regional e do planeta, dependendo do caso, poderá entrar em alerta e avisará quanto à necessidade de se conter a expansão daquela energia que esteja formando egrégoras pesadas sobre o orbe terreno.

Será muito comum também a terapia estelar no futuro. E como tantas outras terapias aqui mencionadas, poderão ser praticadas na atualidade, sendo viável sua realização individualmente, ou mesmo em grupo. Basta fixar os olhos numa determinada estrela da abóbada celeste com a qual a pessoa se sinta atraída, concentrar-se e interagir com ela. Essa prática poderá ser realizada também com um planeta brilhante, que esteja visível aos olhos. Tal contato permitirá que esse intercâmbio energético atraia as benesses e boas vibrações daquele orbe estelar, ou do planeta com humanidade evoluída, e assim as energias salutares daquele orbe chegarão até àquela pessoa ou grupo terreno.

Cada astro tem um padrão energético predominante: de amor incondicional, de paciência, tolerância, compreensão e expansão da consciência, de medicina cósmica que cura males físicos e mentais-emocionais, de resignação, renúncia e humildade, de esperança e alegria, de fé em Deus e autoconfiança, de persistência e determinação, de serenidade e paz interior, e assim sucessivamente. É importante que cada um que deseje fazer essa terapia, se concentre e entre em sintonia com aquele astro do Cosmo, mergulhe e descubra o que ele tem a lhe transmitir e ajudar. Nenhum astro está ali por acaso; cada qual tem sua função no Cosmo, na sua galáxia, na sua constelação, no seu sistema solar e na relação com cada ser e átomo daquele nano, micro, meso ou macrouniverso. O sistema cósmico está interligado, e todos se interinfluenciam e se interajudam numa grande corrente universal, ainda que muitos não tenham essa consciência nem sintam os efeitos dessa ajuda.

Até onde nossa visão alcança, e de lá igualmente, numa via cósmica de mão-dupla, advêm energias curadoras e amoráveis dos irmãos que ali habitam. Assim, poder-se-á dialogar telepaticamente e pelo sentimento elevado e sutil, no silêncio da alma, com os seres das estrelas ou planetas. Uma estrela que se vê no céu tem um papel nascente no Amor Cósmico, e não é por acaso que ela chega até nossa visão física, mesmo que se esteja vendo uma luz estelar que não mais existe em sua origem, pois ela pode ter sido extinta ou transformada em outras energias e, assim mesmo, a infinita bondade cósmica nos presenteará com as boas emanações magnético-vibratórias daquele orbe.

A psicomedicina futura será uma das ciências que mais receberão ajuda dos irmãos extraterrenos, sem perder de foco que o equilíbrio do corpo decorre do equilíbrio do espírito, de fatores cármicos e do esforço que cada pessoa despenderá em direção ao seu autoconhecimento, autotransformação e serviço fraternal ao longo de sua vida, enquanto ser encarnado. Muitos terapeutas terrestres da primeira dimensão física viajarão, no futuro, para visitas na quarta dimensão física de Marte, a fim de conhecerem e serem capacitados em sistemas terapêuticos orientados e preparados para o uso de aparelhos de terapia da alma e do corpo. Essas visitas ocorrerão por meio de viagens astrais dentro de aparelhos que gerarão relaxamento e sono profundo durante um, dois ou até três dias; os corpos astral e mental da pessoa se desprenderão do físico, realizando a viagem a Marte semiconscientemente e, portanto, lembrando depois dos ensinamentos absorvidos – certos aparelhos conectados ao cérebro da pessoa resgatarão e trarão à lucidez da memória física as informações que ficaram no subconsciente.

Conforme se pode perceber, o futuro já vos bate à porta com muitas soluções avançadas e apoiadas em conhecimentos superiores, no amor e na ética cósmica. Que todos vós possais auscultar essa oferta de ajuda; que possais abrir vossos corações e mentes para um novo universo de seres e coisas que se descortinam no horizonte dos novos tempos terreno! Que as informações aqui transmitidas não sejam vistas apenas como mera projeção fria, de sonhos futuros, de impossibilidade de realização na Terra atual, mas sim como visões futuras que se materializarão no mundo das formas! Que o terráqueo não perca as esperanças, que acredite em si e na evolução das civilizações do Universo! Que possa fundir sua criatividade e iniciativas, no hoje e no amanhã, àquelas trazidas pelos irmãos de várias paragens cósmicas, e que esses ancoramentos de conhecimentos e experiências no agora e no futuro terreno sejam como catalisadores do progresso espiritual e físico da Terra! Que as luzes das estrelas brilhem e clareiem vossas mentes, e harmonizem vossos sentimentos e instintos!

Dartran[36]

Na agricultura

A tecnificada agricultura de hoje está sincronizada com a forma social e econômica com que se configurou a sociedade terrena: uma organização de sociedade apoiada no urbanismo e no esvaziamento das zonas rurais que exige eficiência, rapidez e larga escala de produção no campo. Assim, e principalmente depois da Revolução Industrial e do século vinte, acelerou-se o processo de desruralização no planeta. Com esse formato de sociedade, com cidades inchadas, pessoas desejando as facilidades e, em alguns casos, certo comodismo dos grandes centros, muitos dos quais se tornaram verdadeiros aglomerados patológico-sociais, torna-se difícil adotar, de maneira geral e massiva, a fórmula de produção natural da agricultura. É inevitável o uso de adubos químicos e de agro-

[36] Médico marciano que, numa de suas encarnações na Terra, foi discípulo de Hipócrates.

tóxicos, em decorrência das extensas monoculturas, dos desequilíbrios ambientais causados por esse tipo de produção e da necessidade de alimentar grandes e médias cidades, somando-se a isso a forma utilitarista e exploradora com que o sistema produtivo se apropriou friamente dos recursos naturais. A pecuária agravou ainda mais o processo de desequilíbrio biológico nas áreas rurais, gerando fortes impactos negativos na aura do planeta, em razão das matanças e do consumo de irmãos menores.

Por essa razão, uma das primeiras alternativas a serem orientadas pelo plano diretivo planetário para os novos tempos foi a de criar mentalmente a forma-pensamento (que nada mais é do que a simples mentalização de uma visão futura de forma concentrada, firme e acompanhada de sentimento de fé) de um planeta Terra composto por um grande conjunto de condomínios ecológicos ou pequenas cidades ecológicas, devendo haver no futuro, no máximo, algumas raras médias aglomerações urbanas. Várias almas encarnantes e outras já na carne vêm burilando, consciente ou subconscientemente, essa arquitetura para que se materialize esse ideário já plasmado nos planos astral e mental terráqueos. Não é por acaso que muitas cidades e colônias astrais já adotam a arquitetura urbana de condomínios rurais, repletos de árvores, jardins, lagos, muito bem organizadas e humanizadas.

Alguém poderia indagar se não seria interferência demais do Plano Espiritual Superior plasmar o que deveria ser a futura Terra, em vez de deixar que os terráqueos façam isso. Nossa resposta é: todos somos terráqueos, inclusive os espíritos superiores, os anjos e arcanjos que cuidam da Terra. Todos os que estão encarnados ou desencarnados no orbe terreno fazem parte da população do planeta e, portanto, são co-partícipes e responsáveis pela construção e evolução de tudo o que se refere à vida na Terra. Se muitos adormecem e se encontram inertes, ou puxam para trás o progresso espiritual, outros labutam em direção ao bem, à melhoria da qualidade de vida material e mental-emocional do planeta.

Sem dúvida, aqueles que possuem consciência mais ampliada, mais amor fraterno-universal, disposição e força interior para implementar novos rumos para a Terra, certamente estarão na dianteira, como lideranças naturais na condução dos destinos deste orbe, em todos os seus planos e dimensões físicas. Por isso, recomendamos que todos cultivem humildade suficiente para aceitar e interagir com os amigos da Espiritualidade Maior, sem postura imatura, sem resistência por mera infantilidade orgulhosa e revoltosa, sem vaidades e inveja, mas com mentes e corações abertos para colaborar na elaboração de planos e ações para as transformações do mundo terráqueo rumo a um ambiente de paz, amor, harmonia e verdadeira sustentabilidade; aliás, o que todos desejam no fundo do coração.

Mas, voltando ao tema anterior: essa nova formatação das cidades, em que não existirá a divisão entre zonas urbanas e rurais, pois serão áreas interligadas e sem grandes rupturas arquitetônicas, com boa infraestrutura e dinâmica interação, permitirá um modelo agrícola natural, agroecológico, com produção de alimentos vivos ou biossolares, sem pressão ou estresse, produzindo-se no ritmo natural e em escala suficiente para atender demandas locais e, no máximo, regionais, sem campos extensos de monoculturas, mas com paisagens produtivas diversificadas, tipo modelos agroflorestais sustentáveis.

Assim, o desenho ou paisagem produtiva consorciará espécies diversas, muito na linha do que alguns teóricos e produtores atuais já experimentam com os sistemas agroflorestais (integrando numa mesma área espécies produtivas de frutas, raízes, castanhas, sementes, hortaliças, madeiras e fibra); e, em algumas áreas com aptidão agroecológica para gramíneas e extensão para maior volume de produção, haverá espaço para cultivo de variados tipos de grãos em sistema de consórcio com espécies vegetais diversas, mas também com paisagens produtivas na lógica de sistemas agroflorestais, como verdadeiros mosaicos produtivos.

A ideia, já plasmada, conduzirá a Terra para a construção de um grande jardim entremeado de flores, gramíneas e árvores diversas espalhadas e perpassando cidades e fazendas. Haverá muitos parques, unidades de conservação ambiental e variadas áreas protegidas, com respectivos corredores ecológicos, criando conexões que permitam a preservação da biodiversidade.[37] E o mais importante: a produção será realizada com consciência elevada, amor e sentimento de gratidão ao Pai Maior pela dádiva de permitir a todos se alimentarem saudavelmente.

Detalhe a ser considerado: nada cairá do céu repentinamente e sem trabalho. Esse novo modelo de vida será construído paulatinamente, podendo perpassar séculos, e com o esforço diário de cada terráqueo, em colaboração anônima de irmãos do mundo extrafísico ou de dimensões diferentes e, especialmente, com colaboração vital dos devas, seres angelicais de consciência ampliadíssima e ricos em amor que cuidam da natureza.

A produção agrícola estará, primeiramente, sintonizada com as demandas da sociedade local, e em seguida com as necessidades regionais e globais, respectivamente. Cada localidade terá seu sistema produtivo; produtos que lá não serão produzidos virão de outras localidades, preferencialmente dentro da mesma região. Tudo decorrerá de um planejamento geral, pois, conforme foi visto em capítulo anterior, a economia será balizada por planos e estratégias globais, regionais e locais, estruturados de forma sistêmica e sintonizada com princípios espirituais superiores, de maneira que ninguém produzirá de forma egoística pensando em lucro, ou de modo aleatório e desorganizado. Esforços serão realizados para que não haja excessos e perdas, ou ausência de certos produtos, evitando-se o desabastecimento. Não haverá maquiavelismos de mercado sobre certos produtos, como ocorre na atualidade, posto que a economia estará balizada por elevados padrões éticos, de respeito humano e de exercício da doação plena entre todos, e não apoiada na busca incessante do lucro egoísta.

A Providência Divina permitirá que os habitantes de um determinado lugar recebam da natureza todas as condições para se alimentar equilibradamente. Por isso, regra geral, as regiões (macro, meso e microrregiões) tenderão a gerar toda a

[37] Como a legislação brasileira foi, em boa parte, inspirada pela Espiritualidade Superior, ela já tem muitos desses aspectos previstos e vem preparando o país para esse novo tempo.

produção agrícola, bem como o processamento agroindustrial necessários à sua população. Para se ter uma pequena ideia, haverá locais em que não será possível produzirem-se certos cereais, mas a bondade divina oferecerá outras alternativas para substituição de espécies vegetais, muitas atualmente já conhecidas de certas populações do planeta, das quais poder-se-á fazer o pão de cada dia e outros alimentos básicos. Poderão ser feitas misturas de várias farinhas e féculas para se conseguir o alimento necessário. E, para gerar enriquecimento dessas farinhas, se poderá misturar outros componentes, como a folha da mandioca e sementes ricas em proteína, a adoção de levedo de cerveja, rica em vitaminas do complexo B e ferro, abóbora que é rica em potássio, a fruta tucumã ou pupunha da Amazônia, rica em vitamina E e em antioxidantes naturais, e assim sucessivamente, para o caso de regiões com temperaturas mais elevadas..

Como não haverá produção por ganância comercial, as vantagens competitivas, como ocorrem hoje na Terra, não terão sentido em existir e deixará de haver processos produtivos impulsionados pelo desejo de lucro a todo custo. Assim, certas regiões poderão gerar produtos para abastecer outras, cooperativamente. Não haverá mais países com fronteira.

As mentes terrenas futuras estarão mais abertas à inovação. Não haverá preconceitos contra a transgenia, que existirá em vários campos do conhecimento. No caso de alimentos, a transgenia, que representa apenas uma linha de pesquisa dentro da biologia molecular sintética,[38] será praticada com muito cuidado, ética e critério. Em se tratando da criação de alimentos transgênicos, serão realizadas simulações em computadores avançadíssimos para avaliar-se riscos à saúde, bem como ao ambiente. Será comum a associação de DNAs e moléculas de plantas que nascem naturalmente em desertos ou locais de elevado estresse climático, ou em áreas de solo pobre, com moléculas e DNAs de plantas comestíveis, a fim de torná-

[38] Quando se extrai moléculas de uma estrutura não biológica, sintética, e se associa um arranjo molecular de uma estrutura biológica, como alguns cientistas terrenos já fazem atualmente. Eles criam um evento transgênico a partir da associação molecular de uma estrutura inorgânica com a estrutura molecular de uma semente, por exemplo, visando a gerar sementes transgênicas resistentes a certas pragas ou desequilíbrios biológicos ou a certos produtos químicos.

-las mais rústicas, produtivas, bioenriquecidas em nutrientes e resistentes a certas condições de clima[39] e solo.

Os trabalhos científicos no campo da engenharia genética serão uma continuidade do que muitos irmãos terráqueos já vêm realizando no campo da Ciência genômica. Porém, antes de avançar em determinadas pesquisas, será avaliada a viabilidade econômica, social, ambiental e de efeitos à saúde daquele bioproduto. Muitos cientistas afirmam hoje que o uso de certas sementes ou produtos transgênicos não oferece riscos à saúde e ao meio ambiente, argumentando, apenas, que estão lidando com pesquisas no campo molecular. Mas isso não corresponde exatamente à realidade, pois existem pesquisadores que estão se deixando levar por interesses puramente financeiros. A relação utilitarista e de exploração fria de alguns sistemas produtivos tem levado vários cientistas a se sintonizarem com essas vibrações de insensibilidade para com a natureza, a qual responderá com desequilíbrios sucessivos, conforme ocorre na aplicação atual de pesticidas, que não conseguem vencer os micro-organismos e insetos. Esse quadro demandará no futuro novas formas de compreensão e relacionamento, ainda longe de serem praticadas atualmente, exceto em casos isolados.

A natureza ambiental e humana dispõem de vários mecanismos que lhes proporcionam capacidades de adaptabilidade e resiliência; no entanto, há situações que exigem manobras ou esforços hercúleos que podem gerar impactos pouco salutares ao meio. É no instante em que o homem exerce a criatividade que ele se assemelha ao Criador. Assim, a criatividade humana, que se manifesta também via pesquisa científica, não deve ser tolhida, mas a ética e a responsabilidade precisam balizá-la. A tendência no futuro é a expansão de bioprodutos importantes para a qualidade de vida humana; contudo, antes de serem lançados no mercado consumidor, haverá testes e simulações em equipamentos avançadíssimos que a Terra haverá de possuir. É essencial avaliarem-se riscos

[39] Após as grandes mudanças geofísicas, o planeta terá um clima mais ameno e mais equilibrado nos vários continentes e regiões; contudo, a quantidade de água irá gradativamente sendo reduzida, o que exigirá esforços da Ciência para desenvolver plantas com resistência a secas sazonais em grande parte da Terra.

e garantir segurança às pessoas e ao meio ambiente.

Tudo o que existe na Terra foi fruto de inspiração divina de seres arcangelicais e angelicais que, amoravelmente e com suas mentes em grau de expansão inimaginável pelos humanos, se debruçaram por centenas de milhões e milhões de anos criando, testando e ajustando seus componentes e as complexas interações sistêmicas. Ocorre que, em apenas algumas décadas de pesquisas e descobertas no campo da bioengenharia, o ser humano, arrogantemente, já se acha em condições de dominar o conhecimento da criação de vidas por métodos artificiais. A arrogância da Ciência terrena atual poderá criar verdadeiros "monstros" microscópicos ou nanoscópicos, que, se chegarem às mãos de mentes pervertidas, certamente causarão danos gigantescos à civilização.

E, de fato, com a inteligência que Deus lhe concedeu, o ser humano pode, e deve, avançar em seus conhecimentos, pesquisando e criando no campo das bionanotecnologias; contudo, sempre atento a riscos danosos à vida. Existe nesse meio alguns raros cientistas envolvidos com inteligentes grupos terroristas e com ardilosos dirigentes de nações, empenhados em desenvolver tecnologias voltadas para possíveis guerras biotecnológicas. Sem dúvida, esse quadro subterrâneo da ciência marginal necessita de atenção e, de certo modo, contribui para que medidas externas à Terra sejam tomadas para se evitar danos irreversíveis ao futuro do planeta.

Há cientistas e detentores de poder político e econômico, atualmente encarnados, na Terra ligados à antiga rede de nazistas e a entidades egressas da velha Atlântida. Existem redes (no plano astral) de interação daqueles com outras advindas de orbes distantes, unidas por interesses mórbidos. E assim, há uma força negativa e inteligentíssima que luta no campo visível e invisível para dominar a Terra, desde antigos tempos. Portanto, se não houver agora a intervenção cósmica, por meio dos grandes acontecimentos geofísicos e climáticos, mas principalmente pelas transformações de caráter espiritual, a Terra tornar-se-á espaço dominado por bioindústrias avançadíssimas,[40] inseridas em estruturas de governos ma-

[40] Interessantíssimo esse alerta da Espiritualidade, transmitido por vias mediúnicas bem antes do evento JBS vir à tona na Lava Jato, operação coordenada

nipuladores e direcionados por interesses egoísticos e orgulhosos. Certamente os mansos de coração não desejariam viver num planeta com altíssima tecnologia e mergulhado na guerra, na competição desenfreada, na exploração de seres mais inteligentes sobre os menos inteligentes e menos fortes fisicamente.

Em um futuro mais à frente, quando o ser humano estiver mais maduro em consciência, ética e espiritualidade, deverão continuar pesquisas e inovações tecnológicas mais arrojadas no campo da bioengenharia (avanços consideráveis em bioprodutos sobre o que já existe hoje, e em variados campos da atividade humana). Será rotineira a produção de mudas de plantas geradas a partir da cultura de tecidos (o que já é comum nos dias atuais, mas ainda não massificado entre os agricultores), bem como a geração de clones que serão facilmente germinados e manejados em estufas, como se fossem grandes laboratórios no campo, porém em condições naturais ou orgânicas (incluindo hidroponia orgânica), produzindo em desertos, savanas ou regiões consideradas inaptas ao cultivo de alimentos nos dias atuais (por questões de clima, solo e outras condicionantes ecológicas).

Hoje, porém, impera na Terra o consumismo, o orgulho e o egoísmo, que formam enormes egrégoras reforçadas por entidades do Astral inferior. Felizmente elas serão dissolvidas com as grandes transformações planetárias que se aproximam, pois os paradigmas futuros deverão ser outros, e podem e devem ser iniciados desde já nas mentes e nos corações terrenos, com a mudança de atitude. Insetos, fungos, bactérias, e outros animais, são irmãos mais novos e, como tal, não existem somente para serem exterminados por uma agricultura química. Se esses componentes da biodiversidade se proliferam de forma descontrolada, é porque há desequilíbrios biológicos e energéticos no ambiente. Portanto, a irritação e a revolta não contribui em nada para resolver o problema, e sim a aceitação, por parte do agricultor ou do cientista, como

---

pelo juiz Sergio Moro. Conforme afirmam os espíritos superiores ao médium, esse expurgo moral será ainda mais grave dorante, a fim de que haja uma limpeza astral na Terra. Será como "tirar o lixo de debaixo do tapete", para a higienização do ambiente.

requisito para observação e busca de soluções terapêuticas e preventivas, por vezes firmes, mas não agressivas, e sempre buscando a rearmonização do ambiente: solo, água, biodiversidade e as pessoas do local.[41]

É fato que já existem algumas poucas fazendas na atualidade que se preocupam com essa harmonização energética, e ainda assim sofrem com os desequilíbrios biológicos em seus sistemas produtivos. Isso é fruto do desequilíbrio da região onde se encontram, e mesmo do planeta como um todo. A Terra, como um grande sistema vivo, está em contínua interação com o Sistema Solar e o Cosmo, e, internamente, entre seus componentes bióticos e abióticos. É evidente que há o microclima, a biota e seus elementos interagentes mais próximos, e que é possível harmonizar-se esse ambiente menor ou local e criar condições mais propícias a uma agricultura mais saudável e sem grandes desequilíbrios. Todavia, somente num planeta futuro, saneado espiritualmente em sua totalidade, será possível uma prática agrícola mais condizente com os novos tempos de bioequilíbrio, com menor espectro de variações climáticas e menos desarmonias no campo energético e biológico.

Os animais não deverão mais servir de repasto ao ser humano, pois serão considerados irmãos mais novos que necessitam de educação, podendo trabalhar em conjunto, sem exploração e sofrimentos, numa caminhada cooperativa e fraterna com a humanidade. Eles serão ótimas fontes de treinamento para seres humanos mais novos em vivências encarnatórias, ou com evolução atrasada, e também para fins terapêuticos, conforme já se verifica hoje no caso de muitos profissionais que se utilizam da cooperação animal para terapias com deficientes físicos e mentais e obtêm sucesso, a exemplo do caso da equoterapia.

Peixes não serão mortos ou maltratados, nem por meio de pesca esportiva, como ocorre hoje; serão controladores na proliferação de larvas de mosquitos e do equilíbrio de outros micro-organismos da ictiofauna ou fauna aquática, e só serão criados em cativeiro onde não houver lagos naturais ou

[41] De certo modo, muitas práticas agroecológicas terrenas atuais já caminham nessa direção.

rios para que possam se alimentar de larvas de insetos vetores de doenças. Bois e vacas serão ótimas fontes de esterco para adubação orgânica na agricultura. Gatos e cachorros continuarão sendo ótimos amigos domésticos; galinhas serão bem utilizadas nas áreas rurais para controlar animais peçonhentos e também produzir esterco para a agricultura. Nem carnes (de boi, porco, frango ou peixe), nem leite e derivados, nem ovos, serão mais parte da alimentação humana futura, e certamente haverá substitutos mais sadios para essas fontes proteicas, como leguminosas, sementes, nozes, castanhas, palmitos; não faltarão receitas apetitosas, como já existem atualmente em vários lares e resturantes terrenos.

A organização produtiva no campo estará apoiada por cooperativas rurais e agroindustriais. Produtos mais perecíveis serão industrializados, de preferência localmente, utilizando-se de conservantes naturais e processos que manterão os alimentos vivos ou em estado de inércia temporária,[42] passíveis de retorno à vida vegetativa por meio de imersão em água, por exemplo. Haverá estudos de logística e viabilidade econômica para movimentação de certos produtos, o que poderá induzir à industrialização, após a junção de produtos de várias fazendas agrícolas, a fim de gerar atendimento a maiores demandas de outras localidades que não só aquela onde se produziu.

A produção do futuro será orgânica ou natural, e terá diversificados sistemas produtivos, combinações ou consórcios de inúmeras espécies vegetais. Conservantes e corantes serão naturais, em todas as fases do processo produtivo agroindustrial. O esterco, as podas e os resíduos vegetais serão fundamentais para a produção de adubos e enriquecimento físico e bioquímico do solo, que poderão, também, e dependendo do lugar, agregar misturas de rochas e minerais moídos. Haverá indústrias de produção de adubos organominerais para atendimento aos produtores rurais, a partir da mistura de rochas naturais com material orgânico. A grande parte das fazendas

---

[42] Haverá um equipamento que poderá ter tamanhos diversos e que provocará uma espécie de dormência ou letargia biológica no produto alimentício (sementes, frutas, cereais, hortaliças), a partir da aplicação de radiação magnética (não nociva à saúde humana ou animal), atuando como conservante natural.

produzirá seu próprio adubo a partir do manejo sustentável de árvores, arbustos, gramíneas, galhadas de podas e restos vegetais, com enriquecimento direto do solo; e outras, as mais próximas dos centros urbanos, com pouco espaço físico, ou em locais com baixíssima fertilidade de solo, adquirirão adubos naturais e organominerais industrializados. Essa industrialização adotará processos naturais e de energização com cristais, com cores, e utilizarão embalagens em formato piramidal, que evitará perdas de nutrientes e conservação dos produtos – chegará um tempo em que será utilizado um equipamento dinamizador e potencializador de moléculas de nutrientes para solos e plantas, de modo a dispensar qualquer tipo de adubo, e outro aparelho esterilizador e emanador de reação magnética para se evitar a proliferação de fungos, de insetos e outros micro-organismos.

A natureza não é perfeita. A perfeição só se faz presente na Divindade Suprema. Desse modo, as manifestações divinas que se concretizam por meio dos seres humanos, dos animais e vegetais, apesar de disporem de uma estrutura complexa, ainda possuem imperfeições e, por conseguinte, estão em evolução e em vias de progresso espiritual. Assim, cabe a quem está mais à frente na escalada evolutiva ajudar a quem está mais atrás. Por isso, o ser humano deverá alcançar cada vez mais sensibilidade e sintonia com a natureza, diretamente e através dos seus devas, para ajudar essa mesma natureza a evoluir. Nesse sentido, uma maior sintonia, compreensão e entendimento mútuos (homem-natureza e vice-versa) será crucial nos novos tempos, a fim de que haja uma capacidade produtiva cooperativa e sustentável de ambos os lados.

As paisagens agroflorestais que deverão inspirar a grande maioria dos sistemas produtivos futuros não serão desorganizadas, mas seguirão curvas e movimentos dentro de uma lógica organizada maior, inspirada pelos devas e pelos fluxos energéticos do lugar, como forma de otimizar o sistema, pois a terra, o subsolo, as águas subterrâneas e os minerais possuem magnetismo e movimentos próprios. O dinamismo e a interação entre eles, juntamente com a movimentação das correntes do magma, geram deslocamentos físicos e energéticos próprios, com alta dinâmica magnética que deve ser observada, sentida e sintonizada com os sistemas produtivos. Haverá aparelhos sofisticados que ajudarão nesse planejamento e interação energética entre o que é natural, o que deve ser mantido, e o que o ser humano pretende instalar num determinado lugar.

A agricultura biodinâmica, trazida por Rudolf Steiner,[43] teve, relativamente, uma boa sintonia com a ética e os conceitos mais próximos às Forças Superiores que orientam a produção humana de alimentos. Este cientista captou vários princípios, processos e orientações do plano espiritual, enquanto estava encarnado. Por esse motivo, podemos dizer que é o modelo mais próximo do ideal, embora em suas propostas de produção tenham faltado paisagens produtivas mais diversificadas, interação afetiva com a natureza e ajustes nos insumos ou componentes produtivos, pois essa relação não pode ser friamente intelectual; é preciso sensibilidade entre o ser humano, as plantas e os animais, bem como para com os adubos e outros insumos agrícolas. É preciso sintonia mente-sentimento, e sutileza, na relação com o solo, a água e os demais componentes naturais.

Tanto dentro das fazendas como nas indústrias de fertilizantes naturais (a partir de rochas com composição mineral diversificada), haverá um trabalho muito sério e profundo de sintonia com os devas que fazem parte de todos os elementos biológicos e minerais do adubo. Essa sintonia, sempre com concentração mental e carregada de sentimento de gratidão, visará a solicitar a esses seres que multipliquem os efeitos de cada átomo ali presente, ou seja, que dinamizem aqueles elementos e proporcionem um efeito em cadeia atômica de fertilização do solo quando forem aplicados. Essa prática xamânica (que no Oriente está embutida, de forma similar, nos conhecimentos que os Vedas trazem) deverá ser realizada, também, pelo agricultor no momento em que for aplicar o adubo na terra, para manter vivo e dinâmico o composto, lembrando que o amor é e será sempre o mais importante con-

[43] Filósofo e teosofista, esse educador austríaco criou uma linha de pensamento que enxerga o homem além do material – a Antroposofia –, que dá ênfase à medicina antroposófica e à agricultura biodinâmica.

servante, com alto impacto sobre produtos alimentícios.

Em locais com extensas áreas de plantio ou grandes estoques armazenados, as sintonias serão realizadas por grupos de pessoas: todos imbuídos do compromisso de gerar e conservar alimentos sadios, protegidos contra-ataques de insetos, ratos ou fungos. Ou seja, mesmo nos armazéns (sempre com formato piramidal), haverá trabalho de sintonia com os animais, os insetos e os microorganimos que possam atacar os produtos, bem como com os seus devas, visando a proteção dos alimentos.

A partir de certo tempo, após a consciência e a prática das ligações mentais-afetivas entre seres humanos e componentes do meio natural terem sido massivamente disseminadas na população, irmãos extraterrenos trarão tecnologias muito eficazes no controle de insetos e micro-organismos, por meio de aparelhos que mesclarão ultrassom com emissão de cores e magnetismo, e funcionarão como auxílio às outras práticas de proteção e conservação de produtos, tanto nas lavouras como nos armazéns, tanto para fixar e multiplicar os efeitos dos fertilizantes naturais, como para evitar ataques de animais (insetos, roedores e outros), fungos, bactérias e vírus, durante o plantio e na armazenagem. Sementes e outros alimentos passíveis de armazenagem e conservação serão tratados de modo a não perderam sua vitalidade, e em muitos casos passarão por um processo de inertização, passível de recompor em dias, meses, e até em anos futuros, a vida vegetal, com alto dinamismo molecular, quando imersos em água ionizada e energizada com aparelhos ativadores moleculares que se utilizarão de cristais.

As atuais condições vibratórias da Terra, com a intensa geração de miasmas, propiciam o aparecimento de larvas e outros germes astrais, que se materializam no campo físico. Por isso, o planeta vive imerso num mundo gigantesco de micro-organismos (vírus, fungos e bactérias), os quais, por sua vez, na lógica das cadeias alimentares, atraem pequenos animais como hospedeiros ou vetores, a exemplo das baratas, aranhas, ratos e outros, formando uma enorme e complexa cadeia trófica. Todos esses seres formam essa cadeia dadivosa do Pai, pois existem para consumir energias deletérias produzidas pelo próprio ser humano e também para processar substâncias densas do campo físico e astral no interior da terra, e, de certo modo, reduzir a densidade magnética do planeta, sem o que se desequilibraria mais ainda a estrutura planetária, afetando de forma mais intensa as vidas no plano astral.

Raras pessoas na Terra se deram conta de que estão imersas num mundo de fortes interações sistêmico-energéticas, onde prevalece um intenso processo de simbiose, ou seja, um parasitismo energético. Consequentemente, existe uma íntima relação entre seres humanos (por meio de suas atitudes, pensamentos e sentimentos) e animais microscópicos ou de pequeno porte. O mesmo se dá no meio natural, em certos ambientes biológicos do interior do solo, onde há verdadeira sintonia com a energia telúrica advinda do magma. Um bom exemplo disso são os ambientes onde predominam a falsidade, a deslealdade, a posse indevida de pertences alheios. O desequilíbrio energético gerado por essa egrégoras criará um campo vibracional favorável ao aparecimento de certos tipos de larvas astrais, que, por sua vez, gerarão ambiência física favorável à proliferação de vírus e bactérias em maior quantidade que a normal (quando em estado de equilíbrio), facilitando, no campo físico visível, a propensão ao surgimento ou aumento da quantidade de ratos.

Desse modo, baratas, que se alimentam de restos, migalhas de alimentos e resíduos humanos, e originalmente de fungos, se ampliarão em quantidades ou surgirão onde houver vibrações de preguiça, desleixo e energias rasteiras, grosseiras e desequilibradas, relacionadas com abusos no campo do sexo e comida. Observai que há uma forte interação entre os ambientes físicos e astrais, e uma retroalimentação energética entre ambos os planos, pois uma pessoa desleixada que deixa restos de alimentos pela cozinha e por áreas da casa é a mesma que não identifica, organiza, trata e educa os seus resíduos mentais e emocionais ou impulsos primários.

A presença de insetos que sugam sangue, como pernilongos, aumenta em ambientes com forte magnetismo primário, presença de animais silvestres ainda em estágios rústicos de evolução, presença de águas paradas, ocorrência de plantas que acumulam água (mesmo em pequeníssimas quantidades), e então ocorrem interações entre o ambiente físico e sua contraparte do plano extrafísico, como formas-pensamento geradas por humanos ligados à inveja ou ciúme, que, por sua vez, disparam intensos fluxos energéticos de apego e obsessão entre encarnados e desencarnados, e entre si, individualmente. Esses quadros de trocas energéticas se interligam também a processos de vampirismo astral, de sintonia entre pessoas infiéis ou que se locupletam mutuamente de energias indevidas, ou onde houver gente ou entidades astrais tentando se aproveitar de alguém, ou usando os outros (o que é uma espécie de vampirismo, pois suga a boa vontade e a energia das pessoas, indevidamente, gerando ambiente propício para a proliferação de pernilongos e outros animais que vivem de sangue). No futuro, essas relações e seus efeitos energéticos serão reduzidos, embora continuem existindo e merecendo vigilância, pois planeta em regeneração será apenas um planeta composto por pessoas imbuídas do propósito de se autotransformar, ou seja, são almas ainda com muitas imperfeições e necessitadas de educação espiritual.

A emanação dessas energias e mazelas nos lares e nos ambientes agroprodutivos, como nas fazendas, às vezes pode ser mínima, mas o suficiente para surgirem seres astrais e insetos no campo físico, o que exigirá das pessoas mais vigilância e esforço, nos mínimos detalhes de atitudes, pensamentos e sentimentos, por vezes inconscientes. Nos dias atuais, são usados inseticidas e outros produtos químicos que saneiam o ambiente, mas eliminam, indevidamente, muitas formas de vidas importantes para o equilíbrio energético e ecológico, além de fazerem mal à saúde humana. Essa questão é complexa e delicada, pois há outros fatores bioambientais em questão, e certamente exigirão sintonia com aqueles animais micro ou macroscópicos e com seus respectivos devas, para maiores esclarecimentos e busca de soluções. As defumações de descarrego, aliadas a preces e mentalizações de saneamento, ajudam muito a limpar astralmente os ambientes, mas a limpeza do pensamento e a vigilância dos impulsos, com reeducação dos sentimentos, são a melhor "arma".

Nos novos tempos, o ser humano estará mais atento ao seu ambiente e aos seres vivos que o rodeiam, e isso o permitirá usufruir de um processo educativo para si próprio, através de suas observações e das atitudes das pessoas (pensamentos, sentimentos, impulsos expressos em atos) daquele determinado ambiente em relação ao papel desempenhado pelos seres vivos no ecossistema do solo, da superfície ou aéreo, a fim de que ele se mantenha no seu processo equilibrador do meio, sem que haja violência. Serão utilizados equipamentos de ultrassom e emissores de barreiras magnéticas associadas a jatos de luzes (estruturas de fótons com efeitos energéticos repelentes) com cores apropriadas a cada caso e fluidos salutares para controle desses seres, quando for o caso.

Futuramente, haverá mais sensibilidade nas pessoas e, além disso, aparelhos serão capazes de diagnosticar causas quanto à presença de certos animais, quando estiverem em local indevido ou em quantidade excessiva, e, portanto, em situação desequilibrada, identificando o tipo de desequilíbrio existente em determinada casa ou plantação e os cuidados que se deverá ter em termos de vigilância, prece e educação interior. Conforme se pode observar, os recursos de suporte para a educação espiritual serão enormes e disponíveis a todos. Haverá, portanto, muitas oportunidades para o equilíbrio e a harmonia espiritual, individual e coletiva, do ambiente e do planeta em sua totalidade.

À medida em que o orbe terreno for sendo saneado, as cadeias alimentares de seres considerados nocivos ao bem-estar humano irão se reequilibrando, ou mesmo reduzindo e até desaparecendo, em alguns casos, mas isso num futuro ainda bem à frente. Contudo, mesmo no futuro planeta de regeneração, considerando que haverá bilhões de almas ainda em aprendizado, se dará produção de miasmas que exigirão a permanência dessas complexas cadeias alimentares, desde o plano astral ao físico, com micróbios e pequenos animais.

Haverá bastante uso da radiônica eletrônico-magnética na agricultura e na conservação de alimentos, com adoção de muitos equipamentos avançados para diagnóstico, prevenção e tratamento, e que, produzindo sons inaudíveis aos ouvidos humanos, com certas frequências magnéticas e feixes de cores através de cristais, gerarão todo um efeito magnetizador como tratamento, prevenção de desequilíbrios e para expansão dos efeitos fertilizantes de adubos naturais, em adição a outras técnicas que serão adotadas.

Face a predominância de uma visão utilitarista do homem sobre a terra e seus recursos, hoje, muitos agricultores reclamam da dificuldade de se produzir e, por isso, usam adubos químicos e agrotóxicos. Nas condições do atual sistema, essa atitude é ao menos explicável, porque face a tantos desequilíbrios torna-se difícil para o agricultor atender à rápida demanda por alimentos, com os desequilíbrios mentais-emocionais produzindo gigantescas nuvens de miasmas que promovem a atração de micro-organismos, insetos e outros pequenos animais, aliados à existência do atual sistema econômico egoístico, o que propicia um quadro desequilibrado e demandador de medidas químicas e artificiais para atender a numerosas áreas urbanas que só consomem e não geram alimentos (mesmo as agroindústrias precisam do campo para gerar suas matérias-primas).

Atualmente, os ambientes urbanos estão repletos de pessoas que não mais desejam viver no campo ou em pequenas vilas agrícolas, pois os atrativos da modernidade, as diversões, as facilidades, as oportunidades de emprego e renda forçam a migração do homem rural para as cidades. Na nova Terra, o urbano e o rural estarão integrados por planejamento conjunto e intercâmbio cooperativo, e a nova organização e dinâmica da vida favorecerão uma produção rural mais equilibrada e em sintonia com os propósitos crístico-planetários.

Planeta de regeneração é planeta de aprendizado, longe ainda da perfeição e perto da autoeducação e educação comunitária, o que demandará tempo de automaturação, persistência ante os desafios e erros que hão de surgir decorrentes das imperfeições. Desse modo, desequilíbrios bioambientais serão tratados harmoniosamente, reciclando energias negativas e devolvendo-as positivas (adotando os mesmos princípios recicladores com que a planta guiné o faz naturalmente), controlando o aparecimento de micro-organismos, insetos e outros pequenos animais, principalmente por meio da vigilância dos pensamentos e sentimentos. Isso exigirá esforço de concentração para que haja o encaminhamento de todas as formas de vidas indesejáveis daquele local para outros onde possam continuar suas vidas (como as reservas naturais).

Essa técnica de sintonia com os devas de plantas e animais, visando à cura de doenças ou a busca do equilíbrio ecológico necessário, expresso na presença excessiva de insetos ou micro-organismos, será uma prática corriqueira em auxílio ao uso dos equipamentos radiônicos. O processo de sintonia não será apenas mental, mas deverá estar carregado de sinceridade e amor. A pessoa se concentrará na planta ou no animal, pedirá ajuda ao Cristo Planetário, ao deva que coordena aquele ser e às forças prânicas do Sol e da Terra, para que fortaleçam aquela planta e cure o seu desequilíbrio. Fará, ainda, sintonia com o deva que cuida dos insetos ou micro-organismos que estão atacando a planta ou o animal doméstico, a fim de que os leve dali e os aloje em áreas de preservação permanente ou nas áreas ecologicamente protegidas mais próximas.[44]

Pode-se observar aí a importância, dentre outras funções, das unidades de conservação ou reservas ambientais naturais (essas reservas ajudam a manter o equilíbrio ecossistêmico de uma localidade, microrregião, região e do planeta, tanto no meio físico como astral). Tudo deverá ser feito sem intolerância, irritação ou emissão de raiva aos insetos ou micro-organismos que atacam as plantas ou animais. Se houver esse tipo de sentimento, a pessoa precisa tomar consciência de que essas mazelas fazem parte de si mesma e que deverão ser transformadas interiormente, com força de vontade e toda

[44] Nota do médium: Tenho aplicado experimentalmente essas técnicas sobre as árvores frutíferas do quintal de minha casa e me surpreendi com os resultados exitosos, seja no controle de ataque de fungos no pé de romã, seja de pulgões nos citros, ou de broca na gravioleira, por exemplo. A broca tem sido o caso mais complexo, pois persiste em voltar e tem me exigido retornar várias vezes ao tratamento. É de fato um exercício para nossa paciência, persistência e respeito à vida daqueles seres microscópicos, pois devemos fazer a sintonia com eles sem sentir qualquer sinal de irritação, mesmo que estejam destruindo a planta. É um bom treinamento para nossa autotransformação, uma vez que não devemos sentir irritação ou raiva daqueles que nos magoam ou nos agridem.

sinceridade, compreendendo que os insetos são seres como quaisquer outros que merecem viver e evoluir. Se estão ali, é porque houve algum desequilíbrio ambiental ou energético que os atraiu para ajudar a equilibrar o desajuste das energias ali existentes. De certa maneira, no futuro, eles farão uma parte do papel que os atuais obsessores fazem, que é expor ou ressaltar a existência de desarmonia no ambiente e, desse modo, mostrar que ali há desequilíbrio vibratório-espiritual, com a presença de energias geradas por seres humanos que necessitam dar mais atenção e se concentrar mais no trabalho transformador de suas mazelas íntimas.

Quanto mais evoluído for o micro-organismo ou inseto, mais estará próximo do ser humano na escalada evolutiva e tenderá a resistir e manter-se ali. Por isso, exigirá maior grau de persistência e serenidade por parte da pessoa que estiver realizando o trabalho de saneamento do lugar, sem perder a firmeza. Mas é bom lembrar aqui que a fronteira entre firmeza e irritação é muito tênue e exige observação e vigilância em graus muito sutis, pois esses pequenos seres captam essa energia. Se houver o mínimo sinal de irritação ou indisposição, o problema tenderá a não ser solucionado eficazmente. Portanto, todos esses exercícios com os insetos e micro-organismos servem de treinamento para as interrelações humanas, em direção ao perdão, à renúncia, à tolerância e o respeito às limitações dos outros, e paciência com os processos naturais da vida e fé nas forças superiores.

Nos dias de hoje, quando o agricultor identifica uma praga[45] na lavoura, se enche de irritação e o sentimento de vingança é, automaticamente, retroalimentado dentro de si. Então ele adquire o agrotóxico e o despeja na plantação, contaminando o ar, o solo, a água e a si próprio, matando várias formas de vida, inclusive a praga, que logo voltará mais resistente, pois o problema reaparecerá, uma vez que a raiz de todos os desequilíbrios não foi tratada: sempre um ou mais insetos, ou micro-organismos, sobreviverão e se tornarão resis-

[45] Na verdade, o que hoje os agricultores chamam de praga são seres vivos em estado de desequilíbrio no ambiente. A rigor não deveriam ser chamados assim, mas sim de "sinais de alerta" de que algo está errado ali. Tais seres deveriam ser vistos como auxiliadores no processo de transformação de pensamentos, sentimentos e atitudes daqueles que lidam com a terra.

tentes àquele veneno, multiplicando gerações cada vez mais resistentes.

No futuro, esses sentimentos de irritação e impulso de vingança, ao surgir, deverão ser envolvidos por uma vontade superior de transformar-se internamente. Se a pessoa não tiver condições de administrá-los, deverá pedir ajuda. A força cooperativa da nova humanidade será intensa e servirá não apenas para o alcance de metas materiais, mas principalmente do espírito. O esforço de educação interior e da boa convivência com todas as formas de vida, inclusive àquelas que hoje são tidas como pragas e doenças da agricultura, terá no trabalho "xamânico" de sintonia com devas, com apoio dos elementais, um auxílio valiosíssimo para o equilíbrio geral. Certamente, os insetos e micro-organismos que estavam atacando a plantação serão úteis para outras finalidades em apoio ao trabalho e à evolução humana.

Irmãos instalados no orbe terreno e outros tantos extraterrenos que já encarnaram e que encarnarão na Terra têm trazido avanços tecnológicos interessantes nos vários campos do conhecimento, inclusive na área agrícola. E trarão também novas tecnologias de informação e da robótica aplicáveis ainda mais ao campo. Haverá bio-robores atuando na agricultura, com biossensores de elevada capacidade de interação com as plantas. Os drones que hoje já são utilizados na agricultura tecnificada serão mais avançados e programados a longas distâncias por computadores, e conterão biossensores para avaliar a plantação, captar dados do plantio, fazer previsão de tempo, de riscos de desequilíbrios biológicos ou climáticos, captar dados da qualidade do solo e da necessidade ou não de ajustes nutricionais, além de gerar informações que subsidiem a previsão das safras (várias dessas técnicas hoje já começam a ser utilizadas nas áreas onde há agricultura tecnificada).

Haverá *softwares* que farão simulações de sistemas agrícolas produtivos, integrados, orgânicos e contemplando a conservação das áreas ecologicamente protegidas. Haverá outros *softwares* utilizados para simular testes com novas espécies transgênicas, a fim de verificar e avaliar antecipadamente se haverá algum dano ambiental ou risco à saúde humana ao se consumir aquele produto a longo prazo.

Nesse trabalho de simulação, serão inseridos dados no sistema informatizado de todas as espécies comuns existentes na fazenda e nas propriedades agrícolas que se avizinham àquela determinada microrregião,[46] introduzindo-se a nova estrutura genética planejada da espécie transgênica trabalhada em laboratório, para a devida observação do comportamento atômico, molecular e biológico, ou seja, da dinâmica de suas cadeias moleculares e seus reflexos nos tecidos e células (será tirada uma foto do novo DNA, pelo hipermicroscópio eletrônico, enviada automaticamente para o computador conectado ao microscópio). O sistema captará a imagem do DNA e fará a interface com o ecossistema do ambiente que será construído em tela. Nesse ecossistema, haverá espécies vegetais nativas e as que fazem parte do sistema produtivo agrícola. Serão realizadas diversas combinações, simulações, análises de efeitos projetados a longo prazo, e será produzido automaticamente um relatório com os resultados, indicando se haverá riscos ao equilíbrio ambiental ou não.

A mesma simulação será feita pensando-se na saúde humana. Aquela nova semente transgênica, com sua estrutura de DNA já inserida no sistema informatizado, fará a simulação da combinação das informações desta com as informações complexas e completas que compõem um corpo humano (na tela quadrimensional se mostrará um corpo humano com todos os seus órgãos e estruturas, em pleno e saudável funcionamento simulado, exatamente como ocorre ao corpo real). A ferramenta simulará efeitos do consumo daquela semente por dois, cinco, dez, cem, ou cento e cinquenta anos, e verificará os possíveis efeitos ao equilíbrio ou desequilíbrio orgânico. Ao final, sairá um relatório com essa avaliação que orientará a instituição de pesquisa a prosseguir ou não com a multiplicação e distribuição da nova semente.

Haverá máquinas fotográficas e filmadoras hiper-sensí-

[46] Esse levantamento das espécies existentes no lugar será realizado por um equipamento computadorizado, altamente sensível e de altíssima resolução, que tirará várias fotos, filmará pontos amostrais da área, e identificará plantas e animais, desde tamanho grande, médio, pequeno e microscópicos, até nanoníveis (no campo molecular), mostrando todo os elementos daquela biota e seus processos ou interações sistêmicas.

veis e com resolução ainda não alcançada nos dias atuais pela Ciência terrena. Filmes e fotos poderão ser feitos com imagens detalhadíssimas da natureza (chegando a níveis nanoscópicos e atômicos) e depois serão descarregadas em programa específico no computador. Um *software* fará a leitura e gerará um relatório indicando quais são as espécies vegetais e animais (macro e microscópicas) daquela biota ou ecossistema, e quais animais e micro-organismos poderão migrar ou serem levados por ventos e pássaros para lá, mostrando as possíveis interações sistêmicas daquela biodiversidade. É importante salientar que nessa leitura e análise estarão inclusos os minerais daquele ambiente e a aura das plantas e dos minerais, qual ocorre hoje nas fotografias *kirlian*, mas com um nível muito maior de fidedignidade das informações astrais. Com base nesse resultado, a pessoa poderá se sintonizar com aquele ambiente e com cada espécie, pedindo ajuda ao deva do lugar e de cada espécie, inclusive de cada mineral ali existente. Quanto mais essa sintonia estiver carregada de amor à Criação, mais respostas fidedignas receberá dos devas sobre o papel de cada ser e do conjunto ecossistêmico, podendo-se compreender os porquês da existência de cada espécie vegetal e animal e do espectro de minérios comuns ou raros daquele lugar. Assim será a ciência natural, agronômica e florestal do futuro.

Os sistemas de produção, que se tornarão crescentemente mais sustentáveis, pois melhorarão a cada dia num esforço coletivo e incessante de evoluir, gerarão paisagens produtivas diversificadas, com combinações diversas e conforme as necessidades de produtos agrícolas a produzir, sem monoculturas (as largas escalas produtivas, quando necessárias, serão resultados da soma da produção de muitos pequenos produtores em sistema cooperativista, já que não haverá latifúndios), havendo sempre a reserva ambiental permeando as áreas de produção, com corredores ecológicos para fluxo de macro, meso e microfauna nativa.

Os rios de superfície e subterrâneos serão protegidos e preservados; o solo e a água utilizados na produção serão usados de forma ética e com consciência, sendo sempre reciclados. As matas e a biodiversidade serão conservadas como mananciais de benesses ao próprio ser humano e ao equilíbrio da vida, conforme se chama nos dias atuais de serviços ecossistêmicos. A relação do ser humano com o seu meio natural será de respeito, de busca de integração e harmonia, e não mais de uso dos recursos de forma irresponsável e fria. Isso não significa que a humanidade passará do dia para a noite a ter essa relação harmoniosa com a natureza; isso exigirá, ainda, muitos e muitos anos de aprendizado, sofrimento, persistência e esforço evolutivo, com ajuda do Plano Espiritual Superior e de abnegados e pacientes irmãos extraterrenos.

As propriedades rurais serão compreendidas como células vivas e, como tal, para que estejam sadias, exigirão que seus condutores busquem, por meio do esforço, estar mental e emocionalmente equilibrados, pois não há como separar homem e terra, pessoas e ambiente em que estão inseridas, interagindo. Não haverá o risco que ocorre nos dias de hoje, quando uma pequena fazenda de agricultura orgânica pode estar cercada de fazendas convencionais, despejando agrotóxicos por via aérea e contaminando toda a "ilha" orgânica. Plantas e animais estarão à disposição dos seres humanos para que realizem um trabalho conjunto, sem explorações indevidas, de forma que todos evoluam com essa interação, permeados de consciência e amor elevados.

Assim como aqueles que habitam os planos superiores não descansam e são verdadeiros dínamos de consciência e amor fraternal em expansão, em pleno regozijo pelo trabalho em curso, cada alma encarnada e desencarnada é exercitada diariamente para essa direção, porém em escala menor. Dessa forma, todos no plano físico e astral, cada qual em seu nível evolutivo, serão treinados no fortalecimento do espírito crístico, com a graça divina que oportuniza a cada aurora, com o surgimento do Sol no horizonte, o renascimento e o reinício das atividades na prazerosa labuta de servir. Quando cada ser descobrir esse prazer de servir, ao invés de se negar ao trabalho, pedirá a Deus mais e mais trabalho, mais e mais paciência, persistência interior, serenidade, alegria e sentimento de gratidão. Destarte, os desafios de se repetir a lição e o aprendizado por meio de uma agricultura saudável e rica em interação consciente com os seres da natureza, permeando todas as cadeias produtivas até chegar aos consumidores no próprio campo, nas cidades ou em qualquer ambiente, serão reflexos da bondade do nosso Pai Maior em permitir que a toda hora sejam treinados esses atributos para a elevação.

Todos os seres têm direito à vida, e fazem parte dessa complexa e ampla rede evolutiva, individualmente e na interação sistêmica, consciente, cooperativa e amoravelmente entre os membros que compõem os reinos mineral, vegetal, animal, hominal, angelical (incluindo o dévico) e arcangelical, de maneira que todos devem ter a oportunidade de se aprimorar rumo à Luz Essencial.

A agricultura do futuro estará intimamente conectada com a educação e a saúde. Aliás, a tudo... pois, a partir de visões holísticas, haverá integração entre todas as ciências e setores da vida, com planejamento, governança e gestão sistêmicos; nada estará dissociado. Assim, os alimentos serão cultivados no campo num sistema combinatório similar ao que ocorre quando se busca o equilíbrio alimentar à mesa. Observai este exemplo: rabanete-cenoura-beterraba-alface-rúcula, que são espécies que combinam bem na horta, mas também no prato, em termos de nutrição equilibrada, pois contêm produtos agrícolas de cores e composição nutricional diversa, e são compatíveis em termos alelopáticos (não geram efeitos químicos de incompatibilidade, na terra e na maioria dos estômagos humanos). Associar cereais a leguminosas no prato, como no campo, são bastante compatíveis.

É partindo dessa lógica que serão montados os sistemas produtivos agrícolas e as mesas para o repasto. Há um velho e sábio ditado indiano, atrelado à filosofia ayurvédica, que diz: "Coma uma árvore todos os dias: raiz (amido, energia para o corpo), tronco, caule ou ramos (fibras), folhas (vitaminas, sais minerais), frutos (complementos vitamínicos e minerais) e sementes (proteínas)". E nós complementaríamos: e as flores também, pois são ricas em minerais e efeitos áuricos amplos e profundos, como os usados por meio da terapia de florais, que alcançam mente-sentimento, chacras e, por conseguinte, com reflexos no corpo.

Outra importante orientação para o momento do plantio, do manejo, da colheita, da distribuição e do consumo dos alimentos: em cada ato, dever-se-á empenhar concentração e foco, numa atividade de cada vez, para que também haja foco e concentração de energia. Ainda que a pressa seja necessária, deverá haver sempre consciência e amor, a fim de que a mente não esteja dividida com outras preocupações, despendendo energia em outras direções. Jamais se deve perder de vista o sentimento de gratidão ao nosso Pai Maior pelas dádivas que vos concede: ao Sol, pela luz e prana que dão vida; à Mãe Terra, pelas forças telúricas que fazem nascer as plantas e trazem a água; às pessoas, que contribuem com o trabalho e o suor e facilitam a produção e entrega dos alimentos. Assim, ao se ver o prato na mesa, todos os dias, que o ser hmano se dê conta de quantas etapas e trabalhos foram realizados para chegar-se àquele produto final, que merece ser agradecido do fundo do coração a todos os participantes dessa cadeia.

O amor verdadeiramente fraterno e a gratidão sincera direcionados a todo ser vivo e a todas as coisas da natureza impregnam as células e moléculas dos alimentos de boas energias, e equilibram suas estruturas moleculares de amor-harmonizador, que dispõe intenso fator de conservação. Inclusive quanto mais amor estiver impregnado nos alimentos, mais eles se conservarão "vivos" ao longo do tempo. Observai casos como o de pessoas que, após morrerem fisicamente, tiveram por anos, décadas e até séculos, seus corpos conservados, graças ao amor que vivenciavam e que impregnava suas células, a exemplo de Francisco de Assis, Vicente de Paula, Rita de Cássia e outros com padrão espiritual semelhante.

Quem cozinha e manipula os alimentos deve, igualmente, fazê-lo com sentimento de gratidão e alegria, trabalhando prazerosamente e transmitindo bom magnetismo a eles. É importante que se adote essas práticas desde já, porque isso fará parte do futuro construído por cada um de vós. Esse treinamento para o cultivo do amor-gratidão e da alegria foi trazido à Terra por Jesus, mas a maioria dos terrícolas ainda não aprendeu a lição e por isso necessita repeti-la e cultivá-la desde já.

Estudar sobre nutrição e combinação dos alimentos, bem como aprender a dispô-los da melhor forma e sequência possível, com temperos e cores equilibrados, para estimular os sucos gástricos, será prática corriqueira no futuro que já pode começar a ser exercitada agora. Comer com calma, mastigando os alimentos adequadamente, para sentir o sabor de cada produto e da sua combinação, com sentimento de gratidão, consciente de estar-se nutrindo com riqueza de proteínas, minerais e vitaminas, fibras e gorduras sadias, em vez de focar nos problemas, em assuntos de baixo teor vibratório, ou criando conflitos e contaminando os alimentos com magnetismo negativo, é a postura mais adequada no momento da refeição. Hoje em dia, a maioria das pessoas ingere os alimentos mecanicamente, conversa demais à mesa, e não sente o sabor e as dádivas ali embutidas. Cheias de estresse e preocupações na hora indevida, perdem a oportunidade de absorver melhor os nutrientes e o prana divino intrínseco em cada átomo ali presente.

Chás, fitoterápicos, raspas de sementes ou cascas e florais serão práticas comuns na nova fase planetária, a exemplo do que hoje se costuma chamar de nutracêutica, que são verdadeiros suplementos alimentares com características fármaco-preventivas, e mesmo terapêuticas. Não apenas médicos e nutricionistas, mas muitos irmãos da vida cotidiana, encarnados e desencarnados, serão capazes de se orientar e orientar os outros quanto ao uso da nutracêutica, pois será de conhecimento público e bastante disseminada entre todos, pelos meios de comunicação que terão esse papel educativo.

Aspecto importante a observar: plantas que nascem e proliferam em condições naturais possuem sua estrutura atômica diferenciada e com maior equilíbrio em relação aos seus princípios ativos, diferentemente das plantas cultivadas em sistema agrícola, pois a inteligência do ser humano ainda está longe da inteligência divina impregnada nos processos naturais inerentes às florestas e plantas nativas, embora no futuro isso deva melhorar, com a associação do amor ao fator conhecimento.

Chegará o tempo em que os sistemas agrícolas se tornarão cada vez mais similares aos sistemas ocorrentes em florestas nativas ou nos campos sincronizados com as correntes telúricas, que são dinâmicas e seguem não em linhas ou ângulos retos, mas em curvas. Com a fidedigna sintonia com o deva do lugar, será possível alcançar essas paisagens produtivas harmoniosas, que terão auxílio de *softwares* para a simulação da arquitetura dos sistemas agrícolas sustentáveis. Contudo, isso exigirá paciência no planejamento, seguindo os mesmos princípios expostos anteriormente no tocante à persistência exigida na relação com os devas, com as plantas e animais, e no controle do que hoje chamam de pragas e doenças.

Observai que a construção de sistemas agrícolas do futuro exigirá não apenas conhecimentos cognitivo-intelectuais sobre a biodiversidade, utilizando-se sistemas informatizados para modelos sustentáveis de produção, conforme já exposto, mas e principalmente sensibilidade de sintonia com as plantas e seus devas, os quais se encarregarão de mobilizar os elementais, bem como os minerais que comporão o sistema agrícola sustentável. Quanto melhor a sintonia com esses componentes biológicos e minerais e seus devas, melhor resposta será dada em termos de produtividade e saúde do sistema.

Ao se repetir várias vezes ou dar ênfase a certos comentários ou orientações ao longo do texto, estamos, pois, utilizando uma metodologia pedagógica que pretende ajudar o leitor na fixação de conhecimentos e informações importantes, e ao mesmo tempo querendo chamar atenção para determinadas práticas que já podem ser exercitadas desde já.

Atualmente, mesmo aqueles agricultores que adotam bons sistemas orgânicos ou agroecológicos de produção, do ponto de vista técnico e utilitário, com foco essencialmente comercial e de lucratividade, sem a devida consciência de gratidão para com elas, acabam por desequilibrá-las, bem como ao ambiente no seu entorno. Por isso, seus produtos ficam sujeitos a ataques de micro-organismos e insetos dentro do processo produtivo, e os alimentos acabam por durar pouco tempo após a colheita, ficando frágeis e mais perecíveis.

Portanto, não é salutar manter-se uma relação meramente utilitarista com a natureza. O amor é o maior aditivo natural que conserva os alimentos, protege-os contra os ataques de insetos e os equilibra, fortalecendo seu poder nutricional. A relação com a natureza é uma ótima oportunidade contributiva para a evolução dos seres humanos, ainda pouco percebida entre os terráqueos. Por isso é que reforçamos, em vários pontos desta mensagem, informações pertinentes aos vários reinos da existência (mineral, vegetal e animal), a fim de que se amplie o vosso entendimento a partir de exemplos de práticas agrícolas futuras que já poderão ser realizadas hoje.

Mesmo nos dias atuais, o agricultor terráqueo já pode exercitar práticas xamânicas que o ajudarão no melhoramento de sua produção, mas é fundamental que aprimore sua relação afetiva e de respeito para com o meio natural, não o olhando apenas como fonte de ganho de dinheiro. Os nutrientes que a agricultura dos dias atuais utiliza, naturalmente, têm suas respectivas vibrações no campo energético-magnético oriundas de suas estruturas moleculares e do campo etérico que possuem, e, dessa maneira, podem receber forte interação com pessoas que a eles direcionem ondas mentais e vontade para que se multipliquem atomicamente quando despejados no solo, em sistema de reação em cadeia, alcançando uma maior área. É crucial que essa prática ocorra em sintonia com o deva do lugar e dos produtos que se esteja manipulando, e neste caso, como os devas são anjos e por isso ricos em amor incondicional, a postura afetiva com esses componentes minerais e com os respectivos devas será fundamental para o bom êxito do trabalho. Pode-se, ainda, mentalizar que esses minerais permanecerão por mais tempo no solo, reagindo lentamente e com eficácia.

Assim, ao tocar no calcário (componente de coloração branco-acinzentada, indispensável para corrigir a acidez do solo e facilitar a absorção dos nutrientes pelas plantas), cuja coloração branco-acinzentada denota paz e serenidade (no caso do branco) e persistência transmutadora (cor cinza), é aconselhável que o agricultor emita tranquilidade e disposição de trabalhar com persistência e paciência, atributos que a natureza exige para cumprir os seus processos biológicos. O potássio, com tendência à cor branco-prateada (bastante presente nas cinzas e importante para o fortalecimento das raízes e vigor das plantas) pressupõe pureza de pensar e agir, boa vontade e disposição para dinamização da vida. No caso da cor cinza, que pode ser utilizada em substituição à rocha moída de potássio, que foi matéria orgânica no passado, retorna à natureza para enriquecê-la, numa incondicional disposição de servir ao ser humano de outra forma que a sua original. O amarelo do fosfato (elemento importante para a estruturação de flores e frutos) é a compreensão, a alegria e a expansão da consciência na relação com o meio natural e com os devas.

Lembremos aqui que, embora os minerais não expressem sentimentos próprios e possuam total dependência dos seus devas, em razão do grau de letargia consciencial em que se encontram, logicamente o sentimento emanado pelos seres humanos que os manipulam são absorvidos passivamente por eles. É como se os sentimentos, ainda inexistentes nos minerais enquanto manifestação proveniente de sua evolução, fossem estimulados e potencializados em sua natureza divina adormecida, mobilizando seus devas a arrebanharem forças de amor para beneficiar a plantação.

Essa combinação química dos minerais em forma natural, associada ao nitrogênio, e em alguns casos demandando maior concentração de magnésio e cálcio, e ainda de micronutrientes (que também devem ser obtidos a partir de rochas naturais e material orgânico) deverá ajudar a planta na sua fixação no solo, no seu crescimento e saúde. Quando se aplica esses elementos químicos naturais nas plantas adotando essas práticas xamânicas, o campo áurico decorrente da combinação de suas moléculas com as emissões mentais conscientes, aliado aos bons sentimentos emanados pelo agricultor, fará com que as plantas se estabeleçam e cresçam harmonizadas, com saúde expansiva a todas as raízes, ramos, folhas, flores e frutos ou sementes. Certamente essas plantas terão mais vigor e plenitude em sua força prânica, para atender às necessidades humanas.

Produzir alimentos na quarta dimensão física tem algumas vantagens e desvantagens sobre a primeira dimensão. Nesta, a velocidade e força prânica advinda do centro da Terra é mais intensa, fazendo com que a conversão de nutrientes do solo em proteínas, vitaminas e sais minerais demande, automaticamente, por solos mais ricos. Na quarta dimensão, por lidar com um ambiente mais sutil, se acessará níveis mais sutis da natureza, alcançando com mais eficiência o prana solar e menos o terrestre (energia telúrica), e haverá menos incidência de pragas, ou melhor dizendo, menos desequilíbrios ecológicos.[47]

É louvável tudo o que se conquistou nos avanços do conhecimento no setor agrícola, os atuais esforços intelectuais dos pesquisadores para conhecer e descobrir soluções, bem como gerar inovações tecnológicas por meio dos estudos, experimentos e adoção da metodologia científica dentro das limitações que o grau de evolução do planeta lhes impõe. Entretanto, poderão encontrar, por meio da comunicação pelo sentimento, verdadeiros portais de conexão com um outro universo de conhecimentos e aprendizado que encurtará anos, décadas e séculos de pesquisa. Porém, esses pesquisadores deverão adotar uma postura humilde em relação aos elementos da natureza, abrindo seus corações para integrar-se com eles e amplificar seu aprendizado, pois na verdade são todos (seres humanos, animais, vegetais e minerais) filhos de um mesmo Pai e trazem conhecimentos inatos (ainda que em grande parte adormecidos) que também provém da Fonte Divina da vida.

Tornamos a repetir que, por detrás de cada elemento da natureza, além de seus conhecimentos intrínsecos à sua evolução, existe um deva, que é um anjo, um ser infinitamente superior em inteligência e compreensão ao ser humano, que ainda balbucia os primeiros sinais do futuro anjo. Portanto, cabe ao cientista exercitar muito a humildade para que, a partir daí, possa subir outros degraus do conhecimento e da expansão da consciência, apoiada não pela intelectualidade calculista e utilitarista, mas por um intelecto permeado de amor, que é o grande veículo da evolução plena.

[47] Esses desequilíbrios e consequentes respostas da natureza em busca do equilíbrio, se vistos pelo prisma da harmonia ecológica, seriam relativos ao que hoje os cientistas terrenos chamam de biorresiliência, ou capacidade de os seres vegetais e da fauna em geral buscarem a harmonia ante alguma agressão ou interferência de um outro ser ou fator nas relações sistêmicas do meio.

Os minerais, plantas e animais, assim como os seres humanos, estão em processo de evolução e, como tal aguardam, no contato com o homem, conexão para, em sintonia via sentimentos de amor, poderem, nessa troca, também evoluir mutuamente (ser humano e elementos do meio natural), promovendo maior aproximação e cooperação entre os diversos reinos da natureza. Assim, esse processo cooperativo ajudará e trará benefícios a todos, pois a vida é pura cooperação cósmica: isso é fraternidade universal. O ser humano precisa deixar de lado a voracidade pela exploração da natureza, o foco utilitarista sobre os recursos naturais, querendo achar que a natureza é para gerar lucros enriquecedores através de uma agricultura mercantilista e sistemas produtivos frios, calculistas, arrogantes e egoístas.

Compreendendo melhor e sentindo mais amor pela natureza animal, vegetal e mineral, em suas individualidades e em suas relações sistêmico-ambientais, o homem poderá interagir melhor com ela, e a agricultura será mais produtiva, com alimentos mais nutritivos, funcionais e saudáveis, gerando uma ecologia orgânico-humana e do meio natural mais equilibrada, com menos desequilíbrios que causem o que hoje agronomicamente se chama de pragas e doenças. O novo mundo agrícola descortinará novos horizontes ao ser humano urbano-rural, e essa ampliação perceptiva o ajudará na própria evolução. Os alimentos terão mais prana terreno e solar embutidos em suas estruturas nutricionais; terão mais vida e proporcionarão mais saúde a todos.

Após se alimentar, o ser humano terreno deverá sentir-se feliz, repleto de satisfação e energia, e não cansado e depressivo, como ocorre em muitas residências e restaurantes atuais. A mente humana é criadora e o sentimento é o veículo das intenções que a mente gera. Assim, se bem-educados e bem orientados, esses atributos do ser construirão um ambiente sadio, com alimentos nutritivos, que poderão ter seus nutrientes preservados e mantidos pelas mentes e corações que os manipularem, desde o momento em que são sementes de plantas, passando pelos cuidados no manejo da produção, pela colheita, pela distribuição, e chegando ao prato de cada dia.

A todo instante, as pessoas poderão mentalizar que aqueles alimentos são ricos em nutrientes, são sadios e cheios de prana; poderão alimentar sentimento de gratidão ao Sol, à terra, aos minerais, à biologia do solo, ao vento, à água, às pessoas que contribuíram com a produção e comercialização daquele alimento, aos devas, a todos os que participaram do trabalho cooperativo para que estivesse ali, e acima de tudo a Deus.

Li Wang[48]

Na energia

Este é um componente essencial da vida, uma vez que em tudo no Universo há energia. Ainda que existam escuridão e inércia aparentes no Cosmo denotando descanso ou pausa, há ali prana ou algum tipo de energia, palavra cujo significado vem do grego e quer dizer "trabalho". Aliás, termo muito bem intuído e que expressa o seu mais profundo significado, já que no Universo trabalho é atividade que sustenta a vida, desde a geração, manutenção e transformação de um fóton, um átomo, passando pelos seres vegetais, animais, humanos, angelicais, arcangelicais, até os sistemas solares, as constelações ou as galáxias. Nosso Pai Celestial é trabalho incessante; é energia abundante e interminável; é consciência e amor infinitos e eternos.

O tempo de um *manvantara,* por exemplo, corresponde ao aparecimento do vosso Sistema Solar, ou seja, quase cinco bilhões de anos pelo calendário terráqueo. Por volta de quatro bilhões e trezentos milhões de anos, surge a Terra. Numa perspectiva cósmica mais ampla, a expiração da manifestação divina criadora (de Brahma), que se dá entre doze e dezesseis bilhões de anos, corresponderia para os terráqueos ao surgimento do atual Universo, que ainda está em fase de expansão, a qual, num determinado instante cósmico, cessará e começará nova fase, de inspiração ou recolhimento, ou ainda de destruição desse universo para se processar a geração de um

[48] Nome adotado quando este espírito encarnou na China, onde viveu em tempos antigos. Também encarnou algumas vezes na Índia. Possui vasta experiência em agricultura e práticas de medicina natural. Há planos para que reencarne em breve na Terra, a fim de colaborar com a construção dos novos tempos.

outro, paralelo a ele, num processo que durará igual tempo ao realizado na expansão. E assim, o expirar e inspirar divino se processam infinitamente.[49]

Esses tempos e movimentos cósmicos são relativos e variáveis, quando vistos pela cronologia terrestre, e estão sujeitos a diversos fatores cósmicos que não caberão aqui ser dissecados, embora valha salientar que, para se dinamizar um ser em estado consciencial dormente ou em estado cósmico letárgico, como os minerais, há que se dedicar muito tempo em "lapidação", sob incansável trabalho de arcanjos e anjos. O trabalho a realizar no reino vegetal, por dedicados e amoráveis anjos, é relativamente menor, pois o ser já desabrochou e está apto a vivências biológicas, porém exigirá mais tempo que o exercido no despertamento da sensibilidade e dos primeiros sinais de inteligência autônoma vivenciada no reino animal, e estes, por sua vez, demandarão mais tempo que os seres já agregados ao reino hominal.

O período de surgimento de sistemas solares, que pode variar de cinco e oito bilhões de anos, corresponde ao tempo de evolução de um ser no reino mineral, de modo a chegar às portas do reino vegetal, quando então a mônada começará um novo período de expansão consciencial dentro do novo reino existencial, já por um período menor que o despendido no reino mineral, podendo levar de três a quatro bilhões de anos até que se encontre pronta para adentrar o reino animal. Este, por sua vez, terá um tempo menor ainda, podendo variar de dois e três bilhões de anos até chegar ao período intermediário entre seres do reino animal e hominal, isto é, como elemental, onde permanecerá, em média, oitocentos milhões de anos até en-

[49] Já tratamos desse tema no livro *Missão Planetária* (**EDITORA DO CONHECIMENTO**). Todavia, a título de informação geral, podemos avançar um pouco mais e afirmar que, à medida que as dezenas e centenas de bilhões de anos se passam, vão se criando algo como bolhas cósmicas laterais ao movimento que desenha um formato similar ao que os terráqueos chamam de ampulheta do tempo, e exatamente na confluência ou estreitamento cósmico entre um universo e outro irá surgir uma segunda "ampulheta" contendo dois outros universos que, paralelamente, recomeçarão esse trabalho de encolhimento e expansão. E assim surgirão outros tantos formando infinitos universos paralelos em processo de "respiração" cósmica, cada qual desenhando uma ampulheta e o conjunto, formando uma mandala cósmica, proporcionando uma pulsação cósmica infinita, contemplando o macrouniverso infinito que "abraça" essa mandala (a Mente-Amor Divino que permeia tudo e todos).

carnar pela primeira vez como ser humano. No reino hominal, o ser terá um período mais amplo, em termos de relatividade de tempo; todavia, menor em termos de dimensão absoluta de tempo (ficará na casa dos milhões de anos), o que quer dizer que poderá variar de um a oito milhões de anos vivendo nesse reino existencial. Portanto, não se pode imaginar que tudo no Cosmo seja uma matemática inflexível, não sujeita a fatores cósmico-ambientais que também estão em ritmo de evolução e de dinamismos em âmbito universal, galáctico, constelatório, solar, planetário, molecular, atômico e subatômico, em graus quase infinitos de complexa interação sistêmica e com contínuos fluxos de comunicação vibratório-energética entre essas escalas espaciais.

Quanto aos reinos angelical e arcangelical, podemos afirmar, para o vosso rápido entendimento, que a extensão de tempo será absoluta e relativamente maior e variará desde a casa das centelhas de milhões de anos, chegando a bilhões de anos, pois a escala de tempo nesses planos ultrassuperiores é "infinitamente" mais extensa que a escala humana e possui outra relação de evolução, em nível bastante complexo e diferente do reino hominal.

O ser humano não possui o mesmo grau de assertividade e coordenação que os devas exercem sobre outros reinos. Terá sim seu anjo da guarda e guias espirituais ao longo de sua jornada; buscará ser cada vez mais independente em consciência e terá um princípio que lhe rege: o livre-arbítrio, atributo que exerce uma forte importância sobre o seu percurso encarnatório e a variabilidade no tempo de permanência dele dentro do reino hominal.

Imaginai, a partir disso, a quantidade de trabalho despendido por todos esses seres que compõem a Criação, o volume de energia existente e continuamente em atividade expansora, reguladora e constritora, no movimento contínuo e eterno da "respiração" divina e expansão consciencial e de amor cósmico. O prana ou energia vital, em suas diversas formas de manifestação, está em tudo: no Éter, em todos os planos evolutivos e na matéria mais densa, e em níveis diferentes de força intrínseca, em qualquer que seja a expressão no Universo. A representação divina expressa na Mente-Amor-Manifestação Cósmica é pura Energia Essencial, atemporal, que permeia tudo e todos, gerando, mantendo e renovando o Universo, por meio de suas partes ou subuniversos dentro desse Cosmo maior, das galáxias, das constelações, dos sistemas solares, planetas e outros astros siderais, da força prânica de cada planeta que gera vida, de cada estrutura e movimento atômico, do dinamismo molecular, celular e dos tecidos dentro dos corpos humanos, do inspirar e expirar das pessoas, dos movimentos e produtos gerados pelos indivíduos e pelas almas desencarnadas, enfim, em tudo há energia prânica.

O prana se manifesta de infinitas formas, desde o *quantum* energético, em forma de fóton ou de luz abundante quando há maior quantidade de fótons, ao mais simples impulso que fixa ou mobiliza *quantum* energético em estruturas subatômicas, até os fótons que propiciam energia magnética, gravitacional, às reações químicas que geram ou alteram gases e diversos elementos químicos. As energias em trabalho que geram minerais, as luzes emanadas pelas estrelas, planetas e satélites, a força telúrica que faz brotar e crescer as plantas, os movimentos atômicos que geram oxigênio para que as pessoas respirem e vivam em pleno vigor energético, a força intrínseca que gera a vida celular e intracelular dos animais e os mantém vivos, as estruturas dinâmicas que geram carbono, a força ou energia que gera a vida humana e de todos os movimentos fisiológicos, alimentos e dejetos, formas-pensamento boas ou más, enfim, tudo é energia.

Todo o amor e consciência divinos são energia Una e em infinitas formas de manifestação ou expressão. Deus é energia, na sua mais pura e consciente essência. O Éter é energia, a força gravitacional dos universos, dos sóis, planetas, asteroides, cometas e meteoros são energias diversas. O magnetismo pessoal, o bioplasma gerado por todo ser vivo e agregado ao duplo-etérico, o ectoplasma gerado pelas correntes nervosas dos encarnados e que alimenta a aura vital de cada ser humano, tudo é energia da mais importante natureza e utilidade para a evolução. Assim, diante desses exemplos e de muitos outros, vemos a gigantesca oferta de energias ou fontes de energia disponíveis no Universo e, destarte, do ser humano, para que o ajude em seu progresso material e espiritual. Todas elas passíveis de serem captadas e transformadas em luz, de fazer movimentar objetos e meios de transporte, de se transformarem em eletricidade e em outras formas para uso humano, mediante a utilização de tecnologias apropriadas.

Contudo, para fins de utilidade humana, o terráqueo que habita a primeira dimensão física[50] ainda muito está preso às formas mais primitivas de geração e uso de energia, através dos minerais, especialmente os de origem fóssil, como carvão e petróleo, das hidrelétricas, dos biocombustíveis, dos resíduos orgânicos, como o carvão vegetal, esterco, resíduos vegetais e de alimentos, e, felizmente em fase de expansão, o uso da energia solar e eólica, ou, ainda em nível experimental, de outras fontes como geodésica, das marés e até gravitacional.

No campo da convivência humana, é gerado um amplo espectro de energias grosseiras, como ódio, ciúme, inveja, desejo de poder e domínio, egoísmo, sexo desregrado, alimentos carregados de matéria densa animal, e toda uma gama de energias que retroalimentam os homens até a exaustão do próprio corpo físico, inclusive afetando negativamente o próprio corpo astral dele e do orbe. Essas energias podem ser recicladas com equipamentos muito avançados, como alguns extraterrenos já fazem; no entanto, além de reduzir a vida útil desses aparelhos, pois os sobrecarregam, seriam medidas paliativas, haja vista a necessária mudança interior de quem produz essas energias para que produzam outras, realmente salutares e que funcionem como alimento energético sadio para todos ao redor: pessoas, seres e dimensões invisíveis,

[50] Conforme foi visto na obra *Missão Planetária*, há vida na Terra na décima dimensão física. São seres muito mais evoluídos que os habitantes da primeira dimensão física. Vivem num ambiente fisicamente bastante sutil, quase etérico, ainda que, dentro de condições encarnatórias e ambientais físicas, com elevadíssimo padrão espiritual e tecnológico. Lá habitam seres de um grau de inteligência, sensibilidade e doçura inimagináveis para os terráqueos da vossa dimensão, que é a mais densa que existe. Todavia, esses seres precisam do planeta Terra na primeira dimensão física, a fim de que possam ancorar seus sistemas de vida, pois existem canais ou portais interdimensionais onde há espécies de fixadores ou "grampos" energéticos que vão perpassando cada e todas as dimensões (da mais densa à mais sutil), gerando uma rede interdimensional de sustentação físico-planetária (com portais e pontos de fixação em cada dimensão física) e proporcionando estabilização vibratória, magnética, gravitacional e orbital da Terra no Sistema Solar.

bem como planetas mais próximos.

No que concerne à energia para fins de eletricidade, as eólicas são uma boa opção e as hidrelétricas, especialmente as pequenas e micro-hidrelétricas, já representam um bom avanço, por gerarem menor impacto ou alterações ao meio; contudo, ainda são fontes paliativas e pouco recomendáveis, pois, de qualquer modo, provocam danos nos sistemas hídricos naturais, em menor ou maior grau. Embora alguns produtos já sejam comercializados na Terra, como as microturbinas sensíveis ao fluxo da água que não exigem barragens para se produzir energia limpa, é preciso melhorá-las no futuro. Mais recentemente, fontes consideradas alternativas no momento, e que deverão se expandir mais ainda, como a solar, a das marés e a geotérmica, são bastante recomendáveis. Alguns cientistas extraterrenos encarnados na Terra já começam a fazer, também, experiências com soluções mais sutis de energia, como o caso dos supercondutores, do magnetismo e da gravidade terrena.

O futuro terreno caminha em direção a uma fase intermediária em que haverá grande expansão de soluções de energias limpas, em curso atualmente, proporcionando um verdadeiro mosaico de fontes, desde a energia solar e eólica, até a magnética e gravitacional, que deverão ser expandidas a cada década futura e após o saneamento espiritual da Terra. Após os períodos mais turbulentos do planeta, inicialmente será utilizada a gravidade e o próprio magnetismo dos polos, e, mais no futuro, será muito usado o abundante magnetismo lunar e solar como energia para as variadas necessidades materiais do ser humano. Com a colaboração fraternal de irmãos extraterrenos será possível desenvolver tecnologias avançadíssimas nesse setor.

O ser humano compreenderá que o uso econômico e sem esbanjamento de energia será um lema de vida. O novo tempo exigirá muita vigilância e esforço consciente em relação ao exagero no gasto de energia do corpo, com o sexo desregrado e sem amor, com o consumo inadequado ou exagerado de alimentos, com o uso excessivo da palavra (quem fala demais perde energia; por isso é preciso equilíbrio na oralidade, pronunciando-se apenas o que for necessário ou construtivo), com os exercícios físicos exagerados (estes são e serão importantes sempre para o corpo físico, mas o excesso é desnecessário, como muitos que passam horas e horas nas academias de ginástica apenas para alimentar a vaidade), com o uso de veículos para fins menos nobres ou perdas de tempo com coisas inúteis, e com o uso de lâmpadas, aquecedores, ventiladores ou ar-condicionado em situações desnecessárias.

A busca do equilíbrio em cada pequeno ato da vida será uma constante imbricada no constructo psíquico e nas atitudes humanas, por mais ínfimas que pareçam. Energia é dom divino e deve ser vista, sentida e utilizada como um bem abundante no Universo; porém, o fato de ser abundante não significa que não se deve usá-la com equilíbrio, lucidez e serenidade. Como tudo no Universo é composto por parcelas variadas e multiformes de energia, evidentemente quando uma fonte se extinguir ou se exaurir haverá sempre uma alternativa estimulando a criatividade humana, embora não se deva usar isso como prerrogativa para uso irresponsável ou sem parcimônia, posto que, ao se tirar energia de um lugar ou fonte, estar-se-á alterando ou tirando de alguma outra estrutura atômica aqueles fótons ou *quanta* energéticos que participavam de outra estrutura em equilíbrio dinâmico, e que atendia a outros seres ou a outras coisas.

Desse modo, é preciso ter plena consciência de que há um grande sistema cooperativo cósmico que demanda maturidade crescente rumo à fraternidade universal plena. Quem causa danos ou perdas, a própria lei cósmica de Causa e Efeito lhe cobrará, como natural e espontâneo mecanismo de equilíbrio sistêmico físico-espiritual.

Nos mundos físicos, quanto mais densa a energia, mais concentrada de elementos extinguíveis a curto prazo ou de baixa durabilidade, se comparados com energias de maior frequência e sutilidade. Em vez de se gastar muita energia para transformar energias densas, é preciso que as energias geradas pelas almas encarnadas (principalmente porque os encarnados são usinas mais potentes de geração de energia do que os seres do Astral) e desencarnadas sejam cada vez mais construtivas e possam ser multiplicadas, como um dínamo, como forma de ajuda no trabalho da Força Evolutiva (que é a Energia Una) que impulsiona todos e tudo ao progresso espiritual e material. O fototropismo evolutivo é um impulso de energia sobre tudo e todos os seres em direção à Luz Divina, ao Pai Maior; é a energia propulsora da evolução para a re-união de cada ser criado com Deus.

Haverá, futuramente, equipamentos que captarão, processarão e armazenarão energias geradas por diversas fontes e farão uma espécie de uniformização dessas energias, num grande misturador e homogeneizador. Assim, poder-se-ão misturar energias mentais-emocionais positivas e de atividades físicas humanas que venham a gerar magnetismo, congregando-as com a energia gravitacional e magnética extraída da atmosfera e formatando-as num grande condensador e gerador de energia para uso na vida cotidiana, visando ao bem-estar e atendimento às necessidades de progresso material.

Depois, essa energia será distribuída através de supercondutores até as residências, as organizações, e servirá para alimentar veículos suspensos no ar. Tanto os meios de transporte aéreos como os terrestres, terão equipamentos com função de captação e processamento do magnetismo e energia gravitacional terrestre, e os transformarão em energia motriz. Num futuro mais adiante ainda, captarão um magnetismo mais potente, em especial os veículos aéreos, qual seja, o magnetismo solar.

Os biocombustíveis em franca expansão na Terra hoje são interessantes e melhores do que as energias geradas a partir de fontes fósseis. Contudo, ainda estão longe do que se poderia chamar de energia sustentável, mesmo os chamados biocombustíveis ou a bioenergia de segunda geração,[51] que ainda deverão se disseminar por certo tempo no plane-

[51] Que mobilizam o potencial energético em nível molecular de material vegetal, como celulose ou outras estruturas vegetais, por exemplo, mas que sempre exigirão, por conseguinte, e mesmo que seja em menores volumes produtivos que os biocombustíveis de primeira geração, o plantio ou aquacultivo (para casos de uso de algas para fins energéticos) para fins de geração de energia, de modo que qualquer que seja o plantio ou cultivo, certamente serão mais sustentáveis e eticamente responsáveis se estiverem direcionados à produção de alimentos, em vez de combustíveis.

ta. O magnetismo e a gravidade terrestre e os magnetismos e forças gravitacionais lunar e solar serão as grandes fontes futuras, limpas, leves, sustentáveis e que permitirão viagens de espaçonaves no Sistema Solar. No caso de deslocamentos maiores, haverá conversores dentro dos veículos que se utilizarão do magnetismo e da gravidade de outras estrelas que estiverem mais próximas. Haverá, dentro das espaçonaves, equipamentos detectores de magnetismo e gravidade e poderão selecionar as melhores opções estelares ou de outros astros no espaço sideral como fonte de energia motriz.

Em um futuro próximo, irmãos de orbes diversos, e cientes do grau de responsabilidade cósmica ainda limitada do ser humano terreno, estarão a postos para orientar e transferir tecnologias adaptáveis às limitações espirituais, intelectuais e físicas do terráqueo. Vêm encarnando na Terra muitos irmãos extraterrenos com a missão de pesquisar e desenvolver tecnologias diversas, com uma atenção especial para a área de energia.

Muita luz e pura energia aos corações e mentes terrenas. Que estas funcionem como estimulantes do progresso espiritual de todos os seres deste belo planeta!

Hamm-Sântem[52]

Nos transportes

Conforme nossos irmãos já sinalizaram anteriormente, haverá mais veículos para transporte coletivo do que individual. Tudo na vida das pessoas, nos novos tempos, será para estimular a evolução individual, o amor fraterno e o espírito coletivo, ao mesmo tempo. Haverá momentos de introspecção e de contato com o processo de individuação, mas também muitos outros de convivência, pois nessas oportunidades é que cada pessoa sairá do seu laboratório particular, do seu mundo íntimo, para exercitar a humildade, a paciência, a tolerância, a compreensão, o respeito, a cooperação e o sentimento fraterno de doação e renúncia.

Irmãos marcianos, principalmente, estarão aqui para colaborar na busca de melhores soluções de transportes no

[52] Este irmão marciano é engenheiro especializado em energia.

futuro. Nos últimos trinta anos, sobretudo nos últimos dez, tem aumentado a reencarnação de irmãos de vários orbes do Sistema Solar e até de fora dele. Esse processo será intensificado doravante. Por isso é que pedimos aos terráqueos, em especial às terráqueas, que não pratiquem o aborto, mesmo que lhes ocorram situações indesejáveis no mundo físico, pois está havendo um grande esforço coletivo dos planos superiores para a geração de vidas na primeira dimensão física, com vistas à ancoragem de muitos irmãos extraterrenos.

Lembrai-vos de que nada acontece por acaso e que aparentes "incidentes" de percurso fazem parte de um plano maior (incluindo aí a Lei do Carma), nem sempre presente nos níveis de consciência das pessoas envolvidas num processo de gravidez. Pode se tratar, inclusive, de situações resultantes de projetos mais amplos que se aproveitam da natureza humana impulsiva, instintiva e emocional para viabilizar programações que gerarão impactos positivos no futuro das famílias e do próprio planeta, a exemplo da encarnação de um irmão extraterreno que virá a ser um cientista, um bioengenheiro, um educador ou um grande colaborador para os tempos vindouros.

A colaboração será não apenas no campo tecnológico, mas principalmente no espiritual. As chamadas crianças índigo e cristais fazem parte desse rol de encarnantes, processo que se expandirá em níveis bastante amplos doravante. Todos evoluirão com essas oportunidades encarnatórias. Os terráqueos aprenderão por meio das trocas ou intercâmbios decorrentes da convivência fraterna e equilibrada com esses irmãos. Noutro sentido, esses irmãos encarnantes também terão muito o que aprender; afinal, eles também estão em processo de evolução, longe ainda de serem anjos. São espíritos muito evoluídos, se comparados com os terráqueos, mas que, igualmente, se encontram em processo de educação, na expansão do amor fraterno universal e na ampliação da postura ética e da consciência. Assim como Jesus lavou os pés das pessoas simples, em profundo ato de humildade, esses espíritos mais evoluídos também deverão ser educados pelos terráqueos para que possam perceber seus desajustes no comportamento e na atitude interior, de forma a cultivarem a humildade, a ampliação da capacidade de amar fraternalmente e de se expandirem em consciência, ao mesmo tempo em que estarão trazendo contribuições para a evolução física e espiritual planetária.

A evolução não é linear. Há muitos espíritos avançados intelectual e eticamente, mas que ainda carecem de expansão no campo do amor fraterno, do carinho e compaixão para com o próximo. Há extraterrenos que possuem elevada consciência; alguns eliminaram todos os seus carmas, outros os possuem em quantidades bastante reduzidas, se comparados com a maioria dos terráqueos. Eles sabem, consciente ou subconscientemente, o que não devem fazer para absorver carmas e têm uma forte vontade dirigida para o bem, para a boa índole e para o bom comportamento; no entanto, há muitos deles que ainda não vibram o amor doce e pleno em seus corações. Em que pese os desajustes psíquicos e algumas fraquezas morais, há terráqueos mais evoluídos nesse aspecto do amor-compaixão, fraternal, do que muitos extraterrenos intelectualmente avançadíssimos. Por outro lado, muitos desses terráqueos ainda necessitam educar mais suas mentes, ampliar seus padrões conscienciais e de vontade dirigida ao Alto, a fim de vencer seus vícios e impulsos inferiores acumulados de tantas vidas. Portanto, todos ganharão com essa convivência mútua.

Os transportes coletivos do futuro permitirão muitos encontros e reencontros entre pessoas e almas. Até que a economia e a infraestrutura se reequilibrem, haverá a recuperação de alguns sistemas de transporte hoje utilizados, como os veículos que se utilizam de biocombustíveis, os veículos elétricos (muitos tendo como fonte a energia fotovoltaica) e à base de hidrogênio. Mas, quando algumas crianças atuais, bem como as que reencarnarão, atingirem a fase adulta, dentre as que trouxerem a missão de desenvolver soluções alternativas de transportes, será possível iniciar um intercâmbio mais próximo com irmãos de Marte, que trarão informações novas, e estas serão compreendidas e absorvidas, especialmente no tocante ao sistema propulsor a partir da gravidade e magnetismo terrestre e de outros astros.

No futuro mais à frente, haverá grandes veículos à base

de energia geomagnética e magnético-solar, que flutuarão no espaço. Os aviões, que se aprimorarão em aerodinâmica e terão variados *designs* ou formatos, se utilizarão da energia gravitacional e geomagnética. Mais tarde, os irmãos extraterrenos trarão a tecnologia dos discos voadores e de um equipamento para transporte interdimensional, permitindo um intercâmbio direto dos seres da primeira com os da quarta dimensão física.

O uso de bicicletas será muito incentivado como transporte diário, qual já ocorre há décadas na Europa e em alguns países asiáticos. Haverá a preocupação de se evitar congestionamentos de trânsito; por isso, a maioria das pessoas se utilizará dos eficientes transportes coletivos. As ruas serão bem sinalizadas e organizadas de tal forma que haverá poucos acidentes.

Some-se ao aspecto da organização, o fato de serem instalados no entorno dos veículos protetores formados por material magnético que emitirão automaticamente, na hora de possíveis colisões, sempre a polaridade inversa à do veículo ou coisa externa, repelindo-o. Isso graças a sensores com altíssima sensibilidade que, ao captarem os objetos externos, enviarão sinais em milionésimos de segundos para painéis computadorizados, os quais acionarão a polaridade necessária para se provocar não a atração, mas a repulsão, em relação à polaridade do outro objeto. Assim, o veículo que acionar primeiro já enviará automaticamente o sinal para o outro, de modo a evitar-se o acidente, gerando a repulsão dos respectivos veículos. Os guardas apenas existirão para orientar e educar os mais desatentos.

Muito dos transportes futuros serão descortinados à medida que o planeta for se saneando e encontrando um rumo mais consistente em direção à Luz Maior, esta que é a fonte de todas as energias e fontes mobilizadoras de seres e objetos voadores no infinito Cosmo.

Que a luz do Pai abasteça vossas caminhadas em direção a Ele!

Homn-Rids[53]

[53] Irmão oriundo de um pequeno planeta distante, fora do Sistema Solar, e que já encarnou, por diversas vezes, em Marte.

Nas comunicações

Os veículos de comunicação atuais continuarão a existir, porém em formatos mais modernos. A televisão tridimensional será uma realidade massificada e, mais futuramente, haverá transmissões em seis dimensões, que, além das três dimensões já conhecidas pelo terráqueo atual, incluirá a emissão do aroma, as sensações na pele e uma espécie de sinalizador vibratório agregado ao aparelho para identificar a qualidade e o volume de energias positivas ou negativas que estiverem sendo emitidas pelas pessoas ou pelas informações transmitidas. Cada casa terá um pequeno bioaparelho conectável à televisão, visando a filtrar as energias de teor negativo e devolvê-las como positivas ao ambiente. A televisão será educativa, sem filmes ou programas de baixo teor vibratório, conforme ocorre na atualidade, demandando constante vigilância mental-emocional, iniciativa autoeducativa, preventivas e de ajustamentos energéticos destinadas a um planeta ainda em regeneração.

Sob a facilitação de organizações não-governamentais e de governo, haverá um conselho social de avaliação da mídia, em cada região, onde poderão ser recebidas sugestões e comentários da população sobre programas da mídia, no sentido de estas serem cada vez mais educativas e orientadoras da sociedade. Haverá telas grandes, mas também equipamentos de televisão menores e mais potentes, a preços acessíveis. Haverá disponibilidade creditícia de um banco do governo de incentivo a investimentos para quem desejar montar uma empresa de comunicação, sob orientação governamental e seguindo padrões éticos e educativos predeterminados. Mas haverá monitoramento e controle da quantidade de empresas emissoras, para se evitar congestionamentos de sinais e de programações.

A energia utilizada será a eletromagnética e os sinais serão distribuídos por antenas pequenas e muito potentes, tomando por base alguns satélites localizados em locais estratégicos do orbe terrestre, bem menores e mais potentes que os atuais e posicionados com ajuda de irmãos extraterrenos. Explicando melhor: os satélites ficarão na terceira dimensão física terrena,[54] que é um interespaço entre a primeira e a quarta dimensão física. Não serão visíveis a olho nu, mas através de biossensores instalados em aparelhos sofisticados e interdimensionais, que monitorarão o funcionamento desse sistema de comunicação de sinais. As antenas emissoras dos sinais de internet e televisão, por exemplo, possuirão pequenos aparelhos (assim como os aparelhos e equipamentos receptores desses sinais) que funcionarão como adaptadores ou conversores de interação interdimensional, com a função de jogar o sinal da primeira para a terceira dimensão física, por onde viajarão os sinais eletromagnéticos, sem riscos para a saúde dos humanos da primeira dimensão física, pois haverá um isolamento dimensional sobre o fluxo dessas ondas eletromagnéticas.

Já há comprovação atual, na Ciência terrena, de que as ondas eletromagnéticas emitidas pelas emissoras de rádio, televisão, telefones celulares, e mesmo as ondas que se formam em torno dos cabeamentos transmissores de energia elétrica de alta tensão, fazem mal à saúde e, além dos efeitos nocivos ao campo neurológico para quem se expõe demasiadamente a excessivas emissões, geram efeitos negativos no plano astral, alterando campos magnéticos positiva ou negativamente, dependendo do caso, além de afetar corpos astrais – no futuro haverá estudos aprofundados sobre essa relação e uso de aparelhos para neutralizar ou alterar efeitos de sinais eletromagnéticos, que serão usados inteligentemente, conforme o caso do uso necessário em equipamentos médicos. Assim, o excesso de ondas de rádio, televisão, telefonia celular, a fiação de energia elétrica e de outros aparelhos emissores de sinais eletromagnéticos, que têm prejudicado a saúde da população terrena atual, deixará de existir.

A internet continuará crescendo e se expandirá como o principal instrumento de comunicação. Mas o sistema educacional e educativo criará uma ambiência favorável para que as pessoas, ou mesmo as crianças, cresçam em responsabilidade

[54] Atentar para o fato de que o texto não se refere à dimensão em que o terrícola vive atualmente e que chama de "terceira dimensão", seguindo os parâmetros da Física convencional. Os detalhes desse conceito encontram-se na obra *Missão Planetária* a que esta dá sequência.

e exercitem o discernimento quanto ao uso equilibrado e não excessivo das mídias, as quais serão instrumentos de suporte ao progresso humano e espiritual e não de dependência e vício, conforme ocorre hoje em muitos lares e ambientes de trabalho.

Os jornais escritos deixarão de existir (como de certa maneira tem sido a tendência atual). Desse modo, se reduzirá o volume de florestas plantadas para produção de celulose e consequente transformação em papel, que continuarão existindo para usos nobres. Não haverá *outdoors*, faixas, cartazes e pichações poluindo o visual das cidades e vilas. Todos estarão conectados à internet e terão acesso a todas as formas de mídia disponíveis, mesmo nas áreas mais distantes ou isoladas geograficamente. Haverá sistemas de publicidade de produtos e serviços, sejam públicos ou privados, apenas no sentido informativo e educativo, sem estímulo ao consumismo, qual existe atualmente na Terra.

Que desde já possam os irmãos terráqueos exercitar a responsabilidade e o bom senso no uso de meios de comunicação e na absorção de informações oriundas de fontes não qualificadas, em termos espirituais. De fato, há muito pouco material de qualidade, atualmente, face à irresponsabilidade dos detentores de poder nas mídias. Há um amplo programa e uma gestão invisível – para os encarnados – da emissão de informações e imagens, nesses canais diversos que estão sob controle de forças inteligentes das trevas, fazendo com que muitas almas inadvertidamente consumam produtos de comunicação que os puxam para zonas de frequência inferiores e fortaleçam uma rede global de sintonias que atrasam a evolução terrena.

Os sistemas de comunicação terrenos, atualmente, têm funcionado como verdadeiros aparatos de magia, pouco voltados para o bem; a maioria para o apego às egrégoras densas, com emissão de sons, imagens e energias de forma subliminar ou diretamente, visando à construção ou cristalização de padrões comportamentais de fixação em condicionamentos viciosos e pensamentos de baixo teor vibratório, estimulando a fixação nos instintos e paixões inferiores, como violência, sexo desvairado, intrigas, traições, busca a qualquer custo pelo poder, submissão ao dinheiro e aos vícios em geral, dentre tantas mazelas. Há, atualmente, uma avalanche de lixo energético (mental-emocional e de impulsos inferiores) sendo despejados diariamente e a cada segundo nas mentes, corações e corpos terrenos em geral, criando ondas em cadeia de certo envolvimento e hipnose coletiva.

Somente após o grande saneamento planetário, essas energias e suas fontes emissoras serão extirpadas do planeta, por meio da "lavagem" provenientes das águas salgadas do mar e das tempestades, pelo fogo purificador das queimadas resultantes de incêndios promovidos pelas secas, que deverão ocorrer de forma mmais ampla em várias regiões do planeta. Some-se a isso, as desestruturações econômicas locais, regionais e mundiais, decorrentes dos fenômenos climáticos e geofísicos, que provocarão efeito em cadeia e afetarão fortemente as redes de comunicação.

Os meios de comunicação possuem um papel crucial na construção do futuro planetário, dentro de padrões "limpos" que devem emitir sinais informativo-educadores que alimentam a alma com vibrações construtivas para um novo tempo de regeneração íntima de cada ser e da coletividade terrrena.

Com as grandes mudanças planetárias em curso, e com esperança num futuro melhor para a Terra, nos congratulamos e nos disponibilizamos aos orientadores espirituais deste planeta para juntos construirmos novas bases de instrumentos e de conteúdo de comunicação dos tempos vindouros, balizados pela ética cósmica, pela consciência ampliada e pela fraternidade universal.

Kardram[55]

Nas artes

As artes terão um papel fundamental na construção dos novos tempos. O ponto de conexão que mais aproxima o ser humano de Deus é quando ele cria. Assim, e procurando aproximar e sintonizar cada vez mais as Fontes Divinas da criati-

[55] Irmão de um planeta do Sistema Aldebaran que tem dado anônima e importante colaboração para a construção de uma nova era terrena.

vidade essencial com o futuro habitante da Terra, serão estimulados processos criativos na música, nas artes plásticas, no teatro, no cinema, no artesanato e em toda forma de criação, inclusive nas ciências e nas atividades corriqueiras – entendendo que a arte deve permear todas as atividades humanas.

O Universo pulsa criatividade a todo instante, pois esta reflete o sentido da evolução contínua de cada alma e em cada ser vivo deste Cosmo. Nesse sentido, cada ato, cada coisa e cada situação da vida deverão estar pautados no fluxo da reavaliação constante e da transformação incessante. Nada deve ser estático, e mesmo o que merece descanso ou pausa possui um dinamismo relativo ou estaticidade relativa. Assim, dentro de um escopo de criatividade divina em que há plena consciência e amor divinos imersos no Universo, há nele (em seu "desenho cósmico", nas músicas e sons cósmicos oriundos de tudo e de todos que compõem essa obra cósmica, em suas cores e movimentos) uma criação artística, uma expressão da arte da Mente Universal.

Quando alguém cultiva bons pensamentos, boas atitudes e bons sentimentos, no dia a dia, a arte produzida por essa pessoa será de boa qualidade e, certamente, terá boa sintonia com planos sutis que são inundados de boa música, belas pinturas e expressões. O novo tempo terá como paradigmas: a evolução espiritual, o "orai e vigiai", o esforço incessante e regojizante para o autoconhecimento e a transformação íntima, bem como a busca incansável e reenergizadora da fraternidade cósmica. Esses atributos deverão estar espelhados em múltiplas formas de expressão nas artes do futuro e, desde já, poderão ser exercitadas pelos artistas da atualidade, não havendo necessidade de esperar pela nova ambiência astral terrena para que comecem a gerar boas obras nos campos das artes.

Aliás, os novos tempos, na verdade, já se iniciaram; portanto, é preciso que todos os habitantes da Terra que estejam sintonizados com as vibrações da Era Aquariana possam começar a colocar seus "tijolos" nessa grande obra que exigirá tempo e dedicação amorosa para dar a sustentação mínima necessária para se poder afirmar: a Terra alcançou um grau básico de planeta equilibrado sobre alicerces consistentes da consciência cósmica e da fraternidade universal.

O terráqueo atual tende a ficar preso ao passado por apego a fatos, a situações e a almas encarnadas ou desencarnadas que conviveram consigo num passado remoto ou próximo, com reminiscências agradáveis e desagradáveis (normalmente alojadas no seu subconsciente), como se fosse um vício do passado. Assim, costuma enaltecer e reativar experiências passadas a todo instante; poucos vivem o agora ou exercitam cenários futuros melhores, de modo a trazer para o momento atual o que estaria no futuro, ajudando com isso o processo de se plasmar o futuro no agora. Dessa maneira, desejamos vos afirmar que é possível fazer um exercício de antecipação mental; é possível puxar as forças cósmicas que vibram em um momento relativamente futuro para o agora, e é isso que estamos propondo aos irmãos da Terra que anseiam por um futuro de regeneração efetiva, rico em cultivo da paz, harmonia, alegria, amor e serviço fraterno incondicional.

Quantos museus existem mostrando e falando das guerras e atrocidades, de luxuria, de roubos e lutas insanas pelo poder ou de conquistas materiais impressos em filmes, pinturas, contos, romances, poesias, músicas e enredos em geral. As forças atávicas puxam as energias dos terráqueos para baixo e para a manutenção de um estado humano pretérito, viciado, expresso também nas artes, recheadas de reflexos condicionados e cristalizados em arquétipos psíquicos, impulsos (confundidos com *insights* criativos) e formas-pensamento que criam verdadeiras vidas paralelas dentro de cada ser humano. E, a qualquer tentativa de mudança, esses "seres" energéticos negativos ou egrégoras do passado recente ou antigo reagirão no sentido de se manterem vivos dentro da pessoa.

Há inclusive aquelas almas que se comprazem da dor e do sofrimento, próprio ou alheio, numa expressa atitude psicopatológica de sadismo e/ou masoquismo, alcançando níveis coletivos impressionantes, com efeito energético atomizado em cadeia vibratório-magnética, fortalecendo laços viciantes ou de reflexos condicionados gigantescos, especialmente neste tempo de mundo globalizado, em que tudo pode ser acessado rapidamente pela internet ou pela televisão, em filmes, documentários, sons e imagens.

Por outro lado, essa mesma arte expressa em pinturas, esculturas, música, teatro e cinema, poderá se constituir em ótimo instrumento para se escapar desse passado aprisionante e trazer para o agora o que seria o futuro ideal. E certamente os dirigentes planetários vêm trabalhando incansavelmente, e há muito tempo, para plasmar o futuro da Terra em novas bases existenciais. Nesse contexto se encontra o vital papel da arte, em todas as suas formas de expressão.

Considerando que a arte é expressão do mundo interior de cada um e de sua sintonia com planos invisíveis, o trabalho que cada criatura fizer em direção à regeneração interna provocará verdadeiros prêmios em forma de arte, pois a sintonia que o levará aos planos sutis fará com que os seres elevados incentivem seus pupilos da escalada evolutiva por meio da música, pintura, escritos, filmes, teatro e variadas formas de expressão artística, a gerarem produções divinizadas. Por isso, estando o encarnado como um artista empreendedor de esforços de transformação interior, terá quintessenciado o seu potencial de produzir arte da mais elevada qualidade. Esse processo criativo é o que deverá permear as artes futuras da Terra.

Nos dias atuais, é natural surgir vaidade durante e após o processo criativo do artista (e que aumenta quando ele é aplaudido e reconhecido), e isso ainda perdurará por muito tempo na Terra; contudo, é importante o terráqueo estar atento para se melhorar a cada dia, um pouco que seja, vigiando a vaidade, a fim de que ela não turve o seu processo artístico como medianeiro fidedigno do Alto, até porque o artista é por natureza inspirado por outrem e, por isso, não deve se vangloriar, mas agradecer ao Universo por suas criações. Evidentemente, há casos de criações artísticas a partir do subconsciente do artista, que pode até se mesclar com inspiração advinda do mundo extrafísico e até físico (pelo efeito da sincronicidade), mas, mesmo nos casos em que há criação do próprio artista, este deve vigiar a vaidade, pois todo ser é fruto das oportunidades que Deus lhe concede, seja pelos arquivos e memórias reencarnatórios de que dispõe, seja pelas oportunidades de aprendizado e troca com o meio e com outros seres. Com isso, o artista deve antes de tudo agradecer a Deus por qualquer criação.

É compreensível que aqueles que ainda se encontram em fases primárias ou intermediárias de evolução sintam necessidade de receber aplausos e reconhecimento ao seu trabalho criativo, e isso pode, de certa maneira, alimentar a autoestima e retroalimentar a continuidade do próprio processo criativo na arte ou em qualquer campo do conhecimento. Mas não pode estacionar nesse nível, que expressa certo grau de infantilidade cósmico-consciencial e emocional, devendo a cada dia se auto-observar e buscar aos poucos ir educando seus impulsos de vaidade e de carência afetiva, cultivando o serviço incondicional e anônimo, alimentando o prazer de apenas servir à grande obra artística do Pai. Aliás, essa carência, pode, às vezes, ser fruto de egocentrismo, por esperar que o mundo o enxergue, o reconheça e o receba com o calor do afago, sem a percepção sutil de que todos são filhos de um Pai que é o maestro dessa grande orquestra, e que Ele é consciente quanto ao esforço autoeducativo de expansão do amor incondicional e da participação de cada um dos seus pupilos, anônimo ao meio social ou não.

No campo das artes, a parceria criativa é quase uma regra. Só para refrescar a memória dos irmãos, a construção da grande obra de arte que é o Universo, e que a cada dia continua em expansão, é fruto da parceria de arcanjos, anjos, seres humanos, animais, vegetais e minerais, e da sinergia decorrente da interação entre todos. Ou seja, ninguém cria uma obra sozinho, sempre haverá a participação ou colaboração de outrem. Só isso deveria bastar para que o artista cultivasse a humildade, agradecesse pela inspiração e não inflasse sua vaidade.

Obviamente que a pessoa que cria pode e tem o direito de sentir-se feliz pela criação, e ainda mais se esta mobiliza e toca positivamente os outros, mas deve ficar atenta à tênue fronteira entre a alegria e a vaidade, muitas vezes sutil e ardilosa. Torna-se primordial o artista se descobrir, conhecer o estágio de sua vaidade e minorá-la por um processo autoeducativo, sem danificar sua autoestima, o que exigirá discernimento e busca de equilíbrio entre o que ele é, o que deseja ser, em razão do seu padrão mental em processo de amadurecimento, e até onde pode chegar com seu esforço interior de autotransformação.

A música, por sua natureza mais dinâmica, volátil e etérea que as outras artes, possui um potencial de disseminação magnética extraordinário. Hoje, infelizmente, ainda se multiplicam em efeitos negativos, principalmente pela mídia de rádio, televisão e internet, músicas de baixo teor vibratório, às vezes idealizadas no Astral inferior, como parte de um plano hipnotizador e mobilizador de almas que cantam na informalidade, que pensam e sentem tais músicas, enfim, propagando mais ainda essas energias, criando verdadeiros elos de conexão magnética com as forças hipnóticas do mal que desejam arrebatar mais adeptos para suas intenções mórbidas e, assim, criar redes retroalimentadoras entre encarnados e desencarnados, com muitas vampirizações, hipnoses e anestesiamentos coletivos.

Os desencarnados presos às sensações do mundo físico se utilizam de artimanhas para se sintonizarem com encarnados e deles sugarem bioplasma e ectoplasma e, dessa maneira, se alimentarem e se satisfazerem de fluidos do plano físico – raras vezes os encarnados se dão conta disso, e acabam por se comprazerem inconscientemente nessa relação, às vezes simbiótica, às vezes parasitária, em mútua obsessão. Nos novos tempos, a mídia deverá somente transmitir a boa música e as boas expressões artísticas, o que emanará vibrações de alegria verdadeira, de paz, harmonia e estímulos ao progresso espiritual.

No futuro, antes de se gravar qualquer música ou se difundir expressões artísticas, via internet ou por outra forma de mídia, a produção artística será rastreada por um aparelho que detectará sua resultante magnética, que deverá ter sempre saldo positivo (tanto em letra quanto em harmonia melódica, bem como em ritmo e arranjo). Como a Terra estará em regeneração, é natural que as imperfeições humanas ainda estejam muito presentes nas atitudes e, portanto, nas expressões em forma de arte. Por isso, será imprescindível que haja formas avaliadoras do que for gerado pela criatividade artística, a fim de se evitar que o magnetismo negativo se espalhe local, regional e mundialmente.

Alguns leitores poderão questionar essa avaliação, sob o argumento de se constituir em vigilância ideológica ou controle autoritário. Todavia, é preciso esclarecer que a Terra pertence aos terráqueos, bem como a todos que dela fazem parte, inclusive aos arcanjos, anjos, devas, seres espirituais superiores e aos demais humanos encarnados e desencarnados nos diversos planos; e, portanto, ela não está sozinha, entregue apenas a alguns terráqueos, muitos dos quais em elevado grau de desequilíbrio espiritual. A Terra não pertence somente àqueles que mataram, extorquiram, usurparam do poder político, científico, artístico e material, ao longo de milênios.

Muitos dos artistas terrenos têm expressado esses desequilíbrios, demonstrando uma verdadeira inversão de valores, deixando explodir e disseminar impulsos primários e irracionais sob o argumento distorcido da necessária livre-criatividade artística. E, se perpetuarem essa prática, continuarão mantendo elos vibratórios com os velhos tempos, atuando como força contrária ao movimento ou fluxo evolutivo em direção à luz. Portanto, é natural que os irmãos mais velhos e mais maduros espiritualmente estejam, nos novos tempos, atentos e vigilantes às manifestações dos terráqueos ainda em fase primária de regeneração. As artes não devem estimular o passado melancólico, saudosista e triste, com histórias muitas vezes repletas de baixas vibrações, como violência, egoísmo, orgulho entre outras mazelas humanas, proporcionando sintonia com o lado imperfeito do ser, pois criam magnetismo forte com essas vivências, fortalecendo ou retroalimentando arquétipos do passado dentro de quem as criou e influenciando negativamente quem as vê ou as ouve. A arte do tipo mobilizadora de energias densas e atávicas de estímulo à violência, à tristeza e à pornografia deverá ser banida do planeta. As vibrações dos erros do passado devem ficar no passado e serem transmutadas por uma nova polarização energética, focada no lado sadio e elevado do espírito.

A arte poderá e será um instrumento com gigantesca

oportunidade para inverter o polo vibratório do ser, de negativo para positivo, estimulando o lado superior e potencialmente elevado das almas. O universo interior e exterior são infinitos e, por isso, abrem portais infinitos para que a criatividade artística navegue por paragens infinitas, com infinitas combinações de cores, sons, formas e expressões de alegria, otimismo, fortalecimento e elevação espiritual. E a interação entre encarnados, desencarnados e os impulsos criativos advindos de seres angelicais propiciarão (e já propiciam agora) oportunidades infinitas de interação e cooperação ao processo criativo das artes.

Há formas ainda desconhecidas e inesperadamente belas para o ser humano terreno descobrir e se inebriar. Por que então ficar preso ao passado, se ele pode se apoiar no agora e ainda mirar horizontes futuros, trazendo-os para o momento atual? Por que ficar preso a formas de expressão antiquadas, tristes, saudosistas, depressivas, conflituosas, violentas, vaidosas e egoísticas? Por que não estimular o infinito lado bom a ser cultivado e descoberto? Quantos irmãos ainda precisam descobrir a arte divina sobre suas cabeças, expressa nas múltiplas cores e desenhos das galáxias, no escuro das noites pontilhadas pelas estrelas, nas várias fases da Lua, no nascer e no pôr do Sol, com combinações de cores variantes a cada dia, e nos cometas rasgando o céu, nuvens adornando os dias úmidos ou no céu límpido e azulado em um infinito degradê de azuis pintados no firmamento?

Ah... se os irmãos pudessem se sintonizar e auscultar o mantra OM que permeia todas essas formações cósmicas e que pode se decompor em infinitos acordes e combinações harmônicas! Se pudessem captar e ouvir as melodias com acordes e arranjos inimagináveis que vêm das altas esferas, derramando-se como gotas de notas terapêuticas e de enlevamento sobre cada espírito e corpo humano, num ato anônimo de verdadeiro amor incondicional!

Que os humanos atuais não tenham medo de descortinar o desconhecido e belo, que começa dentro de si próprios! Que desde já possam criar, como tantos médiuns da boa obra já o fizeram nas artes plásticas, musicais, poéticas e artesanais, a exemplo de Mozart, Beethoven, Bach, Renoir, e outros grandes inspirados.

Junto com as artes, e além das ciências, uma multivariedade de novas expressões culturais já está encarnada na Terra e se multiplicará com a vinda de muitos irmãos extraterrenos, trazendo seus costumes, suas maneiras de ser, seus conhecimentos científicos e dons artísticos. Por isso, o respeito à diversidade de expressão e múltiplas formas de ser serão muito bem-vindas e farão parte dos novos tempos.

A arte não precisa ser sofisticada. Pode ser simples; aliás, muitas vezes torna-se bela pela inesperada simplicidade. A arte do futuro abrirá canais mediúnicos com irmãos de várias paragens do Cosmo infinito. Terá função terapêutica e educativa para quem a exerce e para quem a vê, a toca ou a ouve. Instrumentos musicais novos e à base de cristais produzirão músicas esplendorosas e de efeito magnético e sintonizador com as altas esferas espirituais, algo inenarrável para os ouvidos atuais e com reflexos profundos na alma, de elevada sensibilidade e estímulo ao progresso espiritual. Surgirão instrumentos à base de energia magnética da Terra e do Sol, com características nanoeletrônicas e produzindo sons e harmonias inimagináveis para o atual terráqueo.

Humildade, confiança, fé, serenidade, paciência, tolerância, firmeza, renúncia, flexibilidade, alegria, persistência, compaixão, serviço incondicional, serão alguns dos sentimentos imantados nas músicas, pinturas, esculturas, gravuras e talhas, nos roteiros de teatro e cinema, nas poesias, contos, escritos de ficção e novelas, todos funcionando como instrumentos de estímulo à multiplicação das células sadias mentais, emocionais e físicas de cada ser humano. Sons harmonizados produzem efeito harmonizador das células psíquicas e físicas dos seres humanos, organizando-as, equilibrando-as, e assim será a música funcional e terapêutica do futuro terreno.

Conforme já ocorreu na época dos grandes músicos que encarnaram na primeira dimensão física terrena, muitos se inspirarão na natureza para trazer sons e imagens harmonizadores. Os cantos dos pássaros, por exemplo, têm profundo efeito na harmonia molecular dos ambientes onde eles se encontram, trazendo íons de alegria e dispersando ou mesmo transmutando algumas energias ambientais carregadas de tensão, frieza e rigidez. O som dos trovões descarrega íons saturados de raiva, violência e medo, e os aterra ou eles são levados pelas águas das chuvas até os rios e oceanos, num processo de transmutação plena. O som da chuva renova íons de secura, frieza e intranquilidade nos corações humanos, tornando-os mais mansos, tranquilos e amoráveis. O som trazido pelas ondas do mar quebra íons de impaciência, intolerância, arrogância e injustiças e os renova para íons de paciência, tolerância, senso de justiça, humildade e amor incondicional (por isso o banho de mar é bom para a limpeza áurica, com consequente estabelecimento de um campo de harmonia nesses campos energéticos positivos).

Como podeis perceber, a natureza é pura expressão de arte curadora à disposição dos seres humanos, que raras vezes a observa e a sente. Essas práticas podem ser vivenciadas agora na Terra, com infinitos benefícios, e certamente serão expandidas num futuro não distante. A arte será um veículo extremamente valoroso e valorizado nos processos educativos e de saúde humana dos tempos vindouros, tanto preventiva quanto terapêutica, instrumento para mergulho interior e descobertas do mundo íntimo da alma, para contato com células físicas, astrais e mentais necessitadas de transformação, equilíbrio e felicidade.

Servir não é apenas um processo decorrente do campo mental e do sentimento evoluído ou em aprendizado, é também uma arte, pois não decorre de atitudes mecânicas, mas requer um concentrar, um sentir e um expressar com delicadeza, fluidez, inspiração e doçura, entregando-se às forças inspiradoras do Alto, conectadas com o nosso Pai Maior.

Que os sons das altas esferas do Amor Cósmico irradiem sobre vós e pulsem em vossas almas, enchendo-vos de muito regozijo!

Do irmão *Belak*[56]

---

[56] Músico marciano.

Nos esportes

Os esportes do futuro serão mais um instrumento para desenvolver o espírito de equipe e de cooperação, estimular o desenvolvimento da força de vontade, a disputa de jogos sem violência, o prazer da convivência grupal e do esporte em si, e a busca da saúde física e psíquica. Se hoje o esporte traz alegrias, trará ainda mais no futuro. Atualmente é uma das atividades humanas que conseguem mudar o humor e a aura da mais triste criatura, ou retirar certas pessoas, momentaneamente que seja, do mau pensar e do mau agir, focando-as na vibração alegre de torcer pelo seu time ou pelo bem-estar resultante de sua prática. Essa terapia coletiva, como uma verdadeira magia que mexe com os corações, sem dúvida merece estar presente nos momentos de confraternização e diversão dos novos tempos, sem precisar que o torcedor ou praticante esteja mergulhado na paixão irracional ou no fanatismo.

Países como o Brasil já mobilizaram milhões de corações para uma sinfonia de alegria, com efeitos magnéticos inimagináveis, espalhando-se não somente dentro da aura nacional, mas de toda a América do Sul, com reflexos até em outros continentes. Muitos captaram, vivenciaram e foram ajudados com essa vibração quando o Brasil foi campeão do mundo no futebol, em 2002. Esse mesmo processo ocorreu com outras nações. Contudo, a vigilância aos impulsos da arrogância, da vaidade, da discriminação e violência deve permanecer em alerta, para que tais emoções não estejam presentes e, caso isso ocorra, que sejam trabalhadas no sentido da autotransformação, pois a vitória de hoje pode representar uma derrota amanhã, e, na verdade, o mais importante são os momentos de intercâmbio desportivo e o aprendizado que possa ser gerado e captado a partir dessa convivência fraterna.

A maioria dos terráqueos nem imagina o quanto o campo magnético da alegria produzida por uma multidão pode ajudar o plano espiritual a operar em benefício de quem esteja em profundo processo de depressão no Astral, resgatando almas, facilitando desencarnes e criando verdadeiras "naves" astrais transportadoras de entidades em direção a paragens de repouso, restabelecimento energético ou de plenitude e regozijo.

No futuro, não haverá mais esportes violentos ou os que estimulem a agressão e raiva mútuas, como as lutas. Essas práticas selvagens de agressões físicas, erroneamente chamadas de esporte, já não deveriam mais estar presentes na atual realidade humana. Esgrima, boxe, luta livre e similares, ou qualquer prática que induza à violência ou aos maus-tratos entre pessoas e animais (como rodeios, touradas e práticas nessa direção) não mais existirão, pois reavivam impulsos primários e sentimentos densos do passado, retroalimentando essas egrégoras.

Haverá mais esportes coletivos que individuais, exatamente para incentivar o espírito de equipe. Os atuais esportes, como futebol, vôlei, basquete, handball, natação, corridas em suas diversas formas, saltos, nado sincronizado e vários tipos de ginástica, serão alguns que continuarão embelezando os olhos e criando um espírito de competição mais ameno. Aplaudir e incentivar o progresso esportivo será uma constante; contudo, desde criança, todos serão orientados para a vigilância quanto à vaidade, a fim de que ela não cegue a humildade latente em cada ser.

Que o respeito e carinho ao próximo estejam sempre presentes a quem deseja se regenerar e evoluir! Quem for derrotado numa competição, sempre sadia, receberá o prêmio pelo esforço despendido e como incentivo para que não desista. Quem vencer terá que exercitar a humildade interior, sem alegrias estrondosas ou arrogantes, sem exibicionismos, mas dividindo as alegrias com quem perdeu, em exercício de compaixão.

O esporte será um momento laboratorial ou de treinamento ao espírito de equipe, de cooperação, de ajuda ao próximo e de compartilhamento, de compaixão e solidariedade, e principalmente entre um time e outro, antes e depois dos jogos. Atos de violência e descontrole serão repreendidos, e o infrator terá que tomar consciência de suas atitudes visando à autoeducação espiritual: durante uma partida, por exemplo, poderá sair momentaneamente e retornar após conscientizar-se, desculpar-se e abraçar quem machucou. Será observado se a atitude de perdão foi de fato realizada com sinceridade;

não tendo sido, o jogador será afastado por um ou mais jogos e, dependendo do impacto do ato, será submetido a um atendimento psicológico-espiritual de reequilíbrio individual e de reaproximação afetiva com quem sofreu o dano físico. Este último, por sua vez, deverá cultivar o perdão ao agressor, e, não conseguindo, igualmente receberá apoio psicológico-espiritual até que essas emoções tenham seu polo energético sido invertido, ou pelo menos, neutralizado.

Haverá incentivo ao esporte desde os primeiros anos de vida, até os tempos em que a pessoa estiver na terceira idade. Serão implantadas infraestruturas esportivas nas suas diversas modalidades, espalhadas em escolas, em meio a moradias e locais de trabalho. As academias de ginástica existirão, mas numa configuração diferente, envolvendo ambientes internos e externos e onde as pessoas estejam de fato mais focadas em sua saúde física, mental e emocional, e não em exibicionismos e vaidades.

Novos esportes surgirão, mas não entraremos neste detalhe; deixaremos que os habitantes do futuro se encarreguem de construí-los e difundi-los.

Que a luz do Divino Cristo ilumine os corações de todos os desportistas do planeta!

Paz!

Do irmão *Jacob*[57]

Na indústria e no comércio

As organizações industriais serão privadas e estruturadas em cooperativas, e seguirão os princípios expressos no capítulo sobre economia, desta obra. Ou seja, sem lucros que extrapolem o equilíbrio interior (que afetem negativamente as estruturas psíquicas do ego em processo de educação espiritual) e a harmonia local, regional e mundial, em termos de organização econômica sistêmica e pacificadora da humanidade. Não haverá desequilíbrios entre trabalhadores de cúpula e da base, em termos de relações interpessoais, trabalhistas e de salários. A cúpula terá, no máximo, três vezes mais o salário da base; o

[57] Desportista que já encarnou na Terra, por algumas vezes, e se encontra atualmente ligado ao planeta Marte. O nome Jacob foi adotado em sua última encarnação na Terra, na América do Norte.

respeito, a confiança e a afetividade serão sentimentos e atitudes construídas e melhoradas a cada dia entre todos os membros das organizações produtivas. Como todas as atividades planetárias, em tudo estarão impressas as intenções da evolução e da fraternidade universal, e esforços educativos para a regeneração e melhoria diária de cada alma encarnada.

Ninguém será escravo do trabalho, nem viverá em clima de estresse e pressão. O trabalho não ultrapassará seis horas diárias, para que sobre tempo para outras atividades. O trabalho mecânico será feito por robôs e computadores. As atividades serão mais dinâmicas, exigirão criatividade, iniciativa e sentimento de cooperação. As pessoas trabalharão conforme sua aptidão e interesse, e terão oportunidade de mudar e fazer rodízio em suas atividades, para evitar monotonia, ampliar conhecimentos e habilidades, bem como crescer como profissionais. Não haverá cisão entre vida pessoal-familiar e vida pessoal-profissional, pois não há como separar a natureza humana que tem afetos, responsabilidades e compromissos familiares com o ser humano que trabalha fora, ou seja, o ser humano é um só, em que pese a necessidade de uso de disciplina mental e responsabilidades a serem cumpridas no ambiente profissional; de qualquer modo, todos serão uma única família. O requisito para ser coordenador ou gerente será a ética, a lucidez, o amor fraterno e o discernimento, associados ao necessário conhecimento técnico da área, conforme o caso. A qualidade de vida das pessoas, a evolução e a felicidade de todos será a mola propulsora das organizações do futuro.

O conceito do *time is money* ("tempo é dinheiro", como se diz em inglês) não mais existirá, e ganhar dinheiro será a contraprestação ou retorno justo de trabalho realizado e não meta de vida. A cegueira em busca do lucro não terá sentido nos novos tempos. A nova economia estará apoiada na cooperação e não na competição, no sentimento explícito e sincero de se transformar, se regenerar e crescer como espírito e não no fortalecimento do egoísmo, orgulho e vaidade. Assim, a inovação tecnológica e a produção industrial serão fontes de melhoria contínua da qualidade de vida e do progresso material, como bases para o progresso espiritual.

E, se alguém nos perguntar: então para que ter chefes ou superiores, se todos estarão em harmonia e conscientes de seu papel? Porque o planeta ainda não terá alcançado plena harmonia. Ainda será um planeta repleto de pessoas imperfeitas, em aprendizado, educando-se espiritualmente e, por isso, necessitando de orientadores e, em algumas situações, até de tutores. Além disso, no Universo há hierarquia, condição essencial de organização e exercício de humildade. Assim, em qualquer plano da espiritualidade existem superiores que estão à frente em amplitude de amor e profundidade consciencial, e pessoas situadas em níveis mais abaixo na hierarquia, ainda carregadas de diversificadas formas de expressão de egoísmo e orgulho, e/ou necessitadas de expansão do amor fraterno-universal em seu íntimo e na habilidade de expressá-los, as quais um dia também serão superiores, à medida que crescerem em humildade, discernimento e capacidade de amar incondicionalmente.

Que se entenda aqui que o termo "superiores" não denota expressão de vaidade e arrogância ou de frieza e imposição, mas de grau de consciência, lucidez e amor sereno, como ser motivador e educador daqueles que estão sob sua governança ou gerenciamento. Aqueles que serão escolhidos para cargos ou papéis superiores deverão possuir padrões básicos de humildade e deverão ter passado por missões de pequeno porte antes de assumir funções maiores, de maneira que estejam sensibilizados para seu papel de educador lúcido e amorável, no fundo da alma, e assim ocorrerá, gradativamente, à medida que subir em direção à assunção de responsabilidades maiores que exigirão crescentemente mais humildade e discernimento.

As estruturas hierárquicas nas civilizações superiores no Cosmo não têm como condicionante o autoritarismo, nem o medo, nem a punição, mas a autoridade pelo respeito que os superiores hierárquicos conquistaram naturalmente, com ética cósmica, e o discernimento que possuem, com amor fraterno, capacidade de perdoar e servir incondicionalmente, aspectos que lhes sustentam as atitudes. Quando mais elevado o ser, mais terá consciência e amor.

Regra geral, não haverá grandes indústrias; ocorrerá a multiplicação de células-modelo de indústrias que ficarão espalhadas por várias regiões do planeta. Em raros casos, poderá haver alguma indústria de grande porte produzindo objetos ou coisas raras que serão disponibilizadas para atender a necessidades vitais ou estratégicas para as pessoas, em qualquer parte do planeta.

Haverá organizações de médio porte, para alguns produtos, e na maioria dos casos serão pequenas indústrias, atendendo às necessidades locais e regionais. Os preços dos produtos serão justos e não haverá exorbitância. Haverá diversificadas formas de se buscar o equilíbrio do preço, havendo intervenções do Estado quando preciso, considerando que o mercado terá liberdade proporcional ao grau de consciência dos proprietários e cooperados das empresas, sem intenções de lucros que extrapolem as necessidades de sustentabilidade da organização, tanto em termos de manutenção, como de pesquisa e inovações tecnológicas necessárias para a contínua modernização do parque produtivo e do produto oferecido no mercado.

Importante salientar que as indústrias futuras adotarão o modelo de sustentabilidade, ou seja, além de gerarem soluções para a melhoria da qualidade de vida, com alimentos e produtos sadios e funcionais, atenderão às necessidades de uma economia justa e uma sociedade com padrões ótimos de equidade e igualdades respeitando os limites do ambiente e a necessidade precípua de garantir qualidade ambiental e de recursos naturais aos habitantes da Terra, estejam estes no presente ou no porvir, qual já sinalizam os preceitos esposados pelas instituições internacionais (como a ONU e seus organismos) que zelam pela paz e sustentabilidade do planeta, inspirados pelos dirigentes planetários.

No futuro, as atividades de escala global serão principalmente as relacionadas com equipamentos eletrônicos ou de última geração, e com os serviços de turismo. Esta última será a atividade que estimulará cada vez mais as pessoas a se conhecerem umas às outras, a descobrirem outras realidades, paisagens diversas, outras expressões arquitetônicas e culturais, outras experiências de vida, quebrando preconceitos de raça, cor ou forma de ser, e ampliando a consciência e o amor planetário e universal. Dentro de uma economia planificada em âmbito planetário, regional e local, todas interagindo de forma organizada, coordenada e sistêmica. Os esforços de todos serão de manter a paz, harmonia, felicidade e evolução de cada um e do conjunto, em matéria e espírito. Em um futuro bem mais adiante, será comum, também, o turismo para outros planetas.

As indústrias processarão alguns produtos de origem agrícola, para que estes não sejam tão perecíveis, e se utilizará de conservantes, corantes e flavorizantes naturais, tendo no amor ao trabalho e no sentimento de gratidão a Deus por aquele produto o principal ingrediente conservante, sendo utilizados moderníssimos equipamentos radiônicos para manter os alimentos em estado de inércia até que sejam reavivados em suas estruturas moleculares e celulares, sem perda de nutrientes, conforme já foi mencionado anteriormente. E fabricarão, também, os produtos de origem mineral, com tecnologia sempre em processo de evolução contínua, que promova a redução cada vez maior de minérios para produzir bens (indo na lógica da produtividade de fazer muito com pouco, mas não preocupadas com competitividade). Todos os resíduos serão reciclados ou reprocessados, gerando mais empregos e dinamizando a atividade econômica, de modo a não se gerar mais lixo ou dejetos sem utilidade. O caminho seguido atualmente pela "economia azul" (*Blue Economy*)[58] vai nessa direção. Lideranças que defendem esse conceito tem sido inspirados pelos medianeiros da aura dos novos tempos para a materialização de ações no campo da sustentabilidade planetária.

Após o grande saneamento planetário, e já nas fases iniciais de reconstrução efetiva da nova Terra, muitos irmãos marcianos estarão presentes e trarão equipamentos, máquinas e veículos que ajudarão os terráqueos em vários momentos, quando operarão na segunda e na terceira dimensões físicas e, de vez em quando, adentrarão a primeira dimensão

[58] O termo "economia azul" é utilizado por especialistas para designar todo o potencial contido nos oceanos. Segundo eles, uma vez bem administrados, geram oportunidade de emprego e negócios, com menos gastos e investimentos.

física para auxílio direto aos terráqueos, onde não poderão demorar por muito tempo, em função da forte pressão atmosférica e dos efeitos no campo atômico e subatômico sobre a matéria animada e inanimada.

Por isso é que recomendamos que os irmãos da Terra se habituem a ingerir alimentos leves, de origem exclusivamente vegetariana, além de praticar atividade física, *pranayama* (exercício e controle da respiração, muito conhecido pelos praticantes de ioga), beber muita água pura e manter pensamentos, palavras e atitudes sadias, esforçando-se por mudar seus hábitos desde já, bem como educar seus sentimentos grosseiros. Tais esforços não serão em vão, pois além de evoluírem estarão criando condições vibratórias para serem transportados a dimensões mais sutis, como a segunda e terceira dimensões físicas, que não são biodimensões, mas sim zonas de amortecimento magnético, onde poderão permanecer, temporariamente, em processos de deslocamentos ou viagens, em naves marcianas, seja em situação de resgate em momentos difíceis dos períodos mais críticos do planeta, seja para movimentos rotineiros ou de estudos, de aprendizado e trabalho nas fases futuras, quando poderão absorver muitos conhecimentos e adquirir variadas habilidades no convívio com irmãos mais evoluídos e habitantes de dimensões físicas mais sutis.

O tempo de permanência em outra dimensão mais sutil dependerá da capacidade de autocontrole, do preparo mental-emocional, celular e subatômico de cada um, podendo durar um minuto, uma hora ou mais. Haverá situações em que o terráqueo vivente na primeira dimensão física, e estando temporariamente em atividade numa dimensão mais sutil, poderá tomar contato com o oxigênio e a pressão atmosférica terrena da primeira dimensão física, restabelecer-se e voltar à segunda ou terceira dimensão para continuar a tarefa que esteja desenvolvendo.

Enquanto a Terra não estruturar uma indústria no mínimo aceitável e atendendo às coletividades, nos moldes dos novos tempos, muitos aparelhos e equipamentos marcianos e de outros orbes (que não estejam além da sexta biodimensão, pois não teriam condições vibratórias de ajustar seus padrões atômicos e energéticos para níveis tão densos) serão cedidos aos terráqueos, em auxílio fraterno universal, para a construção do planeta de regeneração, sob coordenação de falanges diversas, e sob supervisão dos anjos dirigentes da Terra. As tarefas que se utilizarem desses aparelhos marcianos para uso na nova Terra serão manipulados na segunda e terceira dimensões, pois, na maioria das vezes, não terão condições atômicas e subatômicas de chegar até a primeira dimensão física.

Que os novos tempos possam começar agora, com práticas transformadoras em direção a uma vida mais e mais saudável e sustentável, harmoniosa, cooperativa e fraterna, e que essas práticas comecem e se expandam nos ambientes industriais e de serviços que permeiam a civilização terrena!

Colaborador *Allan*[59]

No lazer

Nos tempos vindouros, o terráqueo deverá construir uma aura de satisfação e alegria constantes no trabalho, nas atividades espirituais, no lar, na convivência social e no lazer. Nos dias atuais, alegria e prazer estão muito atrelados ao lazer. No futuro, será diferente. Hoje, ao se falar em lazer, se pensa em algo sem fim construtivo, algo como muitos terráqueos dizem: "jogar conversa fora", "gastar o tempo", "estar em alguma diversão". Mas na visão cósmica, o tempo é tão precioso que existem anjos especialmente incumbidos de cuidar dele, a exemplo dos responsáveis pelos carmas, ou aqueles que monitoram os registros akásicos e a qualidade da evolução de almas encarnadas e desencarnadas. A brincadeira, a diversão e, portanto, o lazer futuro, serão de trabalho também. Mas não um trabalho enfadonho e desgastante, e sim atividades construtivas que ajudem na evolução de cada um, bem como na busca da harmonia física, e às vezes se utilizando de métodos divertidos ou lúdicos.

[59] Irmão espiritual com várias encarnações na Terra, desde os tempos antigos, mas também com encarnações em Marte e mais recentemente em Júpiter, devendo reencarnar na Terra em breve.

O lazer é importante fonte de reabastecimento energético físico e espiritual. O novo tempo planetário deverá ser permeado por novas fontes de enlevo do espírito. As pessoas irão se divertir praticando um esporte, por exemplo, e estarão cultivando amizade, bom relacionamento, melhoria do condicionamento e da saúde física, ampliando o sentimento de cooperação. Assim, quando forem assistir a um filme estarão tendo a oportunidade de ver um roteiro divertido que os fará rir, exercitar os músculos faciais e cerebrais, ou assistirão a um tema que mobilizará a sensibilidade e os levará a pensar sobre a vida, a evolução, os desafios e problemas a serem enfrentados com persistência, amor e alegria. Ou poderão passear num parque e contemplar a paisagem, um belo lago que os leve à meditação, admirando e sentindo as árvores e flores que os enchem de prana e doçura, observando os pássaros cantando e inebriando seus espíritos de paz e alegria. Poderão correr e brincar de roda e ampliar os círculos de amizade sincera, ou correr e depois descansar admirando o céu infinito ou o pôr do sol que os impulsiona à reflexão na Divindade, à contemplação do Universo e ao mergulho dentro de si.

O lazer do futuro, que já pode e deve ser exercitado desde agora pelos terráqueos, será momento de construção de atos e energias, imersos num tempo valioso, e não de perda de tempo ou de diversão com fatos ou momentos que geram perdas de prana, multiplicando energias de baixo teor vibratório ou alegrias desequilibradamente estrondosas, efêmeras, destrutivas e até carregadas de sadismo. Cada momento da vida ou mesmo as situações que não estão relacionadas com a profissão ou afazeres domésticos, devem ser valorizados como oportunidade de crescimento interior, de expansão do amor fraterno e de alegria irradiante; por isso citamos anteriormente que o lazer do futuro estará intimamente relacionado com trabalho, pois será oportunidade de se trabalhar a melhoria da alma.

A alegria irradiante é válida e é bom que se sinta, porém deverá ser equilibrada, com certo grau de serenidade, rica de compaixão e incondicionalidade, sem arrogância, sem que provoque humilhação ou inveja aos outros; é um combustível com força inimaginável no reabastecimento da alma e de revitalização ou renovação das células físicas. Se aplicada em terapias, poderá fazer verdadeiros milagres. Dialogar e chamar para brincar alguém que está triste, a fim de que saia desse estado emocional pesado, é um ato de lazer construtivo, como refazer o sorriso nos lábios de quem passa por depressão, levando ao outro um amor irradiante que contagia o ambiente e até os mais distantes fisicamente.

Muita luz solar a irradiar em vossas almas, e que essa luz os faça sorrir e se divertir construtivamente em muitos momentos da vida!

Karmok[60]

No turismo e na convivência

Salve todas as atividades cósmicas oportunizadas pela infinita bondade do Pai Maior que aproximam seres de todas as paragens do infindável Universo! Que possamos juntos aproveitar essas oportunidades para crescer espiritualmente e auxiliar a todos que, de livre-arbítrio, desejarem ser auxiliados!

Existem irmãos, mais novos ou mais atrasados na escola da evolução, que, conscientemente ou não, precisam da ajuda dos mais velhos para não estacionar na caminhada evolutiva. Como todos nós fazemos parte de uma grande comunidade cósmica, sabemos que não adianta avançar demasiadamente se irmãos dessa comunidade estão muito atrás. Quem sofreu ou se esforçou no passado e transformou essas lágrimas em insumo para amadurecimento interior, sabe que é por demais sofrido estacionar evolutivamente por longo tempo.

Descanso não pode ser confundido com descaso, alheamento ou inércia, sob pena de a criatura ser atropelada por vendavais, tempestades ou situações que provoquem mais atraso na caminhada espiritual – mais cedo ou mais tarde a própria alma cobrará de si maior responsabilidade para com o valioso tempo, especialmente quando essa alma for tocada pelas vibrações dos anjos denominados "Senhores dos Tempos" que se sintonizam com a consciência profunda de cada um. Há no Universo egrégoras resultantes de tudo o que se re-

[60] Irmão jupiteriano, tem auxiliado vários irmãos jupiterianos encarnados na Terra, como um "anjo" da guarda, e tem colaborado, também, com várias frentes socorristas de almas terráqueas.

fere ao tempo, emanada de todos os seres situados nos vários graus evolutivos, interagindo com esses anjos.

Assim, quem avançou um pouco mais tem consciência e sente necessidade de ajudar os mais atrasados, sem ultrapassar as linhas do livre-arbítrio, exceto se for convocado por Forças Superiores oriundas dos anjos e arcanjos que administram a galáxia. Então, começa aí um grande processo de turismo cósmico, que não podemos confundir com passeio ou lazer desprovido de objetivos, organização, coordenação e ação construtiva. Turismo cósmico é inerente a quem deseja juntar-se às equipes de auxílio em qualquer paragem do Cosmo, viajando por sistemas solares e planetas diversos, em ação fraterno-universal e em aprendizado para a evolução da alma que se dispõe a ajudar.

Nada no Universo está solto, ainda que muitos o achem um aparente caos, por mero desconhecimento da lógica universal, que engloba desde os vários universos e galáxias, até as mais pequenas unidades celulares ou uma estrutura atômica. Pode existir uma certa desordem inicial ou momentânea para uma sequencial e futura reorganização. Esse processo faz parte da evolução de coisas e seres em fases primárias de estruturação e tomada de consciência.

Estruturas e processos atômicos ou seres ainda ligados a forças prânicas primárias e, portanto, necessitados de mais evolução, tenderão a manter o aparente caos (essas forças divinas que permeiam o Universo são decorrentes de energia transformadora ou de reconstrução e irão interagir, em seguida, com energia criadora ou recriadora e depois a energia mantenedora, que buscará a reordenação de átomos e estruturas). Mas chegará o momento em que todos deverão estar realinhados com a Força Central da vida que pulsa puro amor e exala consciência imanente em tudo e em todos.

A evolução exige organização e disciplina. Por isso, após a criação e a manutenção, chegará o momento cósmico da quebra de paradigmas, da ruptura, destruição e explosão de sistemas para um estado de caos aparente ou circunstancial, todavia sob uma orquestração maior (mas dentro de padrões de organização ainda longe da limitada compreensão terrena) para, em seguida, começar uma nova criação e uma nova organização mais harmonizada. E assim caminha o Cosmo: nesse pulsar contínuo e evoluindo coisas e seres continuamente, respeitando e incentivando o livre-arbítrio e a criatividade, de modo que em um dia cósmico estes estejam numa esfera de liberdade em amplitude universal infinita e plenamente sintonizada com a Consciência e o Amor Celestial.

Para uma pequeníssima formiga que faz seu trabalho diário, a intervenção de uma pessoa para organizar um jardim pode parecer um caos, mas para o jardineiro é apenas trabalho numa dimensão de tamanho que a formiguinha não consegue alcançar em compreensão e visão, pois, se alguns grãos de areia e terra lhe parecem um mundo, para aquele que cuida de revirar e adubar o solo e plantar as espécies que darão flores e frutos é algo relativamente pequeno, em termos de espaço e tempo.

O dinamismo e os movimentos cósmicos demandam esforços cooperativos, conscientes e amoráveis de todos: dos que se encontram mais à frente e dos estão mais atrás. Por isso surgiu o turismo cósmico. O turismo existente hoje no planeta Terra é um simples e primário exercício do futuro, quando então o terráqueo descobrirá que poderá viajar, conhecer lugares, belezas naturais, encontrar-se com almas de diversas culturas que trazem conhecimentos e experiências das mais variadas formas de expressão e desfrutar de alegrias e desafios, trocar experiências, trabalhar e se divertir ao mesmo tempo, com responsabilidade e metas a cumprir.

Assim estamos nós, mobilizados e empenhados nessa grande empreitada cósmica no orbe da Terra que, para muitos irmãos encarnados na primeira dimensão física, pode aparentar muito tempo de jornada, mas, para nós, é apenas um piscar de horas e dias cósmicos. Não tardará o momento em que o terráqueo estará junto conosco nas viagens interplanetárias e interestelares, imersas de descobertas, rumo a visitas, aprendizados e oportunidades que nos ajudam a evoluir, ao mesmo tempo em que auxiliam outros a evoluir.

Antecedendo essa futura fase, os terráqueos estarão engajados num treinamento preliminar em que o turismo no orbe deverá ser a mola-propulsora da interação entre todas as pessoas do planeta, dentro de uma mesma região e no globo terrestre inteiro. Como parte desse planejamento, o Brasil tem recebido muitos imigrantes ao longo de sua história, e receberá ainda mais pessoas oriundas de outros países, fugindo de acontecimentos climáticos ou geofísicos que se acentuarão em breve. Esse afluxo de imigrantes vem ajudando as almas que encarnam em terras brasileiras na construção do espírito coletivo planetário. Por sua natureza hospitaleira, o brasileiro já tem espalhado e espalhará ainda mais esse espírito de fraternidade entre os povos. Mas será necessário que outros povos abram mais os seus corações; por isso a atividade turística será um dos principais elos condutores desse processo, tanto para os brasileiros que hoje recebem estrangeiros quanto para os que visitam outros países. Seja o turismo de lazer, seja o científico ou de intercâmbio comercial, o de aprendizado ou exercício de organização e de planejamento planetário, seja para visitar familiares e amigos, enfim, toda forma motivadora de intercâmbio será bastante acentuada no futuro terráqueo.

Após o saneamento espiritual e as estabilizações básicas no campo geofísico mundial, deverão começar as visitas ao planeta Marte e às luas da Terra e Marte, com o objetivo de intercâmbio de conhecimentos e experiências, e de expansão do turismo cósmico (comum entre os extraterrenos), prática indispensável para se expandir o respeito e a compreensão à diversidade, bem como ao sentimento e consciência fraterno-universal. Esses deslocamentos ocorrerão de modo cooperativo com os irmãos marcianos, em suas naves interdimensionais. Todavia, somente estarão aptas pessoas encarnadas e entidades do Astral que tiverem condições mínimas de educação mental e emocional, e, no caso dos encarnados, com um mínimo de sutileza física (que decorrerá também de alimentação frugívora), pois a maioria das viagens ocorrerá na terceira dimensão física e, ao chegarem a Marte, migrarão para a quarta dimensão física – com os desencarnados será mais fácil essa mobilidade interdimensional por estarem sem o invólucro físico da Terra; no caso dos encarnados, estes ficarão estacionados em suas naves, na primeira dimensão do solo marciano, em estado de sono profundo após a intervenção de aparelhos avançadíssimos que provocarão tal letargia, a fim de facilitar o descolamento do corpo astral em consciência, o qual viajará para a quarta dimensão mais tranquilamente.

Haverá alguns poucos casos de terráqueos da primeira dimensão física que adentrarão com seus corpos por algumas horas na quarta dimensão. Desse modo, terão que passar por ambientes dimensionais mais sutis, com menor pressão atmosférica e menos oxigênio, o que exigirá autocontrole, controle da respiração, apesar de usar equipamentos apropriados. Por isso, é fundamental desde já o terráqueo praticar *pranayama*, comum entre os iogues, bem como uma alimentação leve e totalmente vegetariana, que permita a flexibilização ou maior distanciamento de partículas subatômicas de cada átomo do corpo físico, pois um corpo muito densificado energeticamente não suporta esses movimentos subatômicos e poderá desencarnar com hemorragias internas generalizadas. Na maioria dos casos, haverá equipamentos ou vestimentas apropriadas para que as pessoas suportem, pelo menos, dois dias nas condições atmosféricas de Marte.

Os custos decorrentes dos deslocamentos serão cobertos por cada pessoa. Os preços serão viáveis, pois, numa economia planificada, os custos serão muito bem calculados e oferecidos a preços compatíveis com a capacidade de pagamento do futuro terráqueo. Os transportes interplanetários entre a Terra e Marte serão operados por empresas, sem interesses por lucros exorbitantes ou com valores acima da realidade compatível com o que for estabelecido no planejamento e supervisão do governo.

Chegará um tempo em que vários terráqueos terão condições físicas e espirituais de visitar outros orbes, dentro do Sistema Solar e fora dele, conforme já afirmamos aqui. Existem planetas com sistemas de vida na primeira dimensão física (qual ocorre na Terra) mais atrasados e também mais à frente em evolução tecnológica, o mesmo ocorrendo em termos de evolução espiritual. Assim, alguns planetas com vida na primeira dimensão física, em grau evolutivo acima da Terra, poderão ser visitados pelos terrenos no futuro. O mais próximo da Terra (considerando a primeira dimensão) se encontra na constelação de Órion, planeta com tecnologias bem mais avançadas que a Terra e espiritualmente um grau evolutivo à frente.

Existem vários planetas com vida na quarta dimensão física e em situação similar, acima ou abaixo do nível evolutivo marciano. Todos esses planetas, fora do vosso Sistema Solar, serão perfeitamente visitáveis, num futuro bem à frente, em naves que viajarão em dimensões mais sutis e se utilizarão do que chamamos de interespaço, que são os canais de conexão ou portais interdimensionais[61] (os cientistas terrenos chamam de *buracos de minhoca*[62]). Esses caminhos permitem deslocamentos de muitos anos-luz em poucos dias, horas ou minutos, dependendo da distância e do tipo de nave. Assim, o turismo cósmico com participação de terráqueos e irmãos de vários orbes permitirá a ampliação de conhecimentos, experiências e expansão do sentimento fraterno-universalista entre todos.

A convivência nos novos tempos terrenos será de paz, entendimento entre os povos, busca de harmonia, respeito cultural e linguístico. Ainda que o esperanto, que também sofrerá modificações para torná-lo mais mântrico, caminhe para unificar a forma de comunicação, muitos idiomas ainda permanecerão por algum tempo. Divergências poderão ocorrer, como nas relações interpessoais no cotidiano; entretanto, logo as pessoas farão o exercício de humildade e chegarão a consensos e a bom termo de decisões, e assim esse idioma (o esperanto) será o que permitirá maior intercâmbio nas viagens turísticas dentro do planeta Terra.

No caso do turismo cósmico, até que haja evolução espi-

---

[61] A física Lisa Randall, em seu livro *Batendo a Porta do Céu: o bóson de Higgs e como a Física moderna ilumina o universo* (Companhia das Letras) afirma: "Quando outros físicos e eu começamos a pensar sobre dimensões físicas extras de espaço, nos anos 1990, não saímos da caixa apenas, saímos do próprio espaço tridimensional. Ao fazê-lo, encontramos potenciais soluções para problemas que contaminaram a física de partículas por anos".

[62] Em seu livro *Hiperespaço: uma odisseia científica através de universos paralelos, empenamentos do tempo e a décima dimensão* (Ed. Rocco), o físico Michio Kaku diz: "Teoria dos Buracos de Minhoca, canais por onde se rompe a barreira do espaço e do tempo, sendo o caminho onde se alcança uma dimensão física paralela, em que o passado, presente e futuro se encontram e por onde as naves interplanetárias realizam suas viagens pelo Espaço infinito".

ritual suficiente para o uso da linguagem telepática rotineiramente, os terráqueos se utilizarão de equipamentos avançandíssimos para tradução simultânea de variados idiomas usados em diversos orbes do Sistema Solar e fora dele.

Que a paz e a boa convivência entre pessoas e povos cresçam a cada dia na Terra!

Vosso irmão *Ashtar Sheran*[63]

Nas religiões - Na Espiritualidade

O tema religiões na vida dos humanos dos novos tempos será muito similar ao que hoje ocorre no plano astral superior da Terra, em Marte, e nos orbes mais avançados, porém ainda com uma vasta diversidade de métodos de contato com Deus. Na verdade, se adotará mais o termo *espiritualidade*, haja vista que, ao longo da história até os dias atuais, as religiões terrenas apresentaram muito mais uma feição humana do que de fato religiosa, de maneira que essa terminologia tomou aspectos pejorativos e materialistas, tornando-se, em alguns grupos, instrumento de "moeda de troca" com um suposto plano espiritual, seja para adquirir poder e ganhos materiais no mundo físico, seja para garantir lugar especial quando passar para o outro lado da vida. Há ainda aqueles grupos que se afundaram no fanatismo inconsequente e irracional; enfim, o ser humano, em grande parte, conseguiu mergulhar o sentido sublime da religião nas suas próprias mazelas.

O princípio básico que permeará a espiritualidade do futuro será o universalismo, ou seja, a busca da íntima relação com nosso Pai Celestial aliado ao respeito (incluindo convivência, interação ou intercâmbio fraterno) a todas as formas ou métodos de se buscar a ligação com Deus. Por isso, o ecumenismo será uma prática bastante comum, com a existência de templos espirituais ecumênicos espalhados por todo o planeta. Frisamos: as diferenças serão nos métodos, guardadas as peculiaridades ou a natureza de cada pessoa e cada con-

[63] Irmão oriundo de evoluidíssimo planeta do sistema solar de Alpha Centaurus. Tem atuado como comandante de um enorme agrupamento extraterreno em auxílio fraterno-universal ao planeta Terra. Tem profundas relações com o Projeto Terra, desde há milênios, e, mais recentemente, tem sido imbuído de ações de socorro e resgate de almas.

junto de pessoas. Quanto mais os seres terrenos evoluírem, mais estarão sintonizados com os planos superiores da Espiritualidade e mais uníssonos serão seus cânticos de gratidão e amor fraterno. Com o passar dos séculos, cada vez mais as diferenças nos métodos ou caminhos espirituais irão se reduzindo e cada vez mais o sentido espiritual da vida será incorporado em todos.

O futuro terreno, que pode e deve começar agora (o magnetismo dos novos tempos já envolve muitos nessa direção), prevê um período em que se vá vivenciar o verdadeiro objetivo de religião, no seu sentido inato da palavra: *religare* (do latim) com Deus, ou seja, religar-se à Mente e ao Amor Cósmicos, exercitar a capacidade de retornar para onde viemos, ainda que isso ocorra em momentos fugazes de introspecção, dentro de templos espirituais, mas que esses templos possam capacitar as pessoas a fazerem esse religamento, principalmente, no templo interior da alma, e que possa ser estendido a qualquer instante da vida: em casa, na rua, na escola, no trabalho, no mundo astral ou físico.

Como tudo no Universo está em constante evolução, as práticas espirituais deverão estar permeadas por essa natureza dinâmica de progredir sempre, com métodos que facilitem cada vez mais essa aproximação com o Pai, considerando peculiaridades de cada grupo ou pessoa, isto é, questões como: nível evolutivo (graus de inteligência, de sensibilidade e de intuição), cultura e história encarnatória. Com o passar das décadas e séculos, a tendência é que as diferenças entre as práticas espirituais aos poucos venham a se reduzir, respeitando as diferentes naturezas humanas. Ou seja, haverá no futuro as práticas espirituais alinhadas com a natureza e idiossincrasia de cada alma e personalidade naquela encarnação. E como o ser humano tem uma natureza "gregária", a tendência é que os indivíduos se unam a outros indivíduos com perfil e estágio evolutivo semelhantes, formando grupos de sintonia espiritual que vibram no mesmo diapasão consciencial e de sensibilidade, seja para fins de estudo ou de práticas coletivas, seja para congraçamentos, sem deixar de reservar momentos diários para um religamento espiritual íntimo com seu guia espiritual, com amigos da Espiritualidade e com o Amor Cósmico.

Princípios básicos que deverão estar na intimidade das práticas espirituais de todas as pessoas e grupos: crença de que será necessário ampliar infinita e continuamente a consciência em direção à Consciência Cósmica e o sentimento em direção ao amor fraterno-universal, e que ambos deverão caminhar juntos dentro da natureza humana; crença quanto à necessidade de autoconhecimento e autotransformação para os seres ainda presos ao plano astral ou nível evolutivo astralino, e mesmo para quem ainda não ultrapassou o nível evolutivo do plano mental-inferior ou intelectual; crença na Lei de Causa e Efeito (carma); crença na reencarnação e na existência de vida no plano astral e outros planos mais sutis, bem como em outros planetas; noções básicas de cosmogonia e evolução, significando que nada deve permanecer estático e preso a tradições apenas pelo apego inerente às forças atávicas da natureza, e que por isso ninguém deve ficar apegado a métodos nem mesmo a religiões, se estas não acompanharem a dinâmica e força propulsora da evolução.

Nessa direção, todas as atuais religiões deverão avançar de um até a seis graus evolutivos em seu nível de consciência, o que significa absorver os princípios citados anteriormente, haja vista tudo o que irão ver e vivenciar doravante na realidade física terrena, especialmente com os choques e transformações mais acentuados, desde o aparecimento mais frequente de naves espaciais e de irmãos extraterrenos, os eventos geofísicos e climáticos que a Terra sofrerá, ao sofrimento e à assistência física e espiritual que receberão de seres e pessoas mais evoluídos, que lhes tocarão profundamente a alma.

Por isso, o espiritismo e o espiritualismo deverão ter um papel chave na condução e esclarecimento de muitas almas encarnadas ou desencarnadas, de baixo esclarecimento, agora e no futuro. Esse esclarecimento está crescendo atualmente e deverá se expandir mais ainda, pois as almas estão sedentas por certas explicações que outras religiões ou filosofias não lhes trazem. Junte-se a isso, a carência afetiva das pessoas, as quais deverão encontrar acolhimento dentro das casas espíritas e espiritualistas. E, nesse contexto, incluem-se as casas de umbanda, e, acima de tudo, as práticas espirituais que rompem sectarismos e que buscam uma abordagem conceitual mais aberta, universalista, crística, ao fundirem todas as práticas e ensinamentos elevados que desceram à Terra e que virão com irmãos de outros orbes. Assim, as práticas espirituais futuras, mesmo mantendo certos parâmetros metodológicos diferenciados, estarão mais próximas umas das outras. Terão cada vez mais plena consciência da caridade como mola propulsora das energias crísticas no planeta, mas, ao mesmo tempo, conscientes da necessidade primaz do mergulho profundo e sincero na intimidade da alma e da transformação íntima sem culpa; e ainda, abrindo-se conscientemente para o universalismo e o trabalho com irmãos de todos os orbes do Universo que labutam em nome da paz e do amor universal, que respeitam, estudam e vivenciam práticas da umbanda, doutrinas espíritas e de conhecimentos espiritualistas que surgiram no Oriente, que estejam abertas para receber orientações e inovações advindas de outros planetas mais evoluídos que a Terra, que não se apeguem às suas metodologias e exercícios na caminhada espiritual, e que preparadas para a expansão consciencial, vivencial e expressão do amor universalista. As mentes, nos novos tempos, deverão estar abertas ao novo que expande a consciência, balizado por princípios éticos cósmicos.

Tendo em vista que a evolução não dá saltos, e, considerando que a humanidade terrena passará pelas grandes tempestades e movimentos geofísicos e chegará na outra margem dessa atribulada travessia não com novos arcabouços religiosos ou novos referenciais espirituais estruturados na mente, mas com muitos conceitos balançados ou ruídos, com suas crenças em estado de tumulto mental, com incertezas e anseio por algo diferente, certamente, as pessoas ainda trarão no âmago da alma toda sua história religiosa, seus princípios e medos. Então, os caminhos espirituais não sofrerão saltos, mas passarão por revisões, quebras de paradigmas e ajustes conscienciais e de práticas, gradativos.

Desse modo, haverá práticas espirituais como a umbanda, porém diferentemente do que se praticava no seu início ou mesmo na maioria dos grupos atuais, uma vez que seus adeptos estudarão sistematicamente e buscarão a disciplina, o trabalho individual do autoconhecimento e da transformação interior, mantendo os tradicionais princípios do auxílio ao próximo, porém tendo em mente que essa caridade esteja permeada pela educação ou ensinamento às pessoas que chegarem nos grupos pedindo apoio, de maneira que sejam ajudadas a caminhar com os próprios pés, para evitar-se dependência, conforme alguns grupos já o fazem atualmente.

A umbanda, que se tornará cada vez mais esotérica, deverá receber uma enorme avalanche de adeptos oriundos do catolicismo e das religiões evangélicas; outros migrarão para um espiritismo kardequiano mais dinâmico, universalista e aberto mentalmente. Haverá variados grupos mesclando práticas do espiritismo e da umbanda, espiritualismo, teosofia, ioga. Estes adotarão ensinamentos e métodos trazidos por irmãos do mundo espiritual e de orbes diversos, com sistemas diferenciados entre si e com uma visão bem mais aberta e disposta à inovação, todos sintonizados com os princípios crísticos do universalismo e da ética cósmica. Esses serão os trabalhos de vanguarda do futuro espiritual terráqueo.

Muitas práticas atualmente vivenciadas em grupos espíritas e espiritualistas futuramente serão incorporadas em práticas médicas e psicológicas, nas terapias físico-espirituais, nas escolas e no trabalho, pois não mais existirão preconceitos para o uso de soluções que melhorem a qualidade de vida e a saúde espiritual e orgânica das pessoas, a exemplo do uso de cristais e gemas, da cromoterapia, da radiônica, das pirâmides, das mandalas, da meditação, dos banhos de descarrego, da aromaterapia, terapia da memória emocional impressa nos corpos físicos, técnicas de relaxamento e desbloqueio de energias do corpo (onde se encontram traumas e nódulos energéticos de bloqueio do fluxo natural das energias), defumação, entre outras.

Assim, espiritualidade e ciência estarão cada vez mais intimamente ligadas, não havendo mais limitações que impeçam que a religiosidade seja vivenciada em qualquer ambiente em que se pretenda buscar a cura ou a melhoria físico-espiritual. A rigor, a verdadeira religião deve ser vivenciada dentro de si e nas relações fraternais com o próximo, em qualquer lugar, não necessitando de rituais, de templos de pedra, de estatutos e burocracias. E esses esforços de ampliação da consciência e do coração podem e devem começar já, pois o futuro será construído por cada alma de hoje.

A magia negra, o uso de animais para sacrifícios e outras práticas menos dignas serão banidas do planeta. Com a melhoria das leis, a expansão da consciência ética e o respeito a todas as formas de vida, esses métodos primários tenderão a sofrer críticas e banimento muito em breve; todavia, somente após os grandes acontecimentos planetários, com consequente migração das almas mais empedernidas, é que de fato tais práticas grosseiras deixarão de existir no orbe terreno.

Os princípios crísticos de universalismo e ética cósmica serão ensinados no lar e nas escolas desde muito cedo, e se estenderão aos ambientes de trabalho, às reuniões sociais, e não apenas a ambientes espirituais, com revisões e avanços em níveis mais complexos de entendimento, ocorrendo o mesmo nas universidades, onde haverá cursos, seminários e especializações em estudos avançados sobre espiritualidade cósmica. Nos tempos futuros, haverá plena consciência de que o conhecimento científico dependerá da sensibilidade e dos conhecimentos advindos dos planos espirituais para se expandir, e as buscas espirituais incorporarão muitas informações e conhecimentos advindos de uma ciência mentalmente mais aberta, mais sensível, mais holística e espiritualizante.

Haverá palestras e debates com irmãos da Espiritualidade Superior e extraterrenos que trarão novas dimensões do conhecimento sobre a vida, a cosmogonia e os processos evolutivos de seres, planetas e outros astros. Muitos terráqueos farão cursos em outros orbes, em especial em Marte, pela proximidade espiritual e física da Terra; aliás, sinais serão captados de Marte e transmitidos por equipamentos apropriados com decodificadores interdimensionais, trazendo cursos e palestras de lá até à Terra. No início, esses eventos ocorrerão mais em nível avançado de intercâmbio; contudo, com o passar das décadas e séculos, tenderão a ser práticas rotineiras.

Há esperança e esforços da Espiritualidade Maior em direção a mudanças consideráveis no campo da espiritualidade terrena, ou seja, haverá um tempo em que se espera que grande parte da população tenha relações com as questões espirituais bem diferentes do que existe hoje. Essa relação significará inexistência de religiões e existência de práticas espirituais coletivas em ambientes abertos, que agregarão pessoas com sintonia em métodos ou práticas condizentes com sua natureza mental-emocional. Não haverá ritos desnecessários como, por exemplo, rituais comuns hoje e que ainda perdurarão somente por não mais que três séculos futuros, apenas porque as mentes humanas, ainda presas a arquétipos primários, necessitam de referenciais que lhes proporcionem alguma segurança e sensação de acolhimento, face a carências afetivas, recalques e traumas do passado, ou simplesmente pelas limitações mentais – como o uso de velas e outros apetrechos, vestimentas exóticas e conexão com correntes que significam ligações com roupagens espirituais arcaicas ou entidades que simbolizam correntes do passado.

Tudo no Universo está fadado à evolução, inclusive práticas espirituais, pois a força propulsora da expansão da consciência e do amor gera um influxo que naturalmente conduz a todos em direção ao Pai. Quem resiste a essa corrente transformadora do amor cósmico fica com a alma doente. Haverá um tempo em que a espiritualidade será vivenciada, antes de tudo, no templo interior da alma, sem necessidade de ambientes apropriados, pois todos os ambientes estarão aptos a isso; em tudo estará impresso os princípios básicos espirituais; todos os momentos da vida serão oportunidades de crescimento e evolução.

Que o magnetismo dos novos tempos penetre cada vez mais nos corações e nas mentes terráqueas; que os princípios crísticos impressos no universalismo e na ética cósmica se instale, de vez, nos sentimentos profundos e na compreensão daqueles que ainda estão titubeantes no caminhar para a quebra de paradigmas e para dimensões conscienciais novas e infinitamente amplas, se comparadas com os dias atuais;

que os irmãos mais avançados e mais velhos na escola da vida encarnatória possam, de fato, se desdobrar em esforços para assumir realmente o protagonismo dessa nova fase planetária! Que haja o necessário e justo descanso físico, mas que as almas de boa vontade não descansem na construção da nova fase planetária!

Vigiai os vossos pensamentos, os impulsos e sentimentos, contínua contínua e persistentemente! Cultivai as leituras, as conversas e os pensamentos elevados! Procurai exercitar vossos sentimentos e vossas atitudes para a boa ação, para convosco e para com o próximo!

O novo tempo será progressivamente levantado "tijolo a tijolo", nessa grandiosa obra arquitetada pelo Pai Maior, da qual somos pequenos operários. O terráqueo de hoje não deve esperar os grandes acontecimentos geofísicos para colocar o seu "tijolo" espiritual no grande lar fraterno da nova Terra; precisa iniciar imediatamente essa obra dentro de si, e que esteja consciente de que, não raras vezes, deverá renovar alicerces e paredes antigas que trazem viciações do passado recente e remoto, e, como toda reforma, traz incômodos naturais.

Prece e meditação são indispensáveis. Sintonizai-vos com as Forças Superiores e vos serão mostrados os caminhos verdadeiros, idealizados no mundo invisível, em sintonia com cada um de vós. Que os obreiros da última hora despertem seus olhos de ver e ouvidos de ouvir; que tenham fé e esperança naquilo que Jesus nos sinalizou há 2000 anos; que vejam e sintam que os tempos já chegaram e que é preciso não esperar pela nova fase da Terra, que não cairá espontaneamente dos céus, pois será o resultado dos esforços atuais e futuros.

Que a luz do Cristo ilumine vossos caminhos, clareie vossas mentes, aqueça doce e serenamente os vossos corações!

Ramatís

Capítulo 3
Novas tecnologias para um novo tempo: começando agora

Queridos irmãos, este capítulo não tem a intenção de repetir o que já foi exposto até aqui, mas sim de demonstrar o que pode e deve ser feito agora, por cada terráqueo, como uma "ponte para os novos tempos" ou preparação para uma nova fase planetária que já se encontra em curso. Não podemos esperar "caírem dos céus" as dádivas trazidas por irmãos do plano astral ou de orbes diversos. É preciso arregaçar as mangas para o trabalho, desde já. Esse trabalho começa pelo esforço de transformação íntima, que é o maior sentido da vida humana terrena nesta fase evolutiva da humanidade, entendendo que o ser não se transforma integralmente sem caridade e que não adianta a caridade imperfeita, desprovida de discernimento e evolução interior, apenas pelo serviço vaidoso que alega "estar ajudando o próximo", ou movida pelo interesse de recompensa divina como pagamento.

Assim, para aqueles que necessitam vivenciar estados interiores de serenidade e paz ou àqueles que ainda não deram início à sua reforma íntima, serão apresentados aqui alguns métodos que podem ajudar a estimular o autoconhecimento e a autotransformação, a fim de que todos possam começar a exercitar o quanto antes práticas como essas, pois as desestruturações pelas quais a humanidade terrena vem passando hoje, e as que se aproximam do planeta, exigirão posturas serenas, lúcidas, de consciência ampliada e repletas de amor fraterno.

Sabemos que a mente é altamente criadora. Se ela se associa à vontade dirigida ao amor e ao serviço, então é potencializada a tal ponto que sua capacidade realizadora se torna surpreendente. Desse modo, se os irmãos terráqueos se concentrarem e procurarem mentalizar com amor e determinação seus bons intentos, a probabilidade de obter-se êxito será altíssima, a menos que haja um plano superior em contrário, uma vez que há fatos que não acontecem para o nosso próprio bem e são, portanto, desviados pela própria Espiritualidade, gerando revolta em alguns seres, por mera ignorância e desconhecimento desse processo.

Nessa direção é que procuramos expor o que se planeja para o futuro da Terra, com algumas sugestões que podem ajudar a sedimentar os alicerces dos novos tempos. Assim sendo, do mesmo modo como os pais de família planejam e implementam ações responsáveis para dirigir a casa e alimentar os filhos pequenos, os mentores da Terra e seus assistentes têm trabalhado incansavelmente no sentido de planejar e dar uma direção mais harmoniosa ao planeta e seus habitantes, criando condições e ambiência para que se coloquem nos "trilhos" do processo evolutivo mais efetivo. Como poucos estarão, de fato, preparados interiormente para os momentos mais difíceis, pelo menos que os espíritas e espiritualistas se mantenham com um mínimo de equilíbrio para ajudar o próximo, bem como a si mesmos. O mais importante será o equilíbrio espiritual, a busca da transformação íntima e o sentimento fraterno vivenciado nas mais corriqueiras situações da vida turbulenta que já está em curso e que se intensificará. Quem buscar somente segurança material e não espiritual, perderá a primeira.

Este capítulo tratará também de tecnologias materiais e espirituais, como os primeiros traçados da "ponte" para os tempos vindouros, ou seja, instrumentos, métodos e conhecimentos para serem praticados já, a fim de que os habitantes da transição planetária possam se preparar para os tempos que chegaram e que deverão causar incômodos, danos, movimentos geofísicos, climáticos, econômicos, sociais, psicológicos e espirituais mais intensos à Terra.

De modo algum queremos provocar pânico, muito pelo contrário. Contudo, deixemos de lado a imaturidade emocional, a falta de fé e a negação aos planos maiores dirigidos pelo Pai Celestial, que só quer o bem de todos, rumo à verdadeira felicidade, ainda que muitas vezes não a sintamos. Como nada no Universo ocorre por acaso, e a Mente Divina se encontra em cada uma das células, das moléculas físicas e astrais, dos corpos sutis de todos os seres, em cada átomo das águas e das pedras, de plantas e animais, quem realmente vivencia a fé, amplia a consciência e sente a presença divina dentro de si, ou seja, nada teme. Ao contrário, sente-se seguro, e ainda se prontifica a colaborar nessa grande jornada cósmica para a qual muitos foram chamados de última hora, como oportunidade derradeira para aquele que se encontra no meio da jornada rumo à Luz Maior, titubeante em prosseguir ou se reposicionar na rota, desejoso de um mundo melhor, rico em paz, harmonia e amor fraterno.

Por isso, é importantíssimo que ocorra já um ajuste na alimentação da maioria dos terráqueos, com vistas a aprimorar a sensibilidade às percepções mais sutis do mundo astral e de outras dimensões, e, desse modo, melhor sintonizar-se com seu guia espiritual. Importante praticar o controle da respiração, o exercício da meditação profunda e a prece conscientemente sentida, diariamente, ainda que de modo sucinto, já que os tempos atuais são corridos. Fazer esportes ou exercícios físicos são práticas salutares que, sem dúvida, propiciarão mais saúde e condicionamento físico para atividades mais pesadas a que muitos serão chamados a realizar.

Desenvolver o espírito comunitário e de equipe é exercício diário que todos podem realizar desde agora e será crucial para os momentos mais críticos da transição planetária; afinal, o novo mundo está sendo construído com base no sentimento coletivo. A Terra vive um momento de abertura, de ecumenismo, de expansão da consciência e do amor cósmicos; portanto, promover a união e viver o espírito de equipe fraterna no lar, no trabalho, na escola, no grupo espiritual, no lazer e na vida comum, será prática essencial para se solidificar os alicerces da nova aurora terrena.

Que não seja alimentado o medo, mas a serenidade, a autoconfiança, a esperança e a fé! Que não se busque o que está além da própria capacidade financeira, física, espiritual e até profissional de cada um, mas que se leve a vida com naturalidade, em ritmo de normalidade, sem ociosidade, otimizando e valorizando o precioso tempo, mantendo-se na estrada do autoconhecimento e da transformação interior; mantendo-se o costume diário da prece e da meditação, para facilitar a sintonia com o Plano Espiritual Superior; buscando-se abrir os olhos e os ouvidos espirituais, e ficando mais atento à vida, aos movimentos da natureza, ao clima, às plantas, ao comportamento dos animais e das pessoas.

Que cada grupo espiritual possa contribuir valorosamente com os trabalhos de resgate de almas que vêm ocorrendo intensamente no plano astral! Que todos possam estar sintonizados com o seu guia espiritual, acalmando a mente e o coração para percebê-lo, senti-lo e ouvi-lo, o que, por conseguinte, propiciará a sintonia com os planos superiores da Espiritualidade e, portanto, com o Cristo Planetário!

Paz e harmonia aos vossos espíritos!

Hamod

Na convivência consigo, com o próximo, e a evolução

Quando, na antiga Grécia, Aristóteles afirmava que o ser humano tinha uma natureza política e social, ou seja, que "poderia viver só, mas não por muito tempo", já sinalizava, com sabedoria, o que de fato representa a natureza divina imantada na essência da humanidade: união com todos e com o Todo, amando a Deus sobre todas as coisas e ao próximo como a si mesmo, conforme nos disse o Mestre dos Mestres.

Há momentos na escala evolutiva em que é necessário estar só, para que a pessoa ou a alma entre em contato consigo mesma, com sua essência interior. Pode vir a ter alguma encarnação em que esteja predominantemente só, especialmente se na sua história encarnatória não cultivou importantes momentos de intimidade consigo. Mas, no dia a dia, ainda que seja um ser de natureza social, é vital que haja momentos de recolhimento, de mergulho na intimidade interior e de reflexão. "Não se ama algo ou alguém sem conhecê-lo", essa máxima também é aplicável à individualidade. O primeiro passo para amar ao próximo é começar a amar-se primeiro, o que não significa atitude de egoísmo, mas sim de profunda aceitação de si mesmo e de amor próprio, com devoção e gratidão ao Pai pela própria existência. Conhecer, aqui, não significa apenas saber, mas também sentir.

Apesar de sua natureza social, antes de conhecer e sentir exclusivamente o mundo externo, é necessário que o ser humano conheça e sinta a si mesmo. E esse processo de conhecer dentro e fora de si deve ocorrer simultaneamente. Contudo, olhar para fora costuma ser bem mais fácil do que olhar para dentro. Assim, é preciso que a pessoa tome contato consigo pela auto-observação sem uma postura tendenciosa, com coragem, ética e sensatez. E, por permear com sensatez sua auto-observação, naturalmente brotará em si um sentimento elevado, sereno e equilibrado, e então abrirá o "coração" para si mesma, em um ato de humilde autoaceitação, ainda que esteja repleta de erros do passado ou mazelas morais presentes, necessitando cultivar uma postura interna de autoperdão por suas imperfeições. Quando o ser humano cultiva o pensar e o sentir-se filho de Deus, considerando que Ele, de antemão, perdoa seus filhos por suas imperfeições, é de se esperar que automaticamente cultive o autoperdão e não se apegue a culpas.

Existe no Universo uma consciência cósmica magnânima e uma magia sublime de amor infinito, sistêmica e holística permeando a Criação e a vida pulsante em cada célula e átomo de todo ser, sejam humanos, plantas, animais, micróbios, enfim, de cada planeta, estrela ou galáxia do Cosmo.

A meta da evolução é encontrar e viver a paz, o amor e o regozijo pleno dentro de si, disseminando essas energias puras a todos os que participam de sua vida, em qualquer instante da caminhada, que é infinita. Quem foge de si, não encontra a paz e não consegue organizar suas forças internas para doar-se. Quem vive buscando a felicidade no mundo externo, pode estar evitando lidar consigo mesmo, seja focando sua vida em outra pessoa, como o cônjuge, o namorado, o amigo, os parentes, ou no "potencial amor" de sua vida expresso naquele que mal conhece ou nem conhece, seja viajando constantemente ou tentando descobrir a todo instante uma cidade ou lugar novo para morar, ou buscando incessantemente novos conhecimentos em livros, cursos, sem ter o tempo necessário de parar para refletir e internalizar o aprendizado. É como o irmão que adquire e acumula belos livros nas prateleiras, que permanecem ali como ornamentos estéreis.

Não estamos aqui condenando a necessária e salutar busca de conhecimentos através dos livros que enlevam o espírito, do diálogo fraterno, da busca de melhores lugares para se viver no mundo físico, das viagens proveitosas, alegres e sadias para o crescimento pessoal, não... longe disso! A ênfase aqui é para que o ser humano contemporâneo, tão imantado pela busca de uma vida material, focada nos interesses externos, pare um pouco, reflita e comece a buscar alimentos para o seu mundo interior, ao olhar para si, assentando a mente, acalmando o coração e mergulhando no silêncio da alma, para que o que aprendeu externamente possa, pelas vias do discernimento, ser processado, filtrado e absorvido, quando for o caso.

Pessoas muito rajásicas ou de mente agitada, como dizem os iogues, "queimam" muita energia física e perispiritual e não encontram a paz interior. Portanto, não se encontra Deus dentro de si se não houver paz de espírito, silêncio mental, que é um estado de serenidade indispensável para o autoconhecimento, primeiro passo da transformação íntima. O ser humano encarna para ter novas oportunidades de autoconhecimento e de melhoria interior. É muito bonito falar em transformação íntima, mas ela corre o risco de permanecer no campo das palavras e nunca penetrar na essência da alma, caso o indivíduo não despenda momentos de silêncio e cultive energia de humildade e coragem para o mergulho interior.

A prática cotidiana do recolhimento íntimo, sereno, em estado de concentração e meditação, é um dos caminhos eficazes para o autoconhecimento e a autotransformação. Esse exercício deve levar a pessoa, ao acordar pela manhã, a sentir-se parte da vida que renasce alegre, vibrante, e se expande com todo o esplendor do forte magnetismo solar, que certamente irá despertar-lhe uma compreensão e sentido maior e superior da vida. Assim, deve olhar rapidamente para o Sol, ou pensar nele procurando senti-lo, de olhos fechados. Esse despertar diário, quando praticado com profundidade de ideal, estimulará o ser, deliberada e conscientemente, a uma conduta interna e externa respeitosa, ética, compreensiva, criativa, proativa e amoravelmente fraterna para consigo e para com os outros, a começar pelos mais próximos até alcançar todos que lhe cruzam o caminho, e em seguida até onde alcançam os limites do bom sentimento e da mente clara e imaginativa.

Essa prática, bastante simples, permite a fusão ou sintonia do "eu" individual com o Cosmo, e vice-versa. É o que os iogues chamam de *samadhi*, momento que abrirá canais de ligação do indivíduo com o seu guia espiritual, e deste com as sucessivas esferas superiores da Espiritualidade, até chegar ao seu anjo protetor, permitindo, simultaneamente, um estado meditativo e de prece. Prosseguindo o exercício, deve sentir-se, conscientemente, como um ser único no Universo, em paz plena, em amor pleno, respirando lenta e profundamente. Nesse instante, estará ligado plenamente a Deus. Feito isso, e regozijando-se pelo contato íntimo com Deus que lhe habita o ser, então deve mergulhar no seu interior e buscar desbravar-se, na intimidade da alma.

Mergulhar em si mesmo, desbravar-se, despir-se interiormente, sem vergonha e sem medo, tirando os véus da vaidade e do orgulho, inebriando-se pela simplicidade autêntica e amorável consigo mesmo, favorecendo o seu encontro com Deus, que habita a centelha de vida latente em sua alma, este é o caminho para o autoconhecimento. Procedimento feito, o próximo passo é procurar descobrir quais são os pensamentos e sentimentos que lhe agradam, ou não. E, a partir daí, observar aqueles que são recorrentes, avaliando-os à luz de princípios superiores, como: amar ao próximo numa perspectiva de fraternidade universal; não fazer ao outro o que não gostaria que fizesse a si mesmo; respeito a todas as formas de vida e assim por diante. dos princípios crísticos.

Desse modo, cada dia a pessoa deve fazer uma experiência nova, com um tema ou aspecto de sua vida que lhe diga respeito, um por vez. Prosseguindo, deve tomar contato consciente com um pensamento recorrente indesejável ou com um sentimento que não lhe agrada, ou ainda com um instinto que tenta dominar-lhe o ser, envolvendo-o com luz branco-dourada (a luz crística) mesclada com matizes rosa-lilás e violeta claro, brilhante (luz do amor-renúncia, da humildade, da transmutação e do amor-perdão). Cada energia indesejável deve, então, ser envolvida com o seu próprio amor, aceitando essa energia que faz parte de si, em vez de negá-la, ingenuamente. Depois, deve manifestar a intenção firme de desejar que ela se transforme, modifique sua essência, inverta sua polaridade, com fé, autoconfiança, e força que vêm do fundo do coração.

Esse processo pode ser direcionado a um pensamento ou sentimento que normalmente surja em relação a uma situação ou situações similares na vida. Exemplificando: quando o foco for o sentimento de orgulho, que pode se manifestar de maneiras diversas, como arrogância, indiferença por sentir-se superior, raiva, impulso de vingança, palavras ríspidas com vibração carregada de ódio, surgindo quando alguém chama a atenção ou repreende a pessoa. Deve-se observar que essa situação é apenas um mecanismo de estímulo ao orgulho; este sim é o sentimento básico que precisa ser trabalhado; é o sentimento que alimenta as situações da vida com pequenas ou grandes doses diárias de orgulho. A pessoa então pede, com firmeza e serenidade, que esse orgulho e todos os seus efeitos derivados (como ódio, vingança ou mesmo indiferença por sentir-se superior aos outros ou a determinada pessoa) que lhe habitam a intimidade se tornem cada vez mais amenos; que aprenda a ouvir, aceitando e analisando a opinião alheia; que aprenda a aceitar contra-argumentações, processando sinceramente o que lhe dizem, sem rejeição ou raiva, de maneira serena, com sentimento de perdão aos que não conseguem se comunicar com educação e tranquilidade.

Que nos momentos de contato com o orgulho, se possa lembrar de uma importante máxima de Jesus: “Se alguém vos bater na face esquerda, oferecei-lhe também a outra". Então, ao cultivar diariamente o terreno interior com o adubo da humildade, o discernimento passará a ser o seu guia.

Se certas situações da vida estimulam o egoísmo, como por exemplo quando alguém abandona outrem em busca da própria felicidade e, por apego egoístico, a pessoa se sente mal-amado, por recalque e falta de compreensão, porque no fundo deseja a pessoa autoritariamente perto de si, então que esse egoísmo e seus efeitos derivativos sejam transmutados em aceitação, resignação, serviço incondicional, sem interesse de trocas, ou seja, numa energia cada vez mais altruísta.

Se a questão central for a incompreensão, que se inverta a polaridade dessa energia interior, transmutando-a em compreensão, pois, na verdade, essa é uma manifestação do orgulho que, com as milenares reencarnações, se torna uma verdadeira egrégora, com vida própria; e para sobreviver dentro da alma, ela tentará se manifestar de várias formas, como impaciência, intolerância, insatisfação, mau humor, e assim por diante.

Se o sentimento que surgir for a vaidade, irmã do orgulho, prevalecendo em situações em que a pessoa assume uma posição de destaque, seja na vida familiar, profissional ou espiritual, ou ainda, por sentir-se importante, belo, empoderado, abastado, inteligente ou famoso no seu círculo de amizades, no trabalho, na mídia, ou ainda por sentir-se bondoso perante os outros, então, que a vigilância seja redobrada. Que essa vaidade possa ser percebida, sentida e aceita como parte de si, pois via de regra ela cega o ser humano, impedindo-o de perceber os detalhes da vida e das necessidades humanas. Ela endurece e esfria o coração para o sentimento de compaixão, de sentir-se igual a todos perante o Amor Celestial. É preciso, então, mentalizar esse sentimento sendo banhado por uma luz crística, violeta-brilhante, transformadora, em direção à humildade e à simplicidade, e que quem o sente, na verdade, é apenas um instrumento da grande obra divina, sem perder o senso de responsabilidade sobre aquilo que lhe foi confiado vivenciar, tornando-se um agente, também, ativo da construção de um mundo melhor, como servidor do Pai

Maior, ao invés de sentir-se o "todo poderoso", o ator principal dentre os seres humanos.

Esse procedimento interior, em relação aos sentimentos, deve ser praticado com toda firmeza, determinação e brandura. Depois de exercitá-lo algumas vezes, o praticante deve repeti-lo por outras tantas vezes, dialogando mentalmente com as mesmas energias. Se a alma adquire vícios e reflexos condicionados, ao longo de várias vidas encarnatórias, bem como na presente encarnação, não será em apenas uma existência que alcançará a total transformação. É preciso persistir na autoconfiança e na fé, não se prendendo aos resultados, mas sim ao processo eficiente, bem-feito, com sinceridade profunda.

É bom estar atento aos sentimentos, pois, por mais que a pessoa se esforce para educar pensamentos e postura mental, se não houver trabalho no campo dos sentimentos, as egrégoras da vaidade (às vezes, reforçadas por entidades negativas, normalmente parceiras do passado) podem conduzi-lo a abismos profundos, com astúcia tal que mal serão percebidas. Pode ocorrer de se estar imantado por uma vaidade improdutiva (e a vaidade espiritual é uma das mais perigosas, pois coloca o ser num pedestal falso de superioridade evolutiva, impedindo-o de enxergar humildemente a real situação) que o sintoniza com o Astral inferior e, em muitos casos, com seres bastante inteligentes, porém de má índole.

É no sentimento que residem os núcleos atômicos que tornam as almas mais leves ou mais "pesadas" para o alcance de um novo patamar evolutivo. Os humanos ainda presos ao plano astral têm, na qualidade dos sentimentos, a senha para desconectar-se do magnetismo terreno denso e, principalmente, dos elos que os atrelam aos círculos cármicos. E este é um, dentre tantos métodos, para conhecer-se e transformar-se intimamente, alcançando o "eu coletivo" que habita em cada um. Deus, o Essencial, é uma individualidade que envolve, consciente e amoravelmente, todos os seres animados e inanimados, macro e microatômicos. Essa dinâmica de Deus se replica, holisticamente, a todos os seres e coisas da natureza, alguns com mais, outros com menos consciência; alguns fraternalmente assistidos por devas, outros por anjos e guias espirituais; uns em grau maior de dependência dessa assistência espiritual, e participando mais na "coluna" de passivo na Contabilidade Cósmica; outros mais autônomos, face ao seu grau de consciência, portanto mais ativos nessa Contabilidade Cósmica e, por isso, sendo dínamos ou agentes co-criadores e expansores do bem – gerando mais energia e luz do que consumindo energia e em estado de escuridão, sombra ou penumbra.

Alguns, em fase de aprendizado, ainda endurecidos pelo orgulho e egocentrismo, parecem estar temporária e aparentemente deixados à própria sorte, e então o sofrimento bate-lhes à porta da consciência e lhes visita a existência para que a rigidez do coração seja amolecida e flexibilizada pelas benditas lágrimas e oportunidade do exercício da humildade, permitindo que as luzes da sabedoria e do amor universal, advindas de formas diversas e infinitas, possam penetrar-lhes a alma. Na verdade, nessa aparente entrega à própria sorte, jamais deixou de haver a sabedoria e o amor educativos do nosso Pai Celestial cobrindo a multidão das imperfeições humanas, sempre auxiliada pela educativa Lei do Carma.

O "nascer" e "morrer" simbólicos que o ser humano vivencia diariamente, com o acordar e dormir do corpo, são oportunidades para que exercite, ao final do dia, o recolhimento e a avaliação de como foi aquele dia, num relance dos atos e fatos relevantes, às vezes expressos nas coisas e situações mais simples e rotineiras, mas carregadas de ensinamentos e oportunidades para o progresso espiritual. O final do dia é a hora de agradecer pela vida daquele dia e de pedir a Deus compreensão para si, para o próximo e à própria vida; tolerância para consigo e para com quem esteja ou apareça no seu caminho; paciência para com as situações da vida; fé nos desígnios superiores e autoconfiança para alimentar-se de forças da persistência e da motivação; além de serenidade para que a lucidez e o discernimento permitam uma reavaliação ao longo do caminho; força interior para renunciar aos vícios passados que ainda o obsidiam; alegria para compartilhar com os companheiros de jornada e com os anjos que se rejubilam pelas oportunidades do trabalho incessante e prazeroso de servir e de se autotrabalhar.

E assim se processa a evolução, dando oportunidades diárias e em cada encarnação para que o ser humano tome contato consigo e com Deus, por meio de todos os seres e de todas as coisas. Por isso cada um tem sua individuação e, ao mesmo tempo, interação com o meio e com a Mente e Amor divinos. Cada pessoa, cada espírito que surja no caminho são, portanto, companheiros e irmãos de caminhada. Em certos momentos, uns auxiliando; noutros, pedindo auxílio, e em tantos outros, em face de suas imperfeições, sendo levados a atritos que permitam o exercício da humildade, perdão, renúncia, tolerância, compreensão, da persistente paciência e da capacidade habilidosa de vivenciar a resiliência interior, no contato com o mundo exterior.

Os irmãos do plano invisível, terrenos ou extraterrenos, que se encontram na vossa vanguarda são plenamente cônscios desse processo e, por isso, sentem-se felizes em vos ajudar. Por isso, estão de braços abertos esperando para colaborar nessa grande jornada evolutiva, pois já passaram pelo que cada alma terrena está passando e sabem quanto suor e sofrimento são necessários para amolecer as durezas do coração insensível ou resistente ao bem, e, assim, ampliar a mente em sabedoria e os sentimentos em capacidade de amar fraternalmente, a fim de descobrir-se o quanto a doce e abnegada disposição de auxiliar é um estímulo para que cada ser humano prossiga, ainda que de mãos calejadas e joelhos desconjuntados. Quem serve com espírito crístico também aprende a servir mais e melhor.

A transformação íntima necessita do serviço fraterno para aprimorar-se e expandir-se; ao mesmo tempo, o serviço fraterno será mais eficiente, eficaz e efetivo, se acompanhado da transformação interior contínua e persistente, em razão dos efeitos positivos que ela proporcionará na ampliação do discernimento, para que o serviço de doação não seja imaturo.

A evolução se processa no Universo, e em todos os componentes ainda imperfeitos desse Universo, seguindo o fluxo natural de despertamento e da expansão da consciência de cada um, imersos na força impulsionadora do progresso espiritual que atrai para a luz tudo e todos. A resistência a essa força gera patologias ao longo da jornada, seja por meio de desequilíbrios ou de doenças psicológicas e físicas, quando o ser está encarnado; por isso, há tantas reencarnações e repetição de lições. No entanto, cada vez que a alma (encarnada ou desencarnada) se posicionar no caminho, mesmo cheia de imperfeições, estará coberta por um manto de luz e força que certamente a levará ao destino, qual seja: a transformação plena de suas energias imperfeitas e à vivência do amor incondicional pleno e integralmente consciente ao longo do infinito processo. Então, essa alma não será mais peso à economia do Universo, e sim infinito dínamo colaborativo de luz e amor.

Que a vida diária deste mundo contemporâneo agitado, cheio de afazeres e oportunidades de ajudar, não vos retire os momentos de recolhimento e de pacificação da mente turbulenta, indisciplinada e ansiosa! Que os nobres momentos de desejar servir não vos embotem a autopercepção de encontrar os valiosos instantes de autosserviço, de apaziguamento das ideias e do coração em direção aos cuidados que devem ser direcionados à própria alma! Deus dá a eterna vida espiritual por meio de Seu "sopro" criador e em alguns momentos proporciona vidas físicas, cada vez que o espírito necessita descer aos mundos das experiências encarnatórias. Que essas experiências não sejam desprezadas, como num ato de ingratidão à infinita bondade do Pai Maior, mas que sejam cultivados sentimentos de gratidão a Ele, valorizando a vida pelo trabalho íntimo na busca de reintegração com Seu amor e consciência infinitos.

Ninguém encontra a paz interior numa mente agitada; ninguém encontra a preciosa paz interior fugindo de si próprio. Por medo de si mesmo, muitos não conseguem nem fechar os olhos para o silêncio e enfrentar serenamente a escuridão que lhes surge à visão íntima quando se encontram de pálpebras abaixadas.

A centelha divina habita o mundo interior. Assim sendo, que não se dê alimento ao medo da luz divina que habita cada ser humano do Universo, oferecendo paz, serenidade, amor e dedicação prazerosa à oportunidade de serviço. Que cada alma possa se encher de coragem para se encarar interiormente! Que não seja adiado esse processo, pois, mais cedo ou mais tarde, o encontro com a própria consciência será inevitável. Que não seja protelada a oportunidade de se minorar o seu peso individual na Contabilidade Divina!

Só evolui quem ajuda a evoluir, começando por si próprio, no exercício contínuo de autoconhecimento, autotransformação e autoamor. Só ajuda bem quem tem o mínimo de condições de ajudar-se. E ajudar-se pressupõe, igualmente, servir e ajudar ao próximo. O caminhar pressupõe o trabalho íntimo de servir ao próximo e, ao mesmo tempo, servir a si mesmo através do esforço de contato interior para a própria evolução.

Que a paz e a doce vibração do meigo Rabi da Galileia vos cubram de impulsos constantes de discernimento e amor para o autorrecolhimento, a autoconhecimento e a autotransformação!

América[64]

Práticas controladas da respiração

Queridos irmãos, o Universo se expande e se encolhe ao longo de períodos de bilhões de anos. A este movimento chamamos de respiração divina, ou seja, quando acontecem as três manifestações divinas, segundo os hindus: a criação (na expiração do Cosmo), a manutenção (pausa entre expiração e inspiração) e a transformação (quando há inspiração).[65] Transportando esse conceito para o microcosmo individual, podemos afirmar que o ser humano realiza semelhante movimento. Das dimensões e planos mais densos aos mais sutis, todos respiram, porque respirar representa o movimento da vida, que é inconsciente e automático quando se está em estágios mais primários da evolução, porém mais e mais consciente à medida que se evolui.

O simples e natural exercício de observar e controlar a respiração por alguns minutos faz com que o ser humano aprenda, aos poucos, a dominar esse procedimento, o que significa

[64] Irmã com profundas ligações com a Falange de Dharma, na Colônia Espiritual do Grande Coração. Tem participado de um agrupamento de discípulos e orientandos de Ramatís e Akhenaton, por milênios. Trouxe ao plano físico importante trabalho espiritual, concretizado por meio da Fraternidade do Triângulo, da Rosa e da Cruz, perpassando desde a década de 1960 à de 1990.

[65] Este assunto foi abordado em detalhes na obra *Missão Planetária*.

ir vivenciando-o com consciência. Os iogues e budistas bem conhecem o *pranayama*, que são práticas de controle da respiração, de magna importância para quem vive no plano astral e principalmente para quem está encarnado no plano físico. Quem controla a respiração, tem meio caminho conquistado no domínio do medo, dos impulsos primários e do próprio processo de desencarne.

Respirar é a primeira coisa que um recém-encarnado faz, ao nascer e encarar o mundo, e a última a realizar antes de retornar para o outro lado da vida. Observai, pois, quão vital é essa prática para as relações da vida e da morte física. Ocorre que o ser humano geralmente se esquece da respiração ao longo de sua jornada física, por conta da prática automática e insconsciente, na maioria das horas do dia, sem nem atentar para os seus movimentos.

Mas... é necessário o encarnado prestar atenção à sua respiração, a todo instante? Obviamente que não, pois isso seria estressante e improdutivo. Respirar é uma prática que se automatiza e deve permanecer como tal ainda por certo tempo, à grande maioria dos terráqueos, pois há coisas muito mais importantes na vida ativa e durante o sono físico para se fazer, por quem ainda está preso, evolutivamente falando, ao plano astral ou mental. O que não quer dizer que não se possa, em alguns momentos da vida diária, parar para observar e sentir essa valorosa e vital dádiva divina.

Muito lá na frente, quando o ser humano atinge o estágio de evolução mental-intuitivo, iniciam-se os primeiros treinamentos mais incisivos de multidimensionalidade consciencial e então a respiração passa a ser vivenciada de forma mais consciente, porém num grau de automação consciente difícil de vos explicar em palavras tão limitadas. Conforme o ser evolui e alcança estágios angelicais, essa capacidade de ampliar a consciência cósmica o faz perceber e sentir conscientemente sua respiração, num ato automático e simultaneamente à consciência de outros atos, como pensamentos e sentimentos, que, gradativamente, alcançam estágios de multidimensionalidade consciencial crescentemente ampliada, atingindo um patamar inimaginável quando o ser chega aos planos arcangelicais.

Explicando melhor: o processo de respiração em seres mais evoluídos dispensa o exercício do controle, pois há um estado de compreensão tal que naturalmente existe a consciência desse processo, sem necessidade de algum tipo de esforço, pois a alma já atingiu elevado grau de integração e relativa sincronia com a respiração do Universo. Portanto, ter consciência da respiração é uma forma de gratidão para com os elementos químicos que compõem o ar, para com as matas, o mar, as algas, o Sol, o Cosmo, e tudo que permeia a vida física e também a vida imaterial, uma vez que, pela respiração, capta-se prana, a energia vital, imanente em tudo e em todo o Universo. Desse modo, senti-la em estado de plenitude, serenidade e regozijo é, pois, uma forma de sentir Deus e, ao mesmo tempo, de ligar-se a Ele.

Para educar-se, não basta o ser tomar consciência da necessidade de fazer mudanças e orientar-se; há momentos que exigem controle. Há estágios da evolução em que é preciso começar a controlar impulsos primários e selvagens, sentimentos impuros e viciados de muitas vidas, como mecanismo inerente da autoeducação. Então, gradativamente, a cada nova reencarnação, ou mesmo quando estiver habitando o mundo astral, deverá continuar esse processo, a partir de sua relação consigo e com o mundo que o cerca.

Assim é com a respiração. Há momentos em que ela está livre, pelo automatismo que a vida física lhe proporciona, enquanto o ser encarnado está envolvido com inúmeros afazeres, mas há ocasiões em que é preciso exercitar o recolhimento, o contato com a própria intimidade, ou seja, o mergulho no mundo interior. Então, nesse momento, é de extrema importância para a vida dar uma pausa e sentir a própria respiração. Primeiramente tomando consciência dela, em seguida passando a controlá-la com um exercício de apenas dez minutos, no início, e depois ir expandindo essa prática, conforme a disponibilidade de tempo e a capacidade de autodisciplina.

Trataremos aqui de técnicas básicas que serão de grande valor para os neófitos nesse campo. Não nos aprofundaremos nas práticas de *pranayama* mais complexas, o que exigiria aprofundados graus de concentração e vivência. Apresentaremos alguns princípios gerais que podem ser levados à prática por aqueles que ainda não estão familiarizados com o tema. Quem puder praticar os exercícios de respiração trabalhados na ioga ou no budismo, certamente conhecerá níveis mais profundos dessa ciência, e será de grande valia para a saúde física, mental-emocional e para o futuro, quando se exigirá que a alimentação prânica seja mais intensamente complementar aos alimentos físicos ou densos. Além disso, para futuras viagens interdimensionais, será de extrema importância ter-se praticado esses exercícios durante a vida encarnada. Ou até mesmo no processo de desencarne, quem praticou muito *pranayama* durante a vida, certamente terá mais facilidade de descolamento do corpo astral do físico, e sua viagem astral tenderá a ser mais tranquila e sem medos no mundo dos desencarnados, ao contrário daquele que nunca parou para sentir e controlar a respiração por alguns poucos minutos diários.

A prática consciente do controle da respiração ou do *pranayama* traz efeitos inimagináveis para os encarnados e para aqueles que vivem no mundo astral. Quem está no mundo físico, principalmente, poderá inalar, no processo de inspiração, o prana proveniente do Sol e da própria Terra, desde sua forma mais densa até a mais sutil. Ao contrário de quem está no plano astral, que só manipulará energias vitais mais sutis – exceto aquelas almas ainda presas a zonas muito densas do Astral, viciosamente coladas à matéria e que, ilusoriamente, acreditam que precisam dos componentes da vida física, vivendo num estado mental patológico cuja necessidade não é real.

O prana mais denso, como o telúrico, tem a capacidade de organizar fortemente as células e moléculas do corpo, de injetar intensa energia vital nos chacras, especialmente nos inferiores, como o esplênico, umbilical, básico, e demais subchacras subordinados aos principais. Chacras harmonizados e revitalizados terão mais facilidade de perceber e absorver as orientações do mundo extrafísico e transmitir suas percepções à mente física (melhor vidência, clariaudiência, intuição e demais percepções extrassensoriais), especialmente os chacras superiores (coronário, frontal, laríngeo e cardíaco).

Se o exercício da respiração é importantíssimo hoje, nos

momentos mais caóticos do planeta em transição será indispensável. Por isso, seria muito bom começar a praticá-lo desde já, até porque os efeitos dessa prática vão se solidificando aos poucos, pois exigem tempo para gerar seus efeitos mais duradouros, sendo um poderoso instrumento de auxílio ao processo de purificação do corpo, do coração e da mente. Desse modo, é um método que ajuda muito quem já está cultivando a transformação interior, que será a mola-mestra do planeta de regeneração.

O *pranayama* ou exercício de controle da respiração é um exercício fabuloso que fortalece a alma: a atenção e concentração, disciplina, serenidade interior e ampliação de estados da consciência, aspectos centrais no fortalecimento da vontade. Todos esses atributos são essenciais para a prática do "orai e vigiai". Uma pessoa desconcentrada, desatenta e de vontade fraca, terá mais dificuldades de praticar a autopercepção de atos, pensamentos e sentimentos, e, por conseguinte, de imprimir ou direcionar força de vontade transformadora em aspectos ainda primários de sua natureza.

Ao mesmo tempo, o exercício diário propiciará ao praticante estar repleto de energia prânica, com maior propensão à serenidade, lucidez e disposição para melhor auxiliar o próximo, pois quem está bem de saúde física e psíquica poderá ser mais eficiente na ajuda a si e aos outros, com doação de bioplasma e ectoplasma de qualidade em tratamentos de cura, e desenvolverá uma boa aura, levando bem-estar a quem se aproxima, graças ao seu magnetismo mais puro.

Resumindo: o *pranayama* é um exercício de educação para a mente indisciplinada, porque treina a concentração da mente dispersa e sem foco; orienta a mente tensa e agitada para a serenidade; capacita a pessoa a aprender a se observar e a se ver por dentro, sem o que não conseguirá fazer o trabalho de autoconhecimento. Uma mente tranquila e pacífica encontrará a paz, intransferível e inenarrável estado divino do ser em que se vivencia uma felicidade serenamente ampliada; seu valor intangível não tem preço algum no Universo. Uma mente em paz irradiará luz pura, brilhante e divina, tendo o azul celeste como cor predominante, e será um gerador de luz ao próximo.

Torna-se primordial ao ser humano encarnado, e em especial àquele que esteja com uma mediunidade aflorada ou vivenciando trabalhos de educação da mediunidade no seu centro de práticas espirituais, ou mesmo no dia a dia, buscar a paz interior. Para tanto, o exercício de controle da respiração é instrumento fundamental a essa busca. Além do que, uma mente agitada, dispersa e deseducada, é alvo fácil para a invasão por parte de mentes intrusas, para processos obsessivos e até para a auto-obsessão. Mente em paz, educada, tranquila, e focada em cada pensamento e ato de sua vida, se torna forte e suas metas idealizadas se tornam mais factíveis.

Há inúmeros métodos com exercícios de controle da respiração. Faremos aqui, com a ajuda de nosso sensitivo, um resumo prático e de fácil entendimento e aplicação na vida cotidiana de cada irmão encarnado.

1. Relaxe o corpo físico, mantendo-se deitado com a barriga voltada para cima e as mãos voltadas para baixo, ou mantendo-se sentado, de coluna ereta, em posição confortável.

2. De olhos fechados e liberando a tensão de cada músculo, de cada membro e parte do corpo, chegando ao ponto de tomar consciência de todo o corpo como um sistema único, totalmente relaxado, sem contrações musculares (na cabeça, rosto, orelhas, pescoço, ombros, tronco superior e inferior, braços, mãos, dedos das mãos, pernas, pés, dedos dos pés), procure sentir a respiração entrar e sair pelas narinas, naturalmente, sem forçar. Apenas observe e sinta o ar entrando e saindo pelas narinas. Faça isso por trinta respirações, as quais contará mentalmente (inspiração mais expiração). Se perder a contagem, recomece-a, num exercício de persistência serena (sem pressa, sem impaciência e sem irritação, pois estes são sentimentos improdutivos e desconstrutivos) e treino da concentração.

3. Depois, comece a respirar lenta e profundamente (e não mais automaticamente ou com movimentos curtos espontâneos), sentindo mexer a barriga, o diafragma, mas também sentindo os pulmões se encherem de ar. Essa é a respiração completa. Continue consciente e lentamente nesse processo por trinta respirações (o processo de contagem ajuda na concentração e evita que a mente se disperse; se ocorrer a dispersão, que ela não o desmotive, e sim que sirva de estímulo para treinar a paciência consigo mesmo e a persistência serena). Repare que agora a respiração está mais controlada, sem estresse, tranquila. Se perder a contagem, recomece-a.

4. Mentalize que a inspiração lhe enche o ser (físico e mental-emocional) com uma cor rosa brilhante, a cor da energia vital e do Amor Cósmico. Sinta que seu corpo incha, quando inspira, e murcha ao expirar completamente. Detalhe: ao expirar, mentalize uma nuvem cinza saindo por suas narinas e, junto com ela, todas as suas impurezas físicas, mentais e emocionais. Ao inspirar, poderá direcionar a energia luminosa (que poderá variar do rosa ao alaranjado, ou amarelo, ou ainda, verde e azul brilhantes[66]) a algum órgão do corpo necessitado de equilíbrio (doente, por exemplo). Poderá, também, tratar as mazelas mentais-emocionais (como egoísmo, vaidade e orgulho, e os derivativos destas mazelas, como: impaciência, intolerância, raiva ou ódio, impulsos de vingança, arrogância, inveja, ciúmes, vícios ou apegos, tristeza, depressão, desmotivação, baixa autoestima e falta de confiança em si próprio, desesperança e ausência de fé dentre outros).

Aliás, ao se tratar sentimentos indesejáveis, estar-se-á fazendo um trabalho de alquimia interior, bastante eficaz. Poderá tratar aspectos indisciplinados e viciados da mente (impulsos instintivos grosseiros e pensamentos indesejáveis e renitentes, tal como ocorre em obsessão externa e/ou em auto-obsessão, agitação e estresse mental dentre outros). É importante que essas mazelas sejam banhadas com prana transformador, aos poucos, ou seja, uma de cada vez, sem expectativa de transformá-las imediatamente ou em poucas sessões, pois às vezes poderá demorar anos. O importante é sentir-se no processo. Permaneça neste exercício por setenta e cinco respirações por exemplo – a quantidade pode ir aumentando aos poucos, de uma dezena a várias dezenas.

[66] Cores fortes, como rosa, alaranjado e amarelo, são dinamizadoras; cores brandas, como verde, azul e lilás ou branco, são cores calmantes, equilibradoras, purificadoras. O lilás ou violeta tem funções transmutadoras de energias, ou seja, que ajudam a inverter polaridades energéticas.

Depois de feito esse trabalho de tratamento mental-emocional e do corpo físico, continue com a respiração lenta e profunda, e sob seu controle sereno. Não perca a consciência e, se isso ocorrer, retome-a lenta e naturalmente. Observe que você não estará sendo controlado por sua respiração natural, ou instintiva; ao contrário, estará controlando-a serenamente. Se seu tempo estiver curto, em razão dos afazeres urgentes, reduza o número de respirações para o tempo que dispuser. Finalmente, respirando lenta e profundamente, sinta-se nesse momento sintonizado com o Universo, como se estivesse respirando com ele. Pratique isso diariamente. Se fizer esse trabalho sincera e conscientemente, de fato entrará em sintonia com Deus e em sincronia relativa com Sua respiração cósmica criadora, mantenedora e transformadora do Universo.

5. Ao terminar, respire lenta e profundamente três vezes, tomando consciência do seu corpo, do ambiente externo, alongue o corpo, sinta-se leve, em paz, feliz, agradeça a Deus pelo prana, pela vida, e levante-se. O exercício estará concluído. Se for fazer alguma prática espiritual, como meditação, prece ou trabalho mediúnico, certamente estará melhor e muito bem para prosseguir em seu labor espiritual. Se for trabalhar, estudar, se alimentar ou fazer qualquer outra atividade, com certeza estará muito bem para realizar o que estiver em sua meta diária, e será bem mais produtivo: estará com a mente mais receptiva e criativa, lúcida, tranquila, com mais disposição física e motivação para a vida, além de mais feliz interiormente; suas células físicas estarão dinamizadas e cheias de energia vital; haverá impactos positivos no rejuvenescimento da pele, energização dos órgãos internos e mais disposição geral do corpo e do espírito.

Conforme mencionamos antes, há muitos outros métodos ou formas de *pranayama*, direcionando mentalmente a respiração, como se o ar, com seus componentes vitais, estivesse indo para onde a mente comandar, como por exemplo ao se mentalizar várias cores, conforme o que se pretende, em termos de terapia ou prevenção física, mental-emocional. Pode-se fazer a prática direcionada a cada chacra; enfim, vários caminhos podem ser adotados, mas é importante pesquisar essas práticas em fontes consistentes e sérias, lembrando-se apenas de buscar caminhos éticos, sensatos e iluminados pelas consciências superiores.

Quem adota essas práticas emagrece porque se alimenta de prana, reduzindo a necessidade de grande quantidade de alimentos físicos, uma vez que as células do corpo passam a responder naturalmente às suas necessidades fisiológicas. O ser fica rico de energia vital, dinamiza seus centros de força ou chacras, evita anemia, purifica o sangue, limpa os rins, fortalece os pulmões, as vias respiratórias e o sistema cardiovascular. Com essas práticas contínuas, regulares e disciplinadas, a pessoa aprende cada vez mais a dominar o medo, encontrando muito mais paz interior. Nunca se deve esquecer de agradecer sempre ao Pai Maior pelo prana, pela vida encarnada e por sua própria existência como alma. Não há nada que pague a paz interior, pois ela está dentro do ser e não fora. O prana que favorece senti-la está contínua e eternamente envolvendo-o, bastando que sinta o amor e a consciência presentes nele.

O período de abundância prânica do Sol é pela manhã, especialmente entre seis horas e meio-dia. Depois, o prana solar se estabiliza até por volta das quatorze horas e, em seguida, começa lentamente a declinar, intensificando essa declinação mais ainda após às dezesseis horas. Mesmo após às dezoito horas, e por toda a noite, ainda haverá no ar reflexos do prana solar, mas evidentemente em bem menor quantidade do que durante o dia. Se desejar praticar o *pranayama* antes das quatro horas da manhã ou após às dezoito horas, não haverá problemas, apenas a absorção de prana será menor. Há outras fontes prânicas que podem, igualmente, ser captadas, ainda que a principal, abundante e mais pura seja a proveniente do Sol. Ao longo das vinte e quatro horas, está imanente na Terra o prana oriundo do interior e do centro do globo, ou energia telúrica, que se misturará ao prana oriundo da vegetação e do mar.[67] Pessoas que têm fraqueza física, em convalescência de doenças, por exemplo, podem fazer o exercício do *pranayama*

[67] O oxigênio faz parte do prana, que, junto com nitrogênio, hélio, e outros componentes, representam o conjunto de moléculas e partículas atômicas ou pranas diversos que alimentam de energias os variados tipos de vida terrena.

captando a força telúrica, também.

Há outras energias prânicas salutares que são as oriundas das estrelas e dos planetas visíveis a olho nu, pois vêm de orbes evoluídos que, de alguma forma, exercem influência energético-magnética, e portanto prânica, sobre a Terra. Basta visualizar as estrelas e planetas visíveis e mentalizar suas energias vindo em sua direção, sentindo-as penetrar o seu ser físico-espiritual. Por terem seu magnetismo mais distante da Terra, essas estrelas e planetas emitem não um prana vital similar ao Sol e à energia telúrica (ainda que disponha de ínfima quantidade dessa energia em forma de fótons), mas um prana energético sutil, de ordem mental, que alcança o campo do sentimento também sutil, podendo alimentar as pessoas que se sintonizarem com eles no campo do pensamento e dos sentimentos superiores.

Recomendamos, ainda, uma pequena prática simples e que ajuda muito aquele que está na estrada da reforma íntima. Sempre que perceber dentro de si que há algo indigesto, do ponto de vista mental-emocional, algo que pode causar mal a si e aos outros, como impulsos de raiva, irritação, impaciência, intolerância, mágoa, orgulho ferido, vontade de se vingar ou de não perdoar alguém, tristeza, depressão, sentimento de culpa, impulsos instintivos rudimentares, pensamentos ou preocupações que tomam conta da mente ou quaisquer outras mazelas indesejáveis, então, a postura é tomar consciência disso e expulsar esse sentimento de dentro de si, inspirando lenta e profundamente e expirando de uma só vez, abruptamente, como se estivesse expulsando um caroço de fruta indesejável que, sem querer, estivesse quase sendo engolido. Inclusive, pode-se bater levemente no peito ou na cabeça, como num ato mecânico de ajudar a expulsão daquele "nódulo" energético da mente e do coração. Essa expulsão do ar para fora, de uma só vez, deve ser feita com a boca aberta, sem raiva, mas com muita vontade vindo de dentro do ser, sentindo que, na saída do ar, aquela "coisa indesejável" está sendo expulsa. Repete-se esse ato por três vezes. Se perceber que aquilo ainda está dentro de si, basta repetir novamente a prática por três vezes, e assim sucessivamente até sentir-se bem.

É bom que se saiba, contudo, que essa prática é como um remédio paliativo, pois a verdadeira causa deve ser trabalhada no dia a dia, nas meditações e observações de atos ou impulsos, de pensamentos e sentimentos. E então, a partir de certo tempo, começa a se gerar uma verdadeira alquimia interior transformadora, ou seja, o persistente, determinado e sereno trabalho de mudança dos padrões de pensamento e educação dos sentimentos impuros e dos instintos desorientados é que representam a verdadeira fórmula para a transmutação interior, que em algumas almas pode durar anos, em outras décadas ou séculos, e em outras muitas e muitas encarnações.

Por isso, que não se dê mais tempo ao tempo, em relação àquilo que pode ser realizado agora. Que não se espere as dificuldades e os desafios chegarem. Que se comece hoje o trabalho de controle da respiração, nem que seja por cinco minutos, com esforço para manter essa prática diária. Não será apenas um exercício de disciplina individual, mas acima de tudo a abertura de canais sublimes para a própria felicidade interior. Ao se abrirem esses canais, o praticante se descobrirá mais profundamente; ao se descobrir e ao mesmo tempo se conectar com a Consciência e o Amor Universal que habita o seu ser, mais harmonia e paz encontrará e mais motivação surgirá para prosseguir na jornada evolutiva e no serviço incondicional. A cada nova porta aberta no universo interior representará a aberturas de outras tantas infinitas portas que, gradativamente, vão lhe proporcionar mais e mais indescritível regozijo.

Que o prana solar e universal vos encha de paz, alegria e serenidade!

Vosso irmão,

Bábají[68]

---

[68] Nota do méium: Bábají, que em hindu significa Reverendo Pai, é um mestre Iogue. Por algumas vezes, pude vê-lo através da vidência. Segundo Yogananda (em *Autobiografia de um Iogue*), ele é considerado o Cristo-Iogue da Índia moderna. Yogananda dizia que ele vivia por séculos em corpo físico e não envelhecia. Encontraram-se e fizeram contato direto por diversas vezes, sendo as últimas na década de 1940. Mas, de fato, Bábají costumava se materializar, desde o plano mental, passando pelo astral, até aparecer no plano físico para seus orientandos espirituais, dos quais manipulava seus ectoplasmas para tais materializações (evidentemente com permissão deles durante o sono físico).

Alimentação

Que a simplicidade da natureza vos desperte a sensibilidade e a capacidade de descobrir a beleza e o significado imanentes em cada ser vivo da Terra!

Alimento é prana, é energia vital condensada pela natureza, com a colaboração do trabalho humano. A grande maioria dos homens modernos perdeu a prática de alimentar-se tranquilamente, com calma e sentimento de gratidão à mãe natureza e ao Pai Celestial pelas dádivas da vida, pelo alimento de cada dia. A falta de consciência durante esse ato não permite que se absorva toda a gama de nutrientes contida nos alimentos. E poucos nutrientes absorvidos significam pouca saúde. Some-se a isso, o consumo de alimentos desequilibrados, do ponto de vista nutricional, como excesso de gorduras e açúcares, ou com conservantes, estabilizantes, colorantes e resíduos químicos, ou até biológicos, quando manipulados sem a devida higiene.

O ser humano não precisa de muita quantidade de comida para se nutrir adequadamente e saciar-se. Necessita, sim, de mais qualidade e diversidade. A satisfação deverá vir com o mastigar bem-feito (de, no mínimo, trinta e duas vezes), com o prazer do sabor, do ingerir e de sentir-se feliz e grato pela oportunidade de estar absorvendo nutrientes, cores e energia vital.

Muitos profissionais da nutrição têm trazido boas orientações ao terráqueo, em termos de alimentação saudável e correta, como por exemplo: diversificar a alimentação durante o dia, reduzir o volume consumido por vez, aumentando a quantidade de vezes com alimentos leves e saudáveis, ao invés de comer muito poucas vezes, sobrecarregando o corpo.

Um tema bastante atual é o da nutracêutica, que são suplementos alimentares a partir de produtos naturais ou processados, e direcionados à prevenção e tratamento de saúde, tendo como base de extração as frutas, as sementes, os grãos, as raízes, as folhas e outros elementos da natureza, como fonte essencial de equilíbrio do corpo físico, com positivos impactos ao espírito, pois este tem sua morada no corpo denso.

Nessa direção, outro tema atual bastante difundido são

os alimentos funcionais,[69] aos quais muitas pessoas já têm acesso. Entende-se, neste conceito de alimentos, que existem alguns itens básicos da alimentação para qualquer ser humano encarnado, essenciais para a manutenção normal dos processos fisiológicos: proteínas, sais minerais, vitaminas, gorduras sadias (incluindo os ácidos graxos), e fibras, mas, segundo a lógica da funcionalidade alimentar, estes devem ser buscados na natureza, em fontes saudáveis.

Ao mesmo tempo, o conceito dos alimentos funcionais coloca em cena um quadro que será bastante comum no futuro da Terra: alimentar-se daquilo que realmente lhe fará bem à saúde e evitar alimentos e formas de preparo de algum modo prejudiciais ao bom funcionamento do sistema orgânico (carnes, frituras, massas não-integrais, e produtos ricos em conservantes, corantes e flavorizantes químicos, por exemplo). É perceptível como populações de algumas regiões do planeta vivem mais e melhor, fisicamente, e com bons reflexos no campo mental-emocional, por consumirem alimentos mais saudáveis baseados em ervas e peixes, conforme já acontece em algumas localidades do Japão e do Mediterrâneo. Essa alimentação, que já representa um grande avanço para o terráqueo, poderá tornar-se mais funcional ainda ao se ampliar o consumo de produtos de origem vegetal, com o devido equilíbrio nutricional, até o ponto de ela tornar-se vegetariana funcional, com o uso de ervas aromáticas que têm papel crucial na funcionalidade do organismo e que dão sabor agradável aos alimentos.

No passado, fazia parte do processo evolutivo físico do ser humano ingerir carne animal. Hoje em dia não há mais essa necessidade. Portanto, que os carnívoros passem a se alimentar, pelo menos de carnes brancas, preferencialmente de peixe. E que não permaneçam estacionados nessa alimentação, mas que, aos poucos, possam ir treinando a mente e as células do corpo para receber produtos de origem animal sem precisar matá-los, como queijos e ovos. E que ainda não parem aí, e continuem avançando para uma alimentação mais

[69] Alimentos funcionais, surgidos no Japão, consistem no tipo de alimentação pensada, tendo em vista sua utilidade para o organismo humano e para o que esse organismo necessita, segundo as peculiaridades de cada pessoa.

leve e sadia, como na obtenção de proteínas em castanhas, sementes, palmitos, cogumelos e leguminosas, e também no consumo de alguns alimentos energéticos e com fibras como os cereais e raízes (milho, arroz, mandioca, batata-doce, cará, inhame e outros).

Pode-se usar a mistura de folha moída de mandioca, em razão de sua riqueza proteica e de sais minerais (em pouca quantidade, por conta que o excesso pode causar toxicidade) na mistura da massa da mandioca (as raízes são ricas em amido, nutriente importante para fornecer energia e sensação de saciedade). Outras folhas moídas ricas em proteína e sais minerais, como a da moringa, e de outras espécies arbóreas e arbustivas que a vossa ciência já pesquisou, podem igualmente enriquecer vossa alimentação.

Mais informações na área de alimentação serão trazidas por irmãos do plano astral superior e extraterrenos que vêm encarnando ultimamente na Terra. Há muitas plantas nativas, especialmente na América do Sul, como as oriundas dos Andes, da Amazônia e do Cerrado, que revolucionarão o campo alimentar e da cosmética funcional (aquela que protege a pele de cânceres ou de efeitos danosos da secura e dos raios ultravioletas, como hidratantes e protetores solares naturais, por exemplo). Todavia, o que já se conhece e o que foi trazido por indígenas, caboclos, nos conhecimentos populares e tradicionais, e pelos cientistas, já representa um espectro enorme de alternativas para que o terráqueo não precise se alimentar de carnes dos nossos irmãos mais novos na escalada evolutiva.

Olhai para o vosso cão ou gato de estimação. Teríeis coragem de comê-los? Claro que vosso coração não suportaria isso. Olhai agora para um boi, um carneiro, um coelho, porco ou frango. Imaginai um campo e esses animais convivendo com o vosso cão ou gato de estimação. Imaginai todos brincando, correndo naturalmente, alegremente, ou apenas compondo a paisagem campestre, irmanados pelo sentido pacífico da vida, sem violência. Imaginai, agora, uma fase muito antiga da evolução, quando vosso espírito havia encarnado como um desses animais. Certamente vossa alma, em tempos remotos, precisou de corpos como esses para dar andamento à vossa evolução, e foi importante o ciclo natural da vida física não ser interrompido pela morte prematura, para se evitar outros retornos encarnatórios naqueles corpos. Nesses animais, nos quais já reencarnastes no passado, vossos instintos estavam aguçados, vossos sentimentos já desabrochavam e vossa mente intelectual iniciava os primeiros passos, captando sinais de estímulo-resposta e compreensão. Começaveis a compreender movimentos repetitivos e aprendieis a discernir sobre quem era vosso amigo ou um estranho, quem iria vos machucar ou vos acariciar. Imaginai-vos agora vendo vossos irmãos do passado ser agredidos ou abatidos num matadouro, por máquinas, num sistema industrial de frigorificação.

No passado e nos locais mais primários de tecnologia, abatiam-se animais com violência direta. Nas cidades e indústrias, a brutalidade se sofisticou. Quase ninguém vê como friamente os nossos irmãos menores são abatidos, e, num ato de hipocrisia e pseudodescompromisso com aquela carne, a maioria dos homens se delicia com o sofrimento alheio, num claro ato de sadismo travestido de refinamento, desde os chefes de cozinha e cozinheiros até os comensais, do prazer no uso dos temperos exóticos a apresentações das mais simples às mais sofisticadas. Essa barbárie nos machuca o coração e sinaliza para os habitantes da Terra que os tempos são chegados e que esses costumes também chegaram ao seu limite, pois redundam em elevados pesos e compromissos cármicos terrestres em um momento cósmico de necessidade de profundas transformações no planeta.

Não estamos aqui fazendo apologia a sentimentalismo infundado, mas despertando-vos para a amplitude de vossas ações quando se alimentam de irmãos menores na evolução. As carnes impregnam o organismo de miasmas com a putrefação nos intestinos, enchendo-os de toxinas, de vermes e bactérias astrais e físicas; pesam na aura do encarnado, dificultando seu contato com os guias espirituais e exigindo muitas vezes que os irmãos do plano extrafísico, paciente e tolerantemente, se utilizem de aparelhos filtradores de miasmas e toxicidades astrais para fazerem contatos mediúnicos mais diretos, quando necessário.

Miasmas oriundos da carne de animais ingeridos se agregaram à aura humana, ao longo da vida, tornando-se altamente danosos no processo de desencarne, inclusive podendo ocorrer dores físicas e psíquicas intensas que levam o ser desencarnante, na maioria das vezes, a planos astrais densos,[70] até por uma questão de peso magnético e de física quântica (as moléculas do duplo-etérico e do perispírito estarão carregadas de íons absorvidos do campo magnético dos animais ingeridos, com elétrons instáveis, causando desequilíbrio nas estruturas atômicas desses corpos mais sutis, dificultando sua ascensão a ambientes mais leves do mundo astral). O consumo de carnes gera carma para o consumidor e para a coletividade terrena. Todos os grandes espíritos, com raríssimas exceções, que desceram ao mundo físico terreno deram bons exemplos de uma alimentação vegetariana.

Este item da alimentação, de que muitos irmãos espíritas e espiritualistas não se dão conta, fugindo ao diálogo que lhes força a mudança de hábito, poderá trazer muitas dificuldades futuras, no tocante à adaptação a um tempo de carências alimentares que exigirá alimentos mais leves e vegetarianos. A fome intensa e dolorida poderá levar à raiva e à violência, quase sempre descontrolada, especialmente naquele que ainda não tem profundos sentimentos crísticos. As criaturas podem até ter consciência de que não poderão praticar certos atos de violência contra si mesmas, contra o próximo e contra os animais, inclusive de estimação, mas se a fome for muita intensa, aliada à falta de equilíbrio, poder-se-á praticar barbáries: poderá ocorrer que a força dos instintos primários seja maior que a força superior, comparativamente ainda pouco presente na alma encarnada.

É preciso fazer uma grande corrente terrena em prol da preservação da vida animal. Estes sofrerão ainda mais, quando os desequilíbrios planetários se intensificarem, pois virão

[70] Quando, na aura humana, há grande concentração de miasmas, decorrente do elevado consumo de carnes durante a vida, ficam intensificados sentimentos de apego que funcionam como substâncias pegajosas, grudando ou conectando a alma recém-desencarnada aos seus entes encarnados ou a coisas que ficaram no mundo material. Se a alma tiver méritos para receber ajuda, exigirá trabalho adicional por parte dos mentores para realizar complexos processos de filtragem áurica ou levar os recém-chegados para casas de transição, pois o seu peso energético não os permite subir para planos mais leves e sutis.

muitas doenças, inclusive infectocontagiosas, que afetarão esses irmãos menores, impossibilitando que os humanos os consumam.

O peso áurico da Terra está a cada dia amplificando o carma dos seres humanos em razão da matança de animais, que estão sendo impedidos de evoluir. Quando cientistas, instituições financeiras, governos, empresas e pecuaristas se agregam em cadeias produtivas para organizar essa brutalidade, disfarçada de modernidade tecnológica, todos eles aumentam seus próprios carmas, bem como o das organizações e das pessoas que delas fazem parte, em especial de seus dirigentes e formuladores de políticas que estimulam o consumo animal. Cada consumidor estimula a dinamização dessas cadeias produtivas, pois se há consumo há produção.

O Brasil, por estar entre os maiores exportadores de carnes do mundo, está ampliando seu carma, e isso se refletirá em futuras doses inevitáveis de sofrimento ao seu povo, especialmente no caso dos consumidores dessas carnes. A aura terrena está cada dia mais pesada, exigindo muito trabalho por parte de irmãos extraterrenos e entidades superiores, para que possam se utilizar de certos aparelhos (o tempo dispendido com essas tarefas poderia ser usado para atividades mais nobres) no sentido de desintoxicar a psicosfera do planeta. Muitas dessas toxinas são oriundas do campo astral de irmãos carnívoros. Aliás, esse tipo de trabalho de limpeza de miasmas por parte dos irmãos de planos e dimensões mais sutis têm sido utilizados constantemente nos trabalhos mediúnicos e em trabalhos de cura, haja vista que muitos trabalhadores de centros espíritas e espiritualistas são consumidores de carnes, até em dias de trabalhos espirituais, o que torna ainda mais grave a situação.

Recomendamos aos irmãos que ainda não se libertaram desse tipo de alimentação e são dependentes dela (o que é, antes de tudo, apego a energias primárias) que criem metas em suas vidas, começando a se desprogramar mentalmente dessa dependência e, com esforço hercúleo, a se distanciar aos poucos dessa dieta. Se comem carne todos os dias, que passem a comer apenas um dia na semana; depois de um mês, que passem a comer de duas em duas semanas, e assim sucessivamente, até que possam se desligar completamente dessa ingestão em um ano. Paralelamente, podem ir complementando sua dieta com carnes brancas, e no ano seguinte se desligar delas também. Ao mesmo tempo, poderão ir suplementando a dieta com queijos, ovos, cogumelos, mas principalmente tendo consciência de que apenas com feijão (ou outra leguminosa, como grão-de-bico, ervilha, lentilha, fava e outras) e o arroz integral estará bem alimentado, necessitando complementar a alimentação com nozes, castanhas e sementes.

Há ainda outros cereais, raízes e sementes bem mais completos que o feijão e arroz, recentemente redescobertos pela Ciência terrena e pelos consumidores, como a chia, amarantos, quinoa e a maca peruana (há muitos séculos esses alimentos são consumidos pelos indígenas das américas), que são riquíssimos em proteínas, sais minerais e óleos saudáveis, sem falar de outras alternativas de cereais como a cevada, o centeio e o milho, além de sementes especiais, como a linhaça (em suas diversas variedades).

O apego à carne animal gera verdadeiras egrégoras no campo áurico de quem a consome, retroalimentando processo antigo da alma, de muitas vidas, como a tristeza, a depressão, o apego a situações passadas, a tendência a guardar mágoas e lembranças nostálgicas, o apego acentuado aos instintos sexuais e ao exagerado consumo de comidas, ativando impulsos de violência, egoísmo e orgulho. Essas egrégoras e as próprias células viciadas reclamarão por carnes, o que demandará exercícios de desapego desse vício, se a pessoa desejar subir para patamares mais sutis na escalada espiritual.

Somem-se a isso, ainda, no estágio atual da Terra, as entidades desencarnadas apegadas ao magnetismo animal, que incentivarão os encarnados a continuar se alimentando de carne, para que no Astral possam praticar o vampirismo desses fluidos, no matadouro, passando pelo frigorífico e chegando à mesa do comensal. Essa cadeia energética é forte e caberá a cada um, a partir de sua própria consciência e sensibilidade, tomar a decisão, com toda sua força de vontade, de mudança do hábito arraigado. Se tomar essa decisão do fundo da sua alma, certamente passará a receber ajuda e incentivo dos adeptos dessa nova percepção amorável e consciente da vida, tanto por parte de encarnados como de desencarnados.

Muitos médicos e nutricionistas terráqueos argumentam que o ser humano precisa da carne animal para ter uma saúde equilibrada. Pois muitos desses profissionais da saúde estão, também, sendo influenciados por entidades inteligentes e viciadas nos fluidos animais, que estão continuamente instigando a todos para que não quebrem ou eliminem essa cadeia produtiva e de consumo. Na verdade, esses profissionais também são viciados na carne e encontram as justificativas "científicas" para atender a esse apego. Há como repor, além de proteínas, outras fontes de vitaminas do complexo B, como a B_{12}, além do ferro. As folhas ou verduras escuras, por exemplo, são fontes desses elementos, bem como muitas sementes, nozes e castanhas. Algumas frutas-santas, como o açaí, jatobá, jenipapo e amora, são fontes de ferro e vitaminas do complexo B.

Existe uma planta na Amazônia chamada crajiru (no Nordeste ela é chamada de crajuru) que, esmagada ou em forma de chá, produz um líquido vermelho riquíssimo em ferro assimilável pelo organismo humano, além de possuir outras propriedades medicinais, inclusive de combate ao câncer. Assim como essa planta, que muitos também denominam de cipó-cruz, há uma infinidade de outras dádivas da Mãe-Terra (especialmente em terras brasileiras), disponíveis para serem pesquisadas pelos cientistas, que podem substituir a proteína animal, pois são ricas em proteinas e abundantes em sais minerais e vitaminas que nem mesmo as carnes possuem.

Outros ótimos complementos são as raízes como bardana, batata doce, cará, inhame e a própria beterraba. Talos, que hoje muitos jogam fora, são ótimas fontes nutricionais (o mangará, que é aquela ponta superior arroxeada ou inflorescência da bananeira, é riquíssima em proteínas, vitaminas e sais minerais). Tudo é uma questão de criatividade, bom tempero, boa vontade e disposição em mudar e se adequar aos alimentos mais leves, sadios e desprendidos de fluidos densos dos animais, que se encontram em estágios primários de evolução. Evidentemente que a pessoa viciada em carne terá que fazer esforços para dela se desprender. O ser que deseja subir a montanha da evolução tem que fazer esforço para chegar ao cume; do contrário, ficará circulando na base.

A memória das células físicas e astrais tentará manter intactas as informações contidas no DNA e nas bioligações transencarnatórias energéticas e milenárias da alma, desde os tempos em que eram homens das cavernas, ou animais selvagens que se alimentavam de vísceras, ao longo de milhares e milhares de anos. Mas chega o tempo em que a memória celular e da alma precisa amadurecer em seus costumes, desapegar-se de práticas milenárias atrasadas ou que lhe atrasam a subida para planos mais sutis, seja nos aspectos do pensamento e sentimento viciados em vibrações primárias, seja nas questões de instinto animal. Portanto, é preciso ter uma profunda decisão interior para a mudança e, se isso ocorrer, haverá todo o auxílio do plano invisível. Há que se atentar, contudo, para as constantes tentações, haja vista seu histórico do apego às forças primárias, que é forte e está muito cristalizado. Se houver quedas, não vos culpeis por isso, pois se deve aprender com os atos impulsivos, os quais deverão diminuir cada vez que retomardes o caminho da dieta sadia, imerso numa profunda consciência e sentimento fraterno por todas as formas de vida.

Assim, acreditamos na vontade de cada um dos filhos de Deus, no empenho em se desprender dessas amarras fluídico-magnéticas. Esse esforço será recompensado pelo bem-estar, pela saúde e pela mais constante ligação vibratória com os planos superiores da Espiritualidade e com os sutis irmãos extraterrenos. A alegria e o reconforto serão imensuráveis, não apenas pela proteção do próprio campo áurico, como também pela preservação da vida de muitos irmãos inferiores, impulsionados para a evolução por caminhos primeiros que já trilhamos no passado remoto. Esse esforço, desde já, ajudará os irmãos nos momentos mais críticos da transição planetária, pois células físicas e astrais viciadas terão tempo de ir se adaptando e se desprendendo do vício e evitarão choques psicológicos, enfrentamentos de irritação e outros sintomas primários dos sentimentos em doses cavalares e quase incontroláveis, bem como danos à estrutura e ao funcionamento do corpo, que necessitam de tempo para serem compensados.

A título de informação, especialmente aos médiuns conscientemente praticantes: os irmãos que possuem fluidos animais presos a suas auras tornam a aproximação de entidades sutis do mundo espiritual e de dimensões mais sutis bem mais difícil, pelo mau cheiro que o corpo exala e que chega até o plano energético, pelo desequilíbrio molecular e atômico que desequilibra a conformação áurica e os fluxos vitais sadios, tanto no campo físico, quanto no duplo-etérico (desequilibrando os chacras) e nos corpos astral e mental. Isso faz com que os irmãos de vibração mais sutil mobilizem forças astrais densas, com ajuda de caboclos, elementais e micropartículas do mundo mineral e vegetal, para limpar essas auras e permitir um melhor acesso vibratório e de comunicação mediúnica, ainda que intuitiva. Vale o alerta de que esses campos áuricos carregados de fluidos animais favorecem a aproximação de irmãos sofredores, apegados e vampiros dessas energias.

Convidamos os terráqueos a se tornarem mais humanos, mais sensíveis e conscientes no trato com os animais. Que se eduquem, gradativa e incessantemente, deixando de se alimentar de qualquer tipo de carne animal. Que passem a olhar bovinos, porcos, coelhos, ovinos, caprinos, aves, ou mesmo os peixes, enfim todos os animais, com olhos de compaixão. Que esse olhar vos provoque repulsa ao ingerir essas carnes. Convidamos a todos aqueles que lidam com atividades agropecuárias, que se especializem em organizar e expandir processos produtivos de grãos, sementes, raízes, castanhas e nozes, cogumelos, palmitos, frutas, verduras, legumes, suplementos com folhas e outros subprodutos vegetais, que descubram a riqueza dos vegetais, como os principais companheiros terrenos na alimentação e no encontro com a saúde equilibrada, de agora para o futuro.

Além dessa questão da alimentação saudável, para os tempos futuros vindouros e para quem não tem costume, é bom começar a praticar o jejum (com orientação apropriada).

Não é necessário ficar vários dias sem comer, mas pode-se treinar o jejum à base de água, por vinte e quatro horas (começando de seis em seis meses; em seguida, num intervalo de três meses; depois de um tempo, um jejum por mês), procurando entrar em contato com todas as energias que sobrevirão dessa prática: irritação por causa da fome, impaciência, intolerância, impulsos sexuais, ira, enfim todas as paixões inferiores, vícios e mazelas necessitadas de educação. E, dependendo da pessoa, poderá surgir serenidade, paz interior, tolerância, paciência, encontro consigo mesma nas profundezas da alma. Estes últimos estados mentais e de sentimentos, mesmo não surgindo, devem ser cultivados pelo praticante do jejum e, com toda certeza, resultados inesperadamente positivos ocorrerão.

É recomendável não fazer esforço físico durante o jejum, procurando-se o recolhimento interior e, em seguida, um trabalho de aceitação de todos os impulsos instintivos e sentimentos que surgirem durante o jejum (bons ou maus, intensos ou não, nos seus vários graus de equilíbrio ou desequilíbrio), dando-lhes um banho de amor e de esclarecimento educativo-espiritual, quando for o caso. Muita prece, meditação e contato com Deus, que habita a essência interior de cada um, devem ser os próximos passos. A alimentação mais leve e frugívora, e principalmente o jejum, vos permitirão o encontro mais direto com aspectos positivos e negativos que habitam a intimidade da alma. Para evoluir torna-se primordial conhecer as próprias mazelas corajosamente, encarando-as de frente, aceitando-as humildemente como partes de si, para então poder transformá-las a partir de trabalhos de autoeducação.

Que os irmãos possam sempre lembrar do sábio filósofo e médico grego Hipócrates, que dizia: "Que teu alimento seja o teu remédio". Nesse sentido, vale a pena lembrar que a água é o principal alimento e um excelente remédio, quando potável, de boa qualidade, isenta de produtos químicos. Os raios ultravioletas ou a ionização são métodos passíveis de serem aplicados na atualidade, pois a purificam, sem prejudicar suas estruturas nutricionais benéficas ou sem agregar-lhe moléculas químicas que prejudicarão a saúde a longo prazo. Adotar filtros de carvão e areia esterilizada e, em último caso, se a água não for confiável, fervê-la, como se fazia no passado recente, será uma boa conduta.

Portanto, é bom beber bastante água, o dia inteiro, em pequenas e contínuas quantidades. E, ao bebê-la, estar-se-á se alimentando de prana, de energia vital. Sempre que possível, é aconselhado "pranificar" a água com a luz do sol, deixando-a em recipientes de vidro; melhor ainda se puder colocar cristais dentro. Caso não seja possível, que se mentalize a luz solar penetrando nas estruturas moleculares da água, no momento em que se estiver bebendo-a. Também se pode "pranificá-la", despejando-a de um lado para outro em dois copos, diante de uma janela aberta, preferentemente ao sol, agradecendo sempre à Mãe Terra, aos processos atmosféricos e à chuva, bem como ao Pai Celestial por vos fornecerem esse bendito líquido.

Para estes tempos turbulentos do planeta Terra, além da alimentação sadia e do jejum, não se deve esquecer de meditar e fazer preces diárias. A qualquer instante da vida, de preferência no início e final da manhã, e depois, no final da tarde e da noite, praticar a meditação e a prece leva à tranquilidade interior, mesmo que seja por poucos minutos. Todos esses exercícios serão de grande benefício para a paz interior de cada um, em qualquer circunstância da vida, mesmo nos momentos mais difíceis do porvir da humanidade.

Os irmãos que se exercitam a viver de prana respiratório e de luz, é bom ter cuidado para não ficarem subnutridos, especialmente se ficarem sonhando com os alimentos. Mesmo aos que conseguirem transformar prana em energia corporal, que é uma conquista muito positiva, não se esqueçam de usar o discernimento em suas vidas, pois o plano espiritual precisa de pessoas no plano físico com firmeza e saúde para trabalhar intensamente e fazer realizações no mundo da matéria; do contrário, manteriam certas almas no Astral e não encarnadas no plano denso. Quem está encarnado no estágio atual da humanidade tem um corpo denso, que necessita de material sólido para alimentar a estrutura sólida. Aqueles que conseguem transmutar energia prânica em nutrientes corpóreos têm seus méritos enquanto exercício, pois normalmente são extraterrenos que viveram em planetas evoluídos material e espiritualmente e que hoje se encontram encarnados na Terra, para onde vieram mostrar que futuramente o terráqueo também poderá realizar tais práticas.

Reafirmando: o plano espiritual precisa dos encarnados no plano físico para ancorar energias, inspiração e ação transformadora da evolução do mundo físico, principalmente nos tempos mais turbulentos da Terra, em que haverá necessidade de trabalho mais rudimentar que demandará estrutura física forte, disposta e bem alimentada. A prática da prece e da meditação, os esforços de transformação íntima e o amor fraterno são alimentos espirituais que cada pessoa deve vivenciar, receber e dar.

Aquele que se considera evoluído deve reavaliar, com sinceridade e simplicidade, os componentes que habitam as profundezas de sua alma, de seus pensamentos e sentimentos, e sentir-se humilde para, quando necessário, pegar na enxada, tocar na terra, carregar peso, limpar o seu próprio lar, lavar louças, roupas e banheiros, subir escadas, apoiar o irmão com dificuldade de se locomover, enfim, exercer uma série de tarefas dignas de qualquer ser encarnado envolto por atividades cotidianas. Essas tarefas mais densas (e que deverão expandir-se em futuro breve, em decorrência dos desarranjos das estruturas sociais e econômicas globais) são tão importantes, como instrumentos de evolução para quem está encarnado, quanto a meditação e a prece (estes últimos são puros e vitais alimentos sutis dos mundos invisíveis e servem de conectores com os planos superiores).

Essas atividades mais pesadas são, também, alimentos para a evolução, quando vivenciadas de forma produtiva e construtiva. Os recursos sublimes da prece e da meditação jamais eliminarão o serviço que enobrece e lapida a alma nos mundos físicos, seja qual for, desde que digno e necessário para a vida. As tarefas materiais são imensamente transformadoras da alma quando vivenciadas com boa vontade, motivação, alegria e consciência de serem pequenas e humildes partes da engrenagem evolutiva nos mundos das formas densas.

Se evitadas ou insultadas pela alma orgulhosa encarnada, ou se vivenciadas com indisposição, indisciplina, má vontade e irritação, retornarão ao caminho dessa alma no mundo das formas, até que ela se torne dócil, madura e agradecida por elas existirem: a Lei do Carma e da atração se encarregarão de promover a educação das almas revoltadas e arrogantes. Enquanto o ser tiver débitos cármicos e precisar de determinado treinamento da alma, os atrativos para esse treinamento aparecerão naturalmente, por força natural da vida, até alcançar estados naturais de humildade, paciência, tolerância, resignação, simplicidade, determinação, persistência, serenidade, fé, autoconfiança, firmeza, renúncia, doçura, compaixão, boa vontade, capacidade de servir incondicionalmente e alegria plena.

O plano espiritual necessita de colaboradores no mundo denso porque seres imateriais existem do lado de cá, no mundo dos desencarnados. Meditar é fundamental, contudo, trabalhar também. Quando o terráqueo habitar a quarta dimensão física, no futuro, num ambiente com ar mais rarefeito e corpo mais sutil, poderá aumentar o percentual de alimento prânico exclusivamente ou quase exclusivamente extraído direto do ar. Portanto, alguns até conseguirão viver apenas de luz e fluidos prânicos. Não se pode dar passos além das leis físicas e espirituais da evolução. O ser humano não precisa sentir-se diferente, mas igual, porque de fato todos são iguais perante a Lei e o Amor Infinito.

Mais importante que o alimento ingerido ou não ingerido, não é nem o que se idealiza na mente, mas o que se sente no fundo do coração. Sentir-se evoluído e acima dos demais humanos, pelo que se come, cristaliza o ser na vaidade e orgulho, endurecendo e impermeabilizando o coração para a indispensável vivência da simplicidade e da cooperação, pelo trabalho e esforço nos ambientes mais densos da matéria, que exige servidores dispostos a trabalhar e servir aos planos superiores que não podem descer a essa matéria densa. Que aqueles que já conquistaram estágios de uma alimentação vegetariana e mais leve, cultivem a humildade e a tolerância para com os que ainda não têm tido força de vontade ou consciência suficiente para se libertar do vício carnívoro.

Nosso Pai Celestial criou o homem terráqueo da primeira dimensão física com todo um eficiente sistema digestivo para transformar o prana contido nos alimentos físicos e na água em nutrientes, estruturas e energia para as células. Como a evolução não dá saltos, assim como ocorre nos aspectos espirituais, igualmente o corpo físico não dá saltos evolutivos, mas pode ir avançando. Portanto, a ausência total de água e alimentos para fazer funcionar esse sistema digestivo pode causar, a longo prazo, danos irreparáveis nessa magnífica máquina humana.

A capacidade de processar o prana do ar e da luz que banham os mundos físicos, astrais e mentais da Terra ainda é limitada para quem vive no plano físico denso da primeira dimensão. Essas recomendações não significam que o ser humano encarnado não deva praticar exercícios de respiração e mentalizar alimentando-se de prana, não é isso! Pelo contrário, é fundamental que suplemente o seu alimento físico com essas práticas meditativas e conscientes, incluindo o *pranayama* em sua rotina, que o ajudará na saúde dos corpos físico e mental-emocional.

Atenção e equilíbrio para com vossa alimentação! Que ela seja rica em nutrientes sadios, desprovida de resíduos astrais dos nossos irmãos inferiores, mas que os amados servidores da última hora estejam fortes e dispostos para o trabalho da seara do Cristo no plano físico, tão necessitada de tarefeiros para as obras em curso e para as que virão ao vosso encontro, como dádiva para a lapidação de vossos sentimentos.

Que a consciência superior ilumine vossa percepção para com os animais e que a fraternidade e a compaixão reinem em vossos corações nas tarefas do dia a dia!

Do vosso humilde servo,

Pai Francisco[71]

[71] Nota do médium: Pai Francisco é uma manifestação de preto-velho, sábio e bondoso espírito ligado à Falange de Dharma, na Colônia do Grande Coração. Já encarnou como frade franciscano. Numa outra encarnação, como sacerdote católico, foi amigo e companheiro de jornada do Padre Vicente de Paulo em trabalhos assistenciais aos pobres. Vicente de Paulo foi uma das encarnações de Akhenaton. Apesar da apresentação sob o nome Pai Francisco, que é uma expressão astral de preto-velho, essa alma bondosa se mostrou (captada por vidência), neste processo mediúnico psicográfico, com sua vestimenta de padre franciscano. Geralmente, quando alcançam determinado grau evolutivo, os espíritos não se

Energia e sistema de comunicação

Paz aos irmãos terrenos!

No decorrer da fase mais crítica da transição planetária, os sistemas de distribuição de energia e de comunicações serão profundamente afetados, em razão das tempestades e explosões solares que se intensificarão, com forte reflexo magnético sobre todo o Sistema Solar, em especial sobre a Terra por ser o planeta de menos evolução e menores recursos tecnológicos para lidar com esses efeitos. Considerando o nível vibratório, de consciência e de acesso a certas informações em que eu e meus amigos de trabalho nos encontramos, não há como prever em detalhes os danos que se farão sentir sobre todos os mecanismos que compõem a distribuição de energia. Contudo, em termos gerais, podemos afirmar que muitos impactos serão sentidos na Terra.

As mudanças cósmicas em curso promoverão deslocamentos e danos em vários satélites estacionários e em movimento na atmosfera terrena, prejudicando a captação e retransmissão de sinais. Por conta disso, a transmissão de energia elétrica e de dados pela internet também serão profundamente afetadas. Com isso, muitos computadores sofrerão pane e acarretarão danos gigantescos sobre a gestão de bancos, de instituições públicas, de transportes, de segurança e de todo um conjunto de atividades dependentes das tecnologias de informação, gerando um caótico efeito em cadeia. Levando-se em conta que o sistema financeiro internacional e as economias dos países encontram-se por um fio de estabilidade, quando esses efeitos atingirem as transmissões de dados e informações, o sistema econômico global sofrerá forte impacto, com irreparáveis reflexos nas economias regionais e locais.

Os países e localidades que construíram ou que estão construindo bases ou instrumentos de suporte à economia, relativamente independentes do sistema internacional de gestão econômica, estarão menos suscetíveis a efeitos em

---

apegam a uma ou outra encarnação, mas buscam expressar o aprendizado-síntese de todas, podendo se plasmar com uma ou outra vestimenta, apenas para efeito de se apresentarem ao(s) médium(uns) nos trabalhos espirituais; costumam salientar que a imagem é o que menos importa, e sim a vibração; no caso, vibração de humildade.

cadeia dos impactos negativos globalizantes. Por isso, sugre-se a elaboração de planos e estratégias de governos visando ao desenvolvimento de economias locais, em âmbito micro e mesorregional, que representam um bom caminho para minimzar os desequilíbrios na economia mundial, ainda que, de algum modo, tais impactos sejam inevitáveis.

É importante deixar claro que o processo de globalização em curso no planeta, hoje, é bastante salutar em alguns aspectos da vida cotidiana, trazendo contribuições importantes no campo das comunicações, já como uma base para o que está por vir no futuro, bem mais à frente, em termos de uma sociedade mais integrada, cujo modelo facilita a disseminação e troca de informações e de vibrações que ajudam na expansão da consciência e no aprimoramento da sensibilidade planetária. Por outro lado, há muitos outros aspectos inerentes ao processo de globalização vigente no planeta que amarram redes seriamente comprometidas com o desenvolvimento de uma cultura consumista e indisciplinada, exigindo discernimento e colocação de "filtros" mentais naquilo que circula em nível mundial.

Assim, será preciso construir-se um novo arranjo na organização da sociedade globalizada apoiado em paradigmas do amor fraterno-universal e da ética cósmica. Para isso, primeiramente, será necessário que haja a ruptura de monopólios e oligopólios, de certos aparatos sob domínio de grandes capitais financeiros que controlam a estrutura econômica mundial e suas extensões, como redes de comunicação e *marketing*, aparatos de vendas que só estimulam o consumismo, dentre outros controles que se tornaram globalizados e dependentes de uma rede comercial e de estilos de vida contrários ao que se espera de uma sociedade desejosa de evoluir.

É preciso construir sistemas econômicos, de comunicação e informações locais fortes, mas sem quebrar a interação sensata com o mundo, pois a forma com que se enraizou o capitalismo neoliberal global trouxe conexões indissociáveis entre os países, o que é positivo sob o ponto de vista da fraternidade, do intercâmbio econômico e sociocultural, do acesso a certos bens e serviços, antes restritos a poucos, facilitando trocas salutares entre empresas, governos e povos, porém negativo sob o prisma do domínio egoísta e orgulhoso de algumas nações e empresas transnacionais sobre economias mais frágeis.

No que se refere ao tema energia elétrica e considerando especificamente o caso do Brasil, a estratégia de se centralizar sistemas de geração de energia elétrica é boa por um lado e perigosa por outro. Na verdade, é boa porque há troca e suplementação de energia fornecida de uma estação para outra, através dos linhões de interligação, evitando, por exemplo, que uma região fique sem energia, num caso de seca ou danos à produção regional, graças à suplementação oriunda de outra região, onde há abundância de produção, em dado período. Por outro lado, se houver rompimentos nas grandes centrais produtoras, acarretará falta de energia em grande parte do país.

Uma alternativa para reduzir os riscos da falta de energia no futuro, e ao mesmo tempo constituir-se numa forma de seguro-energia, em caso de desabastecimento, seria criação de sistemas locais e regionais de produção e fornecimento de energia, pelos estados e municípios, como suporte à produção nacional, ainda que esses sistemas locais-regionais possam ser flexíveis e, portanto, passíveis de se conectarem às redes nacionais. É recomendável que pequenas localidades, vilas e comunidades desenvolvam os seus sistemas de produção e fornecimento local, com foco em fontes de energias limpas ou sustentáveis, principalmente a solar, atentando para um ponto crucial: não basta gerar energia, é preciso transportá-la e conservá-la (atualmente a conservação somente é viável em baterias, mas já está em curso a criação de tecnologias alternativas, com ajuda de extraterrenos encarnados neste planeta; outras mais leves e sem riscos de se constituírem em resíduos tóxicos serão criadas no futuro).

Como solução paliativa, o uso de geradores à base de etanol ou biodiesel produzidos localmente poderá ser uma boa solução, mas, neste caso, exigirá grandes tanques armazenadores de combustível para alimentar por um ou dois anos o sistema, nas épocas das impossibilidades climáticas para o cultivo de cana-de-açúcar ou mesmo a mandioca, e espécies oleaginosas, durante certo período; no caso de as condições de clima priorizarem a agricultura voltada para a produção de alimentos.

O ideal será criar sistemas diversificados e combinados que deverão ser planejados de forma a conectá-los a redes de distribuição interligadas em nível local e microregional, além do uso de grandes condensadores ou armazenadores de energia. Mas, não se deve esquecer que, em meio a isso tudo, o uso racional de energia será essencial.

Na atualidade, e visando atender aos momentos mais críticos do planeta, a energia hidráulica, por meio de pequenas e microusinas hidroelétricas, seria uma solução sensata, especialmente utilizando-se de turbinas menores, móveis e sensíveis à baixa e média corrente de água (deve-se evitar grandes e médios rios devido a futuras ocorrências de inundações descontroladas). Deve-se buscar, prevalentemente, energia solar, por meio de células fotovoltaicas. A energia eólica também poderá ser uma solução, mas há que se alertar quanto à destruição de muitas hélices e de suas bases de sustentação em razão de fortes vendavais, ciclones e furacões. Por isso, recomenda-se que estejam fixados longe de moradias e vias de acesso, a fim de evitar-se acidentes com maiores danos em caso de desabamentos.

O gás decorrente de pequenos biodigestores poderá atender a necessidades específicas e de pequena demanda, ou mesmo para aquecimento e produção de fogo, atentando-se para o fato de que, com menos consumo de alimentos, especialmente os de origem animal, se produzirá menos matéria-prima para a biodigestão. A queima de biomassa será uma boa saída para produção de energia, em especial como uso de resíduos vegetais e lenhas que devem ser manejadas de forma ecologicamente responsável, por ser um sistema que emite carbono em demasia e que provocará muitos danos atmosféricos se utilizado por grande quantidade de pessoas ou moradias. Desse modo, poderá ser uma solução temporária e emergencial, visando a atender a situações pontuais e de localidades ou habitações mais dispersas ou isoladas durante algumas décadas futuras, e em períodos mais críticos.

Não é por acaso que o Brasil se tornou líder em tecnologia e produção de biocombustíveis, como o etanol, a partir da cana-de-açúcar (principalmente) e de tubérculos (em alguns casos isolados), e de biodiesel, a partir de oleaginosas, como o dendê, pinhão-manso e outras espécies nativas (evitar a soja para este fim, pois ela será alimento indispensável para momentos de fome). Estas serão grandes fontes de combustível e energia em futuro próximo e ainda por algum tempo. Recomendamos que os irmãos que forem para o campo se organizem para produzir etanol e biodiesel, para acionar bombas de captação de água, mover veículos e geradores de energia elétrica. Essas fontes serão essenciais para os próximos setenta anos.

Outra solução providencial será a expansão dos sistemas de energia à base de hidrogênio, fonte abundante e gratuita, extraída do próprio ar ou da água. Com avanços consideráveis em pesquisa tecnológica atual e com testes já aprovados, é uma alternativa bastante plausível, limpa e sustentável, e que poderá perdurar ainda por muitas décadas e séculos no atendimento às necessidades humanas em produção energética. Outros gases que fazem parte da composição do ar que o ser humano respira também são fontes perfeitamente transformáveis em fontes de energia para a humanidade. Irmãos extraterrenos já encarnados na Terra têm labutado diariamente em pesquisas nesses campos.

Que a criatividade inspirada por Deus ilumine vossas mentes e que a boa ação equilibre vossos sentimentos na fraternidade universal! Que o egoísmo não vos impermeabilize diante dos desafios de servir para atender a quem bater em vossa porta em busca de ajuda, de calor, luz e alimento!

Tolerância, discernimento e amizade!

Vosso irmão cósmico,

Harkrahamm[72]

Outros cuidados importantes: o tempo e o estado interior

Caros irmãos, luz e harmonia!

É chegada a hora de se decidir firmemente se ireis optar

[72] Engenheiro marciano, especialista em energia e comunicações.

pela direita ou pela esquerda do Cristo. Muitos estão entre um lado e outro, e essa indecisão poderá tornar-se o canal por onde forças atávicas inferiores, geradas pelo magnetismo do planeta intruso que se aproxima do Sistema Solar, poderão vos arrebatar para o desencarne doloroso e aflitivo. Ainda que se tenha toda a eternidade para evoluir, os seres superiores planejam um tempo para que cada alma alcance fases contínuas e ascendentes na espiral da evolução, desde suas fases atômicas primárias até os estágios humanos. Portanto, chega um período em que, se não houver uma mudança de padrão evolutivo, a partir do esforço para se autorredirecionar interiormente, passando para novo patamar, então advêm as doenças, os desequilíbrios dos corpos físico e astral. Esses desequilíbrios decorrentes de vícios ou de certos padrões no campo mental-emocional geram verdadeiras egrégoras astrais, quase com vida etérica própria, que podem levar muito tempo para se descolarem da alma.

Não há muito tempo para adiar a decisão ou para ficar contemplando as distrações do mundo material, ilusório. O tempo para os irmãos da primeira dimensão física terrena parece correr para alguns e estar parado para outros. Os primeiros estão certos; os segundos, iludidos. Quando vislumbramos a realidade terrena a partir de planos ou dimensões mais sutis, podemos avaliar em telas quadrimensionais de computadores avançadíssimos o quadro cósmico em que se encontra a Terra, imersa num grande turbilhão energético e em relativo "caos" transformador, e o quanto os movimentos mais intensos estão próximos de se materializarem no campo geofísico, sem que a grande maioria dos terráqueos se aperceba disso.

Esses aparelhos de imagem realizam uma simulação miniaturizada de situações reais, a partir de dados coletados no próprio ambiente. Como uma espécie de foto *kirlian* superposta a uma imagem de ressonância magnética de altíssima resolução e clareza, obtida do orbe inteiro em seu campo físico (desde o magma e suas estruturas tectônicas até as geofísicas e superficiais, atmosféricas), mental e astral, pode-se verificar amostras magnéticas da Terra, dados dos registros akásicos do planeta como um todo,[73] enfim, informações de âmbito cósmico: da Via Láctea, do Sol e do Sistema Solar, em termos de movimentações e dinamismo, de processos físico-químicos astronômicos e de seus reflexos sobre o planeta. Tudo é inserido numa plataforma computadorizada que processa as informações e gera um quadro-resumo em que é mostrada a realidade mental-astral e física do orbe e sua interrelação com o Cosmo. Em seguida, e com base nos dados e informações coletados e sistematizados, o avançado *software* faz a simulação do que poderá ocorrer com a Terra, nos vários cenários possíveis.

Esse quadro pode sofrer mudanças, o que é factível, tanto por alterações físico-químicas, alcançando níveis atômicos e subatômicos, quanto por forças fotônicas oriundas do Sol e das estrelas que compõem essa constelação e a Via Láctea, especialmente se houver interferências de engenheiros siderais, seja em virtude de mudanças pequeníssimas ou até significativas no processamento de planos cósmicos, o que, para o caso da Terra, já se deu algumas vezes. Ocorre que, conforme já foi dito em capítulo anterior desta obra, tais alterações ou ajustes de planos não podem se tornar rotina, por uma questão de forças cósmicas maiores que dinamizam vários orbes e impulsionam todos ao progresso espiritual. Mexer com planos cósmicos relacionados a um planeta acaba por afetar a dinâmica de outros, pois tudo está inserido em grandes sistemas estruturados, de tal modo que, ao se alterar uma peça, outras recebem influência, face à interação e interdependência relativa existente entre os componentes ou astros do sistema solar, constelatório e galáctico.

Essa mobilização, que exige envolvimento de vários conselhos planetários e constelatórios, e dependendo da situa-

[73] Que é resultante de cálculos altamente complexos que agregam os registros da história geofísica e civilizatória, cruzando-os com dados de todos os habitantes encarnados e desencarnados, gerando várias curvas matemáticas. Essas resultantes consideram, ainda, cálculos probabilísticos que inserem variáveis como livre-arbítrio, fatores atmosféricos, influências do Sol e demais astros do Sistema Solar e da galáxia. Importante deixar claro que serviço incondicional não significa ausência de criatividade, inovação e livre-arbítrio; pelo contrário, denota um alto grau de responsabilidade e consciência, aliado a estágios vibratórios de amor fraternal tão amplo que automaticamente ocorre sintonia plena com o Amor-Consciência Universal.

ção até galácticos, compostos por anjos e arcanjos, é bastante complexas em nível cósmico. Não é impossível que ocorram mais mudanças nos planos, mas é difícil que hoje venham ocorrer (é possível que alguns "nós"[74] das redes estruturais invisíveis aos olhos humanos só sejam desatados mais à frente). Por outro lado, algumas amarras de "nós cósmicos" já foram energeticamente soltas, só que ainda não se materializaram em dimensões mais densas da matéria terrestre, pois há um natural retardo de efeitos por conta das diferenças dimensionais.

Voltando à realidade do planeta Terra, o momento atual exige busca de caminho espiritual, pois as forças telúricas fervilhantes, sendo expulsas para fora do núcleo do orbe, estimulam o lado atávico, as paixões inferiores e os instintos do ser humano. Esses desequilíbrios já têm sido diariamente expostos e vivenciados pelos terráqueos e acompanhados pela televisão, pelo rádio, internet e jornais, a ponto de causarem certo descrédito e falta de fé a muitos que acreditavam em um futuro de paz e harmonia para a futura Terra. Contudo, esses fatos são inerentes a uma civilização que se encontra doente, espiritualmente falando.

Então, é preciso redobrar a vigilância e os esforços interiores de transformação. Tudo o mais será secundário, inclusive preocupações com sobrevivência física. O corpo físico é importante e deve ser valorizado, pois, apesar de ser efêmero, é a casa temporária da alma e precisa estar num ambiente saudável. No entanto, a preservação física depende acima de tudo da qualidade espiritual em que a alma está imersa. A vida espiritual é perene e deve estar acima de tudo, por uma questão lógica de se priorizar o que não morre. Onde quer que a alma esteja, com ou sem corpo físico, os seus sentimentos e a mente estarão consigo e necessitam estar equilibrados, cheios de fé e paz para encontrar a felicidade verdadeira no mundo físico ou astral. Assim, ficar fisicamente vivo ou de-

[74] Recaptulando, conforme explicado na nota 14: Nódulos ou nós cósmico-energéticos são como portais interdimensionais ou pontos de conexão interdimensional que atuam, também, como pontos de sustentação entre as várias dimensões físicas que compõem um planeta – esses pontos de conexão interagem com outros pontos energéticos sutis e físicos existentes em outros planetas, no Sol, e em âmbito cósmico maior.

sencarnar devem ser encarados como fatos naturais. Contudo, passar para o outro lado da vida representa uma viagem que pode ser sofrida ou agradável, apesar de haver algumas rupturas físico-etéricas e astrais inerentes à passagem entre planos de vida. Desse modo, o mais importante é cuidar do espírito, que é eterno. E cuidar do espírito significa dar atenção, também, à viagem que se processa no desencarne, de modo que ela seja a mais tranquila e harmoniosa possível e possa encontrar, igualmente, um lar espiritual harmonioso onde se possa continuar o trabalho de evolução interior.

Por isso, não há necessidade de alimentar o pavor e o desespero para salvar o corpo físico. Basta cultivar a serenidade, a humildade, a paciência para com os sinais da vida, o respeito humano, a simplicidade nas práticas cotidianas, a mente compreensiva e o sentimento universalista para aceitar a todos com suas diferenças, a disposição sincera em servir incondicionalmente, sem perder o discernimento, não esquecendo que o Pai nunca abandona seus filhos, em qualquer paragem deste Universo. A cada um será dada a colheita segundo as suas obras interiores e ao próximo.

Deus não discrimina seus filhos; é puro amor, compaixão, compreensão e perdão. Mas a Lei Maior (dentro da qual se inserem os mecanismos cármicos) é justa e retribui a cada um segundo seu cultivo. É evidente que Sua infinita bondade permitirá que cada alma sempre tenha novas chances de se recompor, de buscar o seu autoajustamento e de receber a ajuda necessária à retomada da caminhada evolutiva e do serviço fiel aos movimentos universalistas da fraternidade cósmica. Não há como resistir ao influxo da força impulsionadora do progresso espiritual: mais cedo ou mais tarde, cada alma cairá em si e se integrará a esse influxo que congrega bilhões e bilhões de seres inebriados pela luz do Pai, que é felicidade plena por serviço incondicional. Os desgarrados um dia farão parte dessa equipe cósmica de trabalhadores do Amor Universal.

Os acontecimentos já em curso na Terra, para o que chamamos de transformação planetária ou tempos chegados, nada mais são que um grande balanço planetário para que cada alma se deixe tocar pelo chamamento do Alto que lhe habita o próprio ser. Representa um abraço mais carinhoso e incisivo do Cristo Solar sobre a Terra. A esperança é que boa parte dos terráqueos se deixe tocar por esse amor imensurável e aprenda a servir a si próprio, pelo trabalho íntimo de transformação, e ao próximo pelo impulso da fraternidade universal; e esse servir significa atender às necessidades físicas para quem está encarnado, mas, acima de tudo, às necessidades espirituais, porque a alma sobrevive ao corpo material. Aos obreiros de última hora que estiverem em condições de se preparar materialmente para momentos mais críticos do planeta, esperados para um futuro não muito distante, sugerimos que estejam prontos para servir a todos que lhes baterem à porta, sempre dizendo não ao egoísmo, e que, acima de tudo, estejam abertos de coração para doar amor fraternal, orientação, palavras amigas e reconfortadoras.

Uma questão básica para os tempos de maior crise é a educação. Que as ajudas materiais estejam sempre agregadas à ajuda espiritual, por meio da educação para a ética e o amor universal; uma educação além daquela apreendida nas atuais escolas terrenas, que deve ser expandida ao lar e à comunidade: educação para a higiene, para a alimentação correta, para o respeito a si e ao próximo (sejam humanos, sejam animais), respeito às regras de convivência social, aprendendo pelo esforço individual a trabalhar as mazelas interiores com autocontrole aos impulsos de violência e aos instintos desajustados, conscientização do egoísmo, orgulho e vaidade e deliberação de esforço íntimo para trabalhar essas mazelas interiores em direção ao cultivo mais frequente de postura mental-emocional e atitudinal para o serviço incondicional, para o exercício contínuo da humildade e simplicidade.

Observai que inevitavelmente a prática da educação não se fixa apenas a fatores materiais, mas penetra no campo espiritual, posto que convivência humana pressupõe regras universais de respeito e amor fraternal. A autoeducação espiritual começa com a auto-observação, o mergulho interior e a vigilância constante (sem paranoias ou autoperseguições), ou seja, é preciso estar-se atento a impulsos, atos, pensamentos e sentimentos, desde os mais superficiais até os que estão no fundo da alma. Após essas etapas, então vem a conscientização, elevada e orientada, sobre as mazelas identificadas (tendo em vista a Lei Universal). Se forem identificadas atitudes, pensamentos e sentimentos positivos, então que não se espere por recompensa externa, mas que se compreenda que a maior recompensa é o cultivo do bem pela alma e a alegria de se sentir médium do Pai Eterno. Esse processo exige do ser esforços de educar o pensar e o agir rumo a práticas solidificadoras do amor próprio e do amor fraternal, pois são exercícios indispensáveis a cada instante da vida.

Às vezes, quando se fala em esforço, pode surgir um certo desânimo em muitas almas terrenas, pois parece dar ideia de algo que cansa. Imaginai a pessoa que começa a se exercitar numa academia de ginástica: os primeiros dias são dolorosos e exigem aquele esforço a mais para quem se encontrava sedentário, mergulhado na indisposição e na vontade enfraquecida. Após imprimir a força inicial, então o próprio movimento se encarrega de dar ânimo e aceleração ao objeto, como se diz na Física. Os primeiros meses poderão ser dolorosos, em termos de esforço e dos reflexos na musculatura que se encontrava atrofiada, mas com o tempo a pessoa vai se acostumando, a ponto de em certo momento perceber o quão bem aquela prática lhe faz à saúde, o quanto precisa continuar nela, o quanto o estado anterior de inércia lhe fazia mal. Se a pessoa transformar a resistência interior em persistência, firmeza de propósito, disposição, cultivando a boa vontade e encontrando prazer no exercício, certamente esse trabalho se tornará uma prática indispensável à vida. Assim se sucede ao processo de esforço interior para a transformação de padrões de pensamento, de sentimentos e atitudes, desde os primeiros passos.

Quando a alma começa seus primeiros exercícios de colocar a vontade rumo à disciplina de se autoperceber, de ajustar atitudes e pensamentos, e de educar seus impulsos, sentimentos viciosos ou desequilibrados, passará por processos semelhantes ao relatado no caso dos exercícios físicos. Com o tempo, perceberá que algo, aparentemente mágico, começará a ocorrer em relação aos seus sentimentos. E daí essa alquimia começa a ser catalisada com doses diárias de humildade, paciência, tolerância, simplicidade, persistência, firmeza, renuncia, alegria, fé, autoconfiança e esperança. E assim, a alma se expande em consciência e amor a Deus, a si e ao próximo, cada vez que se deixa tocar pelas forças superiores, ao se conscientizar (pelo diálogo sereno, humilde e amorável na intimidade de si mesmo). Então começará a haver a transformação dos sentimentos, e por extensão e consequência a transformação planetária. Toda essa catarse que deverá se processar dentro de cada um, simultaneamente, ocorrerá e já está se passando com a Terra e com muitas almas encarnadas e desencarnadas neste orbe, almas estas que se encontram em suas encarnações-chave e que decidiram por seguir o caminho da Lei e do Amor Universal.

Para finalizar essas nossas palavras, rogamos a cada um dos irmãos que não se antecipe aos acontecimentos, que evite se preocupar, mas que se ocupe com as boas atitudes no dia a dia, pois o desencarne é um fato certeiro na existência de cada um, podendo acontecer a qualquer momento e, portanto, todos deveriam cultivar naturalmente um estado de paz e equilíbrio interior na vida cotidiana. O momento ou tempo exato do clímax de toda essa mudança planetária na dimensão física, de modo mais acentuado, somente os arcanjos e anjos de elevada hierarquia conhecem. A única coisa que sabemos é que muitas amarras energéticas já foram desatadas e que elas desencadearão sucessivos fatos na dimensão física mais densa da Terra. Esse processo é lento, se considerarmos o tempo terreno, mas não tardará nas próximas décadas. Contudo, essas mudanças não vêm para criar pânico nos encarnados, e sim para estimular a fé, a esperança e as forças internas, a fim de que cada um se mobilize em direção à própria educação espiritual e ao trabalho de construção de um novo tempo de paz e amor.

Luz às vossas mentes e caminhos!

Saardany[75]

[75] Irmã cósmica, habitante de Saturno.

Luz e paz, irmãos da última hora!

O mundo deixará de ter fronteiras, após as grandes transformações da Terra. O mapa do globo será redesenhado pela natureza e terá algumas formatações diferentes da atual. Em décadas mais à frente, grande parte das terras litorâneas se encolherá ou será engolida pelo mar, e novas terras surgirão ou ressurgirão. Muito do magma do interior do planeta será expulso pela força magnético-atrativa das explosões e pelas tempestades solares, que se intensificarão, aliadas ao influxo evolutivo que vem do centro do orbe.

Desse modo, a força impulsionadora do progresso espiritual, atuando no nível atômico e subatômico, impelirá o magma a buscar estágios minerais mais avançados, saindo para a superfície do orbe, cuja válvula de escape serão os vulcões e gêiseres, que provocarão movimentos tectônicos. Essa movimentação magmática, resultante, também, do dinamismo magnético no interior da Terra, gera uma diferença de potencial eletromagnético que interage com os fatores atmosféricos e climáticos, desencadeando ciclones e furacões, tempestades, alterações nas correntes marinhas, secas intensas, calor, frio extremo e toda uma série de dinamismos energéticos.

Por conseguinte, *tsunamis* e abalos sísmicos serão inevitáveis, com maior frequência e com efeito em cadeia nos anos e décadas vindouros, até fechar este ciclo cósmico da Terra. É importante deixar claro para os irmãos encarnados que não se deve levar certas datas muito ao pé da letra, pois estas são apenas referenciais e estão sujeitas a ajustes de processo, em função de fatores diversos, pois há aspectos sutis percebidos e alterados pelos administradores planetários e pelo Conselho do Sistema Solar, com impactos na dimensão *tempo* para os encarnados, conforme tem-se tentado deixar bem claro nos escritos desta obra. Some-se a isso, as diferenças de comportamento do tempo nas diversas dimensões físicas e planos evolutivos, bem como de seus reflexos, desde quando são disparados em planos sutis até o momento em que se materializam na dimensão mais densa, com efeito retardado. Há efeitos das tempestades solares que são refletidos de imediato na Terra; outros têm reflexo retardado, em decorrência das interações sistêmicas que provocam reações a médio e longo prazos (considerando o tempo terráqueo) e o complexo nível atômico envolvido no processo das mudanças.

A Terra caminha para o resfriamento do magma, o que ainda demorará bilhões de anos. Hoje ela é sensivelmente mais fria que há trezentos mil anos atrás, apesar de ter passado por eras glaciais ou períodos de glaciação ao longo desse tempo, como etapas intermediárias de saneamento e reajustamento espiritual e geofísico do planeta. Com o pequeno resfriamento do magma, e sua consequente redução de tamanho, a força telúrica estimuladora dos instintos e paixões inferiores dos terráqueos tenderá a ser cada vez menor.

Somado ao aquecimento global atual, que se intensificará até aproximadamente cinco décadas, nos períodos de maior expulsão dessa força proveniente do interior da Terra haverá intenso crescimento das plantas e explosão de energias instintivas e paixões inferiores nos habitantes do planeta: desejo intenso de comida e sexo, intrigas, traições, conflitos, desentendimentos e todo tipo de desordem mental-emocional. Essas mazelas têm persistido desde os primórdios da civilização terrena, mas começaram a entrar num processo de intensificação há aproximadamente sessenta anos (mesmo nos países hoje denominados desenvolvidos, elas persistem há séculos e, na maioria dos casos, estão guardadas no subconsciente das almas, que migram e retornam às vezes para encarnar em seus antigos territórios, vivendo situações de hipocrisia, criação de subterfúgios e de vivências sorrateiras desses sentimentos) e aumentará até a expurgação total das forças violentas e inferiores do planeta , conforme nos alertou Jesus: "Os mansos herdarão a Terra". Aliás, recomendamos sempre que as pessoas leiam o Sermão da Montanha, com "olhos de ver e ouvidos de ouvir".

Nesses momentos de intensificação do expurgo energético primário do planeta, como parte da drenagem dos aspectos ainda primários do ser Terra e do ser humano que a habita, para que os irmãos de boa vontade e da "direita" do Cristo não cometam sandices e se envolvam em situações indesejáveis com graves consequências cármicas e de agrilhoamento energético, recomendamos o "orai e vigiai", mas que essa prática seja serena e sintonizadora com forças superiores que habitam cada um e que vêm do Pai Maior; e que esses exercícios não sejam alimentadores de autoperseguição e culpas.

Torna-se primordial a pessoa ter plena convicção do seu estágio evolutivo, sem hipocrisias, alimentando humildade para se sentir um ser em evolução e ainda cheio de mazelas íntimas, porém desejoso de crescimento espiritual, no fundo da alma, e, para tanto, realizando o trabalho necessário de autoconhecimento e autotransformação, sem querer ir além de suas reais possibilidades espirituais, contudo sem regatear esforço e sem alimentar sentimento de culpa por haver errado no passado e continuar eventualmente errando, mesmo depois de ter decidido estar no caminho do avanço espiritual.

O importante é persistir no melhor caminho para o seu equilíbrio e crescimento espiritual. Que o desânimo não vos abata, e que a motivação por se sentir no caminho seja cultivada e funcione como um alimento impulsionador da fé, da autoconfiança e da determinação em prosseguir! Viver bem o caminho, em estado de paz interior e regozijo, sem alimentar a ansiedade por chegar rápido ao destino, é o grande segredo da caminhada; afinal, esse percurso evolutivo será eterno e, por mais que metas intermediárias sejam alcançadas (e isso não deixa de ter sua importância), haverá sempre novas metas a alcançar. O corpo pode se cansar, e então precisa de repouso, pois está imerso num ambiente com atritos atmosféricos e com gastos de energias diversas. Todavia, mesmo o corpo físico, se alimentado por uma alma motivada, ele se debilitará menos. Quanto à alma, bem... não há descanso para o espírito quando este se alimenta de amor universal e de expansão consciencial, pois seu caminhar será rico em reabastecimento de felicidade e reconforto.

Em vossas preces, rogai a Deus que vos impulsione ao progresso espiritual; que Sua luz se junte à vossa decisão e vontade (ainda que frágil) e ocorra, assim, um processo simbiótico de fortalecimento da vossa própria vontade interior direcionada para o autoconhecimento e transformação íntima, envolvendo todos os pequenos sinais e mazelas que vos habitam a alma.

Retornando aos processos de mudanças no campo físico do planeta, dentro do espectro temporal para algumas décadas futuras, compreendendo que a Terra começará a encontrar seu equilíbrio geofísico, climático e espiritual, aproximadamente, a partir do ano de 2150, devendo ir se estabilizando por volta do ano 2200. Durante esse período, a quase totalidade das ilhas do Pacífico e do Atlântico desaparecerá e surgirão novas ilhas. Os litorais e áreas de baixa altitude que formam vales com conexão com grandes rios e com o mar serão tragados pelas águas dos oceanos. Áreas ou montanhas geologicamente novas, como os Andes, as Montanhas Rochosas, os Alpes, Apeninos, Pirineus e Himalaia sofrerão intensos abalos sísmicos e se acomodarão em novo arranjo geofísico, passando a ter uma geomorfologia mais suave e plana.

A América Central formará um istmo, com pequenas ilhas ligando a América do Sul ao Norte. A América do Sul terá no Brasil a área mais preservada. A maior parte da Amazônia voltará a ser mar. O Canadá terá sua parte leste engolida pelas águas, mas o norte, centro-sul e oeste serão reacomodados e redesenhados (geológica e geograficamente falando). Onde há gelo perene surgirão terras férteis e agricultáveis. Os Estados Unidos serão reduzidos a três grandes ilhas (no oeste, meio oeste e noroeste), e outras menores (no lado leste).

A Europa será desfigurada (ficarão algumas pequenas ilhas decorrentes das terras mais altas na Grã-Bretanha, parte central da França – região do maciço central –, países nórdicos, parte centro-norte, centro-oeste e central da Península Ibérica, que sofrerá grandes acomodações). Surgirão terras novas bem ao norte e noroeste do planeta, em direção à Groelândia, que estará ligada ao continente por istmos férteis e agricultáveis, conectando-se pelo círculo Ártico até a Sibéria, que também terá terras férteis e onde haverá muita riqueza de solos agrícolas e descoberta de minérios importantes.

A África e Ásia igualmente serão redesenhadas pela geofísica. O sul e sudeste da Ásia sofrerão grandes redesenhos geográficos, ficando o Japão reduzido a algumas ilhotas. Permanecerão as regiões mais elevadas da China, sendo as regiões geologicamente novas, próximas aos Himalaias, reacomodadas, por conta da ocorrência de fortes abalos sísmicos. As terras baixas sumirão, como será o caso do Oriente Médio. Os desertos em terras elevadas serão úmidos e voltarão a ter árvores e abundância de vegetação diversificada. Toda a África será lavada pelas águas do mar, como num grande banho de descarrego, mas as regiões mais altas continuarão com sua geografia. Terá então um clima mais ameno e ambiente menos selvagem, favorecendo o reflorescimento de uma vida mais delicada e propensa à evolução em estágios mais avançados. O primitivismo energético ficará no passado, apesar de lá se localizar o geochacra básico da Terra. A Austrália será lavada pelo mar, e onde há deserto haverá grandes lagos salgados, e as terras altas sofrerão abalos e ajustes, mas permanecerão.

No novo mundo surgirá a nova civilização, já em construção. O Brasil será o centro dos novos tempos, mas que isso não alimente vaidades no seu povo, muito menos acomodação, pois nada cairá do céu gratuitamente, e sim em sincronia com muito trabalho interior e no campo físico. Há muitos débitos no campo da moral a serem resgatados nos habitantes da Terra, e o Brasil não estará isento desse amplo saneamento espiritual.

O corpo etérico do planeta, assim como o corpo humano etérico, possui chacras que são os centros ou vórtices de energia por onde é captado o prana oriundo do Sol, do centro da Terra e das forças imanentes no Cosmo, para, em seguida, ocorrer um processo de decodificação dessas energias dos chacras para o corpo físico (nos humanos, por meio do sistema nervoso e dos plexos nervosos, que funcionam como antenas; no caso da Terra, por meio das correntes magnéticas que circulam no interior da crosta e se intensificam nos portais energéticos e interdimensionais).

Os chacras expressam aspectos relacionados com cada natureza físico-emocional e mental do ser humano, e também da Terra. Assim como as pessoas possuem a resultante energética de seus chacras, por meio de sua aura, a Terra também, pois esta engloba todas as almas do orbe, formando uma aura coletiva. O chacra cardíaco da Terra está na região Centro-Oeste do Brasil. Todos os chacras vibram e emanam constantemente energias, mas há momentos cíclicos em que uns chacras estão mais ativos ou dinâmicos que outros, considerando aspectos evolutivos circunstanciais que naqueles instantes exigem, de fato, que aqueles tipos de vibrações sejam mais acentuados. O momento histórico espiritual da Terra demanda uma maior expressão do chacra cardíaco, para que na Terra possa ser expandida a espiritualidade, através do amor, e que os avanços no campo mental (típicos da Era de Aquário) possam estar balizados por sentimentos superiores e por esforços nessa direção.

Portanto, a escolha do Brasil para ser o país de onde emanará a força amorosa e espiritual dos novos tempos não é por causa de seus habitantes (as almas são passíveis de migração e não são exclusivas de um lugar físico; aliás, tudo pertence a Deus e não a qualquer povo ou nacionalidade, pois a Terra é para os terráqueos e não para atender ao egocentrismo e orgulho ainda forte que leva à criação de fronteiras nacionais), mas trata-se de uma lógica cósmico-terráquea, de aspectos físico-etéricos e espirituais. Desse modo, estando neste país o chacra cardíaco, e considerando que o momento-chave da Terra é de expressar com maior intensidade a fraternidade universal, isto demandaria um processo migratório e de instalação de certa mistura e configuração humana no território brasileiro, ao longo de séculos e décadas, para propiciar um conjunto de almas que aqui encampariam o sentido da transformação espiritual da civilização através do amor fraterno, absorvendo e emanando maior quantidade de energias e força proveniente do chacra cardíaco terrestre.[76]

A Terra não tem condições de avançar para a Era de Aquário, que tem características mentais, sem firmar-se no

[76] Infelizmente ainda há muitas almas encarnadas no Brasil que estão com seus canais e fluxos energéticos do amor fraterno bloqueados, e tantas outras captando a força do amor proveniente do chacra cardíaco da Terra e expressando por meio de suas imperfeições latentes e distorcidas do amor (o que é compreensível pelo nível de evolução em que muitas almas se encontram e outras pelo fato de estarem apegadas a vícios milenares), como através de emocionalismos e de sensualidade descontroladas, ainda carentes de trabalhos efetivos no mundo interior e de se colocarem no caminho verdadeiro do autoconhecimento, da transformação íntima e da espiritualidade.

amor e na espiritualidade típica da Era de Peixes, para evitar que o planeta venha a trilhar por caminhos frios, egoísticos, orgulhosos e materialistas, a exemplo do que ocorre em outros orbes infelizes e fartos em altas tecnologias físicas e promotoras da violência e dos instintos mais grosseiros (esses orbes estão fora do Sistema Solar).

As terras da velha Atlântida ressurgirão. O planeta terá um clima mais ameno, sem grandes extremos, após os grandes movimentos tectônicos e climáticos. Aproximadamente meio bilhão de pessoas permanecerão encarnadas e quase três bilhões comporão a população astral no orbe, para futuras encarnações. Entre essas almas, grande parte será composta por um número gigantesco das que chegaram e estão chegando de variados orbes planetários mais evoluídos, para aqui encarnarem nos anos que se seguem e no futuro (há várias delas já encarnadas ou em fase de reencarnação). As demais almas, maioria do orbe (atualmente entre encarnados e desencarnados), serão atraídas por força magnético-vibratória e habitarão o planeta intruso e atrasado energeticamente, e algumas raríssimas (não mais que dez mil) migrarão para Marte ou para a futura quarta dimensão física da Terra (dentro de aproximadas vinte décadas).

Há, no momento, grandes movimentos sob coordenação da Administração Planetária voltados para resgate astral, e, futuramente, resgate físico de seres humanos passíveis de reverem seus pensamentos e sentimentos e de tomarem a decisão firme de seguir à "direita" do Cristo, como se referia o Mestre Nazareno. Nesse sentido, há esforços e esperança da Espiritualidade Superior de aumentar o número de terráqueos que fiquem ligados ao orbe; esses trabalhos de resgate espiritual ocorrerão até os últimos instantes do grande "click" transformador na geofísica e geografia planetárias.

Diante desses fatos, o Brasil precisará ter lideranças com pulso firme na educação, que imprimam um espírito mais disciplinado e respeitador das leis. Por isso, muitos escândalos hão de acontecer ainda mais, daqui para frente e nos anos vindouros; muita limpeza ética haverá de se multiplicar doravante. Nada poderá ficar escondido debaixo do tapete da hipocrisia e de artimanhas políticas e econômicas. A população está cansada de corrupção e violência, e a imprensa tem tido e terá papel valiosíssimo na divulgação de fatos necessários à expurgação desses venenos energéticos que ainda assolam o Brasil. O saneamento moral-espiritual deste país já começou e se intensificará, em que pese as tentativas das sombras de evitar esse processo de limpeza. A nação está predestinada a ser a pátria do Evangelho, o coração do mundo, a terra de promissão, mas nada cairá dos céus sem que haja esforço de cada cidadão, de cada alma numa retomada de consciência e de redirecionamento de atitudes éticas e de padrões básicos de sentimento.

Dentro da geoanatomia planetária e do corpo etérico que envolve a Terra, se encontra no Brasil o chacra cardíaco e, por isso, arcanjos, anjos e muitas almas de boa vontade vêm trabalhando intensamente na conformação deste país para recepcionar a missão de região-líder dos nosvos tempos; porém, uma liderança diferente da vivida até os dias de hoje no planeta, ou seja, não rica e poderosa em capital, armamentos, materialismo vaidoso e conquistas orgulhosas e egoístas, mas uma liderança espiritual apoiada na humildade, fraternidade e em princípios do amor cósmico. Assim, a nação foi constituída com fatores geológicos, geográficos, climáticos, sociais e étnicos para ser o centro decisor e de exemplos para a nova fase planetária, rumo a uma espiritualidade universalista. Já está impregnado na aura brasileira o sentimento fraterno e afetivo; no entanto, os componentes mentais de educação, ética e disciplina necessitam se expandir em âmbito massificado. Espera-se que esse processo se inicie desde já com as pessoas encarnadas, principalmente as encarnadas mais recentemente e em processo de reencarnação, que darão substrato humano e social para a solidificação do caráter desse novo tempo, em nível populacional mais abrangente.

Não basta deixar sair o magnetismo de amor por vossos "poros", é preciso ter equilíbrio, serenidade, lucidez, discernimento e vontade direcionada para vencer as fraquezas morais. Evidentemente, os encarnados e encarnantes demasiadamente mentais, especialmente os que tiveram muitas vidas no Oriente ou que provém de outros orbes com forte desenvolvimento da mente, deverão aprender com os irmãos mais afetivos os sentimentos do amor expandido, da alegria e do afeto vibrantes em suas almas e, ao mesmo tempo, darão bons exemplos de equilíbrio mental àquelas pessoas mais afetivas, porém ainda indisciplinadas no campo da mente e da atitude, e que deverão trabalhar esses aspectos nos tempos vindouros. Vale sempre lembrar que as almas encarnadas ou no orbe do astral brasileiro precisam se esforçar por trabalhar essas questões desequilibradas desde já, como "ponte" para esse novo período que demandará por seres mais serenos mentalmente, de boa vontade e paz no coração.

Os fatos ocorridos na velha Atlântida criaram rupturas civilizatórias. Desta vez será diferente. O momento planetário é outro. Houve evolução de muitas almas oriundas daquela época, e ao mesmo tempo chegaram, tem chegado e chegarão muitos imigrantes extraterrenos para encarnar aqui. Muitos dos conhecimentos e tecnologias conquistados até o momento pela civilização terrena não serão perdidos, pois as experiências e sofrimentos passados funcionarão como rescaldo para a construção de um novo tempo, em novas bases conscienciais. A aura do Cristo, disseminada mais amplamente com a vinda de Jesus, há dois mil anos, expansora do amor fraterno, terá acolhimento mais intenso e profundo nos dias do porvir.

"O amor cobre a multidão das imperfeições humanas"; esse dizer de Jesus é o que mais se aplica aos tempos atuais. As doenças e dores são sinais no corpo para que a pessoa busque a cura, descubra a verdadeira causa dos males físicos e mentais-emocionais, e se retifique interiormente. Assim será com o corpo da Terra, e as dores funcionarão como uma catarse coletiva para aproximar mais uns dos outros em bases crísticas. Nos momentos finais da doença, se agravarão alguns estados psicológicos e a drenagem das impurezas será maior, como intolerância religiosa, étnica e social, egoísmo e violência, desequilíbrios intensificados no campo dos instintos, mas o cansaço virá, a chegada ao cume do sofrimento reverberará de tal forma na alma que esta não terá outro consolo a não ser se apoiar em práticas cristãs e, mais ainda, em bases crísticas do amor e da fraternidade universal. Assim se fará, passo a passo, a grande mudança.

Alguns têm questionado as mensagens trazidas pelos médiuns Francisco Cândico Xavier e Hercílio Maes, este último inspirado por nosso irmão Ramatís, além de outras dezenas de informações proféticas sobre o papel do Brasil nestes tempos que são chegados. Muitos ridicularizaram, outros proveram o descrédito. Contudo, reafirmamos que as informações contidas nas obras psicografadas por esses primorosos auxiliares permanecem intactas em sua essência. A revisão de detalhes importantes e ajustes de plano são naturais em qualquer processo de planejamento, conforme já foi exaustivamente colocado aqui, nesta nova obra. Ajustes e adaptações de planos ocorrem na Terra ou em outra paragem do Universo, em qualquer plano evolutivo ou dimensão física.

Muitos fatos ocorridos e a ocorrer com a Terra foram previstos por profetas e videntes, no passado, os quais acessaram uma dimensão onde o tempo e o espaço são unos, chamada de hiperespaço, em que há registros de toda a história terrena, além de cenas atuais e futuras – estas últimas estão enquadradas dentro do que se chama de probabilidade imanente, ou seja, são fatos impressos no Éter, decorrentes de atos, pensamentos e sentimentos passados e atuais da humanidade que geram um campo de elevados índices de probabilidades, criando uma espécie de "trilhas de acontecimentos e fatos desenhadas no Éter. Evidentemente, essas trilhas são passíveis de adaptações e mudanças; todavia, regra geral, sofrem apenas ajustes ou reparos mediante o livre-arbítrio dos seres humanos e determinadas intervenções de arcanjos e anjos, de acordo com a necessidade de reordenar acontecimentos cósmicos apropriados, mas que, no geral, raramente deixam de acontecer no seu sentido ou plano geral.

Em todos os tempos da História do planeta ocorreram eras glaciais e períodos de glaciação; ocorreram oscilações de clima e movimentos atmosféricos, assim como movimentos das placas tectônicas e de todo o corpo físico terreno; aliás, a Terra é um ser vivo e está em constante dinâmica, com todas as suas estruturas geológicas, geográficas e reflexos na vida animal e vegetal. No passado, a conformação das regiões planetárias era diferente da atual e, em que pese os movimentos lentos e naturais que ocorrem, em algum momento houve aquele "click" da mudança mais abrupta e intensa, aquela mudança efetiva de direção. Algumas pessoas e até cientistas sempre imaginam que mudanças planetárias no campo geofísico e climático ocorreram fortemente no passado e que agora seriam impraticáveis. A Atlântida foi inundada em horas, ainda que os sinais, à época, viessem ocorrendo, inclusive com movimentos geológicos não percebidos pelas pessoas que se encontravam mergulhadas no materialismo, que não tiveram sensibilidade para tal percepção – exceto poucos sensitivos.

Convidamos cada irmão deste orbe a meditar, a se sensibilizar para os fatos da vida que o rodeia. A Terra está cansada do excesso de egoísmo, orgulho, vaidade, violência, hedonismo e todo tipo de mazela espiritual. O campo astral está denso e sufocante. As estruturas geofísicas estão se ressentindo desse peso, e a bondade imanente do nosso astro-rei, o Sol, libera intensa luz e energias purificadoras em direção a todo o Sistema Solar (com explosões e tempestades mais ativas e seus reflexos eletromagnéticos), com recepção mais concentrada na Terra – devido a sua natureza energética mais densa e, portanto, atrativa dessa força purificadora.

A Terra já vive um novo momento de mudanças no campo climático e geofísico, e essa dinâmica é bastante visível. As estruturas mentais estão tomando novo rumo e os sentimentos estão sendo mobilizados para uma vida mais fraterna; e essa realidade e tendência já se faz sentir em muitas almas encarnadas e desencarnadas do orbe terreno. Tudo isso se intensificará. Quem não se adaptar aos novos tempos e a essas tendências, será atraído para fora dele, num processo natural de repulsão pela Terra e atração pelo magnetismo do planeta intruso.

Acima de tudo, convidamos cada ser humano a viver a fé e a esperança. Que não alimentem o desespero, a desesperança, a tristeza e a angustia, mas que tenham maturidade para encarar os fatos reais com naturalidade, com visão espiritual, sem pressão desequilibrada, mas com esforços e propósitos superiores.

Que os irmãos em Cristo não se abalem, e que tenham fé no Cordeiro de Deus! Que procurem o caminho da transformação de seus atos, pensamentos e sentimentos, com disciplina, firmeza e serenidade, fixando-se no amor sublime e doce vivenciado por Jesus e deixando passar esse amor através de si, como médiuns da fraternidade universal, como trabalhadores da última hora, que correm atrás do prejuízo e do tempo perdido, mas sem perder a esperança, a tranquilidade, o autoperdão, a perseverança e a alegria por estarem no caminho. Serenidade e Fé!

Vosso irmão,

Humberto[77]

Liderança no caos

Firmeza, postura educativa e discernimento!

Muitas almas resistentes ao caminho do bem, encarnadas e desencarnadas, aproveitam o descuido das pessoas para invadir e roubar seus lares físicos e astrais, levando objetos, bioplasma, ectoplasma, e a atenção dos invigilantes. Nos tempos mais caóticos em que o planeta estará mergulhado ano a ano, torna-se fundamental amplificar a vigilância e a postura firme e educativa dos seguidores de princípios ético-cósmicos, aos praticantes do amor universal e aos que decidiram ajudar na construção dos novos tempos planetários. Esses ajudantes da última hora terão trabalho redobrado e, por isso, lhes será exigida mais vigilância e capacidade diretiva, sem violência, apoiando-se no desafiante ponto de equilíbrio entre a firmeza e doçura e a compaixão com lucidez e discernimento.

Muitos serão chamados a ir para zonas rurais e garantir o abastecimento de alimentos; outros serão chamados a permanecer em cidades maiores ou menores. Alguns serão recrutados para as preces e limpeza magnética da Terra; outros ao trabalho duro e à produção de insumos básicos para que a vida continue, ainda que em situação desafiadora à criatividade, à simplicidade e à boa vontade. Alguns serão chamados

[77] Trabalhador incansável no Astral terreno, ligado às falanges do Cristo, tendo sido sua última encarnação no Brasil. Ele está em fase de retorno ao mundo denso da matéria e se somará aos muitos espíritos que estão descendo à carne nestes tempos de transformação.

ao trabalho na área de saúde, amenizando a dor e o sofrimento, e tantos outros a promover a educação básica e espiritual.

Os tempos vindouros serão um tempo de vivência, acima de tudo, fraterna. Os bons terão que dar bom exemplo; serão tentados, mas deverão resistir ao mal e ao desequilíbrio. Seus traumas e recalques passados tenderão a inundar suas mentes e corações com impulsos desorientados e carregados de egoísmo, os quais não deverão ser alimentados. Já o lado do amor universal consciente, sim, este deverá ser cultivado interiormente, acima de tudo.

Assim, convocamos todos os irmãos experientes em gerenciamento de pessoas e em educação, que tenham interiormente firmes bases espirituais e éticas, que se aprumem para o trabalho. Retomar a ordem onde se instalou o completo caos é muito mais complicado do que evitar o descontrole geral. Por isso, irmãos com esses requisitos serão requisitados (alguns poucos já estão conscientes disso; outros sentem esse papel, mas ainda não conseguem discerni-lo, e outros tantos serão convidados de última hora, arrebatados pelo impulso do amor cósmico) deliberadamente a contribuir com a educação e a ordem planetária.

Haverá explosão de indisciplina e violência, o que de certo modo já vem se constituindo em grave problema em vários países, inclusive no Brasil, como sintoma desse aguçamento de energias das sombras sobre o orbe, ou seja, como parte do expurgo, em fase final, das patologias sócioespirituais que assolam o planeta. Esse quadro exige desde já um planejamento emergencial e ação incisiva dos poderes constituídos de segurança e justiça, especialmente para que não percam o controle e deixem o caos de instalar por completo. Talvez, no início, seja quase impossível controlar sinais impulsivos de violência e desordem, pois a violência atrairá mais violência, exigindo postura firme por parte daqueles que seguem os exemplos da ação pacificadora, uma vez que "somente os pacíficos herdarão a Terra", conforme nos disse Mestre Jesus. Os dirigentes constituídos, bem como outros líderes do bem que surgirão, deverão ser mobilizados com vistas a reorganizar as cidades (principalmente) e também as zonas rurais.

Novas lideranças com base crística aos poucos assumirão o poder e deverão ser firmes, lúcidas e inspiradas na gestão social e de pessoas, orientando-as, reorganizando papéis, deliberando missões no campo da organização, da geração e distribuição de insumos básicos de sobrevivência, na garantia da paz e no controle dos indisciplinados e afoitos. Será preciso ter habilidade e capacidade de improviso e de gerar regras, de mobilizar mais pessoas com perfil de liderança equilibrada e orientá-las na busca da reativação de fábricas de certos bens essenciais, de manutenção de sistemas de energia e água, de abastecimento de alimentos e de criação do espírito ecumênico, o que se constituirá em etapa essencial para preces coletivas de agradecimento a Deus e de pedido de força e equilíbrio interior para enfrentar os desafios com serenidade e resignação. Não haverá equilíbrio social no planeta, nem no País do Cruzeiro, se não houver base espiritual.

E quando as crises ficarem mais intensas, será indispensável promover-se a educação voltada para a higiene, para uma alimentação mais leve (à base de cereais, frutas, sementes, castanhas), e para práticas de controle da respiração (a fim de conquistar a serenidade, a paz interior e se alimentar de prana, como complemento nutricional). E ainda, educação para a não-violência, respeito humano e cooperação, pois em muitas ocasiões as lideranças serão levadas a mobilizar forças de controle físico para evitar que os desorientados, desequilibrados e imbuídos de forte egoísmo, tentem causar mais danos ao meio e às outras pessoas.

Em certas ocasiões mais difíceis, num futuro não muito distante do atual momento, os irmãos da Terra poderão pedir ajuda aos saturnianos, especialistas em segurança cósmica, com firmeza e alta tecnologia, mas com espírito equilibrado, discernimento e postura crística. Esses irmãos poderão se deslocar a locais onde sejam solicitados, inspirando os encarnados do bem sobre as melhores atitudes a tomar, e em momentos críticos do planeta poderão adentrar repentinamente em dimensões mais densas e ajudá-los quando houver interferência de entidades negativas ou mesmo para emissão de energias controladoras de violência (similares a laser e ondas de rádio que provocam tonturas e até desmaios) sobre pessoas encarnadas, desorientadas ou compactuadas com as forças negativas, que estarão despendendo suas últimas tentativas de sobrevivência na Terra, quando esta atingir seu grau máximo de caos resultante dos eventos cataclísmicos e geoclimáticos, com efeitos danosos à economia e à organização das sociedades.

Em experiências passadas de situações de caos e desordem ambiental, aprendemos que muitas vezes não há clima para diálogo; por isso, a força controlada e lúcida, a fim de se evitar maiores danos aos seres humanos e aos bens públicos, deverá ser operacionalizada, especialmente quando os sistemas de segurança precisarem lidar com a delinquência ou estados de loucura. Um animal selvagem descontrolado precisa ser contido e colocado em ambiente seguro, sem que cause danos a si, às pessoas e ao bem coletivo. É preciso voz firme e pulso forte, sem que se perca a liderança sobre irmãos colaboradores no processo de controle da ordem. Por essa razão, vigilância para não causar desrespeito humano, sabendo usar a boa educação, o pedido de perdão e a disseminação do bom exemplo.

Irmãos amados, a Terra não precisa mais de lideranças arrogantes e vaidosas para alcançar resultados satisfatórios de infraestrutura, bem-estar e organização. Os tempos que chegaram trazem a experiência de dolorosos séculos passados e de irmãos de orbes diversos, apoiados na fraternidade universal. A busca de soluções coletivas por conselhos diretivos será prática rotineira no futuro, que deverá ser exercitada desde já e em especial nos momentos mais caóticos vindouros que necessitarão de posturas democráticas e sensatas. Os momentos de totalitarismo vividos por muitos povos do passado fizeram parte do aprendizado e amadurecimento da população deste planeta. Assim, os novos tempos não guardam espaço para posturas ditatoriais, ainda que, até que os grandes acontecimentos planetários sejam desencadeados, líderes mentalmente desestruturados venham assumir posições de governança em algumas nações.

Tenhais fé e buscai na inspiração do Alto as decisões

mais sensatas e condizentes com cada situação, pois o Pai jamais abandonará os seus filhos.

Recomendamos àqueles que encarnaram com a missão de assumir papéis de liderança, onde quer que seja: no lar, no trabalho, na política, no grupo espiritual, no centro espírita, espiritualista, na associação ou na comunidade, seja agora, seja no futuro que se aproxima: humildade, humildade, humildade! Observai, descobri e vigiai vossos sinais e impulsos de vaidade e orgulho, muitas vezes travestidos de pseudo-humildade ou pseudossimplicidade. Auscultai vossos sentimentos internos, desde os mais sorrateiros, que tentarão vos ludibriar a atenção e os princípios crísticos, até os mais inflados de altivez momentânea, sob o argumento de necessidade circunstancial para adotar certas atitudes. Cuidai para que o egoísmo e a intolerância para com o próximo não turvem vossa lucidez e senso de justiça universal. Buscai inspiração no líder dos líderes, no Mestre dos Mestres: o Divino Rabi da Galileia.

Que a humildade de se sentir pequeno como um grão de areia neste infinito Universo e, ao mesmo tempo, grande pela responsabilidade de se tornar um dínamo de luz, de se sentir conscientemente parte dessa grande orquestra, vos posicione no verdadeiro lugar de medianeiros do Pai a serviço da educação e do amor cósmicos!

Do vosso irmão,

Akhenaton

Capítulo 4
Palavras de reconforto e estímulo

Esforço e sacrifício

Amados irmãos, vosso fardo se tornará mais leve à medida que vos transformardes interiormente.

Quando Maria se densificou para ser a mãe física de Jesus, assim como ocorreu ao Mestre em sua materialização, ela também se submeteu a um esforço hercúleo de redução vibratória, de encolhimento de sua capacidade mental e afetiva, num exercício de sacrifício em prol da missão de libertar a humanidade do jugo da intolerância, da vingança, da violência e falta de amor. Ainda assim, e considerando sua origem de Sírius, de onde também era Jesus, estrela abundante em amor e consciência cósmica, a quem Maria já se conectava por antigos laços de amor fraterno, ela emanava magnetismo natural de dedicação incondicional a serviço do Pai Eterno. Foi convidada a deixar aquelas paragens celestiais e se engajar no serviço missionário cósmico na Terra, aceitando-o de coração aberto, profundamente consciente de sua tarefa.

Quando já encarnada para a missão de receber o Mestre dos Mestres em seu ventre, viveu uma vida simples e dedicada à família; jamais recusou trabalho e aceitou receber os irmãos de Jesus, alguns dos quais muito distantes e aquém do estágio evolutivo do Mestre e dela própria. No entanto, acolheu a todos igualmente, sem distinção, com amor incondicional, pois sabia que faz parte da vida aceitarmos não apenas os doces e delicados alimentos, mas também os amargos, que treinam a alma a tornar-se mais tolerante, compreensiva, dócil e grata pelos nutrientes que eles proporcionam, independentemente do seu sabor original.

Esse exemplo de amor é uma pequena amostra, aos queridos irmãos, de como o sacrifício pode ser vivenciado com alegria e singeleza, sem revoltas no coração e com resignação, doçura e motivação, já que quando encarnamos quase sempre esquecemos dos compromissos assumidos com a Espiritualidade. Não se justifica, portanto, o fato de não lembrarmos de fatos passados antes do reencarne, pois no fundo da alma vibra a luz da consciência e o afeto deixados pelo Cristo em cada ser que encarna, demandando, porém, que se abra a mente e o coração para a amplitude no pensar e a sensibilidade no sentir, não dando ouvidos à má vontade, revolta, irritações, reclamações e à arrogância, que são filhas do orgulho, nem ao individualismo e aos apegos, irmãos do egoísmo.

Todos sabemos, no fundo da alma, o que é certo e o que é errado, segundo a Lei Universal; não somente aqueles que tiveram acesso à doutrina cristã, mas também os budistas, os confucionistas, taoístas, xintoístas, islamitas, hinduístas, os adeptos de outras práticas religiosas, ou mesmo os que se dizem ateus. Ao nos sintonizarmos com o sentido justo da vida e optarmos por trilhar o caminho espiritual, não esperemos que nos seja mostrada a necessidade de exercícios mirabolantes, pois as soluções para nossa caminhada geralmente são simples e estão ao nosso alcance, bem próximas de nós. Contudo, nos serão exigidos esforço e sacrifício: momento em que somos chamados ao teste e, não raras vezes, saímos reprovados.

Há aqueles que tentam combater os princípios da lei Cósmica de Causa e Efeito, da Evolução, da Reencarnação, da existência de uma Consciência Amorável e Suprema, da necessidade do autoconhecimento e da transformação íntima, como prática a ser cultivada, expandida e conscientemente sentida por cada um, a fim de se ligar um dia ao Pai. São os que optam pelo caminho da dor e do sofrimento como processo de amadurecimento. E, nesse bojo de críticas infundadas, carregadas de indisciplina e revolta, há ainda os que questionam quanto à necessidade do esforço e sacrifício como combustíveis dessa caminhada para o encontro com a verdadeira e plena felicidade.

Os argumentos contrários aos princípios universais, às vezes até comungados inocentemente por algumas instituições religiosas ou voltadas para a busca espiritual, são frutos da revolta e de sua conexão com outras tantas filhas do orgulho que ainda habitam os sentimentos de muitos seres humanos, associados a arraigados e exacerbados apegos diversos, como os impulsos inferiores do instinto e a resistência à mudança interior. Muitas vezes, esses magnetismos densos de irmãos ignorantes da fé e do amor cósmico são reforçados por manipulações mentais de entidades diabólicas, pervertidas ou viciadas no mal, que do Astral Inferior dirigem hordas de infelizes a serviço do desvio e do atraso da rota evolutiva. Nesse rol de entidades, há seres muito inteligentes, mas distantes do amor fraterno. Somente após muitos milênios de sofrimento, essas almas se cansarão e, um dia, terão de abraçar-se com a humildade salvadora e render-se diante do Pai.

Para contrabalançar a natureza densa que predomina na Terra, sob controle dessas entidades infelizes, têm surgido ao longo de um século e meio, e aumentado mais recentemente, agrupamentos, médiuns e pessoas sintonizadas com os ares das mentes abertas dos tempos aquarianos. E então surgiu o espiritismo, a teosofia e a umbanda, ocorrendo resgates de conhecimentos e práticas antigas, a exemplo do rosacrucianismo, das práticas que buscam o equilíbrio do espírito, como a ioga (existente na Terra desde os tempos atlantes), bem como cientistas que cada vez mais têm se defrontado com paradigmas que os colocam em cheque sobre temas que, mais cedo ou mais tarde, terão pontos de conexão com a Espiritualidade.

A abordagem sistêmica e holística, o humanismo, a física quântica e relativista estão aí para comprovar e clarificar essa lógica inevitável da evolução das ciências e aproximá-las do campo espiritual. Para reforçar esse movimento terceiro-milenista, tem aumentado o número de adeptos desse novo fluxo evolucionário. São irmãos do passado que vêm amadurecendo espiritualmente, somado ao encarne cada vez maior de extraterrenos e de irmãos do plano astral já sintonizados com as novas forças do bem que, aos poucos, vai se instalando na Terra.

Ora, se cremos, por que ainda duvidamos? Por que titubeamos no caminho do autoconhecimento, do tratamento dos nossos sentimentos e pensamentos desequilibrados, da transmutação dos nossos impulsos inferiores e das nossas atitudes antifraternas? Por que não se deixar levar pelo fluxo dos novos tempos que chegam, em vez de manter-se aprisionado ao magnetismo e às egrégoras do passado, as quais ainda habitam o subconsciente da maioria da humanidade?

Que se tenha em mente que esse é um longo processo e que, embora a transformação não aconteça num piscar de olhos, é preciso estar no caminho. Pedras vos causarão tropeços, precipícios proporcionarão quedas e exigirão vigilância contínua, montanhas terão de ser escaladas, exigindo esforço e sacrifício. E virão a sede e a fome por água impura e alimento denso, aos quais todos sempre estiveram acostumados, bem como vossas células físicas e astrais se viciaram, pelo contato com o magnetismo gerado por vícios que se repetiram em séculos e séculos de existência física.

Por isso, é primordial que nessa caminhada se procure sentir a brisa do amanhecer e do entardecer que induzem à esperança, aos bons fluidos, ao sutil desejo de saciar-se com água pura e alimento sadio, mostrando os sinais de que a alma já desperta e percebe o quão bem lhe faz abastecer-se nas fontes superiores. Agindo desse modo, com o surgir do Sol, brotarão os raios de luz interior que alimentam positivamente a alma, saciando a sede e a fome com substâncias mais delicadas, desprovidas de impurezas. O cansaço, natural no final do dia, poderá estar carregado de saturação de magnetismo inferior que, ao ser banhado pela doce luz do ocaso e pela brisa do cair da noite inspiradora, favorecerá a vontade sublime da transformação interior, ainda que os sinais da desistência batam à porta da alma. E então sobrevirá o desejo de inebriar-se com a compreensão lúcida, os bons costumes e o afeto daqueles a quem se ama.

Para que o ser não desista e adie a sua jornada evolutiva, será preciso muita fé, esperança, coragem, firmeza de propósito, esforço e sacrifício. Sim, esforço e sacrifício... energias inseparáveis da alma que deseja encontrar a verdadeira felicidade, forças que alimentaram Jesus e Maria a chegar até nós, desde o instante de sua densificação vibratória até o cumprimento final de suas missões angelicais encarnatórias na Terra. Eles conseguiam transformar o esforço em energia motivadora da fé, e o sacrifício em compaixão e esperança, em combustível para a caminhada, e não em venenos a serem evitados, como faz a maioria dos encarnados. As intempéries do caminho, transformavam em desafios que fortaleciam o espírito e lhes proporcionavam alegria espiritual e persistência, verdadeiros exemplos de resiliência e transmutação. Assim, os insultos dos seres desviados que lhes surgiam pelo meio do caminho eram transformados em perdão, paciência e compaixão para com a ignorância alheia.

Eis os exemplos para vós, caminheiros desta longa e infinita viagem evolutiva! Não haveria sentido em alguns espíritos magnânimos descerem à Terra apenas para mostrar do que são capazes ou para servir de exemplos inalcançáveis por vós, mesmo porque esses seres estão muito além das vaidades terrenas e não lhes interessa se mostrarem como seres superiores. São exemplos sinceros de humildade que todos devemos seguir. E realmente podemos alcançar esse padrão de vida, ainda que estejamos atrasados na escola espiritual evolutiva, pois todos somos caminheiros de estradas que levam ao Pai Maior. A força imanente nesse processo evolutivo nos impulsiona fortemente quando desejamos nos esforçar nesse caminhar. Mesmo aqueles que não acionam o esforço interior e a capacidade de experimentar o sacrifício com determinação, leveza e alegria, de uma forma ou de outra, serão levados ao Pai, pois o fluxo evolucionário abarca tanto a vontade consciente e elevada como a impura, viciada e revoltada, que um dia cairá em si e enfrentará a própria consciência.

Seres inebriados de revolta e ilusões apenas adiam o processo que será vivenciado um dia, e padecem de patologias da alma por determinado tempo, tendo de passar por longos períodos de drenagem psicológica e física, as quais convergem para o que se costuma chamar de sofrimento e que está intimamente irmanado com a Lei do Carma, até que se tornem mais humildes e, então, decidam despender o salutar esforço em direção ao Alto. Uns chegarão ao Pai mais cedo; outros no tempo alinhado com o seu ritmo de maturação; e outros tantos tardarão, sofrerão mais, contudo chegarão até Ele, em algum momento, pelas contingências do sofrimento e dos caminhos tortuosos.

Esforço nada mais é que trabalho, movimento, dinâmica, energia que muitos irmãos terrenos contestam pela sutil influência do atavismo que ainda lhes domina a alma. Desse modo, se determinada pessoa precisa subir dez andares de um prédio pelas escadas, despenderá certo grau de trabalho físico, o que servirá de exercício aeróbico do corpo, trazendo-lhe benefícios para a saúde. Assim ocorre com nossa missão, nossos desafios ou propósitos espirituais. Se, em vez de aceitá-los de coração, imprimimos revolta ou resistência interior para com eles, então o esforço será mais árduo, sofrido, haverá mais cansaço, e poderá trazer desmotivação, gerando riscos de desistência. Alguns mais preparados logicamente subirão direto os lances da escada, de maneira mais tranquila; para outros, no entanto, haverá cansaço e, em alguns momentos, terão de parar para descansar. Se o cansaço chegar a alto grau ou no seu limite, faltando apenas poucos lances, então a alma será convidada a fazer um pequeno sacrifício para chegar à meta, o que exigirá um esforço a mais, alimentado pela esperança de estar próxima do objetivo, ainda que ele seja temporário, pois a escalada é infinita e outras etapas virão.

É fundamental cada caminheiro expandir o discernimento, a fim de conseguir entender exatamente onde ele se encontra no caminho da evolução, para não dar passos maiores que as próprias possibilidades. É fundamental ter plena consciência do seu grau de esforço e se está tendo um empenho condizente com sua capacidade real e seu potencial, ou se está regateando energias para desviar-se do caminho reto, alimentando egrégoras do passado inferior, e, por conseguinte, atrasando o próprio curso, bem como atrapalhando a caminhada de outros com o seu mau exemplo.

A todo instante, o ser humano é e será chamado a empregar esforços ao longo do caminho e, em algumas situações, sacrifícios na jornada, mas que saiba usar o "caminho das pedras" com serenidade, sensatez e discernimento, a fim de que não entre num clima de luta atroz, desgastante e violenta para consigo mesmo. Que saiba seguir o exemplo de Maria, com sua resignação, mansuetude e doçura renovadora, aceitando o serviço da jornada com determinação, humildade, autoconfiança, fé, esperança e alegria interior. Que cada um possa usar esses elementos como combustíveis da motivação para prosseguir feliz e cultivando a compaixão pelos que estão mais atrasados na escola evolutiva!

Que o corpo descanse, mas que a alma seja incansável! Que os atropelos do caminho e os erros repetidos não vos embotem a visão clara da estrada, pelo aprisionamento à culpa e ao medo, mas que cultiveis o otimismo, que representa uma força para soerguimento e continuação na caminhada! E então, o Pai sempre estará ao vosso lado, e seus obreiros estarão ao longo da estrada vos estendendo as mãos e vos enchendo de energias incentivadoras, bem como de afeto fraternal.

Que a alegria jamais deixe de ser cultivada nos vossos corações, como sentimento que traz leveza ao esforço e ameniza o sacrifício, inerentes ao caminhar, que será eterno, como eterno é o Pai e Seu amor e consciência infinitos!

Não existe evolução sem esforço e sacrifícios circunstanciais. O prêmio a quem segue em direção à transformação íntima e ao serviço fraterno será a leveza da alma, que se libertará dos pesos do passado viciado e vivenciará uma felicidade indescritível em voos infindáveis pelo Espaço infinito, por muitas civilizações espalhadas pelo Cosmo.

Cada vez que um encarnado desperta a força de vontade, mobiliza energia interior carregada de prana ectoplasmático, que funciona como um raio laser, e será tanto mais forte quanto mais forte e direcionada (ou menos dispersa possível) for essa vontade. Se essa força for direcionada para a transformação íntima ou a ajuda ao próximo, haverá um processo de transformação intracelular e atômica intensos (nos corpos físico, mental e emocional), os quais serão reabastecidos pelo prana solar e dos astros que recebem a luz solar, pela energia vital telúrica e das estrelas. Ou seja, quem mobiliza força de vontade interior para a construção do bem dentro de si e do mundo será reabastecido pelas forças divinas ou pelo prana que permeia a tudo e a todos, dentro de um processo natural, mesmo que num primeiro momento esse reabastecimento não seja percebido ou sentido. Salientamos que há muitos casos em que resgates cármicos podem estar sendo saldados nesse processo; todavia, à proporção que a pessoa realizar seus trabalhos com boa vontade (independentemente de resgates cármicos) e disposição, alegre e incondicional, com certeza sentirá também uma felicidade interior sintonizada com esse estado de espírito, podendo chegar a estados de paz e regozijo indescritíveis.

Mas o que vemos ultimamente é que muitos caminheiros do bem têm rechaçado essas duas energias – esforço e sacrifício –, sob o argumento de que pesam na caminhada, de que elas são fruto de arquétipos do cristianismo e do judaísmo. De fato, elas pesarão proporcionalmente ao peso da consciência de cada um, bem como da revolta e falta de humildade no coração daquele que, por imaturidade, acha que o mundo não necessita de evolução, inclusive de si próprio, ou ainda há aqueles para os quais a evolução pode se processar com dispensa do esforço ou sacrifício, em todas as suas formas de expressão.

Que nessa jornada não seja reforçado o lado negativo, e sim o lado positivo que cada um já conquistou, e que a alma não esteja alimentando ilusões pelas sutis manifestações do medo, da vaidade e orgulho! Que se possa cultivar a coragem de enfrentar as egrégoras que pesam a consciência e o Astral na caminhada, com humildade, discernimento e esforço educativo interno! Que impurezas não sejam empurradas "para debaixo do tapete", e sim que as deixe sair dos esconderijos da alma, com coragem e humildade para aceitá-las como partes de si e disposição em se autoperdoar, levantar a cabeça e recomeçar a cada dia! Que cada um esteja preparado para sacrificar a própria vaidade, o orgulho, o egoísmo, os impulsos primários e os vícios do passado! Que cultive a sabedoria para transformar em leveza e alegria os pesos de que esses atributos muitas vezes se travestem na percepção imperfeita de quem tem miopia espiritual! Que não sejais ingênuos em retardar as oportunidades do crescimento maduro da própria alma, que é o vosso maior patrimônio cedido por Deus, pois, em algum momento da caminhada evolutiva, tereis de enfrentar a vós mesmo, com coragem e inspiração superior, olhando-vos no espelho da consciência e dos sentimentos expressos de múltiplas formas na intimidade da alma.

O ser que se encontra avançado na escola da evolução, quando descobre sutis formas de manifestação da vaidade interior, toma consciência de que precisa trabalhar e transformar esse sentimento em simplicidade e humildade; sabe que a mesma energia da vaidade pode ser empregada na direção do trabalho incondicional, sem nada esperar em troca: nem aplausos, nem consideração por parte das almas atrasadas na escola evolutiva. O magnânimo anjo Jesus, quando estava na cruz, obviamente sentia dores físicas, mas, acima de tudo, sabia da dimensão da ignorância imanente naqueles que o tinham levado à situação de sacrifício. Ao invés de revolta e sentimento de vingança, como muitos terráqueos cristãos sentiram por Ele, seus sentimentos doíam de compaixão, vibravam amor-paciência, sua consciência estava lúcida de compreensão; por isso afirmou: "Pai, eles não sabem o que fazem".

Jesus e Maria viveram estados sacrificiais de redução vibratória, pois desceram dos páramos celestiais aos planos densos da materialidade humana e despenderam esforços contínuos para suportar as pressões astrais densas e físicas da humanidade terrena, mas em nenhum momento pensaram em desistir da jornada. Maria viveu momentos de tristeza, de dor interna, mas sempre resgatava a coragem do fundo do coração, nas preces ao Alto. Ora, se esses amoráveis anjos despenderam esforços e vivenciaram o sacrifício, como poderá o ser humano achar que esses sentimentos não devem ser experimentados por si?

É preciso que muitos seres humanos estejam atentos, porque há hordas de espíritos diabólicos extremanente conhecedores da psicologia humana que tentam afastar as almas do entendimento quanto à importância da reforma íntima, e, assim, usam mecanismos diversos para induzir e hipnotizar pessoas inseguras a não enxergarem esforços e sacrifícios espiritualizantes como necessários e importantes. Dessa maneira, essas almas com pouca coragem ou embotadas pela vaidade e orgulho acabam por absorver e internalizar conceitos de autoafirmação falsa, de que são superiores ou que podem, pelo simples pensar, ter conquistado as paragens celestiais, não precisando despender esforços ou vivenciar situações de sacrifício.

O ser humano pode e deve cultivar padrões elevados e positivos de pensamento sim, como forma de ir se lapidando interiormente, mas dentro de parâmetros de lucidez e discernimento, a fim de que estes os sinalize quanto à sua real situação e que o elevado positivismo não o leve para estados artificiais e vivências constantes de ilusão interior. Que cada um possa mergulhar profundamente em si e descortinar-se com sinceridade, fazendo o mesmo com as mazelas que precisam ser transformadas em si, com esforços e muitas vezes até sacrifícios! E que esses atributos possam alimentá-lo na convivência fraterna do dia a dia com os irmãos de jornada.

Que a luz de Maria, mãe de Jesus, conforte os vossos corações nesta jornada desafiante, que demanda por esforços maiores ou menores, pontilhada por alguns sacrifícios, mas que eles não vos sejam encarados como pesos a carregar, e sim como dádivas do Pai! Que vossas mentes possam a cada dia se ampliar em compreensão, e que os vossos corações se tornem cada vez mais mansos e amoráveis, e então esses esforços e sacrifícios serão minorados, a ponto de um dia se tornarem combustíveis de bem-estar e regozijo.

Coragem para se descobrir, e alegria por estarem no infinito caminho rumo à Luz Central da Vida!

Irmã Maria[78]

Apaziguai e alegrai vossos corações

Queridos irmãos de caminhada evolutiva:

Todo tipo de alegria é sempre bem-vinda, pois sorrir e vibrar felicidade derrama bons fluidos no ambiente interno e no

[78] Este espírito foi uma irmã de caridade que trabalhou sob inspiração do Padre Vicente de Paulo. Ela integra, no plano astral, falanges ligadas à Madre Teresa de Calcutá, em ações amoráveis de resgate de almas sofredoras.

entorno de cada alma encarnada ou desencarnada, desde que não seja uma falsa alegria. Quando esse sentimento vem de algo passageiro, como ganho de dinheiro, bens materiais, consumo de alimento ou bebida, prazer ou paixão mundana, ela pode até não ser negativa, mas certamente será efêmera, pois estará associada ao mundo das formas e, em consequência, a situações passageiras.

Normalmente, após intensa alegria decorrente de fatores materiais e efêmeros, ocorrem decepções ou o vazio, não como punição da lei cósmica, mas pelo natural processo de causa e efeito e como forma de estimular a alma a descobrir outras fontes de felicidade, mais sublimes e perenes, que abasteçam não as emoções inferiores, nem as sensações do corpo, que são finitas, mas a alma em sua plenitude de ser, encontrando padrões de felicidade cada vez mais duradouros. Evidentemente que o ser encarnado não pode se furtar de desfrutar das oportunidades sadias e justas das alegrias no mundo. Contudo, que as vivencie conscientemente, como algo passageiro, e que não se apegue a elas, haja vista o sofrimento que mais cedo ou mais tarde poderá advir: é senti-las, vivenciá-las e deixar seguir a vida.

Quando há desapego às coisas mundanas e passageiras, advém um estado de paz interior, de alegria suave e perene. Um gole de vinho pode trazer prazer por alguns segundos; um carinho, no entanto, alcançará o coração e a alma, e será mais duradouro e prazeroso senti-lo. Porém, quando não há mais esse carinho depois, é de se esperar que sobrevenha o vazio e a tristeza no ser. Se, no entanto, o carinho for resultante de uma palavra de incentivo a algo positivo na vida, levando ao redirecionamento do ser para a construção de uma profissão digna ou de um caminho espiritual verdadeiro, com toda certeza a alegria advinda dessa situação perdurará por muito mais tempo e tenderá a ser menos apegada, reduzindo a probabilidade de sofrimento futuro.

Quanto mais desapegado de aspectos mundanos e mais fraterno for um sentimento, como a alegria de ajudar pessoas, por exemplo, mais expansivo e universalista ele será e menos risco de apego terá, porque será mais etéreo, com mais presença de fótons ou luzes. Mas que não se confunda uma atitude de respeito, gratidão e amor decorrente de uma boa lembrança com apego indesejável. Que não se esqueça que amar os mais próximos é tão ou mais sublime que amar os mais distantes. Portanto, ter bons sentimentos em relação aos mais próximos (familiares, parentes, amigos) é vital para que o ser aprenda a amar os mais distantes e todos os outros seres, filhos do mesmo Pai. É válido se atentar para que esses sentimentos sejam elevadores da alma e não venham a gerar paixões e apegos desnecessários. Mas, se esse apego ocorrer, que se comece a trabalhá-lo em direção a um estado de maior fluidez dos sentimentos, ampliando o patamar do sentir; e que este não se atenha a formas, nem a emoções passageiras.

Apaziguar o coração é levá-lo a sentir uma paz com alegria e bem-estar, em sentido duradouro e profundo, atingindo os escaninhos da alma, conectando-se com Deus, que habita o vosso ser. Essa paz é intransferível e inolvidável, pois somente cada um que a vivencia pode senti-la. Para que ela desabroche dentro de vós, desapegai-vos das tristezas, das frustrações, preocupações, desejos efêmeros e agitações da alma. Tende fé e deixai que o fluxo da vida, pela vontade divina, vos conduza aos caminhos da verdadeira felicidade, na paz interior, o que não significa ausência de direcionamento e vontade ao alcance de metas na vida, no mundo exterior. Cada qual faz a sua parte e o Pai a Dele, pois todos fazem parte de um Grande Plano no qual as grandes decisões pertencem a Ele e aos seus arcanjos e anjos, ficando as pequenas decisões a cargo de cada ser humano, que são aquelas que fazem parte do dia a dia e dos momentos-chave de própria existência profissional, familiar e das coisas corriqueiras, além daqueles importantes direcionamentos ou decisões voltadas para a autorrealização e realização espiritual, inerentes ao livre-arbítrio.

Que não se confunda desapego das coisas passageiras do mundo físico com irresponsabilidade e não cumprimento dos deveres da vida cotidiana, nem do não estabelecimento de metas profissionais e familiares, e de alcançá-las pelo esforço próprio. Tende persistência e determinação em vossas metas justas e sinceras, mas com "olhos espirituais", para que a flexibilidade decorrente de um estado de humildade interior vos permita deixar de lado a inflexibilidade, o orgulho e a obsessão (às vezes fantasiada de determinação) e que possais, assim, reajustar planos e metas, dar alguns passos para trás quando preciso, ceder, resignar-vos e depois poder dar muitos passos à frente.

Todos possuem livre-arbítrio e, por isso, o Pai Celestial deixa cada um caminhar pelo próprios esforços e passos no dia a dia, em busca do sustento material, do amadurecimento e do crescimento interior. Contudo, Ele observa a todos e sabe o momento exato de interferir para o próprio bem do caminheiro. No fundo, até mesmo as coisas simples da vida fazem parte do Grande Plano Divino, porque tudo está amarrado por uma lógica cósmica, sistêmica e engrenada na Lei da Causa e Efeito, e quando o ser está em sintonia com esse grande fluxo da vida tudo corre naturalmente, fluindo com precisão e beleza.

Todavia, como certificar-se de que essas metas e direcionamentos estão sintonizados com o Plano Maior de Deus? Como ter essa certeza? Conversai diariamente com Deus; criai esse costume. Ele é vosso maior e melhor amigo, e jamais vos deixará à própria sorte. Cada ser existente no Cosmo faz parte dos planos Dele, desde os pequenos átomos; e, depois, passando por todos os reinos: vegetal, animal, humano, angelical e arcangelical. No silêncio da alma, à hora da prece e da meditação, será possível senti-Lo e auscultá-Lo com mais precisão e compreensão ampliada (ainda que a alma esteja muito longe da compreensão intelectual verdadeira).

Mas o Pai Maior estará presente também nos momentos mais comezinhos do caminhar diário: no canto de um pássaro que vos leve alegria; na folha que cai e aduba o solo para gerar bom alimento e que cria condições para se alimentar a gratidão à vida; nos atropelos do dia a dia que vos treinam a paciência, a serenidade e a persistência; em algo esperado que não acontece e que vos treina a fé, a renúncia e a resignação, ou do inesperado que acontece para exercitar a sensatez e o equilíbrio; em alguém desejado que não vem ao vosso encontro, momento certo não para sentir vazio e tristeza, mas para preparar-vos a encontrar motivação e felicidade dentro de vós, e não nas pessoas ou coisas externas; na perda da convivência com coisas e pessoas que passarão por vossa vida e não mais vereis, para fortalecer-vos o desapego; numa palavra amiga vinda de alguém que vos conforta o coração e vos estimula à gratidão (ainda que vindo de um ser desconhecido); no insulto daquele aprendiz da vida que vos atropela o caminho e vos exercita à tolerância e ao perdão; na passagem para a outra vida que vos treina o autoperdão, a humildade, a esperança e a fé; no Sol que brilha e proporciona vida; nas estrelas que vos banham de beleza, alegria e prana cósmico todos os dias; enfim, basta parar a mente intranquila e observar o quanto Deus, a todo instante e permeando tudo, conversa convosco e dá respostas a vossas indagações, anseios, desesperos e vazios na alma.

Quase sempre a alma humana repleta de ansiedade, expectativa e interesses puramente pessoais, presa a limitações de percepções físicas, emocionais ou intelectuais, é que não se permite perceber e sentir os sinais divinos e o quanto o caminho que Ele lhe oferece é para a verdadeira felicidade. Exercitai, pois, a serenidade e o desapego, com responsabilidade. Deixai a vida seguir seu fluxo, com a mão divina conduzindo-a. Fazei vossa parte, adotando uma vida digna, respeitosa, repleta de gratidão e alegria. Tudo virá ao seu tempo. Frutos extraídos antes da hora não terão o mesmo sabor dos que amadureceram na árvore e que foram retirados e saboreados no seu tempo, quando em sincronia com as forças cósmicas. Que o passado vos traga aprendizado e madureza, que o futuro pertença, em parte, ao planejamento humano sem obsessão, mas com humildade e "olhos de ver", porque em outra parte os planos maiores pertencem ao Pai; e que o presente seja vivenciado com amor, fraternidade, boa vontade, ética e fé, e então a paz interior vos será dada como dádiva pelo vosso esforço e pela bondade infinita da Fonte Suprema da alegria universal.

Paz!

Savanah[79]

[79] Dentre outras vidas, este irmão já encarnou como xamã da etnia norte-americana Hopi, como frade franciscano e como iogue indiano, sempre ligado aos

Serenidade, irmãos!

Não existe revolução nos processos cósmicos e sim evolução. E, como tal, mesmo o que parece ocorrer repentinamente, gerando um certo caos, foi de fato um processo que maturou, passo a passo, para que, por fim, ocorresse o fenômeno aparentemente rápido. Assim será e tem sido o processo de mudança pela qual passa o planeta Terra. Por isso, é fundamental que as almas encarnadas ou desencarnadas se prepararem, desde já, para esses novos tempos, como forma de se evitar ou minorar rupturas mentais-emocionais repentinas que ocasionarão mais sofrimento, a exemplo da mudança de hábitos na alimentação, nos padrões emocionais e comportamentais, bem como no aprisionamento a padrões antigos de sentimentos de baixa frequência e instintos descontrolados.

A Terra passa por um momento que chamaríamos de período de amortecimento dos grandes fatos planetários que virão. Esse período faz parte do processo de mudança e representa uma enorme dádiva para que os fatos não atropelem os seres humanos com acontecimentos não advertidos, inesperados e intensos. Os que não se prepararem desde agora terão que se adaptar abruptamente, e células físicas, astrais e mentais viciadas certamente sentirão o apego às formas antigas e reclamarão em forma de dor material e espiritual. Tudo isso é uma questão de lei da Física Cósmica; são mecanismos inerentes à natureza das coisas e da evolução.

A rotina cria padrões no pensar, sentir e agir, sejam eles positivos ou não. Errar para alcançar a madureza faz parte do aprendizado. Contudo, estar com a mente atenta à forma de ser diante da vida, melhorar a qualidade de vida física e espiritual, esforçar-se para deixar de lado padrões viciantes e adotar posturas que estimulam a alma a crescer, contínua e dinamicamente, isto faz parte da evolução. A partir de certo estágio de madureza, e após obter experiência de muitas vidas, a alma começa a perceber que certos caminhos de agir,

conhecimentos da natureza vegetal e mineral, mas também da psicologia humana. Atualmente ligado à Colônia do Grande Coração, integra falanges no plano astral para expansão dos conceitos e práticas espiritualistas e espíritas de cunho universalista.

pensar e sentir, que respectivamente vão se expandindo com o tempo, não lhe cabem mais, causando-lhe frustrações, dores de remorso e culpa.

Esse processo normalmente se estende por vários séculos, e em muitos casos por milênios, até que a alma se canse e tome decisões mais firmes intimamente, passando a direcionar a vontade com mais firmeza no sentido da autoeducação espiritual. Até então, a alma estava a mercê da lei direta da Causa e Efeito, ou Lei do Carma, e sua evolução era consequência do processo natural por erros e acertos, impulsos e eventualmente boas ações inspiradas pelo seu guia espiritual, ou de uma boa ação pontual, porém ainda fora de uma postura profundamente consistente na consciência e de uma perspectiva de pensar sistêmico frente à Lei Universal. E então chega a encarnação-chave em que tem início o processo de autorregeneração ou autotransformação consciente: um longo caminho que exigirá humildade para reconhecer-se imperfeito, coragem para continuar o mergulho dentro de si mesmo e descobrir-se, e identificar mazelas e também aspectos positivos que fazem parte de seu mundo íntimo.

Inicialmente, será necessário começar a cultivar o autoperdão, compreendendo que Deus já o perdoou muito antes do seu erro, equívoco, ou insistência no caminho da resistência em se autoaperfeiçoar como cidadão do Universo. Se Deus o perdoa, por que o ser humano, sendo um ser menor, não faz o mesmo? E assim se inicia o processo de amar a si mesmo de forma consciente. A autoconfiança sobre sua própria capacidade de se melhorar será crucial nesse processo, bem como a fé em Deus e em seus assistentes, como seres que sempre lhe estenderão as mãos, e a esperança de que dias melhores virão e que haverá um momento em que adentrará um estágio evolutivo repleto de amor, paz e regozijo, proporcionando-lhe o combustível da persistência no caminhar infinito.

O cultivo de doses diárias de alegria por estar no caminho é como uma fonte indispensável para refrescar a alma, dar sentido à vida e aproveitar-se do processo; afinal, após as fases ultrapassadas, haverá novas fases e metas a serem vivenciadas na espiral evolutiva; esses ciclos serão infinitos.

Haverá, sim, metas intermediárias e sempre se terá um recomeço em grau mais avançado de experiências. Portanto, ao invés de ficar ansioso por concluir a meta, é melhor vivenciar as situações com boa vontade, realizando as tarefas da melhor forma possível com amor, compreensão e alegria. E assim, aproveitar cada momento da vida, seja encarnado ou desencarnado, como oportunidade de crescimento espiritual e regozijo. A mobilização da força de vontade interior será a força motriz nessa infinita caminhada.

Quem se esforça, mobiliza forças internas muito intensas na transmutação celular física, astral e mental, favorecendo um processo alquímico íntimo. Quem está encarnado tem essa força mais intensificada que os desencarnados (por isso, valorizai vossa encarnação, pois a força prânica aliada ao corpo físico é uma vantagem enorme como catalisador da evolução, se comparada com alguém vivente do plano astral). É tão importante desenvolver rotinas ou padrões de vida organizados, equilibrados, com tempo previsível, para não gerar caos, indisciplina e ausência de objetivos, quanto importante é usar o discernimento para não se cristalizar nesses padrões e estacionar a evolução no mundo material e espiritual, esteja o ser encarnado ou não. Imprevistos hão sempre de ocorrer, e a flexibilidade mental e o equilíbrio emocional serão cruciais para se ter a lucidez e o discernimento necessários para enfrentar essas situações com espírito criativo e inovador. Então, a busca do equilíbrio deve se embasar no que a Física chama de equilíbrio dinâmico, ou seja, um estado de coisas e seres relativamente em equilíbrio, mas não cristalizado ou estacionado naquela situação e sim aberto ou sujeito a contínuas revisões, mudanças, inovações e evolução.

Assim, para começar a educar a mente em novos padrões, com pensamentos sintonizados com os novos tempos planetários, recomendamos muito cuidado na relação com a mídia, especialmente com aquelas que possuem efeitos magnéticos mais fortes, como rádio, cinema, televisão e internet. São avanços valiosos no campo da Ciência, das comunicações, da expressão das artes e da informação, bem como das facilidades da vida moderna da sociedade terrena, mas, por conta do estágio evolutivo apegado a padrões inferiores de pensar, sentir e agir, esses veículos acabaram reforçando esses padrões através da difusão de imagens e sons que atuam como verdadeiros instrumentos hipnóticos, cristalizando as pessoas em egrégoras antigas que tentam resistir a mudanças. Além disso, entidades inteligentes e diabólicas do plano astral se utilizam de artistas, produtores, diretores, atores, e comunicadores em geral, para expandir essas egrégoras densas em vibração, como parte de planos negativos que pretendem dominar o planeta e criar na Terra o paraíso do hedonismo, violência, vingança, arrogância, vaidade e poderes totalitários. A maioria do que se expõe e se vê nas redes de televisão, vídeos, internet e cinema pode ser classificado como "lixo energético", reflexo do estado mental-emocional da grande massa planetária terráquea.

Os textos, gravuras, sons e imagens (principalmente estes dois últimos), ao penetrarem no campo mental, criam automaticamente formas-pensamento na aura do encarnado. É como se fosse um instrumento de magia que penetra sorrateiramente nos escaninhos da alma. E, dependendo do caso e do número de repetições do fato, ficará gerando imagens repetitivas na tela mental e cada vez mais se fixando na mente, como os processos de "lavagem cerebral". Se a pessoa tiver sintonia com esse material informativo, haverá um processo de simbiose, tornando-se necessário a avaliação do conteúdo e o exercício do discernimento para sua devida filtragem. Se a informação (som e/ou imagem, por exemplo) for de elevada qualidade educativa e energética, que ela seja cultivada; mas, se for de teor vibratório primário ou negativo, então que se despenda esforço ou vontade interior para não absorvê-la, nem armazená-la nas profundezas da alma.

O ser esclarecido espiritualmente não dará alimento mental a esse material negativo ou de baixa vibração; tomará consciência dele e o deixará passar, sem se apegar a ele, ou seja, sem armazená-lo. É preciso adotar-se um misto de sutileza da alma e trabalho com esforço equilibrado, evitando-se a polarização ou luta frontal com esse tipo de conteúdo; caso contrário, as egrégoras ligadas a ele acabam se fortalecendo e inicia-se então uma "guerra" mental atroz, um clima interior de enorme estresse e um consequente desgaste energético no qual não vale a pena adentrar.

O ser que tem material interior sintonizado com informações indesejáveis ou inapropriadas ao fluxo natural de evolução, decorrente de muitas vivências do passado recente ou remoto, deve agir com serenidade, e o esforço não pode estar carregado de raiva, mas de indignação ou rejeição justa, se for o caso, e principalmente de energia de desapego, de desconsideração, de determinação e não de espírito belicoso. A força interior direcionada a não se ligar a essas energias deve identificar a vibração, e, a partir do discernimento com base nos princípios espirituais elevados, atento para esse material energético, pode concentrar a mente em algo diferente e superior, do ponto de vista espiritual e vibratório, como num processo de desviar a atenção daquilo que não se deseja, fixando a mente em outra coisa.

Normalmente, a imagem ou o som penetra na mente e tenta identificar, por atração atômico-energética, material igual ou similar já preexistente no constructo mental, e se agregar a ele, fortalecendo-se pela simbiose, ampliando egrégoras pré-existentes na alma. E aí vai uma recomendação bastante eficaz nesses processos: a pessoa então deve aplicar o discernimento, com base na ética universalista e em seus conhecimentos espirituais. Se for para rechaçar, então que deixe passar o material informativo, sem se apegar a ele. Mas, se a pessoa tentar fazer isso e não conseguir, pelo impacto forte que o fato causou, deve despender uma força de vontade interior mais firme; deve mentalizar esse material energético repleto de luz violeta brilhante e transmutadora; deve mentalizar um vento forte, como de uma tempestade, levando esse material energético para longe de si; e então deve construir mentalmente outro fato ou coisa de interesse que lhe desvie a atenção, como pensar em outra coisa ou fazer algo que o desvie daquela energia, num ato ou processo natural, sereno e atento para não cultivar irritação.

Outra alternativa é simplesmente respirar fundo e sentir na expiração a mente se esvaziar daquele material energético, fazendo um exercício para que pensamentos indesejáveis ou inapropriados saiam, não deixando que essas informações ou egrégoras retornem. Outra boa medida é mentalizar-se dentro de uma pirâmide dourada, fortalecedora do seu campo mental, sentindo essa luz intensa, como a luz do Sol, queimando e transmutando todas as imagens, sons e pensamentos indesejáveis. Pode-se ainda mentalizar a imagem de Jesus na sua tela mental; enfim, várias medidas desse tipo poderão ser tomadas. E isso vale não apenas para a relação com a mídia, mas para qualquer informação que vier de fora, ou mesmo para pensamentos que fluírem de dentro de si. Todavia, para os casos de material informativo advindo da mídia, recomendamos se evitarem programas que promovam esses riscos, especialmente se a alma não possui fortaleza interior para vê-las e ouvi-las sem se contaminar por elas. É evidente que, regra geral, o ser humano não deve fugir das egrégoras que lhes habitam o ser, até porque fazem parte de si, sejam boas ou não, mas sim identificá-las, aceitá-las corajosa e humildemente, orientá-las, educá-las e impulsioná-las para padrões mais altos de vibração.

Infelizmente, o mundo virtual terrestre está repleto de lixo. Se a pessoa não se sente bem no meio dos resíduos, então que sejam evitados. Se ela tem capacidade e força interior para ajudar a reciclá-lo, ótimo! Que esse trabalho seja feito e que sejam aplicados os princípios do amor universal para ajudar a tratá-los e a modificar-lhes a essência e as finalidades. Por isso, sugerimos a cada irmão evitar assistir a programas que disseminem a violência, o abuso da sensualidade e pornografia, o fortalecimento da vaidade, orgulho e egoísmo que assola o planeta. Não pedimos que os irmãos se isolem do mundo, e, por isso, torna-se importante assistir aos raros e bons programas, documentários, esportes e filmes que os divertem sadiamente e trazem em sua essência boas informações que toquem sentimentos e os levem a refletir sobre a vida e o mundo das ciências, artes, cultura e espiritualidade.

Quanto aos noticiários, é importante que os acompanhem, até para que saibam o que acontece em sua cidade, no seu país e no mundo, considerando que a quantidade de violência e desequilíbrios mostrados nas notícias jornalísticas é uma amostra de como está o planeta e de quanta ajuda ele necessita. Então, ao invés de se isolar e fechar os olhos para o que está acontecendo no mundo, quem deseja expandir sua consciência e sentimentos crísticos, que emita bons fluídos, por meio de preces e irradiações benéficas, a pessoas e populações afetadas por danos físicos ou morais nos quatro cantos do planeta. Ao ouvir ou ver uma notícia de cunho negativo, que a pessoa se sinta agente de melhoria da qualidade de vida da humanidade, desde já; que não assista tais fatos dos noticiários jornalísticos como um ser passivo, que exercite seu sentimento de compaixão ao desconhecido, o qual, antes de tudo, é seu irmão planetário.

Portanto, não recomendamos isolamento do mundo e da vida, mas o uso do discernimento para selecionar o que vos é mostrado pela mídia, e que ajudeis a disseminar tudo que venha a contribuir para a construção dos novos tempos aquarianos. Que eviteis o que vos prende aos velhos padrões de pensamento, sentimentos e paixões mundanas. A construção do novo tempo começa agora, com a educação das vossas células mentais, deixando de lado o que é vibratoriamente pesado e cultivando o que é leve, sutil, e o que venha a promover a expansão da consciência crística e do sentimento de amor fraterno.

Não vos esqueçais das preces no lar e de mentalizações que higienizam miasmas, resíduos astrais e mentais, deixados pelo noticiário e por programas que ainda misturam boas e más informações e, junto com elas, energias que imantam o vosso ambiente.

Discernimento às vossas mentes!

Do irmão,

Akhenaton

Economia cósmica e economia humana

Caros irmãos,

Para quem se encontra atrasado na escola da evolução, é muito mais fácil deixar as ilusões da vida alimentarem a vaidade, o orgulho e o egoísmo do que empreender esforços para modificar os sentimentos arraigados na alma. Entretanto, a probabilidade de sentir frustração, vazio interior, sensação de derrota e tempo perdido são tão grandes, quando desencarnamos, que a dor imaterial se torna mais intensa que a dor física, mais real que as ilusões vividas na carne. Quando ingressamos no plano astral, de retorno à nossa verdadeira morada, nossa consciência nos coloca frente a frente conosco mesmos, sem termos para onde fugir a não ser para nos juntarmos a outras tantas almas orgulhosas, depressivas e sofredoras, ampliando mais ainda a solidão e a dor interior. Assim foi comigo!

Chegou o momento em que, primeiramente, minha arrogância e o consequente sofrimento no Umbral, por anos, calejaram-me demasiadamente a alma, saturando-a de indesejáveis odores de mofo, de uma escuridão triste, fria e agoniante, de sufocantes apertos no coração, e então o orgulho aos poucos foi cedendo lugar às primeiras gotas de humildade, a frustração cedendo lugar à reação em busca de alguma resposta mais clara, e somente a partir daí rumei em direção ao convite da luz que vinha do Alto e se refletia no lado mais profundo da minha consciência. Chegou o dia em que percebi luzes brilhantes de irmãos que me aguardavam paciente e amoravelmente, mas que, por minha dureza interior, eu não os percebia. Em meio ao processo catártico pós-desencarne, no fundo, minha consciência sabia dos meus equívocos durante a vida física, mas o medo e a vergonha de enfrentar minha realidade consciencial criavam artifícios em minha visão mental e espiritual, turvando-a, baixando minha vibração e sintonizando-a com os campos pálidos e sofridos do Umbral.

Depois de recolhido pelos braços fraternos de irmãos queridos, após algum tempo de restabelecimento da alma, meu coração foi se acalmando e minha mente clareando. Aí pude ver como pequenos desvios nos primeiros anos da adolescência e da vida adulta, aos poucos, foram me afastando do caminho real que deveria ter trilhado. Percebi o quanto o mundo material está mergulhado na busca dos prazeres efêmeros e da manutenção dos sentimentos de baixo teor vibratório, às vezes fantasiados de notoriedade, direito e justiça.

Pude descobrir como as forças inteligentes dos planos

inferiores do Astral arquitetam, por meio de teorias e argumentos "consistentes", projetos estratégicos nos campos da economia, da política, das leis e de tantos outros setores da vida humana terrena, os quais normalmente encontram ecos e médiuns no plano físico, visando à manutenção e expansão de um mundo imerso no consumo desenfreado, para levar as almas a se manterem indisciplinadas pelos prazeres do corpo, da luxúria, da vaidade, dos vícios que entorpecem e enfraquecem a mente e a vontade, e pela produção incessante de material astral pegajoso repleto dessas e de outras vibrações densas que alimentam almas de baixo teor vibratório. Com isso, vão retroalimentando e fortalecendo uma convivência entre encarnados e desencarnados, ocorrendo então vampirismos e mútua aceitação e acordo, numa verdadeira simbiose energética densa e de pensamentos entre os dois lados.

Vi com clareza como as sutilezas da vaidade, da inteligência enaltecida ou do orgulho de haver alcançado postos profissionais e espaços na mídia, puderam sorrateiramente me levar a ter uma pseudo-consciência de que tudo aquilo era justo e que o mundo não precisaria mudar em sua essência, mas que deveríamos ser práticos, inteligentes e aproveitar a natureza humana imutável para construir uma plataforma econômica condizente e sustentada por aquela natureza que, até então, não via como mazelas humanas (na verdade, o meu orgulho impedia que eu visse a verdade, mas no fundo da alma sentia que não era o caminho, e evitava, com minha mente determinada, que esses sentimentos assombrassem minha "razão"). Vi como nossa inteligência pode tornar-se canal de materialização de planos inteligentes, aos quais acabamos nos sintonizando pela nossa despreocupação em seguir os sinais da intuição verdadeira e de uma vida mais elevada do ponto de vista espiritual. Vi como o egoísmo, o orgulho e a vaidade podem encobrir nossa percepção mais humana e social e nos afastar dos reais propósitos da vida, à luz da evolução.

Nascido numa família judaica, oriunda do Leste europeu, ouvi durante a infância lamentos constantes e a necessidade de se alimentar a fé e a piedade. Mais tarde, via nas religiões instrumentos que quase sempre anestesiavam as pessoas para a busca de soluções próprias aos problemas de vida, apoiando a esperança sobre uma fé de que Deus viesse trazer soluções aos sofrimentos e desafios da vida. Assim, virei agnóstico. Na verdade, sentia no fundo da minha alma que as religiões convencionais não me traziam respostas consistentes ao propósito de evolução, e que não tínhamos atributos nem ferramentas para acessar o mundo espiritual desconhecido. Tive uma natureza muito prática das coisas, porém materialista: por um lado, por falta de conhecimentos consistentes; por outro, pelo meu orgulho exacerbado. Assim, acabei cego da percepção espiritual das coisas. Acreditava, acima de tudo, que para resolver os problemas do mundo material, deveria o ser humano educar-se para tal – o que de certo modo estava certo –, mas não percebia o quanto os mundos físicos e espirituais se interpõem e se interinfluenciam. Meu orgulho tornou-me radical.

Durante a faculdade, amigos me sugeriram fazer algumas disciplinas ligadas à área humana, mas minha dureza interior me fazia focar em metas mais frias, dos números e da análise materialista das coisas. Se meu orgulho não me cegasse as percepções sociais mais humanistas das estruturas econômicas e da vida (que, por várias ocasiões, me foram mostradas por colegas e amigos), poderia ter influenciado dirigentes e tomadores de decisão de empresas e do governo a se preocuparem e buscarem políticas econômicas mais brandas e menos vorazes pelo capital, com reflexos cooperativos ao meu país e ao mundo, sem tanto ortodoxismo e sintonia com o consumo expansivo e incessante, tidos então como mola-propulsora da economia e da qualidade de vida.

No entanto, trazia em minha história encarnatória anterior experiências no campo da matemática e da lógica, e isso me predispunha a trilhar caminhos profissionais nessa direção. Por isso, devemos estar atentos aos sinais que o mundo espiritual nos coloca no decorrer da vida. Nem sempre o que gostamos ou trazemos como conhecimentos passados deverá nos orientar sobre o que fizermos na presente encarnação. Às vezes, o plano espiritual planeja outra meta para nós: exatamente vivenciar o que nos é desconhecido, a fim de amadurecermos a alma em caminhos nunca trilhados ou naquilo que falhamos no passado. Os testes psicológicos, os quais podem ajudar, não devem ser levados a ferro e fogo, pois identificam a aptidão profissional e normalmente acertam em sinalizar as profissões mais adequadas às pessoas encarnadas; contudo, não analisam a história de vidas pregressas e o que seria mais desejável à alma, em termos de nova profissão, novo caminho de conhecimentos, a fim de despertar aspectos ainda adormecidos e necessários para um melhor equilíbrio evolutivo.

Ressalvamos novamente: não queremos com isso criticar os instrumentos da psicologia de testes de aptidão; estes têm sua grande valia, mas há necessidade de aglutinar aos resultados desses testes outros fatores de análise e até pedidos de inspiração a Deus para que Ele vos clareie o caminho, a fim de que tomadas de decisão sejam equilibradas, sensatas e inspiradas por vosso guia espiritual. É importante cultivar a humildade, sincronizando os vossos desejos com as diretrizes dos planos superiores

Assim, alimentado pelo meu desejo egoístico de crescer em riqueza material (até como resposta do meu orgulho ao passado da minha família encarnada em condições materiais difíceis), consumo de bens do mundo transitório, e mais tarde com a vaidade explodindo dentro de mim, trilhei por estradas que já pulsavam no meu íntimo, na área de cálculos, reforçados pelas boas notas em matemática no ensino básico. Aos poucos, minha caminhada foi reforçando minha ligação com as forças do passado e, atreladas a elas, conexões com o consumo e egoísmo, em planos imperceptíveis por mim. Apoiei-me na econometria, enquanto ferramenta para formular teorias econômicas na linha monetarista e liberal da economia. Tais direcionamentos só incrementavam as mais primárias e vorazes intenções humanas na busca egoística e avarenta do consumo, acumulação de bens, dinheiro e deleite nas ofertas de prazeres do mundo material. Realmente, teorias econômicas na área monetária e fiscal são importantes, e acabei por ajudar na construção de soluções que ajudaram o meu país e outros a enfrentar crises nessas áreas, mas, por cegueira espiritual e orgulho, não analisei outros aspectos da estrutura econômica e da vida humana.

À época, acreditei que a expansão do consumo seria a locomotiva da economia, que o liberalismo econômico premiaria os que tivessem o justo desejo de trabalhar, produzir e crescer, e que isso manteria o nosso país cada vez mais como a maior potência global, podendo ajudar a economia de outros países amigos a igualmente crescer e alguns deles a sair de crises crônicas ou inércia em suas economias, ou eliminaria a pobreza em outros. Sabia que, em sua grande maioria, o ser humano trazia o desejo intrínseco de melhorar de vida, de ganhar dinheiro e mais dinheiro, e que o trabalho seria essa fonte. No meu nível consciente e subconsciente, essas questões estavam fortemente marcadas e me impulsionavam, pois vim de uma família pobre, que lutou para conquistar seu espaço no mundo material. E então o dinheiro dinamizaria ainda mais a economia de produção e consumo, e as pessoas, as empresas e o país se tornariam mais e mais ricos. O governo não poderia intervir na economia, porque o próprio sistema econômico seria capaz de se organizar e se ajustar; e então levaria a grande máquina capitalista a tornar-se cada vez mais liberal, gerando riquezas, consumo, produção e qualidade de vida.

Muito tempo depois do desencarne, após alcançar um estágio de maior clareza mental e discernimento no mundo astral, vi que nem tudo foi errado. Vivi na carne numa época em que o totalitarismo assolara alguns países do planeta, com guerras, controles sociais pela força, controle da liberdade de expressão, tenso clima de guerra fria; víamos o comunismo ditatorial, liderado pela União Soviética, como uma ameaça à liberdade humana de buscar, pelo trabalho e esforço pessoal, uma qualidade de vida não tida no passado. Por isso, a liberdade de crescer e o risco de uma intervenção estatal maléfica e totalitária nos colocavam uma encruzilhada sobre os dois sistemas econômicos que se polarizavam à época, e eu tinha plena convicção de que o melhor caminho era o da liberdade.

Se, por um lado, a experiência do socialismo distorcidamente materializado pelo comunismo soviético teve seu papel na história humana, como fórmula organizacional da sociedade, para mostrar que se precisava implantar um sistema de vida mais justo e equitativo, por outro, o capitalismo teve seu papel de gerar liberdade e respeito à individualidade, necessários para que cada qual imprimisse um esforço pessoal em direção ao crescimento profissional, material, científico e de busca de dignidade humana. Quando colocados no campo das experiências humanas carregadas de orgulho e egoísmo, ambos os sistemas falharam: um pelo uso da violência e de exacerbados controles estatais, por meio da imposição de fora para dentro (e não de dentro para fora da pessoa, ou seja, a partir da tomada de consciência e de sentimentos individuais efetivamente elevados de amor ao próximo), e não na construção de consciências mais coletivas, fraternas e humanas; o outro, ou seja, o sistema liberal capitalista, pela liberalização ampla do clima de competição, de maneira a expor os mais fracos a serem esmagados pelos mais fortes.

Trouxemos algumas boas contribuições à teoria econômica e ao sistema produtivo dos Estados Unidos e do mundo, pois ajudamos no financiamento da pesquisa e do desenvolvimento tecnológico, com reflexos na melhoria da qualidade de vida; houve impactos positivos na geração de muitos empregos e renda que ajudaram famílias a se organizar e sustentar suas necessidades humanas, e isso me fez reduzir parte do sentimento de culpa. Talvez o preço desses impactos positivos é que seja duvidoso, haja vista os rumos que a economia tomou ao longo das últimas décadas. O importante é não ficarmos presos às culpas por nossos erros ou equívocos passados, mas sim refletir sobre o que podemos aprender com eles.

Sentir o remorso que nos sobrevém após erros e equívocos alimentados pelo orgulho, é natural, mas é indispensável utilizar esse remorso para nos modificar intimamente e imprimir nova direção na maneira de pensar e sentir, voltada para formas construtivas de ação, e não se deixar abater e ficar mergulhado numa depressão improdutiva (que quase sempre esconde, lá no fundo da alma, sentimentos de revolta e de indisposição diante da Lei, que é uma outra forma de expressão do orgulho), o que nos afundará no lamaçal do sofrimento e inércia diante da vida e do nosso universo interior.

Não tive a percepção e sensatez para ver que as pessoas não podem, no atual estágio evolutivo da humanidade, ter liberdade total. O livre-arbítrio é relativo e tem certos limites, especialmente quando as atitudes de uns prejudicam outros. Primeiro porque todo cultivo tem sua colheita cármica e, depois, porque alguns podem praticar o mal por certo tempo, mas não podem estendê-lo infinitamente nem prejudicar indefinidamente a quem já optou pelo caminho do bem. O mundo ainda não está preparado para viver um liberalismo justo e eficiente, face ao estágio evolutivo em que a humanidade se encontra. Os mais fortes acabam vencendo ou aniquilando os mais fracos, ou se apoiando sobre estes para subir, e, quando aprumamos nossa mente para uma análise mais aprofundada, identificamos que no mundo animal os mais fortes sobrevivem porque têm baixa inteligência e se utilizam exatamente da força física, no máximo protegendo os seus grupos familiares ou suas espécies por mero instinto de sobrevivência, e porque há uma força invisível no plano dévico que dá organicidade e coordenação à vida animal, com inteligência superior e um espírito colaborativo que vai além da nossa capacidade de entrega e devoção – por isso, entendemos porque alguns animais se alimentam de outros.

Nós, humanos, ainda cheios de imperfeições primárias no campo do sentimento, não podemos ter as rédeas completamente soltas nas estruturas econômicas, sem intervenção de um estado justo e humano que estabeleça regras, que imponha limites para se evitar o afogamento dos menos inteligentes e incapazes de correr na mesma velocidade intelectual, produtivista e consumista do que os mais hábeis em lidar com o mundo da matéria, numa corrida insana para vencedores num planeta balizado essencialmente pelo capital que premia os mais ardilosos e mais fortes em egoísmo, orgulho e vaidade.

No mundo humano atual, o egoísmo de querer sempre ter mais, o orgulho de se sentir maior e melhor, a vaidade de se ver exposto na mídia e nas conversas da academia, dos empresários, jornalistas e políticos, enchem a alma da maioria dos seres humanos de falsa justiça e mérito, cegando-os para as questões mais sutis e humanas da sociedade. Quanto mais se acumula dinheiro e poder, mais o ser humano se distancia do verdadeiro sentido espiritual da vida, ficando menos preocupado com as dores alheias e mais imbuído do propósito de aumentar o volume financeiro, sob o subterfúgio da distribuição do "bolo" para os menos favorecidos, em forma de empregabilidade e oportunidades de outros negócios: "de preferência negócios menores e que não concorram com o meu negócio, que deverá ser cada vez maior e mais poderoso economicamente", é o que diz a maioria dos grandes empresários, em grande parte desprovidos de bases espirituais sólidas.

Na verdade, o sentido da concorrência livre, naqueles anos de 1960 a 1980, era visto como a única saída, a competição como alavanca do progresso, pois o milagre econômico americano já era fato e precisava se solidificar; além disso, era preciso se proteger militarmente contra os riscos do comunismo. O momento histórico da época polarizava esses debates e embates e fazia surgir soluções igualmente polarizadas e radicais nos dois sentidos, das ideologias da esquerda e da direita. Mas poucos percebiam que a corrida voraz do capital no mundo capitalista mais desenvolvido, enquanto permitia o avanço e a construção de grandes conglomerados empresariais, deixava muitas pessoas, empresas e países para trás, com situações menos favorecidas, e alguns em situações calamitosas em termos econômico-sociais. Essa mesma voracidade fez com que os recursos naturais fossem acessados de forma inconsciente e inconsequente, gerando impactos negativos ao meio ambiente.

É evidente que o crescimento gerado pelo capitalismo liberalista e neoliberalista trouxe empregos, progresso tecnológico, melhorou a infraestrutura, ofereceu aparatos que facilitaram a dinâmica do dia a dia, reduzindo o tempo com atividades mais braçais, e trouxe uma série de avanços à economia de alguns países e, de certo modo, benefícios ao planeta como um todo. Enfim, cumpriu o seu papel de fomentador do progresso material da sociedade terrena. Todavia, esse processo chegou ao seu limite; ultrapassou certas fronteiras do egoísmo, orgulho e vaidade humana que as estenderam ainda mais, em um mundo que preza o hedonismo, a aparência material, e aniquila o progresso espiritual verdadeiro. A humanidade, em um mundo de expiações, cria suas próprias armadilhas.

Hoje sabemos que a economia planetária está no limiar

de sua exaustão e que não pode continuar respaldada por mazelas humanas que reforçam o apego à posse material, ao orgulho que proporciona a algumas pessoas, empresas e nações o sentimento de poder, de modo que o resfriamento da fraternidade surge automaticamente e a vaidade surge poderosamente, afastando-se da compaixão e do sentimento de igualitarismo. Devemos ter cuidado com soluções radicais. As experiências com o comunismo soviético falharam, e com o capitalismo neoliberal tem se mostrado insuficientes para levar o planeta a uma vida mais humana, sustentável e saudável; muito pelo contrário.

O planeta necessita de outras bases, de estar construído em alicerces sociais e humanos que visem ao desenvolvimento do espírito cooperativo, fraterno, de decisões e atividades que respeitem o meio ambiente e que proporcionem planejamento e organicidade em nível de governo, empresas e sociedade como um todo, sem deixar qualquer cidadão excluído do acesso ao alimento sadio, à água potável, ao trabalho digno e justamente remunerado, à habitação, educação e saúde de qualidade, direito à arte, ao esporte e ao lazer, mas também um mundo estruturado em bases espirituais cósmicas, sem fronteiras geopolíticas e irmanado na fraternidade planetária, sem diferenças sociais e econômicas. Enfim, uma sociedade justa que não crie um clima econômico voraz de competitividade que destrói a saúde, o bem-estar e a leveza de existir; que sobre tempo para se dedicar à família, aos amigos e a conhecer novas pessoas, com tempo para viajar e se divertir sadiamente. Um tempo para ajudar a melhorar o conjunto da sociedade e de quem necessitar de auxílio fraterno, seja um vizinho, um desconhecido na rua, ou uma nação pobre e faminta. O mundo atual está farto da falta de tempo ("time is money"), da ausência de humanismo e espírito verdadeiramente cristão.

Para certo estágio da evolução terráquea e para dar um impulso ao progresso tecnológico e material, que também faz parte da evolução cósmica, o capitalismo cumpriu o seu papel, ainda que por caminhos tortuosos, e, neste aspecto, devemos ser sensatos ao avaliar o quadro econômico e social do planeta. O capitalismo neoliberal, porém, não pode mais pautar o progresso humano, pois mostrou-se ineficiente enquanto conjunto de fórmulas de desenvolvimento e acirrador das injustiças humanas. Não podemos mais pensar apenas como indivíduos isolados que precisam crescer financeiramente a qualquer custo, nem como empresas isoladas que necessitam competir e ser maiores e mais eficientes que os concorrentes, nem como país isolado que deseja proporcionar elevada qualidade de vida somente aos seus habitantes, esquecendo-se do país vizinho à míngua social, ou dos países no outro lado do oceano que padecem de fome.

Vivemos num mundo globalizado e, como tal, devemos pensar a Terra como um local sem exclusões, onde construiremos um mundo único de irmãos que se ajudam fraternalmente no campo material e espiritual, um mundo balizado pela madureza consciencial. É inadmissível verem-se irmãos africanos, caribenhos ou latino-americanos, à margem da qualidade de vida dignamente humana. Ou ainda verificar-se o aumento de cinturões de pobreza e de excluídos dentro dos próprios Estados Unidos. O capitalismo apoiado no neoliberalismo que sufoca os mais fracos não é de modo algum condizente com um planeta que está predestinado à vivência do amor fraterno. Quem tem mais e pode mais deveria estender as mãos desinteressadamente a quem precisa. A riqueza isolada, como num grande condomínio medieval, não se sustenta por muito tempo.

Precisamos de um mundo sem fórmulas maquiavélicas, pois muitos países ricos ajudam os pobres pensando em vender seus produtos e dinamizar sua economia e não pelo prazer de ajudar e servir, pois a economia atual ainda está distante dos preceitos crísticos. Ou ainda, há certos líderes mundiais que tentam aparentar ser humanistas, mas poucos de fato sentem no fundo da alma o sofrimento alheio, em relação a seres humanos de outras nações. A Terra precisa pensar como unidade planetária única e buscar caminhos econômicos únicos, todos se sentindo verdadeiramente irmãos e filhos do mesmo Pai, sem discriminação de raça, etnia, idioma ou cultura. Os sentimentos não podem mais ficar endurecidos diante do sofrimento alheio, nem achar que a natureza ou Deus trouxe a pobreza e a miséria como partes inerentes à vida, em todos os tempos da História, desde as velhas civilizações. O mundo evolui, e por isso os seres que habitam este planeta necessitam evoluir em sentimento. Não podemos mais sustentar a vida rica de uns em detrimento da pobreza de outros, sejam pessoas ou países. Uma pessoa ou um país que se sustenta na exploração e miséria dos outros será cobrado pela Lei Universal do Carma, pois bases frágeis não podem sustentar um prédio rico e pesado, e em algum momento este ruirá.

A economia planetária que regerá os novos tempos aquarianos deverá apoiar-se na cooperação e fraternidade, e não na competitividade; no desenvolvimento material e espiritual, conjunta e equilibradamente, e não apenas no material; na simplicidade com conforto e não no luxo e acumulação de bens indevidos; no respeito ao meio ambiente e aos ciclos biológicos naturais, e não no seu uso indiscriminado, irresponsável e desprovido de amor à natureza. O novo mundo deverá incluir socialmente a todos, ao invés de gerar exclusão. Que todos tenham justa e sadia alimentação e acesso à boa saúde; educação básica, profissional e espiritual; habitação digna; segurança material e espiritual. A nova economia deverá basear-se na justiça e equidade social, na busca de qualidade de vida, no respeito à diversidade em todos os sentidos, e na construção da verdadeira felicidade terrena, tendo como parâmetro maior o universalismo na consciência, na ética e no amor.

Que a luz do Cristo ilumine as mentes e corações dos tomadores de decisão e pensadores econômicos do planeta! Que possamos construir desde agora um mundo mais justo, e que os ares dos novos tempos planetários possam ir se materializando e sedimentando uma nova ordem mundial, formada por nova organização dos países, sem fronteiras, barreiras e preconceitos, apoiada numa liberdade respeitosa e fraterna, com novas estruturas sociais e de almas renovadas pelo espírito crístico!

Muita paz a todos!

Milton[80]

[80] Foi um economista norte-americano, pessoa-chave como conselheiro de governos na condução de políticas neoliberais para a economia americana, com amplos impactos mundiais.

Descortinando os escaninhos da alma

Queridos irmãos:

Que a luz do Divino Pastor ilumine os esconderijos de vossas almas!

Quando vos lembramos o termo "os tempos são chegados", estamos também, e principalmente, vos alertando de que o tempo urge para o trabalho de transformação íntima que deve ser direcionado aos esconderijos da alma, a fim de que eles sejam descortinados, iluminados, e paulatina e consistentemente libertos de amarras milenares e aprisionantes.

O plano espiritual negativo dispõe de inteligências raras que estão empenhadas em levar adiante um projeto diabólico para dominar o mundo das formas, usando o Astral inferior como base instrutiva e coordenadora. Esses irmãos afastados do bem, que ainda não se convenceram de que manterem-se na erraticidade só lhes causa infelicidade e os distancia da Luz Maior, por conta da ignorância, revolta, egoísmo, orgulho ou apego a impulsos primários, um dia chegarão ao limite do sofrimento e terão de se deixar envolver pelo orvalho da humildade. Então, começarão a trilhar um longo caminho em busca da autotransformação, rumo à luz de que tanto se afastaram. Enquanto não chega esse dia no calendário cósmico, muitos desses infelizes tentarão puxar para baixo aqueles que querem subir.

Temos plena consciência de que o bem sempre vence; no entanto, devemos ser agentes da construção desse bem. É importante que não estejamos passivos às forças negativas no dia a dia. Por isso, precisamos sempre empregar o "orai e vigiai". Às vezes erramos, mas nem sempre estamos diretamente influenciados ou conectados com essas inteligências. Porém, só pelo fato de conduzirmos nossas atitudes e sentimentos por caminhos equivocados, ou repletos de revolta interior e resistência à Luz, de alguma forma acabamos por contribuir com a "esquerda" do Cristo. É preciso lembrar desta máxima de Jesus: "seja o vosso afirmar sim, sim, não, não", ou melhor, não podemos ser *meio certos* ou *meio errados*. É necessário que nos definamos como "da direita" ou "da esquerda" do Cristo, uma vez que não há meio termo.

Exatamente por essa percepção é que não devemos esconder nas profundezas do nosso ser aspectos do passado ainda escuros ou ensombreados. Primeiramente porque as egrégoras que criamos e alimentamos no nosso constructo mental-emocional, ao longo de séculos e milênios, as quais se tornam verdadeiros seres vivos na nossa aura, nos cobram a manutenção do *status quo* do passado; e essa força atávica é poderosa. E, depois, porque nossos desafetos, comparsas e companheiros de jornadas, na erraticidade, estão sempre a nos cobrar débitos de outros tempos ou que nos mantenhamos fiéis aos vícios, de modo a lhes permitir que se alimentem de nosso material etéreo ou de energias ectoplasmáticas e bioplásmicas, pela sintonia com que são criadas e mantidas.

Por esse motivo, temos de limpar todos os resíduos que precisam de transformação. E o mergulho em nosso mundo íntimo será indispensável para detectá-los, aceitá-los como partes de nós, e envolvê-los em sentimentos de amor, buscando sempre um padrão de consciência elevada e despendendo força de vontade na direção da transformação dessas mazelas, mostrando-lhes e afirmando-lhes que elas deverão elevar-se de padrão vibratório, por um processo de transformação firme, rumo a estágios plenos e verdadeiros de felicidade. Some-se a esses aspectos escondidos em nossos arcabouços emocionais e mentais, o sentimento de culpa... nós, que habitamos a Terra há muitos milênios, realizamos boas ações e tivemos boas oportunidades de crescimento interior, mas, em muitas vidas, nos desviamos dos trilhos que deveriam nos conduzir ao Pai verdadeiro, afastando-nos Dele. Desse modo, praticamos muitos atos em desacordo com a Lei Universal do Amor.

Portanto, é muito comum que, cada vez que encarnamos e passamos pela vida, a culpa venha habitar o subconsciente, e, ao desencarnar, nos defrontemos com nossa consciência. Então, naturalmente, advêm os sentimentos de culpa pelos erros praticados e débitos adquiridos, que ficam mais claros ou mais aflorados. Que sobrevenha então o arrependimento pela tomada de consciência do que fizemos em desacordo com a Lei Maior, durante o estágio no mundo físico, mas que esse sentimento se transforme em mola propulsora de nova postura interior. Não é salutar deixar a culpa ficar escondida por detrás do arrependimento, pois ele se tornará improdutivo. É muito importante, após erros passados, a reflexão e a tomada de consciência, mas que essa postura seja positiva e desperte energias de firmeza e lucidez mental, orientando os sentimentos e impulsos internos a caminharem numa nova direção, esteja a alma encarnada ou desencarnada.

Quando desencarnei, demorei para recobrar a plena consciência, face ao repentino e inesperado choque do acidente de trânsito que sofri, associado ao processo cármico (Alzheimer) pelo qual passava nos meus últimos anos na carne. Esses fatores me levaram a uma retomada relativamente lenta para alcançar a lucidez, e, ao recobrá-la, percebi que alimentava no fundo da alma a culpa por não ter dado o devido amor à minha família. Trazia nos escaninhos do meu subconsciente débitos e culpa por atos passados relacionados aos meus familiares da última estada no corpo físico, os quais deveriam ser resgatados naquela encarnação. Imbuída do propósito de acertar, fui com tanto afinco ao trabalho profissional e espiritual que não equilibrei o tempo que deveria dedicar aos compromissos assumidos em relação à família, ao esposo e filhos. Isso não quer dizer que fui omissa, longe disso. Talvez a palavra nem seja mesmo "tempo de dedicação", mas qualidade e forma de vivenciar o tempo com eles. As sutilezas da nossa mente tentam evitar maiores atropelos ou desafios que nos exigirão mais esforços em doação de amor, tolerância, paciência e dedicação incondicional. Alguns aspectos da nossa própria mente viciada no comodismo criam subterfúgios para nos desviar de esforços maiores, criando argumentos que chegam a convencer a nós próprios, como falta de tempo e necessidade de atender a compromissos maiores.

Na verdade, tive uma vida normal, como tantas mulheres que labutam dentro e fora do lar, que lutam por conquistas profissionais, que atendem a compromissos espirituais, e que ainda têm de arranjar tempo para se dedicar aos afazeres do lar, bem como aos compromissos de educação e amor no círculo familiar. Observem que são quadros muito sutis do nosso mundo interior. Havia aceitado auxiliar com amor, e não apenas como dever e orientação educativa, as relações que a Espiritualidade me concedeu com a família carnal que tive.

O sentimento de culpa tende a permanecer em nossa alma por várias vidas físicas, e depois delas. Às vezes, mandamos comandos mentais e achamos, conscientemente, que já transformamos o remorso em força propulsora para seguir em frente, deixando de lado essas amarras do passado que nos atrasam a evolução. Mas, se não fizermos um mergulho profundo e corajoso em nosso íntimo, e tomarmos contato com esse sentimento que se acumula, de várias atitudes, emoções e pensamentos de diversas encarnações, acabamos por não nos desvencilhar deles. E então, não é apenas um sentimento de culpa, mas vários sentimentos de culpa somados de tantas experiências desagradáveis do passado; por isso, o esforço de mergulho interior e contato com essas mazelas energéticas exige empenho contínuo, persistente, lucidez e postura amorável para com as egrégoras que tendem a permanecer nos escaninhos de nossa alma.

Além das meditações, prática indispensável ao caminheiro da transformação íntima, devem ser observados os detalhes da vida, do cotidiano, pois a todo instante somos chamados a provações, a decisões, a tarefas em que temos de estar atentos, vigilantes ao que pensamos e sentimos, nos mínimos detalhes, em face de nossas sutilezas interiores viciadas tenderem a nos enganar para nos manter apegados a vícios e a determinados padrões antigos. E a culpa funciona como fator energético de agregação: é como se fosse uma liga etérea (uma cola ou substância pegajosa colante) que agrega diversos aspectos e egrégoras construídos no passado remoto ou recente. Assim, tanto nossas próprias egrégoras mentais-emocionais como a ação de entidades negativas inteligentes tentam reforçar em nós a manutenção da culpa, já que ela cria amarras com outros fatores de sintonia com os planos mais densos do Astral, baixando-nos a sintonia e o sistema imunológico espiritual e físico (para quem está encarnado).

Na verdade, cometi erros e equívocos em minha última encarnação com relação a vários aspectos do campo profundo da alma, e principalmente na interação entre meu mundo interior e minha família, no tocante à dosagem e forma de amor. Entretanto, errar é humano, e quem encarna na Terra é para aprender, e é preciso ter coragem para agir em meio a tantos desafios interiores e exteriores. Não ter medo de agir certamente levará a erros, os quais fazem parte do nosso amadurecimento evolutivo. Isso deve nos levar a não ter medo nem mesmo de errar, se o intuito é evoluir. Eu sabia disso intelectualmente, porém precisava trabalhar culpas antigas e recentes e levar essa consciência a níveis mais profundos da minha alma, desbravando certos esconderijos que as alojavam no meu subconsciente, no campo do sentimento e não do intelecto.

Se errei ou se me equivoquei em relação a uma série de aspectos educativos e do servir com amor incondicional, com as reservas interiores de que dispunha em razão da potencialidade que possuía (e que de certo modo guardei e não as utilizei), por outro lado não posso esquecer que cada criança, adolescente e adulto, é um espírito que sabe, no fundo da alma, e por eventuais afloramentos conscienciais ou traços de intuição, quais são as decisões ou atitudes a tomar durante os mais simples ou complexos momentos da vida. De certa forma, os pais fazem sua parte, acertando e errando, e, por outro lado, os filhos devem fazer o que lhes cabe sob responsabilidade própria. Esposos, filhos e outros familiares não podem ficar esperando que o outro faça sua parte; cada um tem de assumir o que lhe cabe, individualmente, no dia a dia e na vida. Não podemos jogar culpa em nada e em ninguém pelo que deu ou não deu certo em nossas vidas.

Como todo ser em evolução, os pais também trazem imperfeições, assim como os filhos, mas todos devem assumir a responsabilidade de seus próprios atos, sentimentos e pensamentos, pois temos todos a essência divina dentro de nós, e, portanto, sabemos o que é certo e errado. A diferença é que alguns já dispõem de ferramentas interiores para lidar com suas próprias imperfeições; outros ainda estão aprendendo a utilizá-las, e outros ainda resistem em absorvê-las de maneira a ter condições de lidar com seu mundo íntimo. Somos os únicos responsáveis pelo que nos acontece na vida, seja por atos passados ou presentes. Ainda assim, a culpa e o estado de arrependimento não podem ficar habitando o nosso ser por longo tempo, sob pena de nos tornarmos improdutivos em termos de caminhada evolutiva.

Assim, faltou-me suficiente serenidade, sensatez e fé nos desígnios do Cristo, no momento do desencarne. O susto e a rapidez com que ingressei no plano astral deixaram-me um tanto atônita com tudo. Fui atropelada por minhas culpas, que me levaram a enfrentar minha própria consciência no Umbral, por um curtíssimo tempo, período necessário para expurgar culpas desnecessárias que, na verdade, eu mesmo havia criado. Não tardou para que caísse em mim, tomando consciência do que ocorrera e pudesse ser auxiliada pelos amigos amoráveis da Falange de Dharma, que me protegiam e me acompanhavam, já aguardando incondicionalmente por esse momento de drenagem de certas culpas improdutivas. Agradeço a Deus por mais um aprendizado que me ampliou a percepção espiritual e a capacidade de amar ao próximo, com o coração mais aberto, ainda que esteja longe dos verdadeiros exemplos de incondicionalidade.

Como experiência, recomendo aos irmãos de caminhada espiritual que estejam atentos aos propósitos de vida. Às vezes, um pequeno detalhe é capaz de nos afastar do propósito para o qual encarnamos; por outro lado, alguns pequenos desvios, igualmente, não devem alimentar sentimentos de culpa. Errar faz parte do amadurecimento e, na verdade, devemos alimentar a alegria por tantos acertos que realizamos quando nos propomos a crescer interiormente e a fazer o nosso trabalho de dedicação ao Pai Celestial, naquilo que nos cabe enquanto ser encarnado: é preciso cultivar a fé pelo sentimento de dever cumprido, sem deixar que subterfúgios mentais nos enganem e nos convidem à fuga da verdade; porém, certos de que, de fato, fizemos o que foi possível e que as falhas vivenciadas na encarnação serão utilizadas como insumos ou "adubos" para a revisão da vida e para o impulso em direção ao Alto, pois o Universo é dinâmico e a evolução não deve ser estagnada por culpas improdutivas que causam inércia e estagnação de esforços, ou incapacidade de autoperdão sincero e de atitudes construtivas.

Assim como todas as situações da vida, enquanto ser encarnado, o momento do desencarne traz aprendizados valiosíssimos para a vida espiritual. O importante é estarmos conscientes quanto ao saldo geral, ou seja, entre erros e acertos gerais (e que não percamos tempo em analisar cada mínimo detalhe comportamental de nossa existência encarnada, já que esta estará naturalmente gravada nas memórias, ou registros akásicos), e que nos fixemos nos detalhes, sim, dos nossos impulsos, sentimentos e pensamentos que permanecem latentes e necessitados de transformação. Que essa consciência possa estar norteada pelo rumo certo na estrada do amor e da ética universal. E, se descobrimos que nos transformamos pouco ao longo da existência, que tenhamos certeza de que nossas decisões mais profundas se modificaram, que os nossos esforços estejam canalizados para essa descoberta e o novo propósito. Se cumprimos com boa parte de nossas metas, ou mesmo que tenhamos perdido tempo durante a encarnação, ainda assim, o importante é que em algum momento caiamos em nós, nos defrontemos com nossa própria consciência e transformemos todos os erros vividos em adubo para fertilizar o solo da madureza interior. Nunca será tarde para recomeçar.

É preciso estar-se atento para não enganar a si próprio, criando subterfúgios ou justificativas mentais para as próprias mazelas, ou tentando omitir aquilo que não se deseja ou não gostaria de possuir dentro de si, pois, mais cedo ou mais tarde, a "sujeira" aparecerá. Em meio a esse processo de contato com as mazelas íntimas, é fundamental limpar-se dos resíduos de culpa e seguir em frente, entendendo que esse processo não é intelectual apenas, ou seja, é indispensável mergulhar em níveis profundos da alma para fazer esse saneamento das culpas, com coragem, com o vigor de sentimento de gratidão a Deus, com fé nos desígnios superiores e na bondade infinita do Amor Universal, que estará sempre de braços abertos para nos aceitar e nos receber como caminheiros que reiniciam a jornada a cada dia.

Da mesma maneira que é preciso lidar e trabalhar as culpas, é necessário acessar e trabalhar outras mazelas adquiridas em muitas experiências antigas ou recentes, as quais costumam se alojar em esconderijos da alma. São elas:

a) apegos a impulsos do instinto: que precisam ser aceitos como partes de nós; que fazem parte da natureza animal, mas que necessitam ser domados e educados;

b) apegos às paixões ou emoções passageiras: que necessitam ser aceitas como parte de nós e que precisam ser orientadas gradativamente para um sentido mais fraterno e coletivo, cada vez menos egoístico, canalizando-se tais energias para o serviço de ajuda ao próximo;

c) apegos ao poder, orgulho e vaidade: que necessitam igualmente ser aceitos como partes de nós e tratados como pequenas moléculas astrais enfermas que devem receber o remédio da humildade, cultivada pela observação acurada dos próprios atos, pensamentos e sentimentos manifestados em variadas formas. Essas mazelas tentarão manter-se vivas através de múltiplas formas de expressão, demandando-nos esforço interior para conter impulsos descontrolados de orgulho e vaidade. É necessário, diariamente, manifestar a compreensão de que nos sentimos pequenos diante de Deus, igual diante do próximo e abertos às causas superiores, sem anular a individualidade e suas idiossincrasias, porém colocando-as a serviço do Alto;

d) apegos à desesperança e à falta de fé nos desígnios superiores: que aceitemos nossa própria insegurança, mas que jamais deixemos de falar com Deus diariamente; que bebamos nas fontes sublimes do Pai Eterno, pois esses contatos diários nos realimentam a fé e a esperança, ao mesmo tempo. Que não deixemos de nos instruir, porque a fé não pode mais ser apenas emocional, mas sim esclarecida. Que avaliemos diariamente o que fizemos de certo ou errado e que construamos sobre essa vivência diária os alicerces da ética e do amor cósmico no viver do dia seguinte; que, ao acordarmos, primeiramente agradeçamos ao Pai pela própria existência, e, então, peçamos a Ele forças, fé e discernimento para vencer com sabedoria os desafios e provas que certamente a vida nos exigirá (as provas ou testes para avaliar o nível de sedimentação do aprendizado espiritual representam condições inexoráveis e o remédio necessário ao amadurecimento da alma encarnada ou desencarnada);

e) apegos ao egoísmo e suas manifestações diversas,

como o egocentrismo, a busca da própria felicidade sem a ética coletiva, atropelando os outros em prol de metas pessoais, ou fechando os olhos para o sofrimento daquele que habita ao nosso lado, no lar, na esquina, no trabalho, na agremiação social ou espiritual: que nos aceitemos como somos, que aceitemos o nosso próprio egoísmo (ele faz parte da nossa natureza ainda imperfeita), mas que cultivemos a observação das pessoas que formam o nosso círculo de vida cotidiana, pois estas não estão ali por acaso. E, assim, que possamos exercitar a empatia, fazendo uma simulação: "como seria eu, no lugar dessa pessoa; com que olhos veria essa situação; como meus sentimentos reagiriam diante dessa situação ou do processo que ela está vivenciando?". Assim como é importante olharmos para as estrelas, a Lua, o Sol, para as plantas, os animais, os campos, as montanhas, os rios, o mar, enfim, tudo que nos rodeia, é crucial olharmos para a humanidade que nos cerca. Então, que não fechemos os olhos para a tomada de consciência, inclusive nos perguntando: no que posso ajudar para levar mais harmonia, educação e felicidade às almas que me cercam e ao mundo ao qual estou inserido, naquilo que me cabe ou que esteja ao meu alcance de auxílio?

É preciso cultivarmos o sentimento de doação incondicional, sem esperar nem mesmo um aplauso ou a atenção daquele a quem servimos; não esperemos nada em troca e, ao sobrevirem sentimentos de mágoa, que os aceitemos e possamos envolvê-los de amor incondicional, ou seja, tratando essas mazelas de egoísmo com o remédio da compreensão, compaixão e amor; o mesmo remédio deve ser administrado para transformar o egoísmo de não se importar com os outros. É preciso nos levantarmos do comodismo de apenas servir a si próprio – e não estamos aqui pedindo que nos esqueçamos as nossas próprias necessidades; muito pelo contrário, mas que não nos fixemos indefinidamente apenas em nós;

f) apegos à tristeza e somente aos aspectos negativos da vida: que aceitemos a tristeza e o senso crítico aguçado que possa nos habitar, mas que cultivemos diariamente o olhar otimista diante da vida; que procuremos ver o lado bom das almas, e não apenas os aspectos que turvam as atitudes humanísticas; que acreditemos em dias melhores pelo pouco que fizermos diante do Universo, e que tenhamos consciência de que esse pouco foi o que esteve ao alcance das próprias forças interiores (essa atitude nos fará transformar a culpa que tanto alimenta a tristeza e a depressão em combustível de autoperdão, motivação e fé para a caminhada).

A prece diária que podemos fazer em benefício de conhecidos, parentes, amigos, bem como daqueles que vimos no noticiário da televisão ou do rádio e que sofreram acidentes ou danos pela violência do mundo, enfim à humanidade necessitada de harmonia, deve estar voltada para o pensamento e sentimento de amor, paz, organização, disciplina e justiça. E, quando nos damos conta, estamos deixando de lado o nosso egoísmo e egocentrismo, ou mesmo nossa postura inativa, e nos sentimos úteis, agentes transformadores e propulsores de uma nova consciência e fraternidade universal. Daí nos despertamos para a bondade divina expressa em cada novo dia, em cada novo trabalho que nos bate à porta, em permitir que nos doemos, promovendo o estímulo ao sentimento de gratidão a Ele e o cultivo da alegria pelas belezas do mundo, pelas variadas formas de servir que Deus nos oferece. Então, não temos o direito de ser tristes, ingratos, amargos e excessivamente críticos, pois nos sentimos úteis em direção à melhoria do mundo. Surge a alegria, aos poucos e naturalmente, e a felicidade imanente em nosso ser interior desabrocha;

g) apegos à inveja: que deixemos aparecer esse sentimento em suas mais variadas formas de manifestação, sem o que não o perceberemos, pois sua capacidade para se esconder nos porões da alma é muito grande. Ele se manifestará nos momentos de silêncio e solidão, ou mesmo nos contatos com o outro e em meio a muitas pessoas. Assim, que possamos enfrentá-lo corajosamente e despidos de autoproteção; que o banhemos com compreensão de que todos têm o direito de vivenciar o que a nós não é permitido ter ou vivenciar; que respeitemos as diferenças e capacidades maiores que a nossa, pois assim é a diversidade que compõe a grande orquestra cósmica, composta por pessoas mais avançadas ou mais atrasadas na disciplina, no estudo, na *performance* e nas conquistas. Que encaremos esse sentimento com muita humildade, resignação, mente ampliada e compreensão elevada, sempre que ele surgir. Se ainda não for possível emanar incentivo ou congratulações verdadeiras ao próximo que possui algo a mais que nós, que pelo menos não alimentemos a inveja. Que possamos banhá-la com uma luz violeta, cultivando respeitoco pela conquista alheia e, então, a deixemos seguir a vida, sem se fixar nessa expressão do egoísmo e vaidade;

h) apegos ao ciúme: que tenhamos coragem e humildade de nos observar intimamente e, em identificando esse sentimento, que certamente se manifestará nas relações interpessoais, que o aceitemos sua existência em nós, humildemente, em seus variados graus de intensidade e manifestação. Que ampliemos a compreensão de que não nos cabe dominar ou ter posse de quem quer que seja, pois todos pertencemos a Deus, unicamente. Sempre que surgir tal sentimento em nós, que o encaremos com coragem e humildade, pois, se for identificado nos esconderijos da alma, é porque ele faz parte de nós. Que, então, o banhemos com elevado sentimento universalista; que nos desapeguemos dele, sempre que nos visitar a percepção, sem dele fugir, enfrentando-o corajosamente, mas envolvendo-o de amor-compreensão, amor-desapego, amor-respeito ao próximo e à sua liberdade, amor fraterno universal.

Quase sempre, aquilo que pensamos ser inofensivo dentro de nós pode ser o que nos levará à crise interior no momento em que nos deparamos com nossa própria consciência, no desencarne. E então, podemos ser arrebatados para o Umbral por necessidade de drenagem consciencial e desintoxicação da alma. É evidente que a transformação íntima exige tempo, pois temos muitas mazelas interiores e a evolução se dá por ascensão em sentido espiralar, conforme já foi dito aqui, ou seja, a cada etapa vencida tudo retorna para que passemos por novas lições em situações que nos amadureçam em humildade, fé, tolerância, compreensão, persistência, paciência, serenidade, coragem, confiança, esperança, renúncia e alegria, a patamares cada vez mais acima. Esses atributos vão se refinando em exigências a cada encarnação, a cada etapa evolucionária por que passamos.

Por isso, o mais importante é posicionar-se no caminho da autotransformação, mesmo ainda carregando imperfeições e com tropeços ao longo da jornada, pois assim poderemos afirmar para nós mesmos que o dever está cumprido, isto é, nos sentir a caminho da luz, mesmo que ainda estejamos longe dela. Se nossa alma sente, no fundo do coração, que está nessa rota e desempenhando o que lhe cabe ou o que pode realizar, então de fato estaremos no rumo certo. Assim, é preciso constantemente fazer-se uma varredura sobre as mazelas e potenciais que se tenha acumulado ao longo de tantas vidas, e a cada início ou final de dia que se possa fazer um balanço, de forma sincera, corajosa, serena e desapegadamente.

Que a meditação seja parte das rotinas de vida, como abertura mental para acessar o alimento espiritual superior que vos habita o mundo interno. Que a prece seja o sustento que resgata a sintonia com nosso Pai Celestial, como a água que sacia a sede para seguir em frente na caminhada da vida, muitas vezes árida, mas rica em possibilidades do cultivo da alegria e do sentimento de gratidão. Que essas duas práticas diárias, meditação e prece, permitam preparar o vosso espírito para identificar, compreender, aceitar, conscientizar, amar e transformar em sementes de amor e pacificação íntima cada uma das mazelas que possam estar habitando os mais recônditos esconderijos de vossas almas.

Quando imaginamos que estamos trabalhando o nosso mundo interior, devemos ter sempre o cuidado e a precaução de vasculhar, com dedicação, todo o universo íntimo a fim de que mazelas não fiquem escondidas ou se manifestem de modo furtivo e travestido de múltiplas formas, às vezes até aparentemente boas. É muito importante o ser se descobrir intimamente, com coragem, determinação e autoconfiança, pois afinal estará caminhando em direção à centelha divina e, por isso, não deverá temer esse processo, que demorará anos, séculos e milênios, mas que encher-vos-á de fé, força interior, doçura, alegria, aconchego espiritual e gratidão ao Pai.

Paz e discernimento aos queridos irmãos!

América

Alegria por estar no caminho

Alegrai-vos, irmãos!

Há milênios aguardamos os irmãos desta última hora estarem no caminho do bem. Este tempo chegou, e gostaria de deixar claro que o fato de haverem optado por este percurso, dinamizando a caminhada evolutiva, não significa que estejam prontos para elevar-se de estágio evolutivo, repentinamente. É preciso tempo de maturação, tal como ocorre ao tempo despendido para que o cristal bruto possa passar pela lapidação na ponta do esmeril para tornar-se translúcido e brilhante à luz do Sol (são os efeitos simbólicos da dor e do esforço transformador). Cada irmão que se encontra no caminho, naturalmente enfrentará os desafios do mundo exterior e de seu mundo íntimo para se burilar e poder refletir com maior fidedignidade a luz do Pai Maior. Lições passadas serão constantemente repassadas, a fim de testar o grau de sedimentação que a mente e o coração alcançaram, em termos de assimilação efetiva dos ensinamentos de Jesus ou de outros avatares que já pisaram nos planos densos da Terra.

Os erros e acertos são e serão partes de vossas vidas empíricas, no campo de provas reais e no mundo de regeneração. O importante é não perder a consciência em nenhum momento, e que essa consciência possa constantemente fazer uma avaliação da vida cotidiana, bem como dos dias, décadas e séculos posteriores. Que cada irmão possa avaliar o quanto mudou e o quanto precisa mudar em direção à humildade, para que compreenda que cada ser é uma pequena semente do Pai Celestial neste infinito Universo. Que cada um possa se comportar como um dínamo gerador de luz, responsável por cotas de melhoria do mundo interior e do mundo que o rodeia. Que cada criatura já possa tentar assumir esse papel nos pequenos desafios que a existência oferece, dadivosamente, sem nunca perder de vista que sempre será veículo ou médium do Amor Cósmico, bastando desejar e dispor-se, sinceramente, a ser canal das forças superiores, mesmo ainda cheio de imperfeições, pois o Alto não julga quem quer que seja.

Que os irmãos alimentem a paciência para com as situações da vida, tolerância para com o próximo que ainda não consegue enxergar a infinitude do caminho, exigindo esforço apenas de si próprio para perdoar sempre. Que cada coração exercite a compaixão para com aquele irmão enovelado pelas discórdias, dores e insensatez do mundo, ainda resistentes ao chamamento do Alto e carregados de ódio, irritação, insatisfação, falta de amor e paz; aliás, aspectos do sentimento que recorrentemente visitam todas as almas, também, em diferentes graus de intensidade.

O fato é que somos caminheiros que marcham para o Pai Celestial, ainda cheios de imperfeições, como tantos outros no caminho ou ainda fora dele. Mais cedo ou mais tarde, todos os caminheiros dessa família cósmica estarão juntos como geradores de luz. Portanto, que nem a culpa nem a tristeza possam habitar vossos corações, mas sim a alegria por estar no caminho. Que os erros vos fortaleçam, pois chega um momento em que errar satura a alma cansada do apego ao vício e exige que a consciência da Lei Universal esteja presente na autoanálise. Que a sinceridade descortine o vosso mundo interior, alicerçando-vos a vencer a vós mesmos, sem necessidade de autoviolentar-se, e sim alimentando-se de serenidade, autorrespeito, firmeza e doçura, com humildade, paciência, tolerância e disposição em prosseguir a caminhada, pois com autoanálise, reflexão, meditação e boa vontade, é sempre possível encontrar motivação e força interior, no campo psicológico ou mesmo no físico.

Ninguém supera a si mesmo se não estiver alimentado pela fé em Deus e confiança em si e nos irmãos que se encontram mais avançados. A culpa e a tristeza sintonizam vossas almas com os mundos infelizes do Astral e com os encarnados vibrantes do mesmo diapasão, fortalecendo o processo de frustração e depressão. Somente a consciência de se sentir no caminho poderá abrir brechas para que a Luz do Cristo penetre em vossa alma e vos liberte por meio da alegria, este que é um dos maiores antídotos para a elevação do ser em direção à luz. Com alegria vinda do fundo da alma, o ser restitui a motivação e a capacidade de prosseguir a caminhada, pois com ela advêm forças internas potencializadoras da persistência e disposição de servir a outros irmãos de jornada. E mesmo que a alegria não surja, persista... cultive-a, pois na essência de cada ser ela se encontra agregada à centelha divina inerente a cada alma, em qualquer parte deste infinito Cosmo.

Que a alegria esteja presente em vossos sentimentos! Mas, se ela resistir em não aparecer, que possais buscar forças nas profundezas da alma para cultivá-la, mobilizando primeiramente a vossa consciência quanto à sua importância, e, em seguida, vendo que já vos encontrais no caminho e que os espinhos vos proporcionarão oportunidades de amadurecimento, as lágrimas momentâneas lavarão os resíduos do sofrimento e da tristeza e vos restituirão a capacidade de sentir paz e regozijo.

Do vosso irmão de sempre,

Nicanor

Universalismo

Paz irmãos, e que a luz do Cristo banhe vossas mentes de compreensão e amor!

A palavra *universalismo* deriva do termo *universo*, ou seja, tudo que é inerente ao nosso Pai Maior, à Mente-Amor Cósmico que permeia e interpenetra cada átomo, cada corpo, cada alma, cada galáxia e o próprio Universo, o Todo. Por isso, quando nos referimos ao *universalismo*, devemos estar com a mente suficientemente aberta para não criarmos limitações de compreensão ou pré-conceitos. Viver o universalismo pressupõe ir além da compreensão limitada do ser; significa amar incondicional e plenamente tudo o que faz parte do Universo. Mas, que cada um possa alcançar o ponto ideal de seu discernimento para perceber onde se encontra o seu nível de entendimento e de doação de amor, a fim de que a mistificação e a ilusão não vos coloque num patamar diferente daquele onde verdadeiramente vos encontrais.

Para falar de mente e coração abertos, é preciso ter discernimento contínuo, compreender e sentir a existência da Lei Cósmica que disciplina e imanta a tudo e a todos, com base em princípios ético-universais. Estar aberto e com a mente e o coração livres para aprender e evoluir, sempre pressupõe não alimentar a indisciplina, nem a libertinagem, mas a educação amorável da natureza humana necessitada de transformação e evolução contínua. Ainda que o mundo e o Universo aparentem certo caos, podendo haver situações desajustadas, momentaneamente, segundo determinado nível de compreensão, num patamar mais ampliado de entendimento, o caos não ocorre, e sim um esforço de reordenamento sistêmico, atômico ou cósmico, que aos olhos humanos, os quais percebem apenas uma parte da perspectiva e do sistema, pode aparentar uma desordem e ausência de consciência cósmica na situação.

Assim, quando convidamos os irmãos a compreender e sentir o que seja *universalismo*, igualmente recomendamos serenidade e lucidez ao tratar do assunto, pois cada pessoa, cada alma, cada grupo social, chegará ao entendimento compatível com o nível ou estágio evolutivo em que se encontra. Sabendo que tudo evolui, aberturas no íntimo da alma devem ser deixadas sempre, para que novas compreensões possam adentrar. Nesse processo de compreensão, que não se olvide de buscar a ordem e a disciplina, a sensatez e o espírito crístico, mesmo que certas situações de mudança criem um ambiente de suposto ou momentâneo caos.

Depois de muitos milênios de experiências humanas, de milhões e milhões de anos de experiência da vida vegetal e animal, de bilhões de anos de experiência de vida mineral no orbe terreno, é chegada a hora de síntese, de convergência de experiências, entre todos os seres e átomos deste planeta. Este é o momento do amadurecimento para compreender e sentir que todos somos irmãos, membros da mesma espaçonave Terra e que, por isso, devemos nos organizar e nos amar para prosseguir com a viagem dessa nave-mãe em direção à Luz Maior. Agora não mais num ambiente perturbado por violência, desamor e inconsciência, mas sim repleto de almas em regeneração, que erram e logo se aprumam no rumo da Luz Mater; que sofrem, porém logo se desprendem desse sentimento e o transformam em maturidade para viver a alegria de prosseguir a jornada; que precisam caminhar com os próprios pés; que sabem que há momentos de estar sós, mas nunca solitários, pois quem têm fé e esperança sabe, no fundo da alma, que sempre haverá um irmão para lhe afagar e lhe acalentar com algumas palavras de carinho e incentivo, expressando a vontade de Deus.

A construção deste novo tempo de regeneração na Terra precisa ser iniciada imediatamente, pois já existem substratos necessários para amalgamar esse novo padrão de vida relacional entre as pessoas e espíritos. Que o velho e sábio ditado seja lembrado: "Os cães ladram, mas a caravana passa". Ou seja, que muitos reclamem ou não se engajem neste processo, não importa, mas, quem decidir nela adentrar, que siga em frente! Que os irmãos que já possuem "olhos de ver e ouvidos de ouvir" possam dar o bom exemplo e prosseguir na construção de um ambiente planetário cheio de tolerância, compreensão, paciência e capacidade de trocar e doar!

Que a aura de consciência coletiva já presente na Terra possa se expandir através de cada irmão de boa vontade! Observai a expansão da consciência ecológica nos quatro cantos do planeta, a compreensão de que a natureza deve ser respeitada e seus componentes e seres compreendidos como partes de um meio que requer equilíbrio. Observai a preocupação quanto à necessidade de se eliminar a fome do mundo; os esforços de décadas para se acabar com as guerras e violências, ainda que alguns dirigentes de nações, mal-intencionados, estejam presos ao materialismo e às paixões inferiores. Vede que os sinais dos novos tempos se fazem perceber e sentir nesta dimensão de vida terrena. A reencarnação de irmãos terráqueos já lapidados pelo suor do esforço ou da lágrima, em tantas vidas, bem como amigos extraterrenos de tantas paragens reencarnados na Terra têm ampliado e difundido a consciência ambiental e social terrena. Esses avanços, ainda que pequenos, já se fazem sentir nas palavras, textos, nas comunidades virtuais e redes, pela internet ou nos eventos internacionais que clamam por uma unidade planetária justa, pacífica, equânime, sustentável e espiritualmente lúcida.

Que todos possam estar juntos e irmanados no processo de colaboração com a multiplicação dessa força benéfica universalista que vem do Alto! O respeito à biodiversidade é similar e tão importante quanto o respeito à diversidade étnica, cultural, comportamental e de crença espiritual. Entretanto, não se pode perder de vista o que foi dito aqui sobre a necessidade de ordem, disciplina e padrões éticos, o que não quer dizer criação de amarras à evolução, mas que haja normas que estabeleçam parâmetros para as atitudes dos seres humanos, com base no respeito interpessoal, no respeito aos seus próprios corpos e do próximo: físicos, astrais e mentais. É necessário viver parâmetros éticos de fraternidade entre todos, compreendendo que o limite de cada um é condicionado ao limite da aura do outro, exceto no caso do bem superior, quando desencarnados tocam ou se interpõem à aura do médium para fins de intercâmbio energético e aprendizado mútuo, evidentemente com permissão superior e respeitando o livre-arbítrio de cada um, bem como os fatores cármicos.

Quando a consciência alcança o Cosmo, o ser já deu um grande passo em direção à compreensão do universalismo. Quando se fecham os olhos físicos e então se percebe e se sente a infinidade de astros, de seres encarnados e desencarnados habitantes desses infinitos orbes, vivendo aqui e em todas as partes do Universo, então foram dados passos mais largos na compreensão de que todos são filhos do mesmo Pai e que todos se encontram no mesmo *locus* universal infinito, em direção a Ele. Ora, se todos são companheiros de jornada, cada um deve cultivar o sentimento de fraternidade, e ajudar mutuamente no processo de crescimento em aprendizado e amor.

Quando se respeita a diversidade, deve-se ter o discernimento aguçado para perceber quando irmãos se encontram em caminhos equivocados. E se eles não possuem abertura mental e humildade para receber orientação, então que se peça ajuda às forças superiores a serviço de Deus. Quem estiver em sintonia com o fluxo evolutivo que se intensifica agora na Terra em direção à nova era de amor e de paz, então ficará sintonizado com este novo orbe terreno, e, mesmo que a compreensão do ser esteja aquém do seu real significado, esta poderá encontrar um ponto de ligação entre todos.

Que sejam respeitadas as limitações de cada um; porém cada ser humano do novo tempo terá um ponto de conexão energética de entendimento e amor com os demais. Esse ponto de sintonia comum refletirá um dos aspectos fundamentais do universalismo, ou seja, aquele ponto de convergência entre cada um e entre todos, que é o Amor Crístico, base do universalismo.

O novo tempo da Terra, na dimensão física, já permite compreender que a preservação da vida será básica para todos; que o respeito ao meio ambiente e ao próximo será condição *sine qua non* de paz e harmonia; que o Universo é infinito em vidas e oportunidade; que a reencarnação é oportunidade divina para o resgate de carmas, e para que se cresça sempre em espírito; que o corpo é um importante envoltório para se drenar a psique em processo de purificação mental-emocional, a serviço do Pai no mundo das formas; que há muitos mundos invisíveis se superpondo a este; que Deus é amor infinito e consciência plena e que todos estão evoluindo para um dia cósmico se religarem a Ele.

Religião, como se pratica hoje, não mais existirá no futuro terreno, pois o ser humano, nesse aspecto, não precisa se prender a instituições e rituais externos, mas no seu religamento sincero com Deus, no seu mergulho interior, na sua transformação íntima e na capacidade de expandir sua consciência e servir à fraternidade universal. Assim, a prática espiritual será compreendida apenas como método facilitador dessa jornada enquanto presos à carne, e se diferenciarão apenas nos métodos. Assim como os métodos de educação, os diferentes meios de transporte, formas diferentes de construção e de geração de energia, haverá formas diferenciadas de se sintonizar com as Forças Superiores: uns por meio da música; outros do mantra; outros da prece; outros da meditação, da leitura, do estudo e do diálogo elevados; outros dos pensamentos, sentimentos e atitudes benéficas no dia a dia; outros misturando um pouco de cada um desses elementos alquímicos da evolução, ou até misturando todos eles.

O universalismo pressupõe encontrar os pontos de convergência, de conexão fraterna entre as pessoas, grupos e famílias, entre os labores, as ciências e práticas espirituais. O ecumenismo está embutido no conceito maior de universalismo, de convivência amorável, cooperativa e compreensiva entre as várias atividades humanas, as práticas espirituais, gerando atividades conjuntas, com respeito mútuo às singularidades de cada uma, cada qual respeitando os métodos e a forma de caminhar do outro irmão em direção ao Pai, sem querer castrar o caminho do outro.

O universalismo deverá estar embutido em todas as situações da vida, não apenas nos momentos de introspecção ou das práticas de religamento espiritual. Aliás, o espiritual é que estará imerso em todas as atividades humanas; os templos serão utilizados apenas como *locus* de algumas sintonias finas e de criação de enormes egrégoras a serviço do bem maior. No futuro, que já pode ser cultivado e plasmado mentalmente no coração e nas atitudes de cada um desde agora, será exercitada a unidade, isto é, em casa ou no trabalho, na pesquisa, na rua ou no templo espiritual, deverão ser incorporados e vivenciados os princípios da Lei Universal do Amor, os princípios sintetizados no Evangelho de Jesus, que expressam a amostra sublime dessa Lei que deverá estar entranhada em cada pensamento e atitude dos novos tempos já em curso.

Viver o universalismo é viver a humildade; é exercitar a capacidade de ouvir, processar e escolher; é dar-se a oportunidade de crescer e intercambiar conhecimentos, experiências e amor fraterno, cada irmão tentando aprender com o outro. Mas é também ter liberdade de escolher o seu próprio caminho para chegar ao Pai, adotando princípios ético-universais comuns e métodos mais condizentes com sua natureza e com seu estágio evolutivo.

O ponto de conexão universalista é a crença em Deus, a necessidade de construir um planeta mais humano, mais fraterno, de cultivar o perdão, de promover esforço interior para não recorrer a erros passados e acertar mais, de exercitar a compaixão e a caridade para com o próximo, de não fazer ao próximo o que não gostaria que fizessem a si mesmo, de respeito à natureza e a todas as formas de vida, de aceitar a diversidade em todas as suas formas, de crer que a vida vai além da matéria e de estar aberto a crescer sempre, como pessoa e como espírito.

Jesus trouxe, por meio do Evangelho que seus discípulos organizaram, uma síntese da Lei Cósmica que expressa Sua sintonia com o Cristo Planetário e, por sua vez, com a ética e o amor universal, fundamentando, portanto, o universalismo. Essa síntese traz riquezas espirituais muito além do que expressamos aqui – cada vez que estudamos os ensinamentos de Jesus, descobrimos uma nova dimensão de compreensão e amor expandidos. No Sermão da Montanha, por exemplo, encontram-se preciosidades sublimes dessa Lei Maior. Outros avatares que desceram ao mundo físico também trouxeram essas máximas divinas; a diferença é que Jesus canalizou e vivenciou com mais fidedignidade o espírito do Cristo Planetário que, à semelhança do Cristo de outros planetas, estrelas e orbes deste infinito Universo, expressa a mesma síntese do Amor e Consciência Universal.

Não raras vezes, o terráqueo tende a enxergar somente, ou principalmente, o lado negativo do outro e das formas de crença ou práticas espirituais. O universalismo traz em seu substrato essencial o encontro com o outro e com os outros caminhos espirituais naquilo que há de bom e de comum. E "amar ao próximo como a si mesmo" pode ser um desses pontos.

O universalismo dos novos tempos será bem mais amplo em compreensão e vivência, e terá nos princípios crísticos a sua base. Contudo, já poderá dar seus primeiros passos em direção a essa unidade de essência, nos momentos atuais, pois, fora disso, as diferenças continuarão existindo, porque fazem parte da diversidade cultural, social, humana, evolutiva, inerente à Criação, rica em diversidade, aptidões e naturezas, e essa diversidade representa uma das belezas do Universo. Os novos tempos, com a mescla de irmãos de etnias e culturas diversas, oriundas de várias regiões do planeta, criando um verdadeiro caldo étnico-cultural de convivências fraternas, e ainda a chegada de irmãos vindos de variadas paragens do Cosmo, trará suas idiossincrasias, que deverão ser respeitadas e com as quais se aprenderá a conviver e a crescer. Essa mistura diversificada faz parte das experiências que o Pai Celestial oferece aos seres humanos para ampliarem a mente e o coração universalista, em uma ambiência nada monótona.

Que cada um possa tomar a decisão íntima e construir desde já o pensamento e o sentimento universalista dentro de si, nas suas convivências diárias, nos momentos de recolhimento interior e de diálogo com Deus. Que cada vez mais possam ser fortalecidas essas bases da nova civilização nascente no planeta Terra.

Paz e amor,

Ramatís

Fé

Que a luz do Cristo Planetário, que clareia tanto os caminhos individuais como os coletivos, possa ser percebida por cada um dos queridos irmãos!

Tudo no Universo, seja material ou imaterial, está interconectado por infinitas relações sistêmicas, como numa grande orquestra mantida pelo amor cósmico. Que a consciência dessa fraternidade universal, aliada à certeza de que fazeis parte dela, possa vos alimentar a fé!!

Irmãos, a intensidade da fé será proporcional ao nível de consciência do dever cumprido, uma consciência que se encontra no âmago de cada alma encarnada ou desencarnada. E para que se tenha essa consciência, seja no seu desabrochar, seja na sua expansão, torna-se essencial o ser despender energias em direção ao caminho do bem, com pensamentos, atos e sentimentos, o que significa buscar sintonia com os desígnios do Alto durante sua encarnação, no período de estágio no mundo astral, ou em determinado momento evolutivo da vida, sendo necessários ajustes de rota quando o ser tem a humildade de perceber que está fora do caminho, desde uma pequena atitude até decisões importantes de sua existência.

Ocorre que, para ter certeza de que se está no caminho certo, é preciso alimentar a serenidade mental, a fim de que os cenários celestiais se reflitam com clareza na percepção ou na visão espiritual do ser e, ao mesmo tempo, para que essa tranquilidade interior permita olhar-se com clareza o fundo da própria consciência. Ou seja, é indispensável sentir-se em paz consigo mesmo, acalmar e silenciar o mundo interior.

Mas, se o dever cumprido ainda não habitou a vossa alma, esforçai-vos para descobrir onde estão as lacunas; buscai preenchê-las, entendendo que, se estiverdes no caminho da correção, isso já é suficiente para vos sentirdes cumpridores do dever, pois o trajeto da autocorreção será longo, não havendo mágica no percurso. Caberá somente a vós a construção do próprio caminhar, pelo trabalho íntimo, com direcionamento elevado da vontade. E, após alcançar a fase da autotransformação, começará uma nova etapa rumo ao reino angelical, numa romagem gigantesca, perpassando milhões e milhões de anos, para depois chegar ao reino arcangelical e então caminhar infinitamente, não mais rumo ao Pai, mas junto com Ele.

Portanto, o caminho será infinito e, com o tempo, a fé estará imersa no ser. Contudo, essa fé inerente ao arcanjo e ao anjo não surge ao acaso, e sim ao longo de milênios e milênios, de muitas vidas encarnatórias, quando o ser ainda caminhava pelo reino humano, ocasião em que foi aprendendo a cultivar tal sentimento e, aos poucos, foi se deixando iluminar pela centelha divina que habitava a sua essência.

Assim, para que a fé seja produtiva, é mais que necessário alimentar-se de autoconfiança, a fim de que ela vos conduza à ação, aspecto de elevada importância a fim de que não fiqueis inerte, em estado de espera, achando que o Alto deve fazer por vos além do que lhe cabe. A fé não cai do céu espontaneamente, ela é cultivada. Essa relação entre as Forças Superiores e cada um é, antes de tudo, uma relação de caráter educativo para a alma, ou seja, os planos superiores compreendem perfeitamente que o caminheiro, para se exercitar e se fortalecer, necessita andar com os próprios pés.

A confiança em si é prima da fé em Deus; é o sentimento e a compreensão de que Deus opera também através de vós. Que a humildade seja o azimute desse processo, sinalizando-vos, por meio do discernimento, o grau ou ponto ideal de equilíbrio dinâmico que vos manterá na rota verdadeira que vos conduzirá ao Pai. A humildade dosará a confiança para que ela não seja excessiva e se transforme em orgulho e vaidade, pois há fronteiras tênues entre os atributos da confiança serena e lúcida e da confiança exagerada, alimentada pela arrogância e sentimento de superioridade.

No passado, a fé estava apoiada num processo interior de farta emoção e crença no desconhecido. Obviamente que cada um deve vivenciar essa relação em sintonia com seu estágio evolutivo particular, o que pressupõe afirmar que hoje em dia é natural que muitos ainda vivenciem esse processo como os antepassados; todavia, já há muitos caminheiros "velhos" nessa trilha, com muitas encarnações vividas. A estes, chegou a hora de buscar cada vez mais novos padrões de compreensão. Ainda não temos consciência plena da dimensão de Deus, mas podemos senti-Lo, dentro de nossa pequenez, e ter uma pequena consciência do que Ele representa. E a cada passo evolutivo, nossa consciência se ampliará em Sua compreensão, e nosso sentimento estará em maior sintonia com o Amor Infinito que Dele provêm. Por isso, não cabe mais estacionar no estágio da fé cega; é preciso imprimir consciência dentro desse sentimento.

É preciso estudo, meditação, diálogo elevado com irmãos de caminhada, e contato com a Espiritualidade Superior para que, aos poucos, se possa ir ampliando a compreensão e, a partir disso, surjam "gotas" de aprimoramento dos sentimentos, a fim de que cada um sinta o Pai Maior com melhor fidedignidade, e igualmente para que a cada novo passo evolutivo possa compreendê-Lo um pouco mais.

Razão e sentimento são instrumentos inseparáveis que a Glória Divina concedeu a todos, para que sejam transformados em asas que devem ser aprimoradas pelo esforço de evolução contínua, e que, desse modo, se possa dar voos cada vez mais altos em direção à Fonte Sublime de amor e paz.

A fé não surge do nada, nem brota dentro de cada um por mero condicionamento do destino. Ela precisa ser cultivada e alimentada diariamente, alicerçada pelo exercício de ampliação da consciência no sentido de que Deus provê tudo o que o ser humano necessita para uma vida digna, no campo físico e espiritual. Mas, durante a caminhada, quase sempre a alma rejeita essa oferta amorosa de oportunidades, por indisciplina, revolta ou mesmo orgulho e arrogância. E a bondade Dele é tão infinita que oferece novas e novas oportunidades, seja em novas encarnações, seja nos reavivamentos das situações diárias da vida. Não raras vezes, a alma demora a compreender quanto tempo perde para adquirir amadurecimento interior, de modo que, em vez de se rebelar contra a Lei Universal, possa aceitar os desafios do cotidiano e das reencarnações rumo a ações concretas, construtivas e produtivas dentro de si e ao redor do seu mundo particular; de modo que sua jornada seja alimentada com humildade, persistência, determinação, boa vontade, alegria e autoconfiança.

Quando a alma se sente útil e se empenha no trabalho coletivo da grande orquestra cósmica, sob a maestria celestial, então a fé encontra terreno fértil para ser cultivada no campo da mente e do coração. E sentir-se útil começa nas mais simples situações da vida, desde o momento em que o corpo físico desperta, cuida do leito e do quarto, de maneira organizada, com alegria e gratidão pela oportunidade de sair para o trabalho, logo cedo. Depois, vem o momento da higiene pessoal e da alimentação saudável para o corpo, morada da alma que demanda respeito e amor próprio. Em seguida, é momento de exercitar a paciência no trânsito ou no tempo despendido no percurso ao labor diário. E então chega a hora de sentir-se útil no exercício profissional, ao cooperar, tolerar e compreender o colega indisciplinado, bem como o chefe incompreensivo. Vem a oportunidade de exercitar, pela meditação, o entendimento sobre o que representa aquele seu trabalho profissional, às vezes, repleto de insatisfações e reclamações. É quando, muitas vezes, se perde a chance de colocar em prática a boa vontade, para descobrir-se útil desde as menores tarefas até as que exigem mais responsabilidade e postura crística.

E assim, a cada dia, surgem novos desafios que vos convidam a contribuir com a grande orquestra cósmica, a fim de melhorar a execução da obra individual e coletiva, através da melhoria contínua da vida material e espiritual, do equilíbrio no lar, na escola, na comunidade e no trabalho. Portanto, o sentimento do dever cumprido poderá nascer a cada instante, pelas oportunidades que o Pai disponibiliza a cada ser humano. Que cada um possa se esforçar para cumprir os deveres diários, desde os mais simples aos mais complexos, e certamente, em todos eles, haverá oportunidades de crescimento interior.

Com esse sentimento, naturalmente a fé brotará no íntimo da alma, pois, mesmo nos casos em que não se consegue alcançar certas metas ou ideais, o importante é ter consciência de que o ser humano é falível. Daí, surge um componente crucial na caminhada: a humildade por compreender esse processo, que possibilita o autoperdão. Então, cada despertar de um novo dia será encarado sob um outro prisma, entendendo que a vida continua e que é preciso decisão firme, vontade e iniciativa para continuar a trilha espiritual, caindo e levantando, amadurecendo e solidificando a fé em cada espacinho da alma.

Nesse processo, é muito importante que a alma tenha consciência de que não está se autoludibriando, isto é, alimentando egrégoras viciadas e escondendo-as através de um quadro mental artificial para colocar-se no suposto trilho certo. Nesses casos, a própria consciência profunda lhe cobrará mais tarde. Portanto, o sentimento de dever cumprido surgirá em quem estiver sendo sincero consigo mesmo, com exercício diário de revisões e reflexões, de tomada de consciência e de humildade, entendendo que erros e equívocos fazem parte da caminhada daquele que se dispõe a não ter medo de sentir-se útil na vida, o que não deixa de ser um profundo exercício de gratidão ao Pai pelas oportunidades de crescer e por tantas encarnações lapidadoras da alma. Sendo construída nesse ambiente de sinceridade, a fé então poderá ser cultivada, pois encontrará terreno fértil par se desenvolver.

Como diz o velho ditado de nosso Mestre Jesus: "Se tiverdes a fé do tamanho de um grão de mostarda, ela removerá montanhas", o que não é um mero jogo de palavras, mas sim a mais pura verdade. Se ainda não o conseguistes, é porque a vossa fé é menor que um grão de mostarda. Nesse caso, somente o tempo e a maturação interior despertarão todo o potencial que habita o ser individual divino que existe em cada irmão de jornada.

Que a fé cultivada em vossos corações e mentes vos alimente a jornada evolutiva, a cada situação da vida! Que tenhais a sensibilidade para transformar essa fé em combustível para alimentar a autoconfiança, a esperança, a alegria e a persistência no caminho da transformação íntima e na prática do amor fraterno! Que os ares dos novos tempos que chegam não abalem a vossa fé, mas que a fortaleçam na esperança dos dias melhores que virão!

Do vosso servidor,

Alexandre[81]

Espírito comunitário

Paz e amor!

Amados irmãos, nestes tempos de transição planetária aguçam-se os dois lados da face espiritual da humanidade terrena, como normalmente ocorre ao doente que se encontra no meio do processo de cura, com os sinais do restabelecimento visitando-lhe o corpo e, ao mesmo tempo, as bactérias lutando para permanecerem vivas, aparentemente dominando aquele ambiente.

Nesse processo de mudança de rumo dos pensamentos, dos sentimentos e das atitudes da humanidade, verifica-se a intensificação do egoísmo, do orgulho, da vaidade, dos instintos desenfreados e da busca pela riqueza e prazeres fáceis, e a todo custo. Assim, é preciso que cada alma despenda esforço para se polarizar no outro lado dessa face, ou seja, exercitando a capacidade de servir incondicionalmente, de alimentar a compaixão, a compreensão e o perdão em relação a si e a quem cruze o seu caminho, educando a mente para cultivar pensamentos construtivos e sentimentos fraternos.

Certamente, é mais tranquilo exercitar-se num ambien-

[81] Este irmão é proveniente de um distante planeta na galáxia de Andrômeda. Já teve duas encarnações na Terra: uma com o nome de Alejandro, na América Central, onde se situa o território mexicano, no início da colonização espanhola, ocasião em que foi um pacificador entre conflitos que envolviam indígenas e espanhóis; outra nos Himalaias, quando esteve ligado a um templo budista. Então migrou para o orbe marciano, onde reencarnou uma vez. Tem sido incansável trabalhador das falanges do Cristo, no plano astral superior, e realizado resgates de almas sofredoras no Umbral e em zonas infernais. Há várias décadas tem se ligado à Falange de Dharma, na Colônia Espiritual do Grande Coração, e está prestes a reencarnar; desta vez no Brasil, quando se juntará a tantos outros na construção dos tijolos dos novos tempos planetários.

te construtivamente fraterno e com tentativas contínuas para atitudes elevadas, pois o ser humano cresce melhor num círculo de pessoas sintonizadas com os propósitos crísticos, ainda que cheias de imperfeições, mas imbuídas do sentido de esforço para melhorar-se. Afinal, essa será a tônica das relações interpessoais e sociais que balizarão os novos tempos aquarianos.

Que cada irmão possa estar consciente da importância e da urgência de começar imediatamente essa prática dentro da família, do trabalho e principalmente nos ambientes espíritas e espiritualistas. Que o orgulho ferido seja percebido, mas que seja deixado de lado, e que não sejam dados alimentos a ele, pois o melindre já é por si só improdutivo. É preciso estar-se atento quanto à vaidade de querer sempre dar a última palavra ou de querer fazer prevalecer a opinião própria, sem se dar a chance de ouvir e processar o que a outra pessoa diz, ou de ceder em relação a posições irredutíveis enclausuradas pelo orgulho e vaidade, ou de não permitir que o coração seja menos endurecido. Obviamente que não se pode esquecer a disciplina, a educação e o respeito à autoridade e às regras do ambiente, os quais fazem parte do processo educativo. Liberdade de expressão não quer dizer ambiente caótico e desprovido de ordem. Regras, obediência à Lei Universal e e às leis dos homens, bem como organização são indispensáveis.

Há alguns anos, membros do Conselho de Administração Espiritual da Terra discutiram e deliberaram que as várias falanges sob a égide do Cristo se esforçariam por orientar e intuir variados grupos, bem como médiuns, a desenvolver organizações comunitárias com pessoas afinadas com os propósitos crístico-universalistas, a fim de servirem de exemplo do que viria a ser o sistema de organização social dos novos tempos.

Porém, muitos se embrenharam pelo caminho da libertinagem, das drogas e da irresponsabilidade, numa atitude revoltosa e imatura contra o sistema econômico. Outros, apesar dos bons propósitos, se distanciaram dos caminhos verdadeiramente espirituais que deveriam se apoiar no amor fraterno e no discernimento, esquecendo-se de que a célula-mater do conjunto comunitário é o trabalho individual e íntimo de autotransformação verdadeira (princípio básico de que o conjunto é composto pelas partes). Assim, muitas experiências de comunidades ditas alternativas falharam, desde a década de 1960 até recentemente. No entanto, percebe-se no mundo inteiro o ressurgir, nas últimas décadas, especialmente a partir dos anos 2000, de muitas comunidades de caráter ecológico ou de sustentabilidade, com cunho sóciocultural e espiritual.

Muitas das comunidades intencionais que ressurgem se apoiam em moldes de visão de sustentabilidade material (com agricultura ecológica, habitações ecológicas, tratamento de resíduos e energia limpa, por exemplo) e com novos propósitos no campo social e econômico, o que não deixa de ser um grande avanço, mas que, certamente, exigirá a médio ou longo prazos a incorporação de princípios cósmicos, sob risco de se afundarem no orgulho, na vaidade e egoísmo, em que pese muitos desses grupos possuírem irmãos extraterrenos que trazem de orbes avançados suas experiências encarnatórias em sociedades sustentáveis e espiritualmente harmoniosas, o que, de algum modo, deverá se constituir numa amostra de modelos de organização de vida futura, em vários aspectos. Há algumas poucas dessas comunidades com propósitos que mesclam o espiritual e a sustentabilidade, e que, mesmo com dificuldades, trazem visões desprovidas de sectarismos e se alinham com uma leitura mais aberta de universalismo, ainda que se utilizem de outras terminologias e abordagens.

Assim, de alguma maneira, as experiências passadas não se perderam, porque serviram de alicerces para o ressurgir de um novo impulso energético coletivo imanente nestes tempos, como força vibratória para a comunidade planetária futura, com forte influência magnética de Francisco de Assis. E mesmo aqueles antigos membros que tentaram constituir uma vida comunitária ou as comunidades intencionais que desapareceram, acabando por se encherem de traumas e decepções, que possam reagir positivamente ao processo que vivenciaram, não como derrotados, mas como vitoriosos em crescimento interior e em percepção comunitária e fraterna. É preciso extrair-se o adubo do lixo orgânico e utilizá-lo como insumo que deverá ajudar a crescer com mais saúde as plantas futuras de novo sistema de vida social.

Que a fé, a esperança e a motivação interior possam ser resgatadas e redirecionadas para novos desenhos de organização e de integração em espírito comunitário, onde quer que se esteja, no campo ou na cidade.

Há muitas pessoas que nem chegaram a começar uma experiência de comunidade crística e sustentável, por diversas circunstâncias: desde o fato de terem ficado presas ao sistema da vida moderna, a questões de dificuldades pessoais e familiares, ou simplesmente por se submeterem ao egoísmo e à vaidade que assola uma grande face da humanidade. Que estas possam exercitar a compreensão, a tolerância, a paciência, o perdão e o amor fraternal com os que habitam o mesmo teto, no campo da parentela, com os vizinhos, com os membros da associação, no templo religioso ou no trabalho profissional.

Evidentemente que não há necessidade de se criar comunidades à parte da sociedade para se exercitar o espírito crístico. Pode-se e deve-se começar a ampliar o amor a partir do círculo familiar consanguíneo e daí se expandir em direção a outros irmãos de jornada evolutiva, uma vez que todos são filhos do mesmo Pai, e avançar ainda mais ao exercitar a fraternidade universal, expandindo-a da família planetária para a família cósmica.

O exercício da vida em comunidades intencionais ou alternativas representa um laboratório, ou seja, o treinamento de uma célula amostral que poderá servir de exemplo para o conjunto da sociedade, sobre o ideal de um sistema de vida apoiado em propósitos e paradigmas diferentes dos vivenciados atualmente. Sem dúvida, essas experiências representam um desafio quando elas ainda estão imersas num universo maior, numa sociedade orgulhosa, competitiva, egoísta e vaidosa, em que os mais fracos intelectualmente são desprezados em prol de uma inteligência racional-materialista e alimentadora da arrogância e de uma pseudo-harmonia social, calcada unicamente em regras sociais e políticas (que são importantes, mas insuficientes) e distantes de princípios cósmico-espirituais.

Experiências comunitárias à parte da sociedade vigente podem ser interessantes e exemplares, como "ponte" para os novos tempos, mas exigirão muito discernimento de seus membros, de modo a compartilhar com o conjunto da sociedade o resultado de suas práticas, sem postura radical de isolamento; contudo buscando formas de interação com o município a que estão inseridos e desenvolvendo mecanismos e métodos criativos de convivência transitória entre o novo e o velho, o que servirá, indubitavelmente, como experiência valiosíssima para impregnar (no sentido positivo de disseminação) a futura humanidade com referenciais novos de sistemas de vida mais humanos e verdadeiramente fraternos. Que nessas experiências comunitárias possa ser exercitada, diariamente, a transformação de vaidades e arrogâncias em atitudes crescentemente apoiadas na simplicidade e humildade, e que possam ser implantadas regras sociais justas, equitativas, de sincero respeito ao próximo e solidariedade, além de balizadas por práticas ambientalmente responsáveis, compreendendo que o mais importante é o amor universal que pode ser vivenciado a cada instante no fundo da alma, paralelamente à contínua expansão da consciência.

Reiteramos o convite do cultivo do espírito comunitário a cada irmão da Terra, de qualquer credo ou prática espiritual, e, em especial, aos de centros espíritas, kardecistas e de umbanda, aos irmãos espiritualistas que praticam os mais diversos métodos ou orientações sintonizadas com as vibrações dos novos tempos. É de suma importância esse exercício, desde já, pois não é fácil para uma humanidade que viveu o egoísmo e o orgulho com proeminência, ao longo de séculos e milênios, rever suas posturas, reprogramando mentes e educando impulsos e sentimentos condicionados por um mundo imerso na competitividade e individualismo vorazes.

Podem ser criados condomínios urbanos e rurais, associações e agrupamentos com fins de elevação do espírito, por meio da convivência diária, e aos poucos ir construindo o espírito comunitário. O sistema de comunidades intencionais, ou comunidades construídas a partir de projetos bem planejados e em firmes bases éticas e de amor crístico sempre será uma boa alternativa, pois favorecerá a união de esforços de pessoas um pouco mais sintonizadas com os futuros propósitos dos novos modelos de vida terráquea, começando pelos desafios que serão oportunizados pelos dias mais tumultuados que recairão sobre a Terra, até aqueles que exigirão união de braços para o trabalho fraterno construtivo.

O exercício da vida matrimonial e familiar (aliás, desafios a que muitos são chamados a vivenciar e que poucos conseguem êxito ou alcançam boa convivência, em estados de harmonia e felicidade, nessa escola encarnatória da vida) é o princípio dessa fraternidade universal que deve se expandir do círculo consanguíneo-familiar para o círculo familiar-universal. O ser humano já pode sair da família cristã que tende a aglutinar irmãos na consanguinidade e parentela e partir para a ampliação fraternal por meio da família crística, que extrapola fronteiras do lar, dos círculos comuns, e alcança o país, o planeta e outras paragens do Cosmo.

Quem conseguiu aprovação nas experiências do lar, precisa sair da posição cômoda e apegada das relações físicas humanas, e certamente já terá avançado muitos passos que lhe proporcionem capacidade para expandir-se rumo ao amor fraterno-universal. Quem não conseguiu aprovação nem nessa prova de amor entre consanguíneos, seja por resgate cármico vivido com resistência orgulhosa ou egoística, ou aprovação parcial apenas, o que não deixa de representar um pequeno avanço, está convidado, de qualquer modo, a partir para uma nova experiência ampliada neste novo tempo, e certamente terá que redobrar a capacidade de transformação interior e de exercício rumo à fraternidade universal.

É preciso sair do individualismo e construir o espírito comum entre as almas, mas não se esquecendo de criar regras organizadoras e harmonizadoras das relações, compreendendo que cada pessoa possui suas idiossincrasias, sua individualidade e, por isso, o senso comum não pode esmagar o individual. Entretanto, não se deve permitir que o individualismo, que é a exacerbação do personalismo, expanda-se a ponto de tornar-se patológico e venha a se constituir em fator retroalimentador de um mundo egoísta e orgulhoso, o qual muitas almas já se saturaram de vivenciar.

. Para que haja eficiência e efetividade na organização comunitária, qualquer que seja ela (o condomínio onde residem ou trabalham, a vizinhança ou comunidade do bairro, ou mesmo a comunidade intencional que desejam criar), é indispensável que as pessoas estejam imbuídas do propósito de amadurecer como ser humano e como cidadão responsável, com sensibilidade e habilidade para lidar com pessoas diferentes, para gestão construtiva de conflitos, boa comunicação interpessoal, e que transmita respeito e não medo entre os membros. Mais que isso, é importante atuar-se com conselhos de administração que aglutinem pessoas experientes e com visão inovadora, a fim de que a comunidade não estagne em seu processo evolutivo material e espiritual.

Regras são vitais e obediência a elas é crucial, sem que se perca o espírito crístico-universalista e a capacidade de fazer as regras evoluírem também. Divisão de tarefas é primordial, sem preconceitos de praticá-las (mesmo que se apresentem tarefas aparentemente menos nobres, o que de fato não será, pois, todas as tarefas são enobrecedoras da alma), mas seguindo as necessidades de cada pessoa e de todos, respeito às aptidões, formações, experiências e habilidades de cada um.

Uma vida comunitária traz oportunidades para cada alma sair de dentro de si e procurar viver com seus pares, imbuídas dos mesmos propósitos superiores, exercitando a percepção do ambiente e a autopercepção, praticando o "orai e vigiai" em cada momento da vida. É uma ótima oportunidade de a pessoa deixar de lado os melindres ou o ego ferido (que só emperram a evolução), de compreender e perdoar o irmão ainda endurecido e necessitado de mais amor. O perfil das novas lideranças não será mais o centralismo, o autoritarismo, o uso da inteligência para benefício próprio ou de seus pares da família consanguínea ou dos mais próximos. O líder aquariano não é aquele que se compraz na vaidade e no orgulho de ser chefe ou comandar, ainda que travestido de pseudossimplicidade. O verdadeiro líder é capaz de formar outros líderes, de trocar informações e experiências com sinceridade, sem vaidade e formalismos, adotando postura de educador pelos princípios do amor crístico, com doçura, serenidade, compreensão e diálogo contínuos, exercitando o discernimento nas tomadas de decisão, mas com firmeza quando necessário, e sem violência.

Os dias atuais e as décadas vindouras colocarão em cheque os falsos líderes; deixarão às claras os subterfúgios, as falsidades, as corrupções e tudo o que foi e tem sido escondido da sociedade, pois os novos tempos do planeta pressupõem clareza, transparência, favorece o aparecimento do líder ético, humano, compreensivo, focado em todos os processos da vida e nos alcances de resultados de forma justa, respeitando as individualidades, suas aptidões e limitações, e focando essencialmente na melhoria da qualidade de vida do conjunto social, seja no lar, no bairro, na cidade, no país e no planeta.

O líder deste novo milênio, além de capacidade de planejamento, governança e gestão, bem como de mobilização de competências diversas dentre os seus colaboradores e parceiros de jornada, é o que traz mais amor fraternal e consciência cósmica: Jesus é o exemplo da verdadeira liderança, e, ainda que os seres humanos estejam longe da posição espiritual em que Ele se encontra, o Seu exemplo pode e deve ser exercitado em todos os momentos da vida, entendendo que as pessoas estão sujeitas a erros, tropeços e recomeços, sem culpa, mas sem conivência com as próprias imperfeições. Que não seja usado o argumento preguiçoso de que determinado ser (como Jesus, por exemplo) é tão elevado, espiritualmente, que não se pode chegar até Ele e que o ser humano é pequeno demais para posturas internas e comportamentos elevados nesse nível.

Para o líder aquariano, o importante é ter consciência plena de estar no caminho da transformação íntima e do quanto de esforço sincero está sendo empregado, ou do quanto do potencial individual de esforço está sendo utilizado, ou seja, que se tenha capacidade de avaliar diariamente o nível do próprio empenho, por meio da observação e análise construtiva dos próprios pensamentos, sentimentos e atitudes. Enfim, ter humildade para se compreender imperfeito e cheio de mazelas a serem trabalhadas, sem tentar se enganar, adotando uma postura sincera consigo mesmo.

Uma vida comunitária é um exercício para a nova vida planetária irmanada pelo compromisso de construir um mundo mais humano, fraterno, de respeito à natureza, de produção sustentável e de maneiras de ser mais equilibradas e parcimoniosas, sem excessos, com uma simplicidade confortável, sem luxo, com sentimento de gratidão ao Pai Celestial.

Os tempos vindouros terão momentos mais tensos e de dificuldades materiais, que exigirão muito equilíbrio mental-emocional. Por isso, a convivência fraterna entre pessoas e almas sintonizadas com o mesmo diapasão espiritual, ainda que estejam em estágios evolutivos diferenciados (o que é natural e salutar para a evolução de todos, seja no lar, no pequeno município, no bairro, no condomínio, na associação, no templo espiritual ou centro espírita, no trabalho, ou na comunidade intencional que desejarem criar), ou que tenham suas personalidades e naturezas próprias, torna-se de grande importância para uma qualidade de vida mais saudável e harmoniosa entre as individualidades, mesmo que frágeis dentro de uma sociedade ainda rude, espiritualmente, pois essas fragilidades podem se fortalecer no conjunto, exercitando-se o bom exemplo de convivência crística para aqueles que ainda não se deixaram tocar para novas formas de viver, e será, ao mesmo tempo, um grande exercício para a paciência, a tolerância e a humildade àqueles que se encontram à frente na evolução.

Quem não puder tomar a iniciativa de unir-se a um projeto de natureza comunitária, seja qual for sua forma de organização e missão, que esteja preparado para viver no futuro um novo sistema de vida, não mais apoiado no egoísmo e na disputa pelo poder. As fortalezas materiais serão frágeis e ruirão. As vaidades igualmente tenderão a ruir. O orgulho será treinado a dobrar-se diante das forças da natureza e dos eventos cósmicos. O ambiente físico desequilibrado tende a unir as pessoas e a treiná-las ao exercício da fraternidade, e impele o ser a meditar e a fazer prece ao Alto, a refletir sobre si e sua vida. É o claro exemplo de que o ser humano não pode viver isolado dentro de si mesmo, nem apegado ao mundo exterior das formas, mas deve buscar o equilíbrio entre o interno e o externo, e harmonizar-se com o céu e com a terra (terra não no sentido materialista, mas da natureza e do materialmente necessário para uma vida equilibrada e feliz).

Que as células comunitárias sustentáveis e fraternas que venham a ser implantadas e que estejam apoiadas em princípios crísticos e universalistas possam servir de exemplo para a organização das comunidades, de bairros, vilas e cidades futuras. O novo tempo será construído tijolo a tijolo, por cada alma encarnada, com a ajuda dos planos astral e mental da Terra, e certamente receberá o auxílio anônimo e fraternal de irmãos extraterrenos, estando eles encarnados ou não.

Que a luz do Cristo aproxime corações e mentes sintonizados e que ainda não se encontraram nestes tempos de grandes mudanças de rota da nave Terra! Que essa aproximação seja aceita como dádiva divina, e que seja agradecida com o empenho em se unir, servir, compreender e amar uns aos outros, como Jesus nos ensinou.

Paz e amor!

Vosso irmão,

Nicanor

DO ÁTOMO AO ARCANJO

Ramatís / Hercílio Maes

132 páginas – ISBN 978-65-5727-014-1

A mecânica evolutiva da Criação foi desvendada a Kardec – dois anos antes de Darwin! – pelos espíritos, com a genial declaração: "do átomo ao arcanjo, que começou sendo átomo". Mas... e entre o átomo e o arcanjo? Onde se encontram os degraus intermediários dessa escalada do zero ao infinito?

Com Ramatís, os degraus dessa simbólica "escada de Jacó" da imagem bíblica se povoaram, nos textos recebidos por vários médiuns e em diversas obras. Dos arcanjos (ou logos galácticos, solares e planetários) aos anjos e devas, dos espíritos da natureza aos animais – sem deixar de definir a posição de Jesus de Nazaré, anjo planetário da Terra, devidamente distinguida daquela do Cristo, nosso Logos.

Para que a humanidade possa ingressar de fato no patamar de consciência da Nova Era, esse conhecimento mais amplo da hierarquia e funcionamento do Cosmo se faz imprescindível, a fim de nos situar com maior amplitude no panorama do Universo e para o contato com nossos irmãos siderais, que se aproxima.

Este volume representa a condensação de conhecimentos iniciáticos milenares com que Ramatís abriu, para a mente ocidental, uma janela panorâmica sobre a estrutura e funcionamento do Cosmo, complementando a imorredoura revelação da Espiritualidade datada de um século e meio atrás.

A DERRADEIRA CHAMADA

foi confeccionado em impressão digital, em julho de 2025

Conhecimento Editorial Ltda

(19) 3451-5440 — conhecimento@edconhecimento.com.br

Impresso em Luxcream 70g - StoraEnso